ERBRECHT

2018

Claudia Haack
Rechtsanwältin und Repetitorin

ALPMANN UND SCHMIDT Juristische Lehrgänge Verlagsges. mbH & Co. KG
48143 Münster, Alter Fischmarkt 8, 48001 Postfach 1169, Telefon (0251) 98109-0
AS-Online: www.alpmann-schmidt.de

Zitiervorschlag: Haack, Erbrecht, Rn.

Haack, Claudia

Erbrecht
21. überarbeitete Auflage 2018
ISBN: 978-3-86752-591-6

Verlag Alpmann und Schmidt Juristische Lehrgänge
Verlagsgesellschaft mbH & Co. KG, Münster

Unterstützen Sie uns bei der Weiterentwicklung unserer Produkte.
Wir freuen uns über Anregungen, Wünsche, Lob oder Kritik an:
feedback@alpmann-schmidt.de.

INHALTSVERZEICHNIS

V

Verweise in den Fußnoten auf „RÜ" und „RÜ2" beziehen sich auf die Ausbildungszeitschriften von Alpmann Schmidt. Dort werden Urteile so dargestellt, wie sie in den Examensklausuren geprüft werden: in der RechtsprechungsÜbersicht als Gutachten und in der RechtsprechungsÜbersicht 2 als Urteil/Behördenbescheid/Anwaltsschriftsatz etc.

RÜ-Leser wussten mehr: Immer wieder orientieren sich Examensklausuren an Gerichtsentscheidungen, die zuvor in der RÜ klausurmäßig aufbereitet wurden. Die aktuellsten RÜ-Treffer aus ganz Deutschland finden Sie auf unserer Homepage.

Abonnenten haben Zugriff auf unser digitales RÜ-Archiv.

LITERATUR

Bamberger/Roth	Beck'scher Online Kommentar, Stand 15.06.2017 (zit.: BeckOK BGB/Bearbeiter)
Brox/Walker	Erbrecht, 26. Aufl. 2014
Ebenroth	Erbrecht, 1. Aufl. 1992
BGB-Handkommentar	Bürgerliches Gesetzbuch, 9. Aufl. 2017 (zit.: Hk-BGB/Bearbeiter)
BGB-RGRK	Das Bürgerliche Gesetzbuch, Kommentar, herausg. von Mitgliedern des BGH Band V 1 (§§ 1922–2146) 12. Aufl. 1974 Band V 2 (§§ 2147–2385) 12. Aufl. 1975 (zit.: RGRK/Bearbeiter)
Erman	Handkommentar zum Bürgerlichen Gesetzbuch, 1. Band (§§ 1–853) 15. Aufl. 2017 2. Band (§§ 854–2385), 15. Aufl. 2017 (zit.: Erman/Bearbeiter)
Frank/Helms	Erbrecht, 7. Aufl. 2017
Gursky	Erbrecht, 6. Aufl. 2010
Harder/Kroppenberg	Grundzüge des Erbrechts, 5. Aufl. 2002
Jauernig	Bürgerliches Gesetzbuch, 16. Aufl. 2015 (zit.: Jauernig/Bearbeiter)
Kipp/Coing	Erbrecht, 14. Bearb. 1990
Lange	Erbrecht, 1. Aufl. 2011
Lange/Kuchinke	Lehrbuch des Erbrechts, 5. Aufl. 2001
Leipold	Erbrecht, 21. Aufl. 2016
Lipp	Examens-Repetitorium Erbrecht, 4. Aufl. 2017
Medicus/Petersen	Bürgerliches Recht, 26. Aufl. 2017 (zit.: Medicus/Petersen BR)
Michalski	BGB-Erbrecht, 4. Aufl. 2010

Münchener Kommentar	zum Bürgerlichen Gesetzbuch,
	Band 1: Allgemeiner Teil (§§ 1–240), ProstG, AGG
	7. Aufl. 2015
	Band 10: Erbrecht (§§ 1922–2385 BGB)
	Beurkundungsgesetz (§§ 27–35)
	7. Aufl. 2017
	(zit.: MünchKomm/Bearbeiter)
Olzen	Erbrecht, 5. Aufl. 2017
Palandt	Bürgerliches Gesetzbuch, 77. Aufl. 2018
	(zit.: Palandt/Bearbeiter)
Prütting/Gehrlein	ZPO Kommentar, 9. Aufl. 2017
	(zit.: PG/Bearbeiter)
Prütting/Wegen/Weinreich	BGB Kommentar, 12. Aufl. 2017
	(zit.: PWW/Bearbeiter)
Schlüter/Röthel	Erbrecht, 17. Aufl. 2015
Soergel	Bürgerliches Gesetzbuch mit Einführungsgesetz und
	Nebengesetzen
	Band 21: Erbrecht 1 (§§ 1922–2063)
	13. Aufl. 2002
	Band 22: Erbrecht 2 (§§ 2064–2273; BeurkG)
	13. Aufl. 2003
	Band 23: Erbrecht 3 (§§ 2274–2385)
	13. Aufl. 2002
	(zit.: Soergel/Bearbeiter)
Staudinger	J.v. Staudingers Kommentar zum Bürgerlichen Gesetz-
	buch mit Einführungsgesetz und Nebengesetzen
	13. Bearb. 1993 ff.
	§§ 1922–1966, Neubearb. 2017
	§§ 1967–2063, Neubearb. 2016
	§§ 2064–2196, Neubearb. 2012
	§§ 2197–2228, Neubearb. 2016
	§§ 2229-2264, Neubearb. 2017
	§§ 2265–2302, Neubearb. 2014
	§§ 2303–2345, Neubearb. 2015
	§§ 2346–2385, Neubearb. 2016
	(zit.: Staudinger/Bearbeiter)
Thomas/Putzo	Zivilprozessordnung, 38. Aufl. 2017
Wörlen/Leinhas	Erbrecht, 1. Aufl. 2009
Zimmermann	Erbrecht, 4. Aufl. 2013

1. Teil: Einführung

1. Abschnitt: Grundbegriffe des Erbrechts[1]

A. Erbfall und Erblasser

Den Tod einer natürlichen Person bezeichnet man als **Erbfall**, vgl. § 1922 Abs. 1.[2]　　**1**

Juristische Personen und rechtsfähige Personengesellschaften sterben nicht, sondern werden durch Auflösung beendet. Die Auflösungsgründe und die damit verbundenen Rechtsfolgen sind im Gesellschaftsrecht geregelt (vgl. z.B. §§ 723 ff. für die GbR sowie §§ 131 ff. HGB für die OHG und KG).

Der **Todeszeitpunkt** ist nach h.M. in Übereinstimmung mit der medizinischen Wissenschaft der **Eintritt des Gehirntodes**, d.h. der vollständige, irreversible Ausfall der Gehirnfunktionen.[3]　　**2**

Nach a.A. ist bei einem natürlichen Tod der Stillstand von Herz und Kreislauf maßgeblich, während der Hirntod in den Fällen entscheidend ist, in denen Atmung und Kreislauf durch Intensivtherapie künstlich aufrechterhalten werden.[4] Eine weitere Ansicht hält bei Divergenz beider Zeitpunkte aus Gründen der Rechtssicherheit das jeweils letzte Ereignis für maßgeblich.[5]

Für die Ermittlung des Todeszeitpunkts auf den Zeitpunkt des Gehirntodes abzustellen, spricht zum einen die Rechtssicherheit, da durch den Einsatz medizinischer Reanimationstechnik die Herz- und Kreislauftätigkeit künstlich aufrechterhalten werden kann und infolgedessen der Eintritt des Erbfalls dadurch manipulierbar wird.[6] Ferner stimmt dieser Zeitpunkt mit der gesetzlichen Bestimmung für die Organentnahme überein, vgl. § 3 Abs. 2 Nr. 2 TPG.[7]

Der Verstorbene ist der **Erblasser**. Allerdings spricht das Gesetz auch bei einem noch lebenden Menschen, der eine Verfügung von Todes wegen errichtet, vom Erblasser (vgl. §§ 2229 ff.).　　**3**

B. Erbe und Erbfähigkeit

Die Person(en), auf welche das Vermögen des Erblassers mit dem Tode übergeht, bezeichnet man als **Erbe(n)**, vgl. **§ 1922 Abs. 1**.　　**4**

Erbe kann nur werden, wer **erbfähig** ist. Die **Erbfähigkeit** ist in **§ 1923** geregelt. Im Einzelnen ergibt sich:

■ Gemäß § 1923 Abs. 1 ist erbfähig, wer zur Zeit des Erbfalls lebt. Damit sind zunächst einmal **lebende natürliche Personen** erbfähig. Um Erbe zu werden, ist es also erforderlich, dass der Erbe den Erblasser (und sei es nur für eine Sekunde) überlebt.　　**5**

---

1 Vgl. dazu Röthel Jura 2014, 179 ff.
2 §§ ohne Gesetzesangabe sind solche des BGB.
3 OLG Köln FamRZ 1992, 860; OLG Frankfurt NJW 1997, 3099; BayObLG NJW-RR 1999, 1309; Brox/Walker Rn. 4; Frank/Helms § 1 Rn. 10; Palandt/Weidlich § 1922 Rn. 2; Schlüter/Röthel § 6 Rn. 2.
4 Jauernig/Mansel § 1 Rn. 3; Michalski Rn. 37; MünchKomm/Leipold § 1922 Rn. 12, 13.
5 BeckOK BGB/Müller-Christmann § 1922 Rn. 4; Hk-BGB/Dörner § 1 Rn. 5.
6 Lipp Rn. 25.
7 Palandt/Weidlich § 1922 Rn. 2.

Kann nicht festgestellt werden, in welcher Reihenfolge mehrere Personen verstorben sind, besteht die Vermutung gleichzeitigen Todes, vgl. § 11 VerschG (sogenannte Kommorientenvermutung).

6 ■ Die Erbfähigkeit eines Kindes, das beim Erbfall noch nicht geboren, aber schon erzeugt ist **(nasciturus)** und nach dem Erbfall mit der Geburt Rechtsfähigkeit erlangt (vgl. § 1), ergibt sich aus § 1923 Abs. 2.

Voraussetzung ist also, dass das Kind (und sei es auch nur für einige Minuten) gelebt hat. Eine Totgeburt scheidet danach mangels Erbfähigkeit als Erbe aus (vgl. noch Fall 17 Rn. 262).

7 Umstritten ist, ob § 1923 Abs. 2 bei künstlicher Befruchtung mit dem Samen des verstorbenen Erblassers analog angewendet werden kann, **postmortale Zeugung**.

■ Nach einer Ansicht scheidet eine analoge Anwendung des § 1923 Abs. 2 in diesem Fall aus Gründen der Rechtssicherheit aus, da ansonsten eventuell über einen langen Zeitraum Ungewissheit über die erbrechtliche Lage bestünde.[8]

■ Demgegenüber hält die Gegenauffassung eine Analogie zu § 1923 Abs. 2 wegen des Gleichheitsgrundsatzes und aus Gründen der Gerechtigkeit für geboten.[9]

8 ■ Dass auch **juristische Personen** des privaten und des öffentlichen Rechts erbfähig sind, ist unumstritten und ergibt sich mittelbar z.B. aus der Auslegungsregel des § 2101 Abs. 2 (vgl. ferner §§ 2044 Abs. 2 S. 3, 2106 Abs. 2, 2109 Abs. 2, 2163 Abs. 2).

Voraussetzung ist, dass die juristische Person im Zeitpunkt des Erbfalls besteht, da § 1923 Abs. 2 nicht (analog) angewandt werden kann (beachte jedoch Sonderregel für Stiftungen in § 84).

9 ■ Die **Personenhandelsgesellschaften** (OHG und KG) sind rechtlich einer juristischen Person so stark angenähert (vgl. §§ 124 Abs. 1, 161 Abs. 2 HGB), dass sie als erbfähig angesehen werden.

10 ■ Im Anschluss an die Anerkennung der Rechtsfähigkeit der (Außen-)Gesellschaft bürgerlichen Rechts durch den BGH[10] bejaht nunmehr die ganz überwiegende Auffassung auch die Erbfähigkeit der **GbR**.[11]

C. Erbschaft bzw. Nachlass

11 Das hinterlassene Vermögen ist die **Erbschaft** (vgl. z.B. § 1922 Abs. 1) oder auch der **Nachlass** (so z.B. in § 1960). Zur Erbschaft gehören sowohl das **Aktivvermögen** als auch das **Passivvermögen** des Erblassers. D.h. der Erbe haftet für die vom Erblasser herrührenden **Schulden**, vgl. auch **§ 1967**.

D. Verfügungen von Todes wegen

12 Verfügungen von Todes wegen sind rechtsgeschäftliche Bestimmungen für den Fall des Todes. Diese speziellen Anordnungen des Erblassers gehen der gesetzlichen Erbfolge vor.

---

8 BeckOK BGB/Müller-Christmann § 1923 Rn. 8 m.w.N.
9 Brox/Walker Rn. 9; Lipp Rn. 53, jeweils m.w.N.
10 BGH NJW 2001, 1056.
11 BeckOK BGB/Müller-Christmann § 1922 Rn. 13; Hk-BGB/Saenger § 705 Rn. 20; Leipold Rn. 26; Palandt/Weidlich § 1923 Rn. 7; Soergel/Hadding § 718 Rn. 5; a.A.: Bestelmeyer Rpfleger 2004, 604, 607; Zimmermann Rn. 16.

Der Gesetzgeber hat abschließend **(Typenzwang)** verschiedene Formen zur Verfügung gestellt: das **Testament** – die einseitige Verfügung von Todes wegen, vgl. § 1937, und den **Erbvertrag** – ein zweiseitiges Rechtsgeschäft, in dem mindestens eine Vertragspartei von Todes wegen verfügt, vgl. § 1941. Für Ehegatten und gleichgeschlechtliche Lebenspartner gibt es darüber hinaus noch die Sonderform des **gemeinschaftlichen Testaments**, vgl. §§ 2265 ff. (i.V.m. § 10 Abs. 4 LPartG).

2. Abschnitt: Grundprinzipien des Erbrechts

A. Testierfreiheit

Testierfreiheit ist das Recht des Erblassers, durch Verfügungen von Todes wegen das Schicksal seines Vermögens nach seinem Tod zu bestimmen sowie diese Verfügungen frei von der Einflussnahme Dritter zu treffen und auszugestalten.[12]

13

Die Testierfreiheit stellt eine **Ausprägung der Privatautonomie** dar und ist verfassungsrechtlich durch Art. 2 Abs. 1 GG und Art. 14 Abs. 1 S. 1 GG geschützt.

Grenzen der Testierfreiheit ergeben sich u.a. aus dem Pflichtteilsrecht, vgl. §§ 2303 ff., der erbrechtlichen Bindung vertragsmäßiger Verfügungen im Erbvertrag, vgl. § 2289, bzw. wechselbezüglicher Verfügungen im gemeinschaftlichen Testament, vgl. § 2271 Abs. 2 S. 1, und aus den generellen Grenzen der Privatautonomie gemäß §§ 134, 138.

B. Grundsatz der Universalsukzession (Gesamtrechtsnachfolge)

Mit dem **Erbfall** geht kraft Gesetzes das **Vermögen** des Erblassers **als Ganzes** auf den Erben über – **Universalsukzession**.

14

Gemäß § 1922 kann nur derjenige Erbe werden, der mit dem Tod das Vermögen des Erblassers als Ganzes erwerben, also mit dem Tode ohne weiteres Zutun vermögensrechtlich an die Stelle des Erblassers treten soll.

Wegen des Grundsatzes der Universalsukzession ist eine Einzelrechtsnachfolge (Singularsukzession) in bestimmte, vom sonstigen Nachlass abgesonderte Vermögensteile nur in wenigen Fällen denkbar. Die wichtigsten Fälle sind:

- erbrechtliche Nachfolgeklauseln im Gesellschaftsvertrag einer Personengesellschaft;[13]

- automatischer Eintritt in den zwischen dem Erblasser und dem Vermieter geschlossenen Mietvertrag durch den Ehegatten/Lebenspartner (§ 563 Abs. 1) oder einen anderen Familienangehörigen (§ 563 Abs. 2) bzw. den Partner einer nichtehelichen Lebensgemeinschaft (§ 563 analog);[14]

- Einzelrechtsnachfolge in einen landwirtschaftlichen Betrieb gemäß § 4 HöfeO (gilt nur in den Ländern Hamburg, Niedersachsen, Schleswig-Holstein und Nordrhein-Westfalen; in den meisten übrigen Bundesländern existieren inhaltlich gleichlautende landesrechtliche Sonderregeln); nach dieser Regelung, die die Wirtschaftlichkeit von Bauernhöfen erhalten will und daher die Aufteilung eines Hofes unter mehreren Miterben verhindert, fällt der Hof nebst Bestandteilen und Zubehör im Zeitpunkt des Todes des Erblassers in das Alleineigentum des Hoferben; der Hoferbe muss jedoch die übrigen Miterben, die nicht Miteigentümer des Hofes werden, abfinden.[15]

---

12 Vgl. Hk-BGB/Hoeren Vor §§ 1922–2385 Rn. 24.
13 Vgl. dazu AS-Skript Gesellschaftsrecht (2018), Rn. 265, 300, 330.
14 Vgl. BGH NJW 1993, 999.
15 Ruby ZEV 2006, 351.

C. Prinzip des Vonselbsterwerbs

15 Mit dem Tode des Erblassers erwirbt der Erbe den Nachlass ohne jegliche Mitwirkung seinerseits, selbst ohne sein Wissen und gegebenenfalls sogar gegen seinen Willen. Er hat deshalb ein Ausschlagungsrecht, § 1942 Abs. 1.[16]

3. Abschnitt: Rechtsquellen des Erbrechts

A. Materielles Recht

16 Die materiellen Vorschriften des Erbrechts befinden sich überwiegend im 5. Buch des BGB: §§ 1922 – 2385. In den übrigen Abschnitten des BGB finden sich einzelne Vorschriften mit erbrechtlichen Auswirkungen, z.B. Erbenbesitz – § 857, erhöhter gesetzlicher Erbteil bei Zugewinngemeinschaft – § 1371 Abs. 1. Auch in anderen Gesetzen sind vereinzelt Normen mit erbrechtlichen Konsequenzen vorhanden, vgl. insbesondere § 27 HGB – Haftung des Erben bei Firmenfortführung.

B. Verfahrensrecht

17 Die verfahrensrechtlichen Regeln bezüglich des Erbrechts finden sich überwiegend im **Gesetz über das Verfahren in Familiensachen und in den Angelegenheiten der Freiwilligen Gerichtsbarkeit (FamFG)**.

Einzelne verfahrensrechtliche Vorschriften stehen u.a. in der Zivilprozessordnung, im Zwangsversteigerungsgesetz, in der Insolvenzordnung und im Beurkundungsgesetz.

C. Internationales Erbrecht

18 Aufgrund zunehmender Mobilität steigt die Zahl der Erbfälle mit Auslandsbezug stetig an. Bei diesen Fällen stellt sich die Frage, ob deutsches Erbrecht oder das Erbrecht eines anderen Staates Anwendung findet.

19 Die bis zum 16.08.2015 geltenden Art. 25, 26 EGBGB sind **für alle ab dem 17.08.2015 eintretenden Erbfälle** durch die **Art. 20 ff. EU-ErbVO**[17] ersetzt worden. Durch die EU-ErbVO soll die Abwicklung grenzüberschreitender Erbfälle vereinfacht und erleichtert werden:[18]

20 ■ Nach Art. 21 Abs. 1 EU-ErbVO unterliegt die gesamte Rechtsnachfolge von Todes wegen grundsätzlich dem Recht des Staates, in dem der Erblasser im Zeitpunkt seines Todes seinen gewöhnlichen Aufenthalt hatte (**Aufenthaltsprinzip**).

Diese Regelung ist die bedeutsamste Änderung zur früheren Rechtslage in Deutschland.[19]

---

16 Vgl. Muscheler JA 2004, 494 ff. zu den Grundprinzipien des deutschen Erbrechts.

17 Verordnung (EU) Nr. 650//2012 des Europäischen Parlaments und des Rates vom 04.07.2012 über die Zuständigkeit, das anzuwendende Recht, die Anerkennung und Vollstreckung von Entscheidungen und die Annahme und Vollstreckung öffentlicher Urkunden in Erbsachen sowie zur Einführung eines Europäischen Nachlasszeugnisses, ABl. EU vom 27.07.2012, L 201/07. Die EU-ErbVO gilt in allen Mitgliedstaaten der EU mit Ausnahme des Vereinigten Königreichs, Irlands und Dänemarks.

18 Vgl. dazu Staudinger/Friesen JA 2014, 641 ff.; Döbereiner NJW 2015, 2449 ff.; Zwirlein JuS 2015, 981 ff.; vgl. Wagner NJW 2017, 3755 ff. zur ersten Rechtsprechung (des EuGH) zur EuErbVO.

19 Staudinger/Friesen JA 2014, 641, 643.

Für die Bestimmung des gewöhnlichen Aufenthaltsorts ist eine Gesamtbeurteilung der Lebensumstände des Erblassers in den Jahren vor seinem Tod und im Zeitpunkt seines Todes vorzunehmen. Dabei sind alle relevanten Tatsachen zu berücksichtigen, insbesondere die Dauer und die Regelmäßigkeit des Aufenthalts des Erblassers in dem betreffenden Staat sowie die damit zusammenhängenden Umstände und Gründe.[20]

Nur wenn die Gesamtheit aller Umstände eine offensichtlich engere Verbindung des Erblassers zu einem anderen Staat ergibt, ist gemäß Art. 21 Abs. 2 EU-ErbVO dessen Recht auf die Rechtsnachfolge von Todes wegen anzuwenden.

- Art. 22 Abs. 1 EU-ErbVO ermöglicht es dem Erblasser, durch Verfügung von Todes wegen zu bestimmen, dass unabhängig von seinem gewöhnlichen Aufenthaltsort die gesamte Rechtsnachfolge von Todes wegen dem Recht des Staates seiner Staatsangehörigkeit zur Zeit der Rechtswahl oder im Zeitpunkt seines Todes unterliegt **(Rechtswahlmöglichkeit)**. **21**

- Gemäß Art. 24 Abs. 1 EU-ErbVO beurteilt sich die die Zulässigkeit und materielle Wirksamkeit eines (gemeinschaftlichen) Testaments nach dem Recht, das auf den Erbfall anwendbar wäre, wenn er sich zum Zeitpunkt der Testamentserrichtung ereignen würde. Diese Regelung stellt sicher, dass ein Testament, das der Erblasser nach dem an seinem Aufenthaltsort geltenden Recht errichtet, nicht durch einen späteren Umzug unwirksam wird.[21] **22**

Für die Zulässigkeit, materielle Wirksamkeit und Bindungswirkung von Erbverträgen gilt die Sonderregelung des Art. 25 EU-ErbVO, die danach unterscheidet, ob der Erbvertrag nur den Nachlass einer oder mehrerer Personen betrifft.

- Hinsichtlich der formellen Wirksamkeit eines Testaments enthält Art. 27 EU-ErbVO einen Katalog von Anknüpfungspunkten. Neben dem Recht des Staates, dem der Erblasser bei Errichtung der Verfügung von Todes wegen oder zum Zeitpunkt seines Todes angehörte, genügt auch die Wahrung der Form nach dem am Ort der Verfügungserrichtung geltenden Recht oder, soweit sich die Verfügung auf Grundstücke bezieht, die Wahrung der Formerfordernisse nach dem Recht des Ortes, an dem sich das unbewegliche Vermögen befindet. **23**

- Art. 62 ff. EU-ErbVO haben ein **Europäisches Nachlasszeugnis** (ENZ) eingeführt. Dieses auf Antrag ausgestellte Zeugnis dient der Legitimation der Erben, Vermächtnisnehmer, der Testamentsvollstrecker und Nachlassverwalter in einem anderen Mitgliedstaat. Das ENZ soll die grenzüberschreitende Abwicklung von Erbfällen erleichtern.[22] **24**

Beachte: *Das ENZ tritt nicht an die Stelle des innerstaatlichen Erbscheins, vgl. Art. 62 Abs. 3 EU-ErbVO. Vielmehr soll es Erben und Testamentsvollstreckern den Nachweis erleichtern, die ihre Rechtsstellung in einem* underen *Mitgliedstaat geltend machen.[23]*

---

20 Brox/Walker Rn. 830b.
21 Simon/Buschbaum NJW 2012, 2393, 2396.
22 Roth NJW-Spezial 2015, 551.
23 Milzer NJW 2015, 2997 ff.; Weber/Schall NJW 2016, 3564 ff.

25 Bis zum 16.08.2015 waren die für das Erbrecht maßgebenden Regeln des deutschen Internationalen Privatrechts in Art. 25, 26 EGBGB enthalten.[24]

26
- Gemäß Art. 25 Abs. 1 EGBGB unterlag die Erbfolge dem Recht des Staates, dem der Erblasser zum Zeitpunkt seines Todes angehörte (**Staatsangehörigkeitsprinzip**). D.h. für die Beerbung eines Deutschen galt deutsches Erbrecht, auch wenn der Erblasser seinen Wohnsitz im Ausland hatte. Demgegenüber war für die Beerbung eines Ausländers dessen Heimatrecht maßgebend, auch wenn er seinen Wohnsitz in Deutschland hatte.

- Gemäß Art. 25 Abs. 2 EGBGB konnte der Erblasser für im Inland belegenes unbewegliches Vermögen in der Form einer Verfügung von Todes wegen deutsches Recht wählen. Dadurch konnte es zu einer sogenannten **Nachlassspaltung** kommen. D.h., dass verschiedene Nachlassgegenstände erbrechtlich nach unterschiedlichen Rechtsordnungen behandelt wurden. Der gleiche Effekt konnte eintreten, wenn das Heimatrecht des Erblassers für Grundstücke im Ausland auf das dort geltende Recht verwies.[25]

- Art 26 Abs. 1, 3 und 4 EGBGB stellten sicher, dass dem Erblasserwillen nach Möglichkeit Geltung verschafft wurde, indem für die Form einer Verfügung von Todes wegen ein Katalog von Anknüpfungspunkten aufgestellt wurde, der dem des jetzt geltenden Art. 27 EU-ErbVO entsprach.[26]

4. Abschnitt: Wesentliche Fragen des Erbrechts – Überblick

27 Mit dem **Eintritt des Todes** stellen sich im Wesentlichen die folgenden **Fragen**:

- **Wer ist Erbe**, wer erwirbt also mit Eintritt des Todes das Vermögen als Ganzes?
  – Vgl. dazu 2.–4. Teil Rn. 28 ff.

- **Welche Rechtsstellung hat der Erbe**; welche Ansprüche kann er geltend machen und wie ist der Nachlass zu verwalten? – Vgl. dazu 5. Teil Rn. 337 ff.

- **Wie ist der Nachlass zu verteilen?** Es müssen die **Nachlassverbindlichkeiten** erfüllt werden. – Vgl. dazu 6. Teil Rn. 423 ff.

- **Wie wirken sich Rechtsgeschäfte unter Lebenden auf den Todesfall aus?**
  – Vgl. dazu 7. Teil Rn. 487 ff.

---

24 Vgl. dazu Brox/Walker Rn. 820 ff.
25 Olzen Rn. 73.
26 Leipold Rn. 20.

2. Teil: Die gesetzliche Erbfolge

Die **gesetzliche Erbfolge** tritt ein,   **28**

- wenn es der Erblasser versäumt hat, einen Erben durch eine Verfügung von Todes wegen zu bestimmen, oder

- die Erbenbestimmung in einer Verfügung von Todes wegen unwirksam ist oder

- die wirksame Verfügung von Todes wegen aus tatsächlichen oder rechtlichen Gründen nicht ausgeführt werden kann – z.B. vorheriger Tod des Bedachten, Verzicht, Ausschlagung oder Erbunwürdigkeit (dazu im 4. Teil Rn. 312 ff.).

Die Gründe für das Fehlen einer Erbeinsetzung in einer Verfügung von Todes wegen sind für das Eintreten der gesetzlichen Erbfolge unerheblich. Der Erblasser kann an der Äußerung eines entgegenstehenden Willens durch seinen plötzlichen Tod gehindert worden sein, er kann bewusst auf eine letztwillige Verfügung verzichtet haben usw.

Sind die Abkömmlinge, die Eltern, der Ehegatte oder der gleichgeschlechtliche Lebenspartner des Erblassers durch Verfügung von Todes wegen von der Erbfolge ausgeschlossen, so erhalten sie gemäß §§ 2303 ff. (i.V.m. § 10 Abs. 6 LPartG) den Pflichtteil in Höhe der Hälfte des Wertes des gesetzlichen Erbteils, vgl. § 2303 Abs. 1 S. 2.

Gesetzliche Erben können nur die Verwandten und der Ehegatte bzw. der gleichgeschlechtliche Lebenspartner des Erblassers sowie der Staat sein. Der Staat erbt, wenn weder ein Verwandter noch ein Ehegatte noch ein gleichgeschlechtlicher Lebenspartner den Erblasser überlebt (§ 1936), und auch kein Erbe aufgrund einer Verfügung von Todes wegen vorhanden ist.[27]

1. Abschnitt: Das gesetzliche Erbrecht der Verwandten

Das übergeordnete Prinzip des gesetzlichen Verwandtenerbrechts ist das sogenannte   **29** **Parentelsystem** (von lateinisch parentes = Eltern):[28] Je nach ihrer Abstammung vom Erblasser bzw. von dessen Eltern oder bestimmten Voreltern werden die Verwandten in Ordnungen eingeteilt. Solange ein Verwandter einer vorhergehenden Ordnung vorhanden ist, sind die Verwandten nachfolgender Ordnungen von der Erbschaft ausgeschlossen (§ 1930).

Gemäß § 1589 ist verwandt, wer voneinander oder von derselben dritten Person abstammt. Darüber hi-   **30** naus gibt es Fälle rechtlicher Verwandtschaft, die nicht auf Abstammung beruhen (Annahme als Kind, §§ 1741 ff.). Durch die Adoption erlischt die Rechtsbeziehung zwischen dem Kind und seiner Ursprungsfamilie, § 1755, und das Kind wird vollständig in die Familie der Annehmenden integriert, § 1754 (Volladoption). Das Kind beerbt daher in seiner neuen Familie bei gesetzlicher Erbfolge nicht nur seine Adoptiveltern, sondern auch deren Verwandte (Ausnahmen: bei Stiefkind- bzw. Verwandtenadoption, § 1925 Abs. 4 i.V.m. § 1756, und bei Volljährigenadoption, § 1770 Abs. 1 und 2).[29]

---

27 Allgemein zur gesetzlichen Erbfolge Olzen Jura 1998, 135.

28 Vgl. zum erbrechtlichen Parentelsystem Amend-Traut AL 2013, 57 ff.

29 Brox/Walker Rn. 48, 49; Frank/Helms § 2 Rn. 7.

Es gehören zur

1. Ordnung: die Abkömmlinge des Erblassers (§ 1924 Abs. 1);

2. Ordnung: die Eltern des Erblassers und deren Abkömmlinge (§ 1925 Abs. 1);

3. Ordnung: die Großeltern des Erblassers und deren Abkömmlinge (§ 1926 Abs. 1);

4. Ordnung: die Urgroßeltern des Erblassers und deren Abkömmlinge (§ 1928 Abs. 1);

5. und den ferneren Ordnungen: die entfernteren Voreltern und deren Abkömmlinge (§ 1929 Abs. 1).

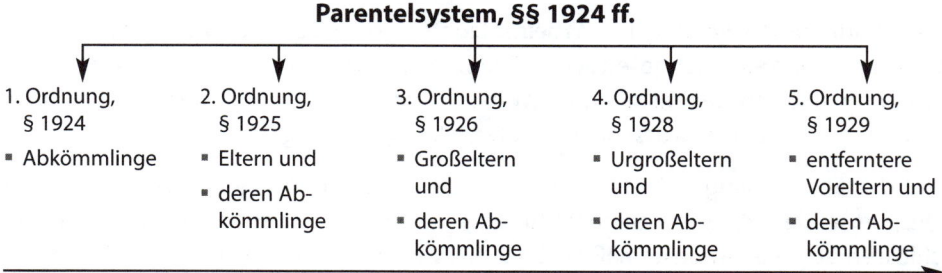

Parentelsystem, §§ 1924 ff.

1. Ordnung, § 1924	2. Ordnung, § 1925	3. Ordnung, § 1926	4. Ordnung, § 1928	5. Ordnung, § 1929
▪ Abkömmlinge	▪ Eltern und ▪ deren Abkömmlinge	▪ Großeltern und ▪ deren Abkömmlinge	▪ Urgroßeltern und ▪ deren Abkömmlinge	▪ entferntere Voreltern und ▪ deren Abkömmlinge

§ 1930: vorhergehende Ordnung schließt nachfolgende Ordnung aus

Die Auswahl des zum Erben berufenen Verwandten nach dem Parentelsystem kann bewirken, dass ein nach dem Verwandtschaftsgrad (vgl. § 1589 S. 3) entfernterer Verwandter vor einem dem Grade nach näheren Verwandten Erbe werden kann. Ein Enkel des Erblassers (Erbe 1. Ordnung) schließt z.B. die Eltern des Erblassers (Erben 2. Ordnung) aus, obgleich der Verwandtschaftsgrad des Enkels (2. Grad) entfernter ist als derjenige der Eltern (1. Grad).

A. Erben erster Ordnung

31 Innerhalb der ersten Ordnung werden die Erben und die Quote ihres Erbteils **nach Stämmen** ermittelt (§ 1924 Abs. 3): Stämme werden durch die Kinder einer Person gebildet. Jedes Kind bildet einen Stamm; die Kindeskinder (Enkel, Urenkel, usw.) bilden weitere Unterstämme. Geteilt wird durch die Anzahl der Stämme, und zwar **zu gleichen Teilen**, § 1924 Abs. 4. Dabei wird ein Stamm aber nur dann berücksichtigt, wenn in ihm zum Zeitpunkt des Erbfalls überhaupt noch ein erbfähiger Abkömmling vorhanden ist.

Innerhalb eines Stammes gelten das **Repräsentationsprinzip** und das **Eintrittsrecht**:

■ Das Repräsentationsprinzip gemäß § 1924 Abs. 2 bedeutet, dass ein Abkömmling des Erblassers diejenigen Abkömmlinge, die durch ihn mit dem Erblasser verwandt sind, von der Erbfolge ausschließt. Er „repräsentiert" den Stamm.

■ Das Eintrittsrecht nach § 1924 Abs. 3 besagt, dass an die Stelle eines verstorbenen Repräsentanten dessen Kinder treten.

Das Eintrittsrecht besteht über den Wortlaut des § 1924 Abs. 3 hinaus auch dann, wenn der nähere Abkömmling die Erbschaft ausgeschlagen hat, § 1953 Abs. 2, für erbunwürdig erklärt wurde, § 2344 Abs. 2, einen Erbverzicht erklärt hat, § 2346 Abs. 1 S. 2, oder durch Verfügung von Todes wegen enterbt wurde.[30] Allerdings erstreckt sich der Erbverzicht eines Abkömmlings im Zweifel auch auf seine Abkömmlinge, soweit nicht ein anderes vereinbart worden ist, § 2349, und bei einer Enterbung ist eine Frage der Auslegung, ob der Erblasser nur den gesetzlichen Erben oder auch dessen Abkömmlinge enterben wollte; im Zweifel bezieht sich die Enterbung nicht auch auf die Abkömmlinge.[31]

Fall 1: Gesetzliche Erben der ersten Ordnung

Von den vier Kindern des Erblassers lebt zur Zeit des Erbfalls nur noch der Sohn K1. K2, K3 und K4 sind verstorben. Von den Enkeln des Erblassers leben noch E1 (Sohn des K1), E2 und E3 (Söhne des K2) und E5 (Sohn des K3), während E4 (der zweite Sohn des K3) unter Hinterlassung von zwei Kindern (U1 und U2) verstorben ist. K4 war kinderlos. Außerdem leben noch zwei Brüder, B1 und B2, des Erblassers. Wie ist die gesetzliche Erbfolge?

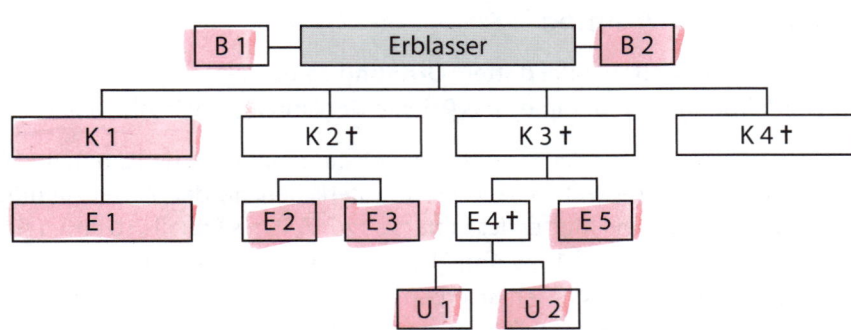

1. K1
   E2 + E3 + E5
   U1 + U2

I. Mit den Abkömmlingen des Erblassers sind Erben 1. Ordnung vorhanden, sodass die Brüder des Erblassers, die gemäß § 1925 Abs. 1 Erben 2. Ordnung sind, gemäß § 1930 als Erben ausscheiden. **32**

II. Der Abkömmling K4 ist ohne Hinterlassung von eigenen Abkömmlingen vor dem Erbfall gestorben. Infolgedessen verteilt sich das Vermögen des Erblassers nach dem Stammprinzip gemäß § 1924 Abs. 3 auf die Stämme der K1, K2 und K3. **33**

III. Nach dem Repräsentationsprinzip, § 1924 Abs. 2, schließt K1 seinen Sohn E1 von der Erbschaft aus. **34**

IV. Demgegenüber sind nach dem Eintrittsrecht, § 1924 Abs. 3, anstelle des K2 seine Söhne E2 und E3 zu Erben berufen und an die Stelle des vorverstorbenen K3 sind E5 und, weil auch E4 verstorben ist, an dessen Stelle U1 und U2 getreten. **35**

V. Die Stämme erben gemäß § 1924 Abs. 4 zu gleichen Teilen und der Stamm K4 ist dadurch, dass K4 ohne eigene Abkömmlinge verstorben ist, weggefallen, sodass die Stämme K1, K2 und K3 je 1/3 des Nachlasses erben. **36**

K1 repräsentiert seinen Stamm und ist daher zu 1/3 Anteil Erbe geworden.

Demgegenüber müssen sich E2 und E3 den Anteil des K2 teilen; sie sind als Mitglieder des Unterstammes zu gleichen Teilen an die Stelle des K2 getreten und erben folglich zu je 1/6.

---

30 Brox/Walker Rn. 56.
31 BGH FamRZ 1959, 149.

Der 1/3 Anteil, der auf den Stamm K3 entfällt, teilt sich zu gleichen Anteilen zwischen den Unterstämmen E4 und E5 auf, sodass E5 zu 1/6 erbt, während U1 und U2 sich den weiteren 1/6 Anteil des E4 teilen, also zu je 1/12 Anteil Erben geworden sind.

Der Erblasser ist danach von K1 zu 1/3, E2, E3 und E5 zu je 1/6 sowie von U1 und U2 zu je 1/12 Anteil beerbt worden.

Beachte: In erbrechtlichen Klausuren sind in der Regel mehrere Personen (vor)verstorben. Bei der Prüfung sind die verschiedenen Erbfälle sorgfältig zu trennen. Insbesondere muss der Bearbeiter genau darauf achten, nach wessen Erbfall gefragt ist.

B. Erben zweiter Ordnung

37 Sind nur Erben der **zweiten** (oder dritten) **Ordnung** vorhanden, so gilt vor der Methode der Erbenermittlung nach Stämmen das **Prinzip der Linien** (§ 1925 Abs. 3 S. 1).

Linie ist dabei die vom Erblasser aus gesehene Abstammung von den Eltern und Großeltern. Die Verwandten des Vaters gehören zur väterlichen, die der Mutter zur mütterlichen Linie. Leben Vater und Mutter des Erblassers zur Zeit des Erbfalls, so erben sie zu je 1/2 (Repräsentationsprinzip, § 1925 Abs. 2). Ist zum Zeitpunkt des Erbfalls ein nach der Linie berufener Elternteil verstorben, so erben dessen Abkömmlinge den auf diese Linie entfallenden Anteil nach Stämmen (Eintrittsrecht, § 1925 Abs. 3 S. 1). Sind Abkömmlinge nicht vorhanden, erbt der überlebende Elternteil allein, § 1925 Abs. 3 S. 2.

Wird ein minderjähriges Kind von Personen adoptiert, die mit ihm im zweiten oder dritten Grad verwandt sind (z.B. Großeltern oder Onkel und Tante), erlischt gemäß § 1756 Abs. 1 das Verwandtschaftsverhältnis nur zu den leiblichen Eltern, aber nicht zu den übrigen Familienmitgliedern (z.B. zu den Geschwistern), damit das Kind nicht ganz aus seiner ursprünglichen Familie herausgerissen wird.[32] Gemäß § 1925 Abs. 4 i.V.m. § 1756 richtet sich die gesetzliche Erbfolge in der zweiten Ordnung jedoch nur nach der Adoptivverwandtschaft des Kindes.[33]

> ### Fall 2: Gesetzliche Erben der zweiten Ordnung
>
> Zur Zeit des Erbfalls lebt von den Eltern des Erblassers nur noch sein Vater V. Sein Bruder B ist ebenfalls vorverstorben, hat jedoch zwei Kinder – N1 und N2 – hinterlassen. Seine Halbschwester S aus der ersten Ehe seiner Mutter hat 3 Kinder – N3, N4 und N5.

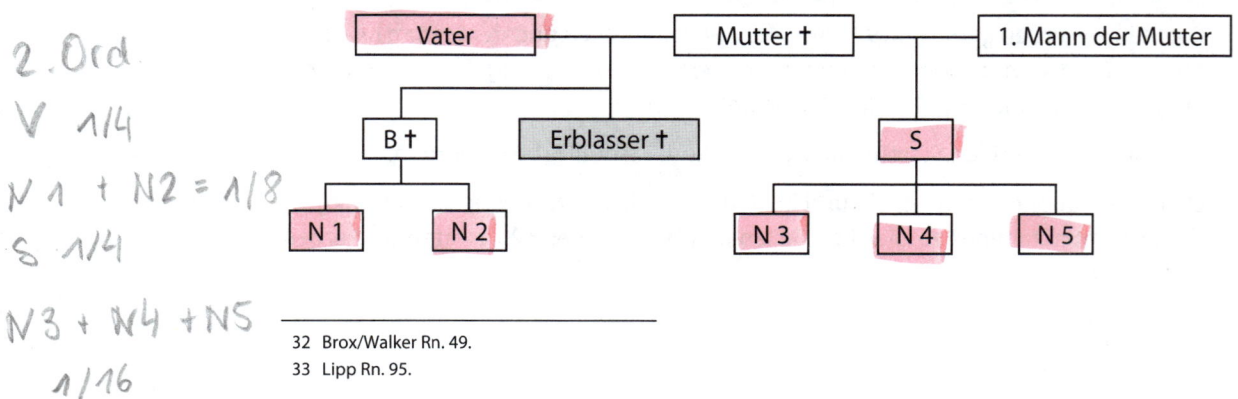

2.Ord.

V 1/4

N1 + N2 = 1/8

S 1/4

N3 + N4 + N5
1/16

---

32 Brox/Walker Rn. 49.
33 Lipp Rn. 95.

I. Mangels einer Verfügung von Todes wegen gilt die gesetzliche Erbfolge und da der   **38**
    Erblasser unverheiratet war, beerben ihn gemäß §§ 1924 ff. seine Verwandten.

II. Der Erblasser ist kinderlos verstorben, sodass keine Erben der 1. Ordnung vorhanden
    sind. Infolgedessen sind die Erben aus der 2. Ordnung (Eltern und deren Abkömmlin-
    ge, § 1925 Abs. 1) berufen.

III. Nach dem Linienprinzip erben die Eltern M und V gemäß § 1925 Abs. 2 an sich allein
    und zu gleichen Teilen, also jeder zu ½. Da V lebt, repräsentiert er die väterliche Linie
    und schließt seine Abkömmlinge von der Erbfolge aus. V erbt daher ½.

IV. M ist vorverstorben und somit nicht erbfähig. Innerhalb der mütterlichen Linie gilt
    nun das Eintrittsrecht, d.h. der Anteil der M geht zu gleichen Teilen an ihre Abkömm-
    linge, also an sich an B und S zu je ¼, § 1925 Abs. 3 S. 1 i.V.m. § 1924 Abs. 4.

    B ist jedoch ebenfalls vorverstorben und folglich nicht erbfähig, sodass sein Anteil
    nach dem Eintrittsrecht zu gleichen Teilen an seine Kinder N1 und N2 geht, § 1925
    Abs. 3 S. 1 i.V.m. § 1924 Abs. 4; diese sind daher Erben zu je 1/8. Die Kinder der S – N3,
    N4 und N5 – sind wegen des Repräsentationsprinzips von der Erbschaft ausgeschlos-
    sen, § 1925 Abs. 3 S. 1 i.V.m. § 1924 Abs. 2.

Der Erblasser ist danach von V zu ½, S zu ¼ und N1 und N2 zu je 1/8 beerbt worden.

C. Erben dritter Ordnung

Gesetzliche Erben der **dritten Ordnung** sind nach § 1926 Abs. 1 die Großeltern des Er-   **39**
blassers und deren Abkömmlinge.

Der Nachlass fällt je zur Hälfte in die großelterliche Linie väterlicherseits und die großelterliche Linie mütterlicherseits. Lebten alle Großeltern noch, so erbten sie je zu 1/4 (Repräsentationsprinzip, § 1926 Abs. 2).

Sind Großeltern verstorben, so vererbt sich deren Anteil nach dem Eintrittsrecht in den
von den verstorbenen Großeltern ausgehenden Stämmen (§ 1926 Abs. 3 S. 1). Sind keine Abkömmlinge eines verstorbenen Großelternteils vorhanden, so fällt dessen Anteil
an den anderen Großelternteil derselben Linie (§ 1926 Abs. 3 S. 2). Erst wenn beide Großeltern einer Linie verstorben und von ihnen auch keine Abkömmlinge mehr vorhanden
sind, fällt der Anteil an die andere Großelternlinie (§ 1926 Abs. 4).

> **Fall 3: Gesetzliche Erben der dritten Ordnung**
>
> Die Eltern des Erblassers E waren bereits vor Jahren bei einem Schiffsunglück ums Le-
> ben gekommen. Zum Zeitpunkt des Erbfalls leben von den Verwandten väterlicher-
> seits noch die Großmutter sowie der Onkel O des E. Von den Verwandten aus der
> mütterlichen Linie leben noch der Großvater sowie C1, C2 und C3, die Kinder der Tan-
> te T des E.

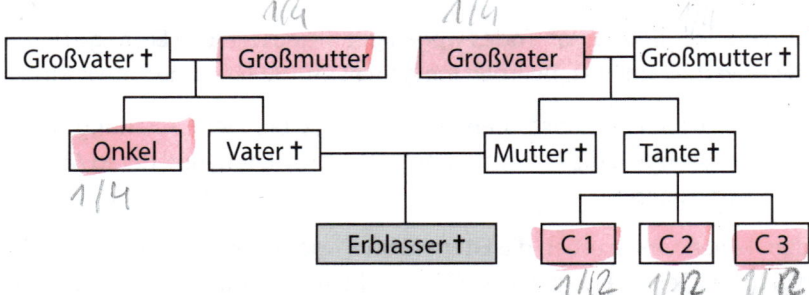

40 I. Mangels einer Verfügung von Todes wegen gilt die gesetzliche Erbfolge und da der Erblasser unverheiratet war, beerben ihn gemäß §§ 1924 ff. seine Verwandten.

II. Erben erster und zweiter Ordnung sind nicht vorhanden, sodass die Erben der 3. Ordnung (Großeltern und deren Abkömmlinge, § 1926) als Erben berufen sind.

III. Gemäß § 1926 Abs. 2 erben die Großeltern an sich allein und zu gleichen Teilen, also jeder ¼.

Die Großmutter väterlicherseits lebt und erbt daher ¼. Der Großvater väterlicherseits ist vorverstorben und somit nicht erbfähig. Sein Erbteil i.H.v. ¼ geht gemäß § 1926 Abs. 3 S. 1 an seinen Abkömmling O.

Der Großvater mütterlicherseits lebt und erbt somit ¼. Der Erbteil der vorverstorbenen Großmutter mütterlicherseits i.H.v. ¼ fällt gemäß § 1926 Abs. 3 S. 1 an ihre Abkömmlinge, also an sich an T. Da diese jedoch ebenfalls vorverstorben ist, geht der Anteil zu gleichen Teilen gemäß § 1926 Abs. 5 i.V.m. § 1924 Abs. 3, Abs. 4 an die Abkömmlinge der T. C1, C2 und C3 erben daher je 1/12.

Erben des Erblassers sind daher die Großmutter väterlicherseits, der Großvater mütterlicherseits und O zu je ¼ sowie C1, C2 und C3 zu je 1/12.

D. Erben vierter und entfernterer Ordnungen

41 Ab der **vierten Ordnung** gilt anstelle der Erbfolge nach Stämmen oder Linien das sogenannte **Gradsystem (Gradualsystem)**: Der mit dem Erblasser gradmäßig nähere Verwandte schließt die entfernteren Verwandten aus (§§ 1928 Abs. 3, 1929). Der Grad der Verwandtschaft bestimmt sich nach der Zahl der sie vermittelnden Geburten (§ 1589 S. 3). Dabei wird die Geburt der die Verwandtschaft herstellenden (vermittelnden) Person nicht mitgezählt. Demzufolge sind Eltern mit ihren Kindern im ersten Grad verwandt (zwischen ihnen liegt nur die Geburt des Kindes); Geschwister sind daher im zweiten Grad miteinander verwandt (zwischen ihnen liegen ihre Geburten, die Geburt der Eltern wird nicht mitgezählt).[34]

---

34 Hk-BGB/Kemper § 1589 Rn. 1.

Die Graderbfolge gilt jedoch immer nur in der jeweils zur Erbfolge berufenen Ordnung. Der Sinn des Gradsystems besteht darin, bei derart entfernter Verwandtschaft zum Erblasser eine Nachlasszersplitterung zu vermeiden.[35]

Beispiel: Gesetzliche Erben der vierten Ordnung
An Verwandten des Erblassers sind noch vorhanden: ein Urgroßelternteil U mütterlicherseits, ein Großonkel G aus der väterlichen Linie und ein Sohn S eines anderen verstorbenen Großonkels.

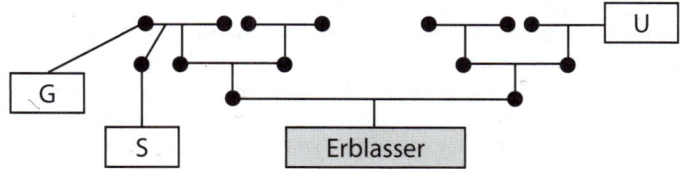

1. Vererbt wird hier innerhalb der 4. Ordnung (§ 1928). Die noch lebende Urgroßmutter U erbt hier allein (§ 1928 Abs. 2). Da Linien- und Stammsystem nicht gelten, treten an die Stelle der weggefallenen Urgroßeltern nicht deren Abkömmlinge. Die überlebenden Urgroßeltern erben als gradmäßig nächste Verwandte immer allein. G und S gehen also leer aus.
2. Wäre auch die U schon verstorben, so würde als gradmäßig nächster Verwandter der Großonkel G allein erben.

E. Gesetzliches Erbrecht bei mehrfacher Verwandtschaft, § 1927

§ 1927 enthält eine Sonderreglung für den Fall mehrfacher Verwandtschaft. Dazu kann es bei Abkömmlingen aus einer Ehe unter Verwandten oder bei Adoption eines Verwandten kommen.   **42**

Gemäß § 1927 S. 1 erhält der Erbe, der in der 1., 2. oder 3. Ordnung verschiedenen Stämmen angehört, die darauf entfallenden Anteile kumulativ. Die Erbteile gelten gemäß § 1927 S. 2 als besondere Erbteile, sodass die erbrechtlichen Vorschriften – z.B. bezüglich der Ausschlagung, § 1951 – auf jeden dieser Erbteile gesondert anzuwenden sind.[36]

F. Erhöhung des Erbteils, § 1935

§ 1935 enthält eine Spezialregelung für den Fall der Erhöhung eines Erbteils, die erfolgt, weil ein anderer gesetzlicher Erbe, der neben dem Erben geerbt hätte, z.B. wegen Vorversterbens oder Erbausschlagung nicht Erbe wird.   **43**

Gemäß § 1935 wird die Erhöhung hinsichtlich der Vermächtnisse, Auflagen und Ausgleichspflichten als besonderer Erbteil behandelt. Dadurch soll verhindert werden, dass eine Erbteilserhöhung durch Wegfall anderer gesetzlicher Erben dem begünstigten gesetzlichen Erben letztlich zum Nachteil gereicht. Dies könnte z.B. geschehen, wenn Belastungen des hinzuerlangten Anteils im Ergebnis auch den Erbteil schmälern würden, der ohne die Erhöhung angefallen wäre.[37]

Beispiel: Der verwitwete Erblasser E wurde von seinen Kindern S und T zu je 1/2 als gesetzliche Erben beerbt. Den Erbteil der T hatte E mit einem Vermächtnis zugunsten seiner Pflegerin i.H.v. 30.000 € beschwert. Der Nachlasswert beträgt 50.000 €. Die T hat die Erbschaft ausgeschlagen.

---

35 Schlüter/Röthel § 8 Rn. 2; Staudinger/Werner Vorbem. zu §§ 1924–1936 Rn. 19.

36 Leipold Rn. 142.

37 MünchKomm/Leipold § 1935 Rn. 1.

Infolge der Ausschlagung ist T gemäß § 1953 Abs. 1 keine Erbin des E geworden. Der Erbteil, der eigentlich an T gefallen wäre, ist gemäß § 1953 Abs. 2 S angefallen, der somit Alleinerbe des E geworden ist.

Ohne die Erbteilserhöhung hätte S einen unbelasteten Erbteil von 1/2 im Wert von 25.000 € erhalten. Durch die Erbteilserhöhung erlangt S zwar die Alleinerbschaft im Wert von 50.000 €, er ist allerdings mit der Erfüllung des Vermächtnisses i.H.v. 30.000 € beschwert, vgl. § 2161. Daher blieben S letztlich lediglich 20.000 € vom Nachlass übrig. Die Erbteilserhöhung führt folglich im Ergebnis zu einer Verschlechterung der Rechtsposition des S.

Um das zu verhindern, bestimmt § 1935, dass der Teil, um den sich der Anteil des S erhöht, hinsichtlich der Vermächtnisse, Auflagen und der Ausgleichspflicht als besonderer Erbteil gilt. D.h., dass S bzgl. des Erbteils der T zwar nicht ausschlagen kann, da es sich bei seinem Erbteil um einen einzigen, einheitlichen Erbteil handelt, vgl. § 1953 Abs. 2, er hat aber Vermächtnisse, etc. nur insoweit zu erfüllen, als T – wäre sie Erbin geworden – zur Erfüllung verpflichtet gewesen wäre. Infolgedessen muss S das Vermächtnis nur i.H.v. 25.000 € (= potentieller Erbteil der T) erfüllen, § 1991 Abs. 4.

2. Abschnitt: Das gesetzliche Erbrecht des Ehegatten

Gemäß § 1931 steht neben den Verwandten des Erblassers auch dessen überlebendem Ehegatten ein gesetzliches Erbrecht zu.[38]

A. Voraussetzungen des gesetzlichen Ehegattenerbrechts

44   Voraussetzung des gesetzlichen Ehegattenerbrechts sind – neben der Erbfähigkeit (vgl. § 1923) – das Bestehen einer wirksamen Ehe mit dem Erblasser im Todeszeitpunkt sowie das Nichteingreifen von Ausschlussgründen.

Eine wirksame Ehe ist nicht gegeben im Fall einer Nichtehe, einer rechtskräftig aufgehobenen Ehe (vgl. § 1313) sowie einer rechtskräftig geschiedenen Ehe (vgl. § 1564).[39]

Das Ehegattenerbrecht ist gemäß § 1933 ausgeschlossen, wenn die Voraussetzungen für eine Aufhebung oder Scheidung vorlagen **(materielle Voraussetzung)** und der Erblasser selbst die Aufhebung oder Scheidung beantragt oder der Scheidung zugestimmt hatte **(formelle Voraussetzung)**.[40] In einem solchen Fall verliert der Ehegatte nicht nur sein gesetzliches Erbrecht gemäß § 1931, sondern auch seinen Anspruch auf den Voraus gemäß § 1932 und seinen Pflichtteilsanspruch gemäß § 2303.[41] An die Stelle des Erbrechts tritt dann ein Unterhaltsanspruch, § 1933 S. 3.

Nach h.M.[42] ist für die formelle Voraussetzung Rechtshängigkeit, d.h. Zustellung der Antragsschrift, erforderlich, nach a.A.[43] genügt Anhängigkeit, d.h. Einreichung der Antragsschrift, da der Wortlaut des § 1933 nur einen Scheidungsantrag verlange und der Erblasser auf die Zustellung ohnehin keinen Einfluss habe (vgl. § 167 ZPO). Für die h.M. spricht, dass der andere Ehegatte erst mit der Zustellung sichere Kenntnis von dem Scheidungsbegehren des Erblassers erlangt und er nun wegen der erbrechtlichen Konsequenzen seinerseits entsprechend reagieren kann, z.B. durch Errichtung eines Testaments.[44]

---

38   Vgl. dazu Coester Jura 2010, 105 ff.; Falkner JA 2013, 824 ff.; Lorenz/Eichhorn JuS 2015, 781 ff.

39   Palandt/Weidlich § 1931 Rn. 12, 13; vgl. zum Unterschied Nichtehe – aufhebbare Ehe AS-Skript Familienrecht (2015), Rn. 5.

40   Vgl. dazu OLG Düsseldorf, JuS 2012, 173: für Annahme einer Zustimmung i.S.d. § 1933 reicht es nicht aus, dass der Erblasser dem Scheidungsantrag des Ehegatten nicht entgegengetreten ist.

41   BeckOK BGB/Müller-Christmann § 1933 Rn. 9.

42   Lange/Kurchinke § 12 II 2 b m.w.N.; BGH NJW 1995, 51.

43   Brox/Walker Rn. 66.

44   Michalski Rn. 67

Die Zustimmung zur Scheidung muss als Prozesshandlung wirksam sein, also – ohne Anwaltszwang, § 114 Abs. 4 Nr. 3 FamFG – schriftsätzlich gegenüber dem Gericht oder gemäß § 134 Abs. 1 FamFG zur Niederschrift der Geschäftsstelle oder in der mündlichen Verhandlung erklärt werden.[45]

Das Ehegattenerbrecht ist darüber hinaus gemäß § 1318 Abs. 5 für den Ehegatten ausgeschlossen, der bei Eingehung der Ehe deren Aufhebbarkeit wegen Verstoßes gegen § 1304 (Geschäftsunfähigkeit eines Ehegatten), § 1306 (Eheverbot wegen Doppelehe), § 1307 (Eheverbot wegen Verwandtschaft), § 1311 (persönliche Erklärung) oder § 1314 Abs. 2 Nr. 1 (Bewusstlosigkeit oder vorübergehende Störung der Geistestätigkeit) gekannt hat. Dadurch soll verhindert werden, dass der Überlebende besser gestellt wird als er gemäß § 1933 S. 2 stünde, wenn noch zu Lebzeiten des Erblassers die Aufhebung der Ehe beantragt worden wäre.[46]

B. Umfang des gesetzlichen Ehegattenerbrechts

Der Umfang des gesetzlichen Erbrechts des überlebenden Ehegatten wird von zwei Faktoren bestimmt: **45**

- Zum einen davon, ob **Verwandte** des Erblassers vorhanden sind und **welcher Ordnung** diese angehören. Der Ehegatte zählt nicht zu den Verwandten (§ 1589).

- Zum anderen spielt eine Rolle, in welchem **Güterstand** die Ehegatten im Zeitpunkt des Erbfalls gelebt haben.

I. Rein erbrechtliche Betrachtung

Bei rein **erbrechtlicher Betrachtung** erbt der Ehegatte neben Verwandten 1. Ordnung zu 1/4, neben Erben der 2. Ordnung oder den Großeltern (nicht deren Abkömmlingen) zu 1/2, § 1931 Abs. 1 S. 1, und neben Erben der 3. und weiterer Ordnungen, wenn keine Großeltern vorhanden sind, allein, § 1931 Abs. 2. Lebt noch mindestens ein Großelternteil und sind die anderen Großeltern bereits vorverstorben, so geht der Anteil, der nach § 1926 Abs. 3 an sich auf die Abkömmlinge der verstorbenen Großeltern übergehen würde, auch auf den Ehegatten über (§ 1931 Abs. 1 S. 2). **46**

II. Die Korrekturen nach dem ehelichen Güterrecht[47]

1. Beim gesetzlichen Güterstand der Zugewinngemeinschaft muss differenziert werden: **47**

- Gemäß § 1931 Abs. 3 i.V.m. § 1371 Abs. 1 wird der gesetzliche Erbteil für den überlebenden Ehegatten um 1/4 erhöht, sogenannte **erbrechtliche Lösung.** Neben Abkömmlingen des Erblassers erbt der Ehegatte danach 1/2, neben Erben der 2. Ordnung und den Großeltern 3/4. Bei dieser Erhöhung des Erbteils um 1/4 handelt es sich um einen *pauschalierten Zugewinnausgleich,* d.h., die Erhöhung erfolgt unabhängig von den konkreten Vermögensverhältnissen der Ehegatten.

---

45 OLG Köln NJW 2013, 2831; Leipold Rn. 153 Fn. 3.

46 Olzen Rn. 165.

47 Vgl. Leipold Rn. 193a–193c zum deutsch-französischen Güterstand der Wahlzugewinngemeinschaft.

Der Sinn des pauschalierten Zugewinnausgleichs besteht nach der Vorstellung des Gesetzgebers darin, die Rechtslage zu vereinfachen und Streitigkeiten zwischen dem überlebenden Elternteil und den Kindern dadurch zu verhindern, dass die Berechnung des Zugewinns unterbleibt.[48]

■ Die erbrechtliche Lösung des Zugewinnausgleichs wirkt sich für den überlebenden Ehegatten im Vergleich zu dem normalen Zugewinnausgleich nach §§ 1373 ff. (wie er etwa bei der Scheidung der Ehe erfolgt) dann nachteilig aus, wenn in dem Nachlass ein hoher Zugewinn steckt. Um diesem Nachteil zu entgehen, kann der überlebende Ehegatte auch die sogenannte **güterrechtliche Regelung** herbeiführen. Er muss dann die Erbschaft gemäß §§ 1944, 1945 ausschlagen, sodass er nicht Erbe wird. Gemäß § 1371 Abs. 3 erhält der überlebende Ehegatte in diesem Fall einen konkret berechneten Zugewinnausgleich sowie seinen Pflichtteil.

   ■ Der **Zugewinnausgleich** berechnet sich dann nach den allgemeinen Regeln (§ 1371 Abs. 3, 2 i.V.m. §§ 1373 ff.) und die Ausgleichsforderung richtet sich als schuldrechtlicher Anspruch gegen die Erben.

   ■ Neben der Zugewinnausgleichsforderung hat der Ehegatte gegen den Erben noch den **Pflichtteilsanspruch**, obgleich er nicht durch Verfügung von Todes wegen von der Erbschaft ausgeschlossen ist (§ 2303 Abs. 2 S. 2 i.V.m. § 1371 Abs. 3). Im Gegensatz zu den Kindern und Eltern verliert der Ehegatte durch die Ausschlagung der Erbschaft nicht den Pflichtteilsanspruch, § 1371 Abs. 3.

   ■ Der Pflichtteil besteht in der Hälfte des gesetzlichen Erbteils, § 2303 Abs. 1 S. 2. Er wird in diesem Fall aber nicht nach dem bestimmt, was dem Ehegatten bei der erbrechtlichen Lösung über §§ 1931, 1371 Abs. 1 als Erben zufallen würde, sondern der Pflichtteil berechnet sich nur nach dem § 1931 entsprechenden gesetzlichen Erbteil (sogenannter „kleiner Pflichtteil", vgl. § 1371 Abs. 2 a.E.). Dadurch wird sichergestellt, dass der überlebende Ehegatte nicht zweimal – konkret und pauschaliert – Zugewinn erhält. Nach ganz h.M. hat der Ehegatte kein Wahlrecht, statt des Zugewinnausgleichs nebst kleinem Pflichtteil den großen Pflichtteil zu verlangen.[49]

48   **2.** Haben die Ehegatten **Gütertrennung** vereinbart, so ist § 1931 Abs. 4 zu beachten. Die Kinder sollen nach dem Willen des Gesetzgebers jeweils nicht mehr als der Ehegatte erben, da der Ehegatte wohl eher zum Vermögenserwerb des Verstorbenen beigetragen hat als die Kinder.

Ist nur ein Kind vorhanden, würde dies nach allgemeinen Grundsätzen 3/4 erben. Zwei Kinder würden jeweils 3/8 – also ebenfalls mehr als der Ehegatte – erhalten. Durch § 1931 Abs. 4 wird der Ehegatte jedem einzelnen Kind gleichgestellt. Er erhält also neben einem Kind 1/2, neben 2 Kindern 1/3. Bei drei und mehr Kindern ist der Ehegatte ohnehin gleichgestellt oder bevorzugt, weil er nach § 1931 Abs. 1 S. 1 mindestens 1/4 erhält.

---

48 Schlüter/Röthel § 9 Rn. 14.
49 BGHZ 42, 182; BGH NJW 1982, 2497; Palandt/Brudermüller § 1371 Rn. 15 und im 6. Teil Rn. 474, 475.

3. Der Güterstand der **Gütergemeinschaft** führt zu keinen Besonderheiten. Es bleibt bei den allgemeinen erbrechtlichen Grundsätzen. Der überlebende Ehegatte ist hier ohnehin schon zur gesamten Hand Mitberechtigter des Gesamtgutes (§ 1416 Abs. 2), sodass er keiner weiteren Verbesserung seiner erbrechtlichen Stellung bedarf.

49

Fall 4: Ehegattenerbrecht je nach Güterstand

Der Erblasser E hinterlässt bei seinem Tode seine Ehefrau F, seine zwei Kinder K1 und K2, seinen Bruder B und seine Eltern M und V. Die Eheleute E und F lebten im gesetzlichen Güterstand. Eine letztwillige Verfügung ist nicht vorhanden. Wer ist Erbe?

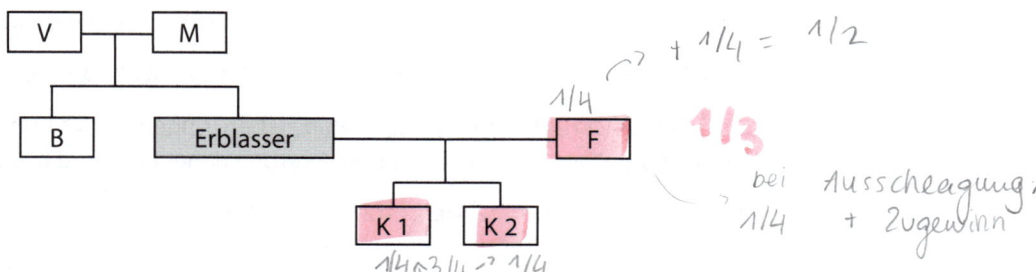

Da mit den Abkömmlingen des Erblassers Erben 1. Ordnung vorhanden sind, sind die Erben 2. Ordnung, die Eltern M und V sowie der Bruder B, gemäß § 1930 von der Erbschaft ausgeschlossen. Der Erblasser wird folglich von seiner Ehefrau F und seinen Kindern K1 und K2 beerbt.

I. **Erbrechtliche Lösung**

50

Gemäß § 1931 Abs. 1 S. 1 erbt die F neben ihren Kindern 1/4. Nach § 1931 Abs. 3 i.V.m. § 1371 Abs. 1 wird der Zugewinn – ohne Rücksicht darauf, ob überhaupt ein solcher erzielt worden ist – pauschal dadurch ausgeglichen, dass sich der gesetzliche Erbteil des Ehegatten um 1/4 erhöht. F erhält also 1/2 Anteil, die beiden Kinder je 1/4.

II. **Güterrechtliche Lösung**

51

F könnte jedoch die Erbschaft gemäß §§ 1944, 1945 durch Erklärung gegenüber dem Nachlassgericht ausschlagen.

In diesem Fall würden nur die Kinder K1 und K2 Erben zu je 1/2 Anteil und F erhielte gemäß § 1371 Abs. 3 einen gemäß § 1371 Abs. 3, Abs. 2 i.V.m. §§ 1373 ff. konkret berechneten Zugewinnausgleichsanspruch sowie gemäß § 1371 Abs. 3 i.V.m. § 2303 ihren Pflichtteil. Ihre Pflichtteilsquote ist gemäß §§ 2303 Abs. 1 S. 2, 1371 Abs. 2 a.E. die Hälfte des nicht erhöhten gesetzlichen Erbteils und beträgt daher 1/8 (gesetzlicher Erbteil der F gemäß § 1931 Abs. 1 S. 1 = 1/4 x 1/2).

---

1. Abwandlung:

Wer ist Erbe des E, falls dieser keine Kinder hinterlassen hat?

erbrechtlich: 2. Ordnung: V + M und F
(1/2)   (1/2)

Gemäß § 1931 Abs. 1 S. 1 erbt die F neben den Eltern als Erben 2. Ordnung (§ 1925 Abs. 1) zu 1/2. Dieser Anteil der F erhöht sich güterrechtlich gemäß §§ 1931 Abs. 3, 1371 Abs. 1 um 1/4 – also auf insgesamt 3/4. Das restliche Viertel erben die Eltern gemäß § 1925 Abs. 2 zu gleichen Anteilen, also zu je 1/8.

---

2. Abwandlung:

E und F haben im Güterstand der Gütertrennung gelebt.

52 I. Nach §§ 1930, 1924 scheiden die Eltern und der Bruder B als Erben aus.

II. Nach der Regelung des § 1931 Abs. 1 würde F 1/4 und K1 und K2 je 3/8 erben.

III. Das Ergebnis ist nach § 1931 Abs. 4 dahin zu berichtigen, dass K1 und K2 keinen höheren Erbanteil als die F haben dürfen. Es erben daher F, K1 und K2 zu je 1/3 Anteil.

IV. Wären keine Kinder vorhanden, erbte die F neben den Eltern zu 1/2 Anteil, während M und V je 1/4 erhielten.

3. Abwandlung:

E und F haben im Güterstand der Gütergemeinschaft gelebt.

53 I. Auch hier kommen nur die Kinder und die Ehefrau als Erben in Betracht. F erbt zu 1/4, die Kinder zu je 3/8.

II. Zu einer Korrektur in güterrechtlicher Hinsicht besteht kein Anlass, da F am Gesamtgut bereits gesamthänderisch zu 1/2 Anteil beteiligt ist. Gegenstand der Erbschaft sind nur der Anteil des E am Gesamtgut sowie sein Sondergut und Vorbehaltsgut (§ 1482 S. 1). Da das Gesamtgut im Vordergrund steht, erhält der Ehegatte bei der Auseinandersetzung (§§ 1471–1481) insgesamt immer mehr als die Kinder, nämlich 5/8 des Wertes.

III. Hätte E keine Kinder hinterlassen, erbte F neben den Eltern 1/2 Anteil, sodass ihr wertmäßig 3/4 des Gesamtgutes verblieben.

Bei der Zugewinngemeinschaft ergeben sich Berechnungsschwierigkeiten bezüglich des § 1371 Abs. 1 in Zusammenhang mit der Regelung des § 1931 Abs. 1 S. 2.

Beispiel: Gesetzliche Erben der dritten Ordnung neben Ehegatten bei Zugewinngemeinschaft

Beim Tode des E leben neben seiner Ehefrau F noch seine Großmutter väterlicherseits und ein Bruder seiner Mutter (Onkel O). Die Ehegatten haben im gesetzlichen Güterstand gelebt.

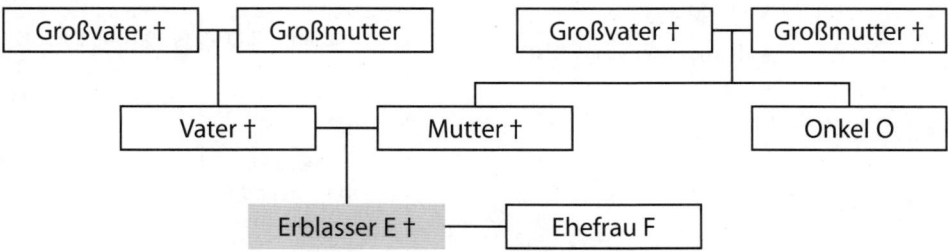

F erhält zunächst gemäß § 1931 Abs. 1 S. 1 neben den Großeltern die Hälfte der Erbschaft. Zusätzlich bekommt sie gemäß § 1931 Abs. 1 S. 2 den Anteil, der nach § 1926 den Abkömmlingen der Großeltern zufallen würde. Da Onkel O als Abkömmling der vorverstorbenen Großeltern mütterlicherseits an sich gemäß § 1926 Abs. 3 1/4 erhielte, beträgt der Anteil der F 3/4 (1/2 + 1/4). Das restliche Viertel fiele dann grundsätzlich an die Großmutter väterlicherseits. Erhöht man nunmehr den gesetzlichen Erbteil der F in Höhe von 3/4 gemäß § 1931 Abs. 3 i.V.m. § 1371 Abs. 1 um 1/4, so ist F gesetzliche Alleinerbin und die Großmutter väterlicherseits erhält nichts. Diese für den überlebenden Ehegatten sehr vorteilhafte Berechnungsweise wird von einer Ansicht in der Lit. damit begründet, dass das Erbrecht des Ehegatten gegenüber dem Erbrecht entfernterer Verwandter einen umfassenderen Schutz verdiene.[50]

Dem wird von der h.M. entgegengehalten, dass die Erbteilserhöhung gemäß § 1371 Abs. 1 nicht den Sinn hat, das Erbrecht noch lebender Großeltern auszuschließen.[51] Um Unbilligkeiten zulasten der Großeltern zu vermeiden, muss zur Festlegung des gesetzlichen Erbteils des Ehegatten von § 1931 Abs. 1 S. 1 – also 1/2 – ausgegangen werden, und dieser erhöht sich gemäß § 1931 Abs. 3 i.V.m. § 1371 Abs. 1 um 1/4. Das verbleibende Viertel wird sodann gemäß § 1931 Abs. 1 S. 2 zwischen Großeltern und Ehegatten aufgeteilt, sodass hiervon F und die Großmutter väterlicherseits jeweils 1/8 erhalten. Danach beerbt F den E zu 7/8 und die Großmutter väterlicherseits zu 1/8.

---

50 Belling Jura 1986 579, 586; Brox/Walker Rn. 75; Jauernig/Stürner § 1931 Rn. 4; Schlüter/Röthel § 9 Rn. 13.

51 Frank/Helms § 2 Rn. 34; Lange/Kuchinke § 12 III 4. b); BeckOK BGB/Müller-Christmann § 1931 Rn. 16; Erman/Lieder § 1931 Rn. 25; MünchKomm/Leipold § 1931 Rn. 24; Olzen Rn. 188; Soergel/Stein § 1931 Rn. 23; Staudinger/Werner § 1931 Rn. 37.

Gesetzliches Erbrecht der Ehegatten

	Zugewinngemeinschaft = gesetzlicher Güterstand (erbrechtliche Lösung)*	Güter-trennung	Güter-gemeinschaft
1. Ordnung	1/4 (§ 1931 Abs. 1 S. 1) + 1/4 als Zugewinnausgleich (§ 1371) = 1/2	1/2 (§ 1931 Abs. 4): neben 1 Kind oder dessen Abkömmlingen 1/3 neben 2 Kindern oder deren Abkömmlingen 1/4 neben 3 oder mehr Kindern oder deren Abkömmlingen	1/4 Kind (§ 1931 Abs. 1 S. 1)
2. Ordnung	1/2 (§ 1931 Abs. 1 S. 1) + 1/4 als Zugewinnausgleich (§ 1371) = 3/4	1/2 (§ 1931 Abs. 1 S. 1)	

3. Ordnung

neben Großeltern

1/2 (§ 1931 Abs. 1 S. 1) + Abkömmlingsanteil der weggefallenen Großeltern (§ 1931 Abs. 1 S. 2 u. § 1926) + 1/4 als Zugewinnausgleich = 3/4 (wenn alle Großeltern leben)	1/2 (§ 1931 Abs. 1 S. 1) + Abkömmlingsanteil der weggefallenen Großeltern (§§ 1931 Abs. 1 S. 2, 1926) = mindestens 1/2	

wenn keine Großeltern mehr leben: alles

4. Ordnung   alles

* Bei der Zugewinngemeinschaft kann es für den Ehegatten u.U. vorteilhafter sein, die Erbschaft auszuschlagen. Er erhält dann den Anspruch auf den Pflichtteil (berechnet nach dem nicht erhöhten Erbteil gemäß § 1931 Abs. 1 S. 1, sogenannter kleiner Pflichtteil) und daneben den normalen Zugewinnausgleich, sogenannte güterrechtliche Lösung

C. Der Voraus der Ehegatten, § 1932

Der überlebende Ehegatte erlangt als **gesetzlicher** Erbe (nicht als gewillkürter Erbe) **neben seinem Erbteil** unabhängig vom Güterstand auch noch einen Anspruch auf den Voraus, d.h. auf die zum ehelichen Haushalt gehörenden Gegenstände, soweit sie nicht Zubehör eines Grundstücks sind, und auf die Hochzeitsgeschenke, vgl. § 1932. Der Sinn der Regelung besteht darin, dem überlebenden Ehegatten eine Fortführung seines Lebens in der bisherigen Umgebung im gewohnten Stil zu ermöglichen.[52]

54

- Haushaltsgegenstände sind Sachen und Rechte, die dem Erblasser gehört und dem gemeinsamen Haushalt gedient haben, ohne Rücksicht auf ihren Wert oder tatsächlichen Gebrauch.[53]

  Beispiele: Möbel, Teppiche, Haushaltsgeräte, Stereoanlage etc.; auch ein Pkw zählt zu den Gegenständen des Haushalts, wenn das Kfz auch familiären (also nicht nur beruflichen) Zwecken dient.[54]

- Der Anspruch auf den Voraus steht dem überlebenden Ehegatten neben Verwandten der 2. Ordnung oder Großeltern schlechthin zu, neben Abkömmlingen des Erblassers jedoch nur insoweit, als der Ehegatte die Gegenstände zur Führung eines angemessenen Haushalts benötigt (§ 1932 Abs. 1 S. 2).

  Ob der Ehegatte die Gegenstände zur Führung eines angemessenen Haushalts benötigt, ist eine Einzelfallentscheidung, bei der auf den Zeitpunkt des Erbfalls abzustellen ist. Wegen des Zwecks, die Weiterführung des bisherigen Lebenszuschnitts mithilfe der vertrauten Gegenstände zu ermöglichen, beschränkt sich der Voraus nicht auf die wirtschaftlich unbedingt notwendigen Gegenstände, und es ist nicht allein der Wert entscheidend, sondern maßgeblich ist z.B., ob der Ehegatte bereits genügend Gegenstände dieser Art besitzt.[55] Ob eine Abwägung mit den Interessen miterbender Abkömmlinge stattfinden muss, ist umstritten.[56]

- Der Voraus ist kein Sondererbrecht. Vielmehr erwirbt der Ehegatte nur einen **schuldrechtlichen Anspruch** gegen den Erben auf Übertragung der zum Voraus gehörenden Gegenstände (gesetzliches Vorausvermächtnis), § 1932 Abs. 2 i.V.m. § 2174.

D. Der sogenannte „Dreißigste"

Ein weiteres gesetzliches Vermächtnis – allerdings nicht nur für den Ehegatten, sondern auch für andere Familienangehörige des Erblassers, die bei dessen Tod zu dessen Hausstand gehörten und von ihm Unterhalt bezogen haben – ist der sogenannte Dreißigste, nämlich ein Anspruch auf Unterhalt während der ersten 30 Tage nach dem Erbfall, § 1969. Dadurch soll der Betroffene Gelegenheit erhalten, sich in angemessener Zeit auf die veränderten Umstände einzustellen.[57]

55

---

52 Lange/Kuchinke § 12 IV 3; Schlüter Rn. 113.

53 Palandt/Weidlich § 1932 Rn. 5.

54 Frank/Helms § 2 Rn. 40; Lange/Kuchinke § 12 IV 2 c) Fn. 128; BeckOK BGB/Müller-Christmann § 1932 Rn. 6; MünchKomm/Leipold § 1932 Rn. 10; Soergel/Stein § 1932 Rn. 7; Staudinger/Werner § 1932 Rn. 15.

55 MünchKomm/Leipold § 1932 Rn 10; Palandt/Weidlich § 1932 Rn. 6.

56 Dagegen: BeckOK BGB/Müller-Christmann § 1932 Rn. 10; Soergel/Stein § 1932 Rn. 9; Staudinger/Werner § 1932 Rn. 20; dafür: MünchKomm/Leipold § 1932 Rn. 15; Erman/Lieder § 1932 Rn. 12.

57 Schlüter/Röthel § 14 Rn. 3.

E. Gesetzliches Erbrecht bei der nichtehelichen Lebensgemeinschaft?

56   Das gesetzliche Erbrecht steht nur Verwandten, §§ 1924 ff., Ehegatten, § 1931, und gleichgeschlechtlichen Lebenspartnern, § 10 LPartG, zu. Der Partner einer nichtehelichen Lebensgemeinschaft kann nicht gesetzlicher Erbe werden, da §§ 1931, 1371 zwingend eine Ehe voraussetzen. Eine analoge Anwendung des Ehegattenerbrechts ist abzulehnen, da dieses sich als Durchbrechung des Verwandtenerbrechts nur durch die ein Leben lang andauernde „Solidargemeinschaft" der Ehe rechtfertigt.[58]

Allerdings kann der nichteheliche Partner durch Testament oder Erbvertrag als Erbe eingesetzt werden. Zudem steht dem Partner einer nichtehelichen Lebensgemeinschaft nach h.M. auch der Anspruch auf den „Dreißigsten" aus § 1969 zu, da der Begriff „Familienangehöriger" i.S.d. Regelung wegen ihres Normzwecks – die dem Erblasser nahestehenden Personen zumindest für den ersten Monat nach dem Tod des Erblassers abzusichern – weit ausgelegt wird.[59]

3. Abschnitt: Das gesetzliche Erbrecht des gleichgeschlechtlichen Lebenspartners

57   Gemäß § 10 LPartG steht dem Lebenspartner neben den Verwandten des Erblassers ein gesetzliches Erbrecht zu. Die erbrechtliche Stellung des überlebenden Lebenspartners entspricht mittlerweile vollständig der erbrechtlichen Stellung eines Ehegatten.

A. Voraussetzungen des gesetzlichen Erbrechts der Lebenspartner

58   Voraussetzung des gesetzlichen Erbrechts der Lebenspartner sind – neben der Erbfähigkeit (vgl. § 1923) – das Bestehen einer wirksamen Lebenspartnerschaft im Todeszeitpunkt sowie das Fehlen von Ausschlussgründen.

Eine gültige Lebenspartnerschaft besteht nicht mehr im Fall einer rechtskräftig aufgehobenen Lebenspartnerschaft (vgl. § 15 LPartG). Ferner ist von Anfang an keine wirksame Lebenspartnerschaft begründet worden, wenn bei Begründung der Lebenspartnerschaft gegen ein Partnerschaftsverbot gemäß § 1 Abs. 3 LPartG verstoßen wurde.

Auch das gesetzliche Erbrecht der Lebenspartner ist ausgeschlossen, wenn die Voraussetzungen für die Aufhebung der Lebenspartnerschaft vorlagen und der Erblasser sie beantragt oder ihr zugestimmt hatte (vgl. § 10 Abs. 3 LPartG).

B. Umfang des gesetzlichen Erbrechts der Lebenspartner

59   Maßgeblich für den Umfang des Erbrechts des Lebenspartners sind – wie bei Ehegatten – zwei Faktoren:

- Neben **Verwandten welcher Ordnung** erbt der überlebende Lebenspartner?

- In welchem **Güterstand** haben die Lebenspartner im Zeitpunkt des Erbfalls gelebt?

---

58   Palandt/Weidlich § 19 Rn.31 Rn. 2 m.w.N.

59   Hk-BGB/Hoeren § 1969 Rn. 2 m.w.N.; a.A. Steinert NJW 1986, 686.

I. Rein erbrechtliche Betrachtung

Gemäß § 10 Abs. 1 S. 1 LPartG erbt der Lebenspartner neben Verwandten erster Ordnung 1/4 und neben Verwandten zweiter Ordnung oder neben Großeltern 1/2. **60**

Treffen mit Großeltern Abkömmlinge von Großeltern zusammen, so erhält der überlebende Lebenspartner auch den Anteil, der nach § 1926 Abs. 3 und 4 an sich auf die Abkömmlinge der verstorbenen Großeltern übergehen würde, vgl. § 10 Abs. 1 S. 2 LPartG.

Sind weder Verwandte erster noch zweiter Ordnung noch Großeltern vorhanden, wird der Lebenspartner gesetzlicher Alleinerbe, § 10 Abs. 2 S. 1 LPartG.

II. Korrektur nach Güterstand

1. Haben die Lebenspartner im Güterstand der ==Zugewinngemeinschaft== gelebt (gesetzlicher Güterstand, vgl. § 6 S. 1 LPartG), so erhöht sich der Anteil am Erbe für den Lebenspartner um 1/4, § 6 S. 2 LPartG i.V.m. § 1371 Abs. 1 *(erbrechtliche Lösung)*. **61**

Wegen des Verweises in § 6 S. 2 LPartG auf § 1363 Abs. 2 und die §§ 1364–1390 kann der überlebende Lebenspartner aber auch die *güterrechtliche Lösung* herbeiführen: Schlägt er die Erbschaft aus, erhält er den Ausgleich des Zugewinns gemäß § 6 S. 2 LPartG i.V.m. §§ 1371 Abs. 3, Abs. 2, 1378 und den kleinen Pflichtteil gemäß § 6 S. 2 LPartG i.V.m. §§ 1371 Abs. 3, Abs. 2, 2303 (i.V.m. § 10 Abs. 6 LPartG).

2. Haben die Lebenspartner in einem Lebenspartnerschaftsvertrag ==Gütertrennung== gemäß § 7 S. 2 LPartG i.V.m. § 1414 vereinbart, so ist erbrechtlich § 10 Abs. 2 S. 2 LPartG zu beachten: Wie bei Ehegatten sollen die Kinder nach dem Willen des Gesetzgebers nicht mehr als der Lebenspartner erhalten. Daher ordnet § 10 Abs. 2 S. 2 LPartG für den Fall, dass neben dem Lebenspartner noch ein oder zwei Kinder als gesetzliche Erben berufen sind, an, dass der Lebenspartner und die Kinder zu gleichen Teilen erben. **62**

3. Haben die Lebenspartner in einem Lebenspartnerschaftsvertrag ==Gütergemeinschaft== gemäß § 7 S. 2 LPartG i.V.m. §§ 1415 ff. vereinbart, so bleibt es bei den allgemeinen erbrechtlichen Grundsätzen. Der Lebenspartner ist durch das Güterrecht hinreichend abgesichert, sodass es keines weiteren erbrechtlichen Schutzes bedarf. **63**

C. Voraus des Lebenspartners

Gemäß § 10 Abs. 1 S. 5–7 LPartG hat der überlebende Lebenspartner einen schuldrechtlichen Anspruch auf den Voraus. **64**

4. Abschnitt: Gesetzliche Erbfolge bei nichtehelicher Abstammung

A. Erbrechtliche Gleichstellung der nichtehelichen Kinder

Zum 01.04.1998 ist das Gesetz zur erbrechtlichen Gleichstellung nichtehelicher Kinder (Erbrechtsgleichstellungsgesetz – ErbGleichG) in Kraft getreten.[60] Nach Erlass dieses **65**

---

60 Vgl. Leipold Rn. 92 ff. zur Rechtsentwicklung und Anwendbarkeit des früheren Rechts.

Gesetzes bestehen keine erbrechtlichen Unterschiede mehr zwischen ehelichen und nichtehelichen Kindern. Gesetzestechnisch wurde dieses Ziel durch Streichung der §§ 1934 a–1934 e sowie § 2338 a erreicht.

B. Feststellung der Vaterschaft

66 **I.** Das Erbrecht des nichtehelichen Kindes setzt die **Feststellung der Vaterschaft** des Erblassers voraus. Vater des Kindes ist gemäß § 1592 Nr. 1 der Mann, der zum Zeitpunkt der Geburt mit der Mutter des Kindes verheiratet ist. Ist die Mutter des Kindes zum Zeitpunkt der Geburt nicht verheiratet, so ist Vater der Mann, der die Vaterschaft **anerkannt** hat (§ 1592 Nr. 2) oder dessen Vaterschaft nach § 1600 d oder § 182 Abs. 1 FamFG **gerichtlich festgestellt** ist (§ 1592 Nr. 3).[61]

67 **II.** Die **Rechtswirkungen der Vaterschaft** können im Fall der Anerkennung erst vom Zeitpunkt der Wirksamkeit derselben (§ 1594 Abs. 1), bei der gerichtlichen Feststellung erst vom Zeitpunkt ihrer Feststellung (§ 1600 d Abs. 4 – ab 01.07.2018: § 1600 d Abs. 5) geltend gemacht werden. Die Vorschriften hindern jedoch nicht die Entstehung von Rechten, sondern lediglich ihre Ausübung im Sinne einer „Rechtsausübungssperre".

5. Abschnitt: Das gesetzliche Erbrecht des Staates, § 1936

68 Sind keine Erben aufgrund letztwilliger Verfügung und auch keine gesetzlich erbenden Verwandten oder ein gesetzlich erbender Ehegatte oder Lebenspartner vorhanden, so ist gesetzlicher Erbe das Land, in dem der Erblasser zum Zeitpunkt des Todes seinen Wohnsitz oder, wenn dieser nicht feststellbar ist, seinen gewöhnlichen Aufenthalt hatte, § 1936.

Vgl. zum Wohnsitz §§ 7 ff.; Der Begriff (gewöhnlicher) Aufenthalt beschreibt das rein tatsächliche Zustandsverhältnis einer Person zu einem bestimmten Ort oder zu einer bestimmten Region. Im Unterschied zum Wohnsitz, dessen Begründung einen dahingehenden Willen voraussetzt, genügt für einen Aufenthalt das rein tatsächliche Verweilen von einer gewissen Dauer oder Regelmäßigkeit.[62]

Die Feststellung des Staatserbrechts erfolgt nach den §§ 1964–1966.[63] Der Staat ist Zwangserbe, d.h., er kann weder auf sein gesetzliches Erbrecht verzichten (§ 2346) noch die ihm angefallene Erbschaft ausschlagen (§ 1942 Abs. 2). Allerdings haftet der Staat immer nur mit der Beschränkung auf den Nachlass. Das ist im Gesetz zwar nicht ausdrücklich geregelt, ergibt sich jedoch aus dem Umstand, dass dem Staat keine Inventarfrist gesetzt werden kann (§ 2011), sowie daraus, dass dem Staat die Haftungsbeschränkung kraft Gesetzes vorbehalten bleibt (§ 780 Abs. 2 ZPO).

Zweck des § 1936 ist es, jedem Nachlass einen Rechtsträger zuzuordnen, sodass eine geordnete Abwicklung im Interesse der Nachlassgläubiger gewährleistet ist.[64]

---

61 Vgl. i.E. AS-Skript Familienrecht (2015), Rn. 83 f.

62 MünchKomm/Schmitt § 7 Rn. 13.

63 Vgl. zum Verfahren Brox/Walker Rn. 80, 80a.

64 Soergel/Stein § 1936 Rn. 1.

Gesetzliche Erbfolge

Erben erster Ordnung, § 1924

= **Abkömmlinge** des Erblassers

■ jeder Abkömmling bildet einen **Stamm**; innerhalb eines Stammes gilt:

- **Repräsentationsprinzip:** Lebender Abkömmling (= Stammrepräsentant) schließt seine Abkömmlinge von der Erbfolge aus
- **Eintrittsrecht:** Fällt der Stammrepräsentant weg, treten dessen Abkömmlinge an seine Stelle
- **Erbteilung nach Köpfen**

Erben zweiter und dritter Ordnung, §§ 1925, 1926

= **Eltern** und deren Abkömmlinge (Erben 2. Ordnung) bzw. **Großeltern** und deren Abkömmlinge (Erben 3. Ordnung)

■ **Erbfolge nach Linien** (= nach der Beziehung des Erblassers zu seinen Vorfahren – nach oben), d.h. Eltern bilden zwei Linien, Großeltern bilden vier Linien

■ Innerhalb der Linie gelten das **Repräsentationsprinzip**, das **Eintrittsrecht**, die Erbfolge nach **Stämmen** sowie die **Erbteilung nach Köpfen**

Erben vierter Ordnung, § 1928

= **Urgroßeltern** und deren Abkömmlinge.

■ leben Urgroßeltern zur Zeit des Erbfalls, so erben sie allein, mehrere erben zu gleichen Teilen

■ leben zur Zeit des Erbfalls keine Urgroßeltern, so gilt für ihre Abkömmlinge das **Grad-** oder **Gradualsystem**: Gradnähere Verwandte (vgl. § 1589 S. 3) schließen entferntere aus.

Erbrecht des Ehegatten, §§ 1931, 1371

■ **Voraussetzungen** des gesetzlichen Ehegattenerbrechts:

- Erbfähigkeit
- Bestehen einer wirksamen Ehe zur Zeit des Erbfalls
- keine Ausschlussgründe gemäß § 1933 oder § 1318 Abs. 5

■ **Umfang** des Ehegattenerbrechts wird von zwei Faktoren beeinflusst:

- neben Verwandten welcher Ordnung erbt Ehegatte? – vgl. § 1931 Abs. 1, 2
- in welchem Güterstand haben die Ehegatten zu Lebzeiten gelebt? vgl. § 1931 Abs. 3, 4

Erbrecht des gleichgeschlechtlichen Lebenspartners, § 10 LPartG

■ gesetzliches Erbrecht des gleichgeschlechtlichen Lebenspartners ist sowohl im Hinblick auf die Voraussetzungen als auch bezüglich des Umfangs gemäß § 10 LPartG identisch mit dem Erbrecht des Ehegatten

✕ 3. Teil: Die Verfügung von Todes wegen

69 Der Erblasser kann in einer Verfügung von Todes wegen den Erben frei bestimmen, ohne dabei an verwandtschaftliche Beziehungen gebunden zu sein – Testierfreiheit.

Verfügungen von Todes wegen sind das **Testament** (einseitiges Rechtsgeschäft), § 1937, der **Erbvertrag** (zweiseitiges Rechtsgeschäft), § 1941, und das **gemeinschaftliche Testament**, §§ 2265 ff. Diese gewillkürte Erbfolge geht der gesetzlichen vor.

Nur dann, wenn der Erblasser es unterlässt, durch eine wirksame Verfügung von Todes wegen den Erben zu bestimmen, tritt die gesetzliche Erbfolge gemäß §§ 1924–1936 ein.

Es gibt also keinen Erbfall ohne Erben. Entweder hat der Erblasser den Erben bestimmt oder es tritt der gesetzliche Erbe an die Stelle des Erblassers. Der Erbe braucht keine Kenntnis vom Erwerb der Erbenstellung zu haben.

70 Die Errichtung einer wirksamen Verfügung von Todes wegen hat grundsätzlich keine Verfügungsbeschränkung des Erblassers zur Folge. Dieser kann zu Lebzeiten frei über sein Vermögen verfügen. In der Verfügung von Todes wegen erklärt der Erblasser lediglich, dass das Vermögen, das ihm im Zeitpunkt des Todes gehört, übergehen soll.

Beispiel: Verfügung des Erblassers zu Lebzeiten

E hat seinen Sohn S in seinem Testament zum Alleinerben eingesetzt, weil S im Geschäft immer geholfen hat und das Geschäft auch übernehmen soll. E verkauft später einen Teil des Geschäftsgrundstücks für 430.000 € an K. S möchte verhindern, dass K Eigentümer wird.

I. S ist, auch wenn er wirksam als Erbe eingesetzt worden ist, nicht am Vermögen des E berechtigt. Der E kann seine Erklärungen im Testament jederzeit widerrufen (§ 2253), sodass dem Erben lediglich eine „vage Hoffnung" auf den Erwerb des Vermögens zusteht. Diese tatsächliche Aussicht ist ungesichert, sodass sie nicht als „Anwartschaftsrecht" qualifiziert werden kann. E ist daher zu Lebzeiten verfügungsberechtigter Eigentümer und kann das Eigentum wirksam auf Dritte übertragen.
II. E kann also gemäß §§ 925, 873 durch Auflassung und Eintragung des K im Grundbuch den Eigentumswechsel herbeiführen.

Beachte: *Selbst beim Erbvertrag, der als zweiseitiges Rechtsgeschäft eine gewisse Bindungswirkung hat, behält der Erblasser das Recht, über sein Vermögen durch Rechtsgeschäft unter Lebenden frei zu verfügen, vgl. § 2286.*

71 In Bezug auf die Erbfolge aufgrund wirksamer Verfügung von Todes wegen stellen sich mehrere Fragen:[65]

- Welchen **Inhalt** können Verfügungen von Todes wegen haben? (1. Abschnitt)

- Welche allgemeinen **Wirksamkeitsvoraussetzungen** sind für Verfügungen von Todes wegen zu beachten? (2. Abschnitt)

- Welche **Formen** der Verfügungen von Todes wegen sind zu unterscheiden? (einseitiges Testament; gemeinschaftliches Testament; Erbvertrag; 3. Abschnitt)

- Welche Grundsätze gelten für die **Auslegung** (4. Abschnitt) und **Anfechtung** (5. Abschnitt) der Verfügung von Todes wegen?

---

65 Vgl. dazu Imgrund/Reese Jura 2006, 565 ff. sowie Barth JA 2015, 248 ff.

1. Abschnitt: Der Inhalt der Verfügung von Todes wegen[66]

Die wichtigsten Inhalte der Verfügung von Todes wegen listen die §§ 1937–1940 auf. Danach kann der Erblasser insbesondere: **72**

- den (oder die) **Erben bestimmen**, § 1937; dies schließt die Möglichkeit ein, Vor- und Nacherben sowie Ersatzerben zu bestimmen (A.);

- Verwandte, Ehegatten oder gleichgeschlechtliche Lebenspartner von der Erbfolge ausschließen, also **enterben**, § 1938 (B.);

- ein **Vermächtnis** zugunsten einer bestimmten Person aussetzen, § 1939 (C.);

- den Erben oder einen Vermächtnisnehmer mit einer **Auflage** beschweren, § 1940 (D.).

Die §§ 1937–1940 stellen dabei lediglich klar, dass die in den vorangehenden Vorschriften (als Regelfall) behandelte gesetzliche Erbfolge durch Erblasserwillen abdingbar ist. Die genaue Regelung der einzelnen Verfügungen erfolgt an späterer Stelle (so für das Vermächtnis in §§ 2147 ff., für die Auflage in §§ 2192 ff. etc.).

Die §§ 1937–1940 regeln die Inhalte letztwilliger Verfügungen jedoch **nicht abschließend**. Wichtig sind insbesondere noch folgende erbrechtliche Anordnungen:

- Teilungsanordnungen, § 2048 (dazu unter Rn. 75)

- Ernennung eines Testamentsvollstreckers, § 2197 (vgl. dazu Rn. 90)

- Beschränkungen und Entziehungen des Pflichtteils, §§ 2303 ff.

Daneben kann das Testament **familienrechtliche Anordnungen** mit erbrechtlicher Auswirkung (vgl. z.B. §§ 1638, 1777, 1782), aber auch **Willenserklärungen des Erblassers** (Schenkungswiderruf, Erteilung oder Widerruf einer Vollmacht etc.) enthalten. Im Übrigen werden häufig Regelungen betreffend die Bestattungsart und andere Fragen der Ausübung der Totenfürsorge getroffen.

A. Die Bestimmung des Erben in der Verfügung von Todes wegen

I. Erbenbestimmung

Zur Erbenbestimmung ist eine namentliche Benennung nicht geboten, doch müssen hinreichend bestimmte Individualisierungsmerkmale angegeben werden, damit der Erbe bestimmt werden kann. **73**

Eine alternative Erbeinsetzung ist grundsätzlich ausgeschlossen. Jedoch ist stets genau zu prüfen, ob sich durch Auslegung ein eindeutiges Ergebnis erzielen lässt.[67]

Beispiel: alternative Erbeinsetzung[68]

Der geschiedene E lebte mit der F zusammen. Aus der Beziehung war ein Kind hervorgegangen. Nach seinem Tode fand sich ein Testament mit folgendem Wortlaut: „Ich möchte, dass mein ganzes Vermögen meine Lebensgefährtin F oder unsere gemeinsame Tochter T bekommt."
Wer ist Erbe?

Das Testament könnte wegen Verstoßes gegen § 2065 Abs. 2 oder wegen mangelnder Bestimmtheit der Erbeinsetzung unwirksam sein.

---

66 Vgl. Röthel Jura 2013, 773 ff. zu erbrechtlichen Verfügungen.
67 Vgl. Spanke NJW 2005, 2947 zu Rechtsproblemen bei alternativer Erbeinsetzung.
68 Bsp. nach BayObLG NJW 1999, 1118.

I. Ein Verstoß gegen § 2065 Abs. 2 setzt voraus, dass E es ausdrücklich oder stillschweigend einem Dritten überlassen hat zu bestimmen, wer sein Erbe sein soll. Dies ist bereits deshalb nicht der Fall, weil E keinen Dritten bestimmt hat, der die Person des Erben festlegen sollte.

II. Jedoch könnte die Erbeinsetzung wegen mangelnder Bestimmtheit unwirksam sein.

1. Aus § 2065 lässt sich (über den Wortlaut hinaus) entnehmen, dass sich der Erblasser selbst über den Inhalt aller wesentlichen Teile seines letzten Willens schlüssig sein muss. Dazu gehört insbesondere die Bestimmung der Person des Erben.

2. Daraus allein lässt sich jedoch noch nicht folgern, dass die vorliegende Erbeinsetzung wegen Unbestimmtheit unwirksam ist. Zwar enthält der Wortlaut des Testaments keinen Anhaltspunkt dafür, wer von den beiden alternativ genannten Personen den E beerben sollte. Jedoch ist zu fragen, ob die Auslegung ergibt, dass der Erblasser subjektiv eine feste Vorstellung über das Alternativverhältnis hatte. Bei der Auslegung des einseitigen Testaments als letztwilliger Verfügung ist der wahre Wille des Erblassers zu ermitteln (§ 133), da Aspekte des Vertrauensschutzes grundsätzlich nicht zu berücksichtigen sind.

Es kann davon ausgegangen werden, dass E nach seinem Tode die F als Erbin berufen wollte und die T nur für den Fall bedenken wollte, dass F wegfiel. Das entspricht der Annahme einer Ersatzerbschaft der T i.S.d. § 2096. Für eine derartige Auslegung sprechen sowohl die Reihenfolge der Nennungen im Testament als auch die allgemeine Lebenserfahrung, welche auch im Gesetz ihren Niederschlag gefunden hat (vgl. die Auslegungsregel des § 2269 für das sogenannte Berliner Testament).

Da F als Erstberufene nicht weggefallen ist, ist sie Alleinerbin des E geworden.

II. Maßgeblicher Zeitpunkt für die Erbenbestimmung

74   Erbe kann nur derjenige werden, den der Erblasser im Zeitpunkt der Errichtung des Testaments einsetzen wollte.

Beispiel: Lebensgefährtin

Der geschiedene E setzt im Jahre 2000 seine Lebensgefährtin L als Erbin ein. Im Jahre 2008 trennt er sich von ihr und zieht zu der X. Später zeigt er der X das Testament und erklärt, dass sie seine Erbin sei. E stirbt im Jahre 2018. Wird er von der X beerbt?

X ist nicht Erbin, weil E im Zeitpunkt der Errichtung des Testaments seine damalige Lebensgefährtin L einsetzen wollte. Er hat zwar der X gegenüber erklärt, sie sei seine Erbin, doch diese mündliche Erklärung ist wegen Formunwirksamkeit unverbindlich. Sie hätte nur dann Wirksamkeit erlangt, wenn E ein handschriftliches oder notarielles Testament zugunsten der X errichtet hätte, vgl. §§ 2232, 2247.
Eine ergänzende Testamentsauslegung scheitert daran, dass kein hypothetischer Wille des E dahingehend festgestellt werden kann, dass er im Zeitpunkt der Errichtung des Testaments seine jeweilige Lebensgefährtin einsetzen wollte.[69]

III. Die Einsetzung mehrerer Erben

75   Der Erblasser kann mehrere Personen als Erben einsetzen. Hat er von dieser Möglichkeit Gebrauch gemacht, so werden diese mit dem Tode Rechtsinhaber des gesamten Vermögens. Sie werden Gesamthandsberechtigte: Jedem gehört das ganze Vermögen, beschränkt durch die Mitberechtigung des anderen (**Miterbengemeinschaft**, vgl. § 2032). Der Erblasser kann die **„wertmäßige"** Beteiligung des einzelnen Miterben regeln. Er kann die **Erbquote** bestimmen. Enthält das Testament keine Quotenregelung, so sind die eingesetzten Personen Miterben zu gleichen Teilen, § 2091.

Da die Miterbengemeinschaft auf Auseinandersetzung gerichtet ist, stellt sich die Frage, wie die Auseinandersetzung zu erfolgen hat. Um eine „Versilberung" des Nachlasses

---

69   Ein ähnlicher Fall: RGZ 134, 277; zur ergänzenden Auslegung vgl. auch im 4. Abschnitt Rn. 244.

durch das Eingreifen der gesetzlichen Auseinandersetzungsregeln (§ 2042 i.V.m. §§ 749 ff.) zu verhindern, kann der Erblasser einzelnen Erben bestimmte Nachlassgegenstände zuweisen. Die **Teilungsanordnung gemäß § 2048** hat zur Folge, dass dem bedachten Miterben ein **schuldrechtlicher Anspruch** gegen die übrigen Miterben auf Übereignung des zugewiesenen Gegenstands, unter Anrechnung auf den Miterbenanteil, zusteht.

Vgl. näher zur Miterbengemeinschaft (und zur Teilungsanordnung) im 5. Teil 2. Abschnitt Rn. 355 ff.

IV. Die Anordnung der Vor- und Nacherbschaft

Der Erblasser kann bestimmen, dass sein Vermögen als Ganzes zunächst auf eine bestimmte Person übergehen soll und dann, ab einem bestimmten Zeitpunkt, eine andere Person den noch vorhandenen Nachlass erhalten soll, sogenannte **Vor- und Nacherbschaft**, § 2100. Sowohl der Vorerbe als auch der Nacherbe sind Erben des Erblassers, aber zeitlich nacheinander. D.h. **Vor- und Nacherbe bilden keine Miterbengemeinschaft**.

Die Einsetzung eines Nacherben empfiehlt sich vor allem, wenn der Erblasser verhindern möchte, dass sein Erbe das ererbte Vermögen nach eigenen Vorstellungen weitervererbt. In der Regel soll damit der Erhalt des Familienvermögens gesichert werden.[70]

Zur Rechtsstellung des Vor- und Nacherben näher im 5. Teil 3. Abschnitt Rn. 391 ff.

V. Die Ersatzerbschaft gemäß § 2096

Der Erblasser kann gemäß § 2096 für den Fall, dass ein als Erbe Berufener vor oder nach dem Erbfall wegfällt, einen anderen zum Erben einsetzen, sogenannter **Ersatzerbe**. Dieser tritt also an die Stelle eines berufenen Erben, der jedoch, gleich aus welchen Gründen, **nicht Erbe geworden** ist.

Beispiel: Ersatzberufung

Der alleinstehende E setzt seinen Bruder B zum Erben ein und bestimmt, dass sein Freund F Erbe sein soll, falls B nicht Erbe wird. E stirbt, B schlägt die Erbschaft aus.

I. Der als Erbe berufene B ist zwar mit dem Tode des E zunächst gemäß §§ 1937, 1922 dessen Erbe geworden. Jedoch gilt der Anfall der Erbschaft wegen der Ausschlagung gemäß § 1953 als nicht erfolgt, sodass B als Erbe i.S.v. § 2096 „weggefallen" ist.
II. Anstelle des B ist der Freund F zum Erben berufen. Es wird rechtlich so angesehen, als wäre der F bereits im Zeitpunkt des Todes des E Erbe geworden.

Ein Wegfall des zunächst berufenen Erben liegt vor, wenn dieser:

- **vor** dem **Erbfall** stirbt (vgl. § 1923) oder auf das Erbe verzichtet (vgl. § 2352),

- **nach** dem **Erbfall** ausschlägt (§ 1953; vgl. das Beispiel), erbunwürdig ist (§ 2344), vor Bedingungseintritt verstirbt (§ 2074) oder seine Erbeinsetzung infolge Anfechtung (§ 2078) oder wegen Unwirksamkeit der Verfügung[71] nicht zu berücksichtigen ist.

---

70 Harder/Kroppenberg Rn. 124.
71 Vgl. dazu Jauernig/Stürner § 2096 Rn. 3.

B. Die Enterbung und bedingte Erbeinsetzung

78 ■ Der Erblasser kann sich im Testament darauf beschränken zu bestimmen, dass der nach der gesetzlichen Regelung als Erbe Berufene nicht Erbe werden soll (Rn. 79 f.).

■ Er kann die Erbeinsetzung unter einer aufschiebenden oder auflösenden Bedingung vornehmen (Rn. 80 ff.).

I. Die Enterbung des gesetzlichen Erben

79 Die Enterbung des gesetzlichen Erben in einem Testament kann **ausdrücklich** oder **konkludent** erfolgen.

In der Regel erfolgt die Enterbung einer Person durch die Erbeinsetzung anderer Personen.

Wenn die Enterbung in der Weise vorgenommen worden ist, dass der Erblasser einen anderen zum Erben eingesetzt hat und diese Erbeinsetzung unwirksam ist oder angefochten wird, dann muss im Wege der Auslegung ermittelt werden, ob die „konkludent" ausgesprochene Enterbung fortbesteht oder ob auch die Enterbung hinfällig sein soll.

§ 1938 ermöglicht daneben die alleinige Enterbung, sogenanntes „negatives Testament". Es gilt dann die gesetzliche Erbfolge ohne den Ausgeschlossenen.[72]

Die Enterbung bezieht sich im Zweifel nicht auf die Abkömmlinge des Enterbten, da diese kraft eigenen Rechts erben, es sei denn, es ist durch Auslegung ein eindeutiger Wille des Erblassers zur Enterbung des ganzen Stammes feststellbar.[73]

Zählt der von der gesetzlichen Erbfolge Ausgeschlossene (= der Enterbte) zum pflichtteilsberechtigten Personenkreis gemäß § 2303, so bleibt dieser schuldrechtliche **Pflichtteilsanspruch unberührt.**

Den Pflichtteil erhält der Pflichtteilsberechtigte nicht, wenn ein **Pflichtteilsentziehungsgrund** vorliegt und die Entziehung **im Testament oder Erbvertrag formgerecht erklärt** worden ist, §§ 2336, 2333 ff.

Beispiel: Enterbter Sohn

Der verwitwete E hat drei Kinder A, B und C. Mit dem Sohn C hat er sich überworfen und seit Jahren keinen Kontakt mehr. Er errichtet ein Testament. Danach sollen A und B Erben zu gleichen Teilen sein. Der C soll nichts erhalten. Rechtslage nach dem Tode des E?

I. A und B sind Miterben. Sie bilden gemäß § 2032 eine Gesamthandsgemeinschaft.
II. C ist enterbt. Da er als Abkömmling gemäß § 2303 Abs. 1 S. 1 pflichtteilsberechtigt ist und kein Pflichtteilsentziehungsgrund vorliegt, hat C einen **schuldrechtlichen Anspruch auf Zahlung der Hälfte des Wertes des gesetzlichen Erbteils,** § 2303 Abs. 1 S. 2. Als gesetzlicher Erbe neben A und B stand ihm gemäß § 1924 Abs. 1, 4 1/3 der Erbschaft zu, sodass er als Pflichtteil 1/6 des Wertes des Nachlasses erhält.

II. Die Erbeinsetzung unter einer Bedingung oder Befristung, §§ 2074 ff.

80 Auch letztwillige Verfügungen können unter einer Bedingung (aufschiebende, auflösende) getroffen werden. Wenn ein vom Erblasser **verfolgter Zweck** nur erreicht wer-

---

72 MünchKomm/Leipold § 1938 Rn. 4.
73 BGH NJW 2011, 1878 = RÜ 2011, 422; Hk-BGB/Hoeren § 1938 Rn. 3; Jauernig/Stürner Anmerkungen zu §§ 1937–1939 Rn. 4 m.w.N.

den kann, wenn der in Aussicht genommene Erbe sich in bestimmter Weise verhält, so kann er im Testament das erwartete Verhalten als aufschiebende oder auflösende Bedingung für den Erwerb der Erbenstellung bestimmen.[74] Er kann eine sogenannte **"Wohlverhaltensklausel"** bzw. **"Verwirkungsklausel"** aufnehmen.

In der Praxis übliche Formulierungen: Soll nicht Erbe sein, wenn

- er sich nicht mit seinen Geschwistern aussöhnt,
- er meine Mutter nicht betreut und versorgt,
- er mein Testament anficht,
- er sich einer mehrheitlich von den Miterben beschlossenen Teilung des Nachlasses widersetzt,
- er sich scheiden lässt.

1. Allgemeine Regeln

Es gelten dafür zunächst einmal die **allgemeinen Regeln gemäß §§ 158–163**, aber mit Ausnahme des § 161, da die letztwillige Verfügung keine Verfügung i.S.d. § 161 ist.

81

Beispiel: Erbe mit Examen

Hat der Erblasser, dessen gesetzliche Erben seine drei Neffen A, B und C sind, in seinem Testament bestimmt: „Mein Alleinerbe soll mein Neffe A sein, wenn er das Assessorexamen besteht", so tritt die Rechtsfolge der Alleinerbschaft erst mit Bestehen des Assessorexamens ein, § 158. Da es aber keine herrenlose Erbschaft gibt, sind zwischenzeitlich die gesetzlichen Erben A, B und C Miterben. Es liegt also gleichzeitig eine Vorerbschaft der gesetzlichen Erben und eine Nacherbschaft des unter aufschiebender Bedingung eingesetzten Nacherben vor (vgl. auch § 2105).

2. Gesetzeswidrigkeit, Sittenwidrigkeit oder Unmöglichkeit der Bedingung

Da die Bedingung untrennbarer Bestandteil der von ihr erfassten Einzelverfügung ist, bewirkt die **Gesetzwidrigkeit** der Bedingung, ihre **Sittenwidrigkeit** oder (bei der aufschiebenden Bedingung) ihre **Unmöglichkeit** nach h.M. grundsätzlich die Unwirksamkeit der Einzelverfügung insgesamt und nicht nur die Unwirksamkeit der Bedingung.[75] § 139 oder § 2085 können zur Aufrechterhaltung als unbedingte Verfügung nicht angewendet werden, da Bedingung und Verfügung eine Einheit bilden. Eine Umdeutung nach § 140 scheidet aus, da die unbedingte Verfügung eine weitergehende Wirkung hat.

82

Ist der Eintritt oder Nichteintritt der Bedingung vom Willen des in Aussicht genommenen Erben abhängig, so kann die Bedingung gemäß § 138 wegen Sittenwidrigkeit nichtig sein, wenn in unzulässiger Weise auf die freie Willensbestimmung Einfluss genommen wird.

Beispiel: Erbe mit Ehefrau

Der Erblasser E hat in seinem Testament bestimmt: „Der A soll mein Erbe sein, wenn er die X heiratet."

I. Nach h.M. ist diese Bedingung sittenwidrig, da sie für eine höchstpersönliche Entscheidung eine Willensbeeinflussung bezweckt.[76] Die Folge ist nach h.M., dass nicht nur die Bedingung, sondern die gesamte Erbeinsetzung des A entfällt (s.o.).
II. Eine differenzierende Ansicht kritisiert am Ergebnis der h.M., dass sich die Unwirksamkeit der gesamten Verfügung, zum Nachteil des Bedachten auswirkt. Selbst wenn er sich – auch aus freien Stücken –

---

74 Vgl. z.B. BayObLG NJW-RR 1998, 729.

75 Palandt/Weidlich § 2074 Rn. 4 m.w.N.

76 Soergel/Stein § 1937 Rn. 30.

so verhalte, wie der Erblasser es wünsche, bleibe ihm die Zuwendung versagt. Das richtige Kriterium sollte daher der Zweck der Vorschriften bzw. Wertungen bilden, die für die Nichtigkeit der Bedingung verantwortlich sind. Wenn eine Bedingung deswegen unwirksam sei, weil der Erblasser in die Freiheitsrechte des Bedachten in unzulässiger Weise eingreifen wollte, dann müsse dem Schutzzweck entsprechend die Zuwendung ohne die Bedingung aufrechterhalten bleiben.[77] Demnach entfällt nur die sittenwidrige Bedingung und die Erbeinsetzung des A bleibt unbedingt bestehen.

III. Stellungnahme: Maßgeblich sollte der Erblasserwille sein: Zu fragen ist daher, ob der Erblasser die Aufrechterhaltung der Erbeinsetzung gewünscht hätte, wenn er die Sittenwidrigkeit seiner Bedingung gekannt hätte. Dadurch dass der Erblasser gerade keinen unverbindlichen Wunsch geäußert, sondern die Erbeinsetzung von einer Bedingung abhängig gemacht hat, wird deutlich, dass der als Bedingung formulierte Umstand für den Erblasser besondere Bedeutung hat. Daher kann davon ausgegangen werden, dass eine unbedingte Erbeinsetzung des A nicht dem hypothetischen Erblasserwillen entspricht. Infolgedessen ist A nicht Erbe des E geworden.

3. Verfügung unter einer Befristung

83   Möglich sind auch letztwillige Verfügungen unter einer Befristung. Auch hierfür gelten über § 163 die §§ 158 ff.

C. Das Vermächtnis gemäß §§ 1939, 2147 ff.

84   Nach § 1939 kann der Erblasser einem anderen, ohne ihn als Erben einzusetzen, einen **Vermögensvorteil zuwenden**.

- Der **Bedachte** wird mit dem Tod des Erblassers **nicht Rechtsinhaber** bezüglich des zugewandten Vermögenswertes, sondern er erwirbt gemäß § 2174 einen **schuldrechtlichen Anspruch** auf die Übertragung des Vermögenswertes. Begünstigter kann jede rechtsfähige Person sein; es kann sogar eine noch nicht gezeugte Person vom Erblasser zum Vermächtnisnehmer bestimmt werden, § 2178.

- **Verpflichteter = Beschwerter** ist grundsätzlich der Erbe, § 2147. Dieser muss den Anspruch des Vermächtnisnehmers erfüllen.

- Soweit eine Rechtsänderung geschuldet wird, muss das erforderliche **Verfügungsgeschäft** (insbesondere Übereignung gemäß §§ 929 ff. bzw. §§ 873, 925, Abtretung der Forderung oder des Rechts, § 398 [i.V.m. § 413]) getätigt werden.

I. Das „Stückvermächtnis"

85   Der Erblasser kann dem Bedachten einen bestimmten, im Nachlass vorhandenen Gegenstand (Sache, Recht, Forderung) zuwenden. Dann ist der Bedachte selbst dann nur Vermächtnisnehmer, wenn der Erblasser ihn als Erben bezeichnet hat (§ 2087 Abs. 2).

II. Das Vorausvermächtnis gemäß § 2150

86   Ein Vorausvermächtnis liegt vor, wenn der Erblasser dem Miterben zusätzlich zu seinem Erbanteil einen Vermögensgegenstand zuwenden will.[78] Der Miterbe als Vermächtnis-

---

77 MünchKomm/Leipold § 2074 Rn. 28; Leipold Rn. 449; a.A. Keuk FamRZ 1972, 9 ff., 15/16 m.w.N.: Verfügung bleibt bei Unwirksamkeit der Bedingung als unbedingte bestehen.

78 Vgl. dazu Otte Jura 2011, 810.

nehmer kann gemäß § 2174 Erfüllung von der Erbengemeinschaft verlangen, ohne dass der Wert des zugewandten Gegenstandes auf den Erbanteil angerechnet wird. Im Gegensatz dazu muss sich der Miterbe bei einer Teilungsanordnung nach § 2048 den Wert des zugewiesenen Gegenstands auf seinen Erbteil anrechnen lassen. Es muss durch Auslegung im Einzelfall ermittelt werden, worauf der Wille des Erblassers gerichtet war. Entscheidend ist, ob der Erblasser einem der Miterben einen besonderen Vermögensvorteil zuwenden wollte. Ist ein solcher Begünstigungswille gegeben, so liegt ein Vorausvermächtnis vor, fehlt er, dann handelt es sich um eine Teilungsanordnung.[79]

Beispiel: Bevorzugte Tochter

Die vermögende E setzt ihre Kinder A, B, C als Erben zu gleichen Teilen ein. Tochter A soll das von ihr bewohnte Einfamilienhaus erhalten. Zusätzlich soll A den Familienschmuck bekommen, weil sie die E betreut und versorgt. Das Haus, in dem die E wohnt, soll Tochter C erhalten und die Gemäldesammlung soll Sohn B an sich nehmen. Die E stirbt, Wert des Gesamtvermögens: 3,8 Mio. €, welche sich wie folgt zusammensetzen: Wert des von A bewohnten Einfamilienhauses: 600.000 €, Wert des Hauses der E: 800.000 €, Wert der Gemäldesammlung: 750.000 €, Wert des Familienschmucks: 200.000 €, Barvermögen: 1,45 Mio. €.

I. A, B und C sind Miterben.
II. Die Verteilung des Nachlasses:
1. Da E die Tochter A bevorzugen will, weil diese sie betreut und versorgt, hat die E ein Vorausvermächtnis zugunsten der A angeordnet. Die A kann daher die Übereignung des Familienschmuckes ohne Anrechnung auf den Erbanteil verlangen.
2. Da die Erben zu gleichen Teilen eingesetzt sind, erhält jeder ein Drittel von 3,6 Mio. € – Wert des Nachlasses nach Abzug des Vorausvermächtnisses. Danach erhält jeder 1,2 Mio. €.
3. Jeder Erbe kann den ihm zugewandten Vermögensgegenstand aufgrund der Teilungsanordnung unter Anrechnung auf den Erbanteil verlangen.
Die Tochter A kann die Übertragung des von ihr bewohnten Einfamilienhauses – Wert 600.000 € – verlangen und 600.000 €.
B bekommt die Gemäldesammlung – Wert 750.000 € – und 450.000 €.
Die Tochter C erhält das von der E bewohnte Haus – Wert 800.000 € – und 400.000 €.

Vgl. zum Vermächtnis näher noch im 6. Teil 2. Abschnitt Rn. 431 ff.

D. Die Auflage, §§ 1940, 2192 ff.

Nach § 1940 kann der Erblasser durch Testament den Erben oder einen Vermächtnisnehmer zu einer Leistung verpflichten, ohne einem anderen ein Recht auf die Leistung zuzuerkennen. Die Auflage begründet also eine Verpflichtung des Erben bzw. Vermächtnisnehmers. Selbst wenn durch diese Verpflichtung eine andere Person begünstigt wird, entsteht dieser aus der Auflage kein Erfüllungsanspruch.

87

■ Allerdings kann eine vom Begünstigten verschiedene Person die Vollziehung der Auflage verlangen. Hat der Erblasser den Vollziehungsberechtigten nicht benannt, so greift § 2194 ein.[80]

■ Gegenstand der Auflage kann alles sein, was Gegenstand einer schuldrechtlichen Verpflichtung sein kann.[81]

---

79 Vgl. zur Abgrenzung Gergen Jura 2005, 185; Klinger/Roth NJW-Spezial 2008, 263; BGHZ 36, 115; BGH MDR 1995, 501.
80 Vgl. zu Einzelfragen BGH NJW 1993, 2168.
81 Vgl. OLG München NJW 2014, 2448: testamentarische Auflage zur Errichtung einer Stiftung.

I. Die Auflage ohne einen bestimmten Begünstigten

88   Diese Auflage ordnet der Erblasser an, wenn er einen bestimmten Zweck erreichen will, ohne eine konkrete andere Person zu begünstigen.

Beispiele:

E setzt den A zum Erben ein mit der Maßgabe, dass dieser

- die Familiengruft 10 Jahre lang pflegt,

- 15.000 € der Armenpflege zur Verfügung stellt,

- das Haus 10 Jahre lang nicht veräußert.

Anordnungen dieses Inhalts sind dann eine bedingte Erbeinsetzung, wenn eindeutig erkennbar ist, dass für den Fall der Missachtung der Anordnung die Erbenstellung ohne Weiteres entfallen soll.

II. Die Auflage zugunsten einer Person

89   Soll der eingesetzte Erbe oder Vermächtnisnehmer die Leistung an eine bestimmte Person erbringen, so handelt es sich dabei nur dann um eine Auflage, wenn dem Begünstigten kein Anspruch auf die Leistung zusteht. Soll der Begünstigte Anspruchsberechtigter sein, so handelt es sich bei der Anordnung um ein Vermächtnis.

Beispiel 1: E hat den A als Erben eingesetzt und ihm aufgegeben, ein Grundstück im Interesse des Nachbarn N 10 Jahre lang nicht zu bebauen.

Bei der Anordnung handelt es sich um eine Auflage, weil dem Nachbarn N kein Anspruch auf Unterlassung der Bebauung zuerkannt wird.

Beispiel 2: E hat seinen Sohn A, der Sprachlehrer ist, als Erben eingesetzt und bestimmt, dass A seinen Neffen N drei Jahre an zwei Nachmittagen zwei Stunden in Latein zu unterrichten hat.

E hat den Erben A mit einer Auflage belastet. Der Neffe N soll nicht berechtigt sein, auf Erfüllung zu klagen.

E. Die Anordnung der Testamentsvollstreckung, §§ 2197 ff.

90   Der Erblasser kann zur Sicherung der ordnungsgemäßen Verwaltung und Verteilung des Nachlasses die Testamentsvollstreckung anordnen, §§ 2197 ff.

Er kann im Testament den Testamentsvollstrecker benennen, die Bestimmung einem Dritten überlassen, § 2198, oder das Nachlassgericht ersuchen, einen Testamentsvollstrecker zu benennen, § 2200.

Zum Testamentsvollstrecker näher noch im 5. Teil 4. Abschnitt Rn. 402 ff.

Inhalt letztwilliger Verfügungen

Erbenbestimmung

- Erbe kann nur werden, wer mit dem Eintritt des Todes allein oder mit anderen das **Vermögen als Ganzes** erwerben soll, **Universalsukzession**.
- Erbe kann nur der **im Zeitpunkt der Errichtung des Testaments** Bedachte werden.
- **Enterbung** ist durch Negativtestament oder (konkludent) durch Einsetzung anderer Erben möglich, vgl. § 1938.
- Bei der **Miterbeneinsetzung** sollte
  - die Erbquote bestimmt werden,
  - eine Teilungsanordnung zur Verhinderung der „Versilberung" erfolgen,
  - ein Vorausvermächtnis bei gewollter Bevorzugung angeordnet werden.
- **Vor- und Nacherbschaft** liegen vor, wenn zunächst eine bestimmte Person Erbe sein soll und danach ein anderer das Vermögen des Erblassers erhalten soll: zwei Erben nacheinander bezüglich des einen Vermögens, vgl. §§ 2100 ff.
- **Ersatzerbe** ist derjenige, der an die Stelle des berufenen, aber weggefallenen Erben treten soll, § 2096.
- **Bedingte Erbeinsetzung** ist grundsätzlich zulässig – Wohlverhaltensklausel.

Anordnungen über die Verteilung des Vermögens

- **Vermächtnis:** Der Bedachte hat gegen den Beschwerten, in der Regel den Erben, einen **schuldrechtlichen Anspruch** auf den zugewiesenen Einzelgegenstand, § 2174. Er wird also nicht Rechtsinhaber mit dem Tode – keine Einzelrechtsnachfolge.
  Der Erblasser kann dem bedachten nicht nur einen bestimmten Gegenstand zuwenden – Stückvermächtnis –, sondern er kann ein Wahl-, Gattungs-, Verschaffungsvermächtnis aussetzen und ein Nach- oder Ersatzvermächtnis anordnen.
- **Auflage:** Der Erbe oder Vermächtnisnehmer wird zur Erreichung eines bestimmten Zwecks zu einer Leistung verpflichtet, vgl. § 1940.
  - Auch wenn eine bestimmte Person begünstigt wird, hat diese **keinen Anspruch auf Erfüllung**.
  - Damit die Erfüllung gewährleistet wird, kann der Erblasser einen Vollziehungsberechtigten bestimmen; fehlt dieser, greift § 2194 ein.

Anordnung bezüglich der Verwaltung

Der Erblasser kann die **Testamentsvollstreckung anordnen**, um zu gewährleisten, dass der Nachlass ordnungsgemäß verwaltet und verteilt wird, vgl. §§ 2197 ff.

2. Abschnitt: Allgemeine Wirksamkeitsvoraussetzungen der Verfügung von Todes wegen

91   Für alle Verfügungen von Todes wegen sind **Testierwille** (A.) und **Testierfähigkeit** (B.) erforderlich. Ferner kann sich eine Unwirksamkeit wegen eines Verstoßes gegen das **Gebot der Höchstpersönlichkeit** (C.) oder **gegen das Gesetz oder die guten Sitten** (D.) ergeben. Ist nur eine von mehreren Verfügungen in einem Testament unwirksam, so stellt sich die Frage, welche **Auswirkungen** dies **auf andere Verfügungen** im Testament hat (E.).

Anmerkung: Dem Grunde nach gehören auch die Grundsätze über die Auslegung und Anfechtung letztwilliger Verfügungen zu den allgemeinen Grundsätzen, welche für alle Verfügungen von Todes wegen Geltung beanspruchen. Da sich bei der Auslegung und Anfechtung von Testamenten, gemeinschaftlichen Testamenten und Erbverträgen jedoch Unterschiede ergeben, werden diese Prüfungspunkte in gesonderten Abschnitten im Anschluss an die Darstellung der verschiedenen Formen der Verfügungen von Todes wegen erläutert (vgl. unten 4. und 5. Abschnitt Rn. 234 ff. und Rn. 271 ff.).

A. Der Testierwille

92   Da Verfügungen von Todes wegen Rechtsgeschäfte darstellen, muss der Erblasser bei der Abfassung der formgerechten Erklärung mit Testierwillen gehandelt haben. Darunter versteht man den ernstlichen Willen des Erblassers, **rechtsverbindliche** Anordnungen für die Zeit nach dem Tod zu treffen.[82] Somit stellt der Testierwille eine **spezielle erbrechtliche Ausprägung des Erklärungsbewusstseins** dar.[83]

Der Testierwille kann in jedem beliebigen Schriftstück geäußert werden, also z.B. in einem Brief oder auf einer Postkarte; es muss eine verkörperte Erklärung vorliegen;[84] allerdings sind, sofern die Form des Schriftstücks nicht den für Testamente üblichen Gepflogenheiten entspricht, an den Nachweis des Testierwillens höhere Anforderungen zu stellen.[85]

I. Voraussetzungen der Willenserklärung

93   Mit den Anordnungen in seiner letztwilligen Verfügung will der Erblasser erreichen, dass mit dem Tode **bestimmte Rechtsfolgen** eintreten, sodass die testamentarischen Anordnungen den Erfordernissen einer **Willenserklärung** genügen müssen.

Eine Willenserklärung liegt vor, wenn der Erklärende einen **Rechtsbindungswillen** hat und die Erklärung darauf schließen lässt, dass der Erblasser eine bestimmte, inhaltlich zulässige Anordnung für den Fall des Todes treffen will.

Ist zweifelhaft, ob der Testierwille vorliegt, so ist die testamentarische Erklärung gemäß § 133 und nicht gemäß § 2084 auszulegen. Die erbrechtliche Auslegungsregel des § 2084 setzt voraus, dass die Existenz einer rechtsgeschäftlichen Willenserklärung feststeht und nur ihr Inhalt zweifelhaft ist. § 2084 ist analog

---

82   BGH WM 1976, 744, 745; BayObLG FamRZ 2005, 656, 657; Soergel/Harder § 2247 Rn. 6.
83   Olzen Rn. 231.
84   RGZ 87, 109, 110; BayObLG MDR 1963, 503.
85   BayObLGZ 1991, 158; NJW-RR 1999, 88; OLG München JuS 2009, 572.

anwendbar, wenn die rechtliche Natur – z.B. letztwillige Verfügung oder Schenkung unter Lebenden – zweifelhaft ist. Die Frage, ob eine Erklärung des Erblassers überhaupt eine Willenserklärung ist, richtet sich dagegen nach der allgemeinen Auslegungsregel des § 133.[86]

Fall 5: Ungewöhnliche Schreibunterlage

T ist die Tochter der am 30.07.2017 verstorbenen Erblasserin N. Die verwitwete Erblasserin hatte neben der T einen weiteren Abkömmling, ihren im Jahr 2013 vorverstorbenen Sohn J. A, B, C und D sind dessen Kinder. Der Nachlass der N bestand im Wesentlichen aus einer Immobilie.

Nach dem Tod der N legten A, B, C und D der T zwei Schriftstücke vor. Bei einem dieser Schriftstücke handelt es sich um einen ca. 8 x 10 cm großen, per Hand ausgeschnittenen Zettel mit folgender handschriftlicher Aufschrift:

Tesemt

Haus

Das für J

Unter dieser Aufschrift befinden sich die Jahreszahl 1990 sowie der Schriftzug „N" mit einem vorangestellten, nicht sicher lesbaren weiteren Buchstaben.

Bei dem zweiten Schriftstück handelt es sich um ein mehrfach gefaltetes Stück Papier, das der Beschaffenheit von Butterbrotpapier entspricht. Auf diesem befinden sich – in leicht abgewandelter Anordnung – die gleichen Worte, wie auf dem anderen Schriftstück.

A, B, C und D vertreten die Ansicht, dass es sich bei beiden Schriftstücken um wirksame Testamente der N handele, nach denen ihr vorverstorbener Vater als Alleinerbe eingesetzt worden sei und nunmehr, an dessen Stelle seine vier Kinder als Erben zu je 1/4 getreten seien. Demgegenüber bezweifelt T, dass diese Schriftstücke tatsächlich von ihrer Mutter verfasst und unterzeichnet worden sind. Diese sei im Jahr 1990 sowohl körperlich als auch geistig noch sehr rüstig gewesen, zudem sei sie der deutschen Schrift und Sprache hinreichend mächtig gewesen.

Wer beerbt die N? (nach OLG Hamm RÜ 2016, 222)

I. A, B, C und D könnten **gemäß §§ 1937, 1922** testamentarische Erben der N zu je 1/4 geworden sein.

Die von A, B, C und D vorgelegten Schriftstücke könnten eine wirksame testamentarische Erbeinsetzung ihres Vaters J beinhalten, die aufgrund seines Vorversterbens gemäß § 2069 als Erbeinsetzung zugunsten seiner Kinder auszulegen ist.

Dazu muss N mit den Schriftstücken überhaupt ein wirksames Testament errichtet haben. Dies erfordert, dass sie bei deren Abfassung **mit Testierwillen gehandelt** hat. Darunter versteht man den ernstlichen Willen des Erblassers, rechtsverbindliche Anordnungen für seinen Todesfall zu treffen.

---

86 BGH LM Nr. 13 zu § 2084; KG NJW 1959, 1441; BayObLG MDR 1963, 503; Soergel/Loritz § 2084 Rn. 3.

Zweifel am Vorliegen eines Testierwillens ergeben sich bereits aus dem Umstand, dass die vermeintlichen Testamente der N nicht auf einer üblichen Schreibunterlage, wie z. B. einem Blatt Papier in üblicher Größe (DIN A 4 oder DIN A 5), sondern auf einem ausgeschnittenen Stück Papier und einem gefalteten Bogen Pergamentpapier errichtet worden sind.[87] Ferner ergeben sich Zweifel aus der äußeren und inhaltlichen Gestaltung der Schriftstücke, deren Überschrift *„Tesemt"* gravierende Rechtschreibfehler enthält und die nicht in einem vollständigen Satz verfasst worden sind, obwohl die Erblasserin nach unbestrittenem Vortrag ihrer Tochter der deutschen Sprache auch in Schrift und Grammatik hinreichend mächtig war.[88] Zudem spricht gegen die ernstliche Absicht der Erblasserin, mit den Schriftstücken eine Verfügung von Todes wegen zu errichten, der Umstand, dass sie, wenn es sich bei den Schriftstücken um Testamente handeln sollte, ohne nachvollziehbaren Grund im gleichen Jahr zwei nahezu identische Testamente errichtet hätte. Das Vorliegen zweier inhaltsgleicher Schriftstücke auf ungewöhnlichen Schreibunterlagen spricht vielmehr dafür, dass es sich hierbei lediglich um schriftlich dokumentierte Vorüberlegungen oder Entwürfe handelt.[89]

Somit handelt es sich bei den Schriftstücken bereits wegen fehlenden Testierwillens der Erblasserin nicht um wirksame Testamente, sodass A, B, C und D nicht gemäß §§ 1937, 1922 testamentarische Erben der N zu je 1/4 geworden.

II. N könnte im Wege der gesetzlichen Erbfolge gemäß § 1924 Abs. 1, 3 und 4 von T zu 1/2 sowie A, B, C und D zu je 1/8 beerbt worden sein.

Mangels gewillkürter Erbfolge greifen die Regeln der gesetzlichen Erbfolge gemäß §§ 1924 ff. ein.

Gemäß § 1924 Abs. 1 sind die Abkömmlinge des Erblassers – also T und J – Erben 1. Ordnung und erben zu gleichen Teilen – also je 1/2. J ist jedoch vorverstorben, sodass an seine Stelle gemäß § 1924 Abs. 3 seine Abkömmlinge – also A, B, C und D – treten und zwar gemäß § 1924 Abs. 4 zu gleichen Teilen – also zu je 1/8.

Demnach ist N im Wege gesetzlicher Erbfolge gemäß § 1924 Abs. 1, 3, 4 von T zu 1/2 und A, B, C und D zu je 1/8 beerbt worden.

II. Die Anwendbarkeit der §§ 116, 117 und 118 auf testamentarische Anordnungen

94 **1.** § 118 ist auf Testamente anwendbar, sodass sogenannte „Scherztestamente" nichtig sind. Ersatz des Vertrauensschadens nach § 122 ist gemäß § 2078 Abs. 3 analog nicht zu leisten, da die letztwillige Verfügung keinen Vertrauensschutz eines Dritten rechtfertigt.[90]

95 **2.** Die Anwendbarkeit der Regelungen über den **geheimen Vorbehalt**, § 116, und die **Scheinerklärung**, § 117, auf testamentarische Anordnungen ist umstritten.

---

87 OLG Hamm RÜ 2016, 222, 223.
88 OLG Hamm RÜ 2016, 222, 223.
89 OLG Hamm RÜ 2016, 222, 223.
90 Brox/Walker Rn. 258.

a) Nach h.A. ist § 116 S. 1 auf testamentarische Anordnungen anwendbar, da diese Vorschrift für sämtliche Willenserklärungen (empfangsbedürftige und nicht empfangsbedürftige, ausdrückliche und konkludente) gilt.[91] Die Unbeachtlichkeit des geheimen Vorbehalts verhindere Missbrauch und Leichtfertigkeit und vereinfache die Feststellung des Testierwillens.[92] Für den Erblasser sei dies auch nicht unbillig, da er seine Verfügung jederzeit durch Widerruf beseitigen könne, vgl. § 2253.[93]

Die Vorschriften des § 117 und des § 116 S. 2 sind demgegenüber nach h.M. nicht anwendbar, weil diese Normen nur auf **empfangsbedürftige Willenserklärungen** Anwendung finden und es sich bei testamentarischen Anordnungen nicht um solche handelt.[94]

Es gilt also nach h.M. das, was der Erblasser erklärt hat: Der geheime Vorbehalt ist gemäß § 116 S. 1 unbeachtlich und die Scheinerklärung ist wirksam.

b) Nach der Gegenmeinung soll § 117, nicht jedoch § 116 auf testamentarische Verfügungen anwendbar sein, weil schutzwürdige Belange anderer Personen beim Testament als einseitiger, nicht empfangsbedürftiger Willenserklärung nicht bestünden[95] und daher testamentarische Anordnungen des Erblassers, die er mit dem Willen abgegeben hat, das Erklärte nicht zu wollen, immer nichtig sein müssen.

Nach dieser Ansicht setzt sich folglich der Erblasserwille durch: der geheime Vorbehalt und die Scheinerklärung bewirken die Nichtigkeit der Anordnung.

Beachte: Da der Erbvertrag empfangsbedürftige Willenserklärungen voraussetzt, sind auf diesen § 116 S. 2 und § 117 anzuwenden.[96] Gleiches soll wegen der vergleichbaren Interessenlage für wechselbezügliche Verfügungen in gemeinschaftlichen Testamenten gelten.[97]

B. Die Testierfähigkeit des Erblassers[98]

Testierfähigkeit ist die Fähigkeit, rechtswirksam ein Testament zu errichten, abzuändern oder aufzuheben. Sie stellt eine **besondere Form der Geschäftsfähigkeit** dar.

96

Damit das Testament wirksam ist, muss der Erblasser im Zeitpunkt der Errichtung testierfähig sein, also über die erforderliche Einsichtsfähigkeit verfügen. Er muss in der Lage sein, sich ein klares Urteil zu bilden, welche Tragweite seine Anordnungen haben, insbesondere welche Wirkungen sie auf die persönlichen und wirtschaftlichen Verhältnisse der Betroffenen ausüben. Das gilt auch für die Gründe, welche für und gegen die sittliche Berechtigung der Anordnungen sprechen. Nach seinem so gebildeten Urteil muss der Testierende frei von Einflüssen Dritter handeln können.

---

91 Palandt/Ellenberger § 116 Rn. 3 m.w.N.

92 Olzen Rn. 234.

93 Staudinger/Otte Vorbem. zu §§ 2064 ff. Rn. 13.

94 RGZ 104, 320, 322; OLG Frankfurt/M. OLGZ 1993, 467; BayObLG FamRZ 1977, 347; OLG Düsseldorf WM 1968, 811; Hk-BGB/Dörner § 117 Rn. 2; Palandt/Ellenberger § 117 Rn. 2; RGRK/Johannsen § 2078 Rn. 1; Olzen Rn. 233 ff.

95 Brox/Walker Rn. 257 u. 259; Schlüter/Röthel § 20 Rn. 1; Lange/Kuchinke § 35 I 1 b; Ebenroth Rn. 287.

96 Vgl. Palandt/Weidlich § 1937 Rn. 10.

97 So Brox/Walker Rn. 257 a.E.

98 Vgl. dazu Schreiber Jura 2011, 19 ff. sowie Cording ZEV 2010, 115 ff.

Testierfähig sind:

97   ■ **Volljährige bis zur Grenze des § 2229 Abs. 4** (ähnlich den §§ 104, 105)

Bei einem Volljährigen ist von der Testierfähigkeit auszugehen, bis feststeht, dass er unter § 2229 Abs. 4 fällt. Entscheidend ist der Zeitpunkt der Testamentserrichtung.[99] Maßgebend für die Testierfähigkeit ist nach dem Gesetz die Fähigkeit des Erblassers, die Bedeutung der letztwilligen Verfügung zu erkennen und sich bei seiner Entscheidung von normalen Erwägungen leiten zu lassen. Eine geistige Erkrankung des Erblassers steht der Gültigkeit seiner letztwilligen Verfügung nicht entgegen, wenn diese von der Erkrankung nicht beeinflusst ist.[100] Die Beweislast für die Testierunfähigkeit des Erblassers gemäß § 2229 Abs. 4, trägt derjenige, der sich auf die Nichtigkeit des Testaments beruft.[101]

Von dem Bestehen eines Betreuungsverhältnisses (§ 1896) kann nicht auf die Testierunfähigkeit des Betreuten geschlossen werden; es ist vielmehr zunächst von dessen Testierfähigkeit auszugehen und der Maßstab des § 2229 Abs. 4 anzuwenden.[102] Selbst eine Betreuung mit Einwilligungsvorbehalt gemäß § 1903 Abs. 1 schränkt die Testierfähigkeit des Betreuten nicht ein, da sich dieser Einwilligungsvorbehalt nicht auf Verfügungen von Todes wegen erstrecken kann, vgl. § 1903 Abs. 2.[103]

98   ■ **Minderjährige nach Vollendung des 16. Lebensjahres** (§ 2229 Abs. 1)

Nach Vollendung des 16. Lebensjahres können Minderjährige jedoch nur in den Formen testieren, bei denen ihnen eine Amtsperson beratend zur Seite steht, also ein öffentliches Testament durch Erklärung gegenüber dem Notar oder Übergabe einer offenen Schrift an den Notar errichten (§§ 2233 Abs. 1, 2232, 2247 Abs. 4). Eine Testamentserrichtung in anderen Formen – insbesondere ein eigenhändiges Testament – kommt nicht in Betracht.

Minderjährige unter 16 Jahren sind testierunfähig. Auch die gesetzlichen Vertreter können nicht für den Minderjährigen testieren, weil ein Testament nur vom Erblasser persönlich errichtet werden kann, § 2064.

Beachte: Die vorstehenden Grundsätze gelten auch für das gemeinschaftliche Testament. Hingegen ist beim **Erbvertrag** die Sonderregel des **§ 2275** zu beachten, wonach einen Erbvertrag als Erblasser nur schließen kann, wer unbeschränkt geschäftsfähig ist; Einzelheiten im 3. Abschnitt, 2., Rn. 169 ff.

C. Der Grundsatz der Höchstpersönlichkeit

99   Der Erblasser muss das Testament höchstpersönlich errichten (§§ 2064, 2065). Der Gesetzgeber hat diese Regelung getroffen, damit der Erblasser, wenn er von der gesetzlichen Erbfolge abweicht, die sittliche Verantwortung für die Ausgestaltung der Erbfolge nicht von sich abwälzen kann.[104]

---

99   Brox/Walker Rn. 91.

100   BayObLG FamRZ 2006, 68, 69; Schmoeckel NJW 2016, 433 ff.

101   Olzen Rn. 243 m.w.N.

102   Palandt/Weidlich § 2229 Rn. 5; Erman/Kappler § 2229 Rn. 4.

103   Vgl. OLG Hamm FamRZ 2004, 659, 661.

104   Brox/Walker Rn. 94.

I. Keine Vertretung im Willen oder bei Abgabe der Erklärung

Nach § 2064 ist **weder Vertretung im Willen noch in der Erklärung** zulässig. Die **§§ 164 ff. gelten nicht**. Zulässig ist jedoch die Hilfe des Dritten, soweit sie sich auf Beratung und Beistand bezieht.

100

Beispiel 1: Der Erblasser hat seiner Sekretärin S seinen letzten Willen in die Schreibmaschine diktiert. Dieses Schreiben übergibt er dem Notar in einem verschlossenen Umschlag mit der Erklärung, dass dieses Schreiben seinen letzten Willen enthalte.

Es liegt die wirksame Errichtung eines öffentlichen Testaments (§ 2232 S. 2) vor. Der Errichtungsakt durch Übergabe einer Schrift ist nicht die Niederschrift, sondern die Erklärung vor dem Notar bei Übergabe der Schrift. Beim öffentlichen Testament braucht die übergebene Schrift vom Erblasser nicht selbst geschrieben zu sein, § 2232 S. 2 a.E.

Beispiel 2: Der Erblasser hat das von ihm selbst maschinenschriftlich geschriebene und eigenhändig unterschriebene Testament in einem verschlossenen Umschlag durch seine Sekretärin dem Notar mit der Erklärung übergeben lassen, dass dies sein letzter Wille sei.

Es liegt keine wirksame Testamentserrichtung vor, da der Erblasser beim Errichtungsakt des öffentlichen Testaments nicht persönlich mitgewirkt hat. Als privatschriftliches Testament ist es formungültig, weil es nicht insgesamt handgeschrieben ist.

II. Die Konkretisierung des § 2064 durch § 2065

In § 2065 wird der bereits in § 2064 aufgestellte Grundsatz der Unzulässigkeit der **Willensvertretung** konkretisiert. Wer testiert, muss einen eigenen Willen haben und bekunden. Er darf die **Bestimmung** über die Geltung der Verfügung, die Person des Bedachten und den Gegenstand der Zuwendung **keinem Dritten überlassen**.

101

1. Die Zulässigkeit von Potestativbedingungen

Nach §§ 2074, 2075 kann der Erblasser die Erbeinsetzung von Bedingungen abhängig machen.

102

Wegen § 2065 ist aber fraglich, ob auch eine vom Willen eines Dritten abhängige Bedingung (Potestativbedingung) zulässig ist, weil damit dem Dritten die Entscheidung über die Gültigkeit der letztwilligen Verfügung eingeräumt wird. Da § 2065 nur die Ausprägung des § 2064 ist, hängt die Entscheidung davon ab, **ob die Potestativbedingung im Einzelfall auf eine Vertretung im Willen hinausläuft** – dann Ungültigkeit. Die h.M. unterscheidet daher:

103

a) Wenn der Erblasser die bedingte Verfügung getroffen hat, weil er unentschlossen war, und wenn die Bedingung von ihm nur als Mittel benutzt worden ist, um den Entschluss dem Bedachten oder dem Dritten zu überlassen, so ist die Bedingung unzulässig. In diesem Fall läuft die Potestativbedingung auf eine Vertretung im Willen hinaus.

104

So ist insbesondere eine Verfügung unwirksam, durch die der Erblasser lediglich das den Bedingungseintritt auslösende Tun bezeichnet, jedoch die Person, von der er das maßgebliche Verhalten erwartet, nicht hinreichend bestimmt. In diesem Fall überlässt der Erblasser die Bestimmung der Person des Erben demjenigen, der die in der letztwilligen Verfügung bezeichnete Aufgabe übernimmt.[105]

---

105 Vgl. BayObLG FamRZ 1991, 610; NJW-RR 1992, 968; MünchKomm/Leipold § 2065 Rn. 24.

105 **b)** Wenn der Erblasser die Rechtsfolge, die im Falle des Eintritts bzw. Nichteintritts der Bedingung ausgelöst wird, in seinen Willen aufgenommen hat, so ist die Bedingung zulässig. Der Erblasser war bei einer solchen Fallkonstellation zu einer bestimmten Verfügung entschlossen.[106]

> **Beispiel: Verfügung unter Potestativbedingung**
>
> E hat seine Frau F als Vorerbin eingesetzt. Nacherbe soll sein Sohn A sein, falls die F nicht anderweitig über den Nachlass durch Rechtsgeschäft unter Lebenden oder durch Verfügung von Todes wegen verfüge. F errichtete ein Testament zugunsten ihrer Schwester S, die auch den Nachlass des E erhalten soll. Nach dem Tode der F streiten S und A um den Nachlass des E.
>
> E war entschlossen, der F die Befugnis einer Vollerbin einzuräumen; nur wenn F von dem ihr zustehenden Recht keinen Gebrauch machte, sollte sie Vorerbin, der Sohn A Nacherbe sein. E hat also die im Falle des Eintritts der Bedingung eintretende Rechtsfolge voll in seinen Willen aufgenommen und war entschlossen zu dieser Verfügung. In diesem Fall hängt der Eintritt der Bedingung nicht vom Willen eines Dritten, sondern von dem des Vorerben ab. Macht er von der Befugnis Gebrauch, so vereitelt er (in Übereinstimmung mit dem Willen des Erblassers) den Eintritt der Nacherbschaft, sodass mit seinem (des Vorerben) Tod rückwirkend feststeht, dass er in Wahrheit nicht Vorerbe, sondern Vollerbe war.
>
> Die Einsetzung zum Nacherben unter der auflösenden Bedingung, dass der Vorerbe nicht anderweitig verfüge, ist daher – da im Grunde eine bestimmte Einsetzung des Vorerben als Vollerbe – wirksam.[107] Da mit dem Bedingungseintritt die Nacherbenstellung des A entfallen ist, gehört auch das von E stammende Vermögen zum Nachlass der F und geht daher auf deren testamentarische Erbin, die S, über.

2. Bezeichnung der Erben durch Dritten

106 Der Erblasser darf nach § 2065 Abs. 2 die Bestimmung des Erben nicht einem Dritten überlassen; eine solche Verfügung ist ungültig. Da § 2065 Abs. 2 aber nur die Vertretung des Erblassers im Willen verhindern will, ist es **zulässig, dass einem Dritten die Bezeichnung des Erben anhand objektiver Kriterien übertragen wird**.

Es ist zwischen nachstehenden drei Fallgruppen zu unterscheiden:

107 **a)** Da der Erblasser den Erben nicht namentlich bezeichnen muss, sondern eine Bestimmung des Erben durch den Erblasser selbst dann vorliegt, wenn er **objektive Kriterien** angibt, aufgrund derer der Gemeinte individuell ermittelt werden kann, liegt kein Verstoß gegen § 2065 Abs. 2 vor, wenn der Erblasser bestimmt, dass ein Dritter anhand rein objektiver Kriterien den Erben namentlich bezeichnen soll. Zulässig ist daher z.B., wenn der Erblasser testiert: „Erbe soll derjenige meiner Söhne sein, der die Tischlermeisterprüfung mit der besten Note abgelegt hat. Diesen soll mein Freund F benennen." Hier hat der Dritte überhaupt keinen Entscheidungsspielraum.[108]

108 **b)** Unzulässig ist eine letztwillige Verfügung, die dem Dritten die Bestimmung des Erben nach **freiem Ermessen** überlässt (z.B.: „Von meinen drei Söhnen soll mein Freund F einen nach Belieben zum Alleinerben auswählen"). Hier liegt eine gemäß § 2065 Abs. 2 unzulässige Vertretung im Willen vor.[109]

---

106 BGHZ 15, 199, 201 f.; Lange/Kuchinke § 27 I 4.

107 BGHZ 2, 35; 59, 220; OLG Hamm MDR 1972, 1036; Brox/Walker Rn. 96; RGRK/Johannsen § 2065 Rn. 10; Schlüter/Röthel § 19 Rn. 19; kritisch MünchKomm/Leipold § 2065 Rn. 16; Jauernig/Stürner § 2065 Rn. 1.

108 BGHZ 15, 199, 202 f.; KG FamRZ 1998, 1202; Schlüter/Röthel § 16 Rn. 16; Wagner ZEV 1998, 255.

109 Brox/Walker Rn. 97.

Fall 6: Unwirksame Nacherbeneinsetzung

Die kinderlose E nahm einige Jahre vor ihrem Tod ihre Schwester S bei sich auf. Eine weitere – bereits verstorbene – Schwester A hatte mehrere Kinder (K), mit denen die E bis zu ihrem Tod Kontakt pflegte. Vor ihrem Tod errichtete E ein eigenhändiges, unterschriebenes Testament mit folgenden Regelungen:

„Mein Vermögen soll im Falle meines Todes zunächst meiner Schwester S zufallen. Als Nacherben empfehle ich eines der Kinder der A, weil diese uns öfter halfen und das Anwesen wegen ihrer Wohnnähe am ehesten in Ordnung halten können."

Nach dem Tod der E erteilte das Nachlassgericht der S einen Erbschein, der die S als Alleinerbin auswies. Die Kinder K beantragen Erbscheinseinziehung. Zu Recht?

Das Nachlassgericht muss gemäß **§ 2361 S. 1** den Erbschein einziehen, wenn sich ergibt, dass der erteilte **Erbschein unrichtig** ist. Das ist dann der Fall, wenn die Voraussetzungen für die Erteilung entweder schon ursprünglich nicht gegeben waren oder nachträglich nicht mehr vorhanden sind.[110] **109**

Nachlassgericht ist gemäß § 23 a Abs. 1 S. 1 Nr. 2, Abs. 2 Nr. 2 GVG das Amtsgericht (sachliche Zuständigkeit); die örtliche Zuständigkeit bestimmt sich gemäß § 343 Abs. 1 FamFG nach seinem gewöhnlichen Aufenthaltsort.

Der erteilte Erbschein weist die S als Allein- und damit als Vollerbin aus. Daher ist der Erbschein unrichtig, wenn die S tatsächlich nur als Vorerbin eingesetzt ist, vgl. § 2363 S. 1.

I. Nach dem Wortlaut des Testaments soll das Vermögen der E bei deren Tod „zunächst" der S zufallen. Als „Nacherben" hat sie eines der Kinder der A empfohlen. Hierdurch kommt ausreichend deutlich zum Ausdruck, dass die S nur bis zu einem bestimmten Zeitpunkt, nämlich ihrem eigenen Tod, Erbin sein sollte. E wollte also die Erbenstellung der S durch **Anordnung einer Vorerbschaft** beschränken. **110**

II. Das Testament enthält jedoch **keine Benennung eines Nacherben**. Es liegt lediglich eine „Empfehlung" dahingehend vor, eines der Kinder zu bestimmen, wobei diese Bestimmung durch S erfolgen sollte. **111**

1. Eine solche Nacherbenbestimmung könnte wegen **Verstoßes gegen § 2065 Abs. 2** unwirksam sein. Nach dieser Vorschrift kann die Bestimmung der Person, die eine Zuwendung erhalten soll, nicht einem anderen überlassen werden. **112**

Dabei ist ein Verstoß nur dann anzunehmen, wenn die Bestimmung im **freien Ermessen** des Dritten liegt, nicht hingegen, wenn anhand objektiver Kriterien der Begünstigte individuell ermittelt werden kann. Zwar hat die E den Personenkreis, aus dem der Nacherbe bestimmt werden soll, konkretisiert, letztlich aber keine Kriterien aufgestellt, anhand derer die Auswahl des Nacherben erfolgen sollte. Die Frage wurde der freien Entscheidung der S überlassen. Zudem liegt nur eine „Empfehlung" vor, sodass sich S nicht einmal auf den bezeichneten Personenkreis beschränken muss. Da somit die Entscheidung, wer Nacherbe werden soll, in das freie Ermessen der S gestellt wurde, ist ein Verstoß gegen § 2065 Abs. 2 gegeben.

---

110 Palandt/Weidlich § 2361 Rn. 2.

2. Es stellt sich sodann die weitere Frage, welche Konsequenzen dieser Verstoß hat.

113

a) Der erteilte Erbschein ist richtig, wenn infolge der unwirksamen Nacherbeneinsetzung die Vorerbschaft der S zur Vollerbschaft erstarkt ist.

Gemäß **§ 2142 Abs. 2** wird im Zweifel die Vorerbschaft zur Vollerbschaft, wenn der Nacherbe die Erbschaft ausschlägt. Diese Vorschrift wird jedoch auf andere Fälle des Wegfalls des Nacherben (Tod vor Erbfall, Erbverzicht oder Erbunwürdigkeit) nicht analog angewandt, sondern es ist durch Auslegung zu ermitteln, wem die Erbschaft anfällt.[111]

Auch im vorliegenden Fall scheint mangels Vergleichbarkeit der Interessenlage eine analoge Anwendung des § 2142 Abs. 2 nicht geboten: Während der Erblasser es immer hinnehmen muss, wenn ein von ihm eingesetzter Erbe ausschlägt, sollte sich hier der Wille des Erblassers, dass der Nachlass nicht endgültig beim Vorerben bzw. seinen Erben verbleiben sollte, durchsetzen.

114

b) Der erteilte Erbschein ist indes unrichtig, wenn als Folge der unwirksamen Bestimmung des Nacherben die gesetzlichen Erben als Nacherben anzusehen sind. Dies könnte sich aus einer **analogen Anwendung des § 2104** ergeben.

aa) Nach einer Ansicht muss die analoge Anwendung des § 2104 bei unwirksamer Nacherbeneinsetzung ausscheiden. Voraussetzung sei nämlich, dass ein Nacherbe von vornherein nicht bestimmt sei.[112]

bb) Nach a.A. kommt eine analoge Anwendung des § 2104 S. 1 – jedenfalls im Fall einer Unwirksamkeit der Nacherbeneinsetzung wegen Verstoßes gegen § 2065 Abs. 2 – in Betracht.[113] Ziel müsse es sein, dem erklärten Willen des Erblassers zum Erfolg zu verhelfen, und dieser gehe eindeutig dahin, dass sein Nachlass nicht endgültig beim Vorerben verbleiben solle.

cc) Stellungnahme: Die zuletzt genannte Auffassung ermöglicht, den konkreten Erblasserwillen zu berücksichtigen. Infolgedessen sind die gesetzlichen Erben der E analog § 2104 als Nacherben anzusehen.

III. S sollte nach dem Willen der E nur Vorerbin sein. Die Kinder K werden als gesetzliche Erben (vgl. § 2066 S. 2) gemeinsam Nacherben. Der Erbschein erweist sich somit als unrichtig, weil S als Alleinerbin ausgewiesen wird. Daher ist der Erbschein einzuziehen.

115

c) Zweifelhaft sind die Fälle, in denen der Erblasser dem Dritten im Rahmen der vom Erblasser vorgegebenen Kriterien einen **gewissen Ermessensspielraum** einräumt (z.B.: „Erbe soll derjenige meiner Söhne sein, der die beste Eignung zur Betriebsführung hat. Wer das ist, soll mein Freund, der Tischlermeister T aufgrund seiner langjährigen Betriebserfahrung nach meinem Tode entscheiden").

---

111 Palandt/Weidlich § 2142 Rn. 5.
112 BGH NJW 1986, 1812; Brox/Walker Rn. 350.
113 OLG Hamm NJW-RR 1995, 1477; LG München I FamRZ 1998, 1261; Palandt/Weidlich § 2104 Rn. 2.

aa) Nach dem **BGH**[114] und einem **Teil der Lit.**[115] liegt bereits dann ein Verstoß gegen § 2065 Abs. 2 vor, wenn bei der Bestimmung des Erben dem Dritten überhaupt eine Ermessensentscheidung überlassen wird, weil in diesem Fall nicht nur eine Bezeichnung des Erben fehlt, sondern auch dessen Bestimmung vom Dritten vorgenommen würde:

116

„Nur um die Bezeichnung der Person des Bedachten oder des Gegenstands der Zuwendung durch einen Dritten handelt es sich, wenn der Erblasser in seiner letztwilligen Verfügung hinsichtlich der Person des Bedachten oder des Gegenstands der Zuwendung diejenigen Angaben gemacht hat, die es jeder mit genügender Sachkunde ausgestatteten Person ermöglichen, den Bedachten oder den Gegenstand der Zuwendung aufgrund dieser Angaben zu bezeichnen, ohne dass ihr eigenes Ermessen dabei bestimmend oder mitbestimmend ist. Die von dem Erblasser zu machenden Angaben müssen so bestimmt sein, dass dadurch die zu treffende Bezeichnung für diejenigen Personen, welche die erforderliche Sachkunde besitzen, objektiv bestimmt ist."

bb) Nach der **Gegenmeinung** ist es unschädlich, wenn dem Dritten im Rahmen objektiver, vom Erblasser bestimmter Kriterien ein gewisser Beurteilungsspielraum eingeräumt wird.

117

Das RG[116] hielt es für ausreichend, dass der Erblasser einen **begrenzten Kreis von Personen** bezeichnet, „aus dem der Erbe **nach bestimmten sachlichen Gesichtspunkten**, z.B. seiner Eignung für eine besondere Aufgabe, durch einen Dritten bindend ausgewählt werden soll, sofern nur der Personenkreis so eng begrenzt ist und die Gesichtspunkte für die Auswahl so genau festgelegt sind, dass für eine Willkür des Dritten kein Raum bleibt, sondern die Entscheidung auf sein Urteil über das Vorliegen jener Voraussetzungen abgestellt ist, mag dieses auch ein reines Werturteil darstellen oder ein solches einschließen".

Diesem Ansatz des RG folgt ein großer Teil des Schrifttums,[117] da für einen solchen Entscheidungsspielraum des Dritten zum einen ein praktisches Bedürfnis bestehe und zum anderen der Erblasser eine eigene Entscheidung getroffen habe, sodass keine willkürliche Entscheidung eines Dritten gegeben sei.

3. Auswahl des Vermächtnisnehmers durch Dritte

Im Gegensatz zur Erbeinsetzung kann beim **Vermächtnis** der Erblasser bestimmen, dass der **Beschwerte oder ein Dritter den Bedachten** aus einem vom Erblasser bezeichneten Personenkreis **auswählt** (§§ 2151, 2152) oder die **Anteile** bestimmt (§ 2153). Die Möglichkeit ist wegen der engen Auslegung des § 2065 durch den BGH von besonderer praktischer Bedeutung beim sogenannten Unternehmenstestament.[118]

118

Beispiel: Führungstauglicher Fabrikantensohn

Fabrikbesitzer E hat drei minderjährige Söhne. Er will erreichen, dass derjenige, der sich später nach dem Urteil seines Freundes F als der Geeignetste erweist, den Betrieb bekommt.

Nach der engen BGH-Rspr. zu § 2065 kommt eine Erbeinsetzung des „von F ausgewählten Tüchtigsten" nicht infrage, denn E kann die Person nicht nach objektiven Kriterien so festlegen, dass F ohne Ermessensspielraum diese nur noch zu bezeichnen bräuchte.

Der E kann aber seine drei Söhne zu Erben einsetzen und eine Vermächtnisanordnung treffen, dass der von F auszuwählende Tüchtigste zu einem festgelegten Zeitpunkt (z.B. wenn nach Volljährigkeit und

---

114 BGHZ 15, 199.

115 Helms ZEV 2007, 1, 6; Schlüter/Röthel § 16 Rn. 16 m.w.N.

116 RGZ 159, 296, 299.

117 BeckOK BGB/Litzenburger § 2065 Rn. 15; Brox/Walker Rn. 97; Leipold Rn. 284; MünchKomm/Leipold § 2065 Rn. 26, 28; Olzen Rn. 228; RGRK/Johannsen § 2065 Rn. 16; Soergel/Loritz § 2065 Rn. 30; Staudinger/Otte § 2065 Rn. 35.

118 Vgl. dazu Kollmeyer NJW 2017, 3271 ff.

Abschluss der Berufsausbildung aller drei Söhne eine Beurteilung möglich ist) den Anspruch auf Übertragung des Betriebs erhält.[119]

Beim sogenannten Zweckvermächtnis i.S.d. § 2156 ist es überdies möglich, dass der Erblasser es dem Beschwerten oder einem Dritten überlässt, den Gegenstand des Vermächtnisses sowie die Bedingungen der Leistung und deren Zeit zu bestimmen. Für das dabei auszuübende „billige Ermessen" bedarf es allerdings konkreter Anhaltspunkte: Ungenügend sind daher floskelhafte Wendungen.[120]

D. Nichtigkeit oder Unwirksamkeit der Verfügung von Todes wegen

Die vom Erblasser im Testament abgegebenen Willenserklärungen sind **nichtig**, wenn der Erblasser gegen ein **gesetzliches Verbot** verstößt (§ 134) oder eine **sittenwidrige** Anordnung trifft (§ 138). **§ 2077** enthält eine spezielle Auslegungsregel, die zur Unwirksamkeit einer erbrechtlichen Verfügung führt.

Anmerkung: Auf die Nichtigkeit wegen Nichteinhaltung der vorgeschriebenen Form wird bei den einzelnen Formen der Verfügung von Todes wegen eingegangen; vgl. 3. Abschnitt Rn. 131 ff.

I. Nichtigkeit gemäß § 134

119   Ein **gesetzliches Verbot** i.S.d. § 134 enthält **§ 14 HeimG**. Diese Vorschrift untersagt es dem Träger, dem Leiter, den Beschäftigten oder sonstigen Mitarbeitern des Heims, sich von oder zugunsten von Bewohnern Geld oder geldwerte Leistungen über das vereinbarte Entgelt hinaus versprechen oder gewähren zu lassen (Ausnahme § 14 Abs. 2 HeimG – u.a. geringwertige Aufmerksamkeiten).

Die Gesetzgebungszuständigkeit für das Heimrecht ist mit der Föderalismusreform 2006 vom Bund auf die Länder übergegangen, vgl. Art. 74 Abs. 1 Nr. 7 GG. Nach Art. 125 a GG gelten jedoch bundesrechtliche Regelungen fort, solange sie nicht durch landesrechtliche ersetzt worden sind. In Baden-Württemberg, Bayern, Berlin, Brandenburg, Bremen, Hamburg, Hessen, Mecklenburg-Vorpommern, Niedersachsen, Nordrhein-Westfalen, Rheinland-Pfalz, dem Saarland, Sachsen, Sachsen-Anhalt und Schleswig-Holstein wurden Landesgesetze erlassen, die jedoch im Wesentlichen mit § 14 HeimG übereinstimmen.[121]

§ 14 HeimG soll verhindern, dass die Hilf- und Arglosigkeit alter und pflegebedürftiger Menschen, die sich einem Heim anvertrauen, ausgenutzt wird, dass unterschiedliche Vermögensverhältnisse der Heimbewohner eine unterschiedliche Behandlung durch das Heimpersonal zur Folge haben und dass die Testierfreiheit der Heimbewohner durch offenen oder versteckten Druck faktisch gefährdet wird.[122] Dieses Verbot gilt auch für das Versprechen oder Gewähren von dritter Seite, zum Beispiel von den Angehörigen des Bewohners, wie der Wortlaut „zugunsten von Bewohnerinnen und Bewohnern" deutlich zu erkennen gibt. Denn die Gewährung oder Verweigerung finanzieller Vorteile durch Dritte, die dem Heimbewohner nahestehen, kann die Art der Behandlung durch den Heimträger bzw. dessen Personal beeinflussen und dadurch den Heimfrieden gefährden.[123]

---

119   Vgl. Brox/Walker Rn. 432 m.w.N.

120   Vgl. BayObLG NJW-RR 1999, 946; insgesamt zum Problemkreis des Grundsatzes der Höchstpersönlichkeit: Keim FamRZ 2003, 137.

121   Vgl. dazu Frank/Helms § 3 Rn. 8 m.w.N.

122   VGH Mannheim NJW 2004, 3792, 3793; Harder/Kroppenberg Rn. 232.

123   OLG München NJW 2006, 2642; BGH NJW 2012, 155 = RÜ 2012, 12.

Infolgedessen sind letztwillige Zuwendungen zugunsten des Heimträgers bzw. der Bediensteten **gemäß § 134 i.V.m. § 14 HeimG** nach h.M. **nichtig,** wenn die testamentarische Einsetzung dem **Bedachten bereits zu Lebzeiten des testierenden Heimbewohners bekannt war und der Heimbewohner seinerseits um das Wissen des Bedachten weiß.**[124] Ein derartiges Einvernehmen zwischen dem Heimbewohner und dem durch die Zuwendung Bedachten bedarf keiner ausdrücklichen Erklärungen, sondern kann auch aus den Gesamtumständen geschlossen werden.[125]

Nach a.A.[126] ist diese Auffassung abzulehnen, da § 14 HeimG bereits vom Wortlaut her testamentarische Erbeinsetzungen nicht erfasse und zudem durch eine solche Sichtweise die Testierfreiheit zu stark eingeschränkt werde.

Sind die Voraussetzungen des § 14 HeimG durch die gewählte Gestaltung des Testaments im Einzelfall zwar nicht erfüllt, wird jedoch der von dieser Norm verbotene Erfolg herbeigeführt, ist in engen Grenzen eine analoge Anwendung auf Umgehungstatbestände möglich.[127] Auf das Verhältnis zwischen Betreutem und Betreuer, sowie auf Zuwendungen im Rahmen häuslicher Pflege und Betreuung innerhalb der Familie wird § 14 HeimG jedoch nach h.M. mangels hinreichender vergleichbarer Interessenlage nicht analog angewandt.[128] In solchen Fällen können allerdings § 138 oder § 2078 Abs. 2 eingreifen.[129] **120**

Erstreckt sich die landesrechtliche Regelung, die an die Stelle des § 14 HeimG getreten ist, allerdings ausdrücklich auch auf ambulante Betreuungs- und Pflegeeinrichtungen sind die vom BGH zu § 14 HeimG entwickelten Grundsätze auf Verfügungen von Todes wegen des Betreuten zugunsten des Betreibers und der dort beschäftigten Mitarbeiter anzuwenden.[130]

II. Nichtigkeit gemäß § 138

Die **Sittenwidrigkeit** kann sich daraus ergeben, dass der Inhalt, die Art und Weise des Zustandekommens oder der verfolgte Zweck der Anordnung sittlich anstößig sind.[131] **121**

1. An die Sittenwidrigkeit des **Inhalts** werden von der Rspr. hohe Anforderungen gestellt, da die Testierfreiheit des Erblassers grundsätzlich den Vorrang beansprucht. Übergeht der Erblasser seine Familienangehörigen, so ist eine Sittenwidrigkeit auch wegen der Regelungen im Pflichtteilsrecht (§§ 2303 ff.) regelmäßig zu verneinen.[132]

§ 138 findet vor allem dann Anwendung, wenn der Erblasser mit der Anordnung, insbesondere der Erbeinsetzung, in der Verfügung von Todes wegen in unzulässiger Weise auf die freie Willensentscheidung des Bedachten einwirken will, indem er bestimmt, dass die Verfügung nur Wirksamkeit haben soll, wenn der Bedachte sich scheiden lässt

---

124 BayObLG NJW 1992, 55, 57; Rpfleger 2004, 699, 700; OLG Düsseldorf FamRZ 1998, 192; Staudinger/Otte Vorbem. zu §§ 2064 ff. Rn. 145; Schlüter/Röthel § 20 Rn. 6; nach BVerfG NJW 1998, 2964 stellt § 14 HeimG eine verhältnismäßige Einschränkung der Testierfreiheit dar und ist verfassungsgemäß.

125 BayObLG FamRZ 2005, 142, 143.

126 Brox/Walker Rn. 261; Münzel NJW 1997, 112.

127 BayObLG NJW 2000, 1875: auf geschäftsführenden Gesellschafter der Betreiber-GmbH und dessen Ehefrau; OLG Frankfurt NJW 2001, 1504 für Erbeinsetzung zugunsten Ehefrau des Pförtners.

128 Vgl. BayObLG NJW 1998, 2369 für Betreuung; allgemein Palandt/Ellenberger § 134 Rn. 19; a.A. Niemann ZEV 1998, 419.

129 Leipold Rn. 242a Fn.12.

130 OLG Frankfurt RÜ 2015, 506 ff. zu § 7 HGBP.

131 Vgl. dazu Paal JZ 2005, 436 ff.; OLG Hamm ZEV 2006, 167.

132 Vgl. BGHZ 53, 369, 374; OLG Düsseldorf FamRZ 1997, 1506; OLG Hamm FamRZ 2005, 1928, 1930.

oder mit einer bestimmten Frau die Ehe eingeht, wenn der Bedachte ein bestimmtes Glaubensbekenntnis annimmt usw.

Ob eine Erbeinsetzung nur für den Fall der Eingehung einer „ebenbürtigen Ehe" sittenwidrig ist, wird nicht einheitlich beurteilt. Die Sittenwidrigkeit wird verneint vom BayObLG[133] und bejaht vom OLG Stuttgart.[134] Der BGH[135] hatte den Ausschluss von Nacherben, welche in einer „nicht ebenbürtigen" Ehe leben oder aus einer solchen abstammen, von der Erbfolge, hier bei dem ehemaligen deutschen Kronprinzen Wilhelm von Preußen, für wirksam erachtet. Das BVerfG[136] hat diese Entscheidung des BGH wegen Verletzung der Eheschließungsfreiheit gemäß Art. 6 Abs. 1 GG aufgehoben. Der BGH habe nicht ausreichend geprüft, ob die Ebenbürtigkeitsklausel geeignet sei, einen für den Betroffenen unzumutbaren Druck bei der Eingehung einer Ehe zu erzeugen.

122   **2.** Wegen der **Art und Weise des Zustandekommens** der Anordnung kann die Sittenwidrigkeit insbesondere beim sogenannten **Geliebtentestament** gegeben sein. Dafür gilt im Wesentlichen:

■ Verfügungen von Todes wegen sind nicht bereits deshalb unwirksam, weil zwischen dem Erblasser und dem Begünstigten ein außereheliches Liebesverhältnis bestanden hat. Dies gilt unabhängig davon, ob der Erblasser oder der Begünstigte verheiratet waren. Allein der Umstand, dass die Ehe fortbesteht und der Erblasser ein „ehebrecherisches" Verhältnis unterhält, macht die Verfügungen zugunsten der Lebensgefährtin noch nicht sittenwidrig.[137]

■ Die Einsetzung der Geliebten als Allein- oder Miterbin bzw. die Vermächtnisanordnung zu ihren Gunsten ist hingegen gemäß § 138 nichtig, wenn dadurch der Erblasser erreichen will, dass die Geliebte mit ihm den Geschlechtsverkehr aufnimmt oder fortsetzt, wenn also die **„Hergabe"** – die Einsetzung als Erbin oder Vermächtnisnehmerin – **für die „Hingabe"** erfolgt.[138]

Dabei muss die Belohnung oder Förderung der geschlechtlichen Hingabe grundsätzlich den ausschließlichen Zweck der Zuwendung darstellen. Da derjenige, der sich auf die Unsittlichkeit der Zuwendung beruft, grundsätzlich beweisbelastet ist und ihm auch keine tatsächliche Vermutung des Inhalts, dass die Zuwendung an den Ehebruchspartner eine Belohnung für geschlechtliche Hingabe darstellte, zu Hilfe kommt, bedeutet dies heutzutage praktisch, dass Zuwendungen an Geliebte nicht mehr an § 138 scheitern.[139] Nach dem OLG Düsseldorf ist ein Geliebtentestament selbst dann nicht als sittenwidrig anzusehen, wenn es zu Miteigentum der Geliebten und der Ehefrau an dem von der Ehefrau bewohnten Haus führt.[140]

Nachdem am 01.01.2002 das Prostitutionsgesetz (ProstG) in Kraft getreten ist, dessen § 1 S. 1 dem Anspruch auf eine vertraglich vereinbarte Vergütung für gewerbsmäßig erbrachte sexuelle Dienstleistungen die rechtliche Durchsetzbarkeit verleiht, wird in der erbrechtlichen Lit. teilweise vertreten, dass Geliebtentestamenten nunmehr generell nicht mehr der Vorwurf der Sittenwidrigkeit gemacht werden könne.[141]

---

133 BayObLG FamRZ 1997, 705 mit abl. Anm. Goebel FamRZ 1997, 656.
134 OLG Stuttgart FamRZ 1998, 260.
135 BGH NJW 1999, 566.
136 BVerfG NJW 2004, 2008; dazu Otte Jura 2014, 549 ff.
137 BGH NJW 1983, 674; Palandt/Ellenberger § 138 Rn. 50.
138 BGHZ 53, 369, 376; OLG Düsseldorf FamRZ 1998, 583; BayObLG FamRZ 2002, 915.
139 Palandt/Ellenberger § 138 Rn. 50.
140 OLG Düsseldorf JuS 2009, 184.
141 Leipold Rn. 246; Schnabl/Hamelmann Jura 2009, 161 m.w.N. zum Meinungsstand.

3. Diskutiert wird die Frage der Sittenwidrigkeit darüber hinaus bei sogenannten **Behin-** 123 **dertentestamenten**. Dabei handelt es sich um solche Verfügungen, die in der Weise getroffen werden, dass der Nachlass der Eltern im Interesse eines behinderten Kindes so vermacht wird, dass der Sozialhilfeträger keine Möglichkeit hat, wegen der Aufwendungen für das behinderte Kind auf den Nachlass zurückzugreifen.

Ziel der Eltern ist es, mithilfe des hinterlassenen Vermögens die Lebenssituation des behinderten Kindes einerseits zu verbessern, andererseits aber auch zu verhindern, dass das Kind wegen des ererbten Vermögens Sozialhilfeansprüche verliert.[142]

Üblich ist insoweit die Anordnung einer Vor- und Nacherbschaft, wobei der Behinderte mit einer Erbquote oberhalb der Pflichtteilsquote zum Vorerben eingesetzt wird und zum Nacherben in der Regel nahe Verwandte berufen werden. Flankierend wird für den Erbteil des Behinderten eine Testamentsvollstreckung in Form der Dauervollstreckung (vgl. §§ 2209, 2210) angeordnet, und der Testamentsvollstrecker wird angewiesen, dem Behinderten die Nutzungen des Nachlasses zukommen zu lassen. Wegen § 2214 ist in diesem Fall während des Bestehens der Testamentsvollstreckung ein Zugriff des Sozialhilfeträgers als lebzeitigem Gläubiger des behinderten Kindes auf das Vermögen des behinderten Vorerben ausgeschlossen. Nach dem Tod des behinderten Vorerben verhindert die angeordnete Nacherbschaft die Inanspruchnahme.[143]

Trotz des im Sozialhilferecht geltenden Subsidiaritätsprinzips, wonach die Sozialhilfe erst eingreifen soll, wenn keine anderen Möglichkeiten der Bedarfsdeckung bestehen, hat der BGH einen Verstoß gegen die guten Sitten verneint.[144] In seiner Begründung hat der BGH darauf verwiesen, dass das SGB XII selbst Ausnahmen von dem Subsidiaritätsgrundsatz vorsehe. Zudem beziehe sich dieses Prinzip nur auf das Vermögen des Behinderten, sodass sich daraus keine Pflicht der Eltern herleiten lasse, aus Rücksicht auf die Allgemeinheit ihren Nachlass so zur Verfügung zu stellen, dass der Sozialhilfeträger darauf Zugriff nehmen kann.

Nach Ansicht des LG Essen ist ein Behindertentestament auch bei einem hohen Nachlass (im maßgeblichen Fall über 1 Mio. €) nicht sittenwidrig.[145]

4. Umstritten ist, **welcher Zeitpunkt** für die Beurteilung der Verfügung als sittenwidrig 124 zugrunde zu legen ist.

■ Die überwiegende Ansicht – insbesondere die Rspr. – stellt auf den Errichtungszeitpunkt der Verfügung von Todes wegen ab, da die Willenserklärung, die das Rechtsgeschäft trägt, bereits mit Vollendung des Errichtungsakts abgeschlossen ist.[146]

■ Nach a.A. ist der Zeitpunkt des Erbfalls maßgeblich, da § 138 nicht die verwerfliche Gesinnung des Erblassers bestrafen, sondern einen zu missbilligenden Rechtserfolg der Verfügung verhindern wolle; zudem könne so entsprechend dem erbrechtlichen Grundsatz aus § 2084 der Erblasserwille nach Möglichkeit verwirklicht werden.[147]

---

142 Frank/Helms § 3 Rn. 14.

143 Vgl. zu den Gestaltungsmöglichkeiten Ruby ZEV 2006, 66 sowie Spall ZEV 2006, 344.

144 BGH NJW 2011, 1586 = JuS 2011, 837: auch der Pflichtteilsverzicht eines behinderten Sozialleistungsbeziehers ist grundsätzlich nicht sittenwidrig – vgl. dazu Dreher/Görner NJW 2011, 1761.

145 LG Essen BeckRS 2016, 04107.

146 BGHZ 20, 71, 73; BGH NJW 1983, 2692; Palandt/Ellenberger § 138 Rn. 9; Soergel/Hefermehl § 138 Rn. 40.

147 Brox/Walker Rn. 263; Kellermann JuS 2004, 1071, 1072; Lange/Kuchinke § 35 IV 9.

III. Unwirksamkeit gemäß § 2077[148]

125   § 2077 enthält nach h.M.[149] eine dispositive Auslegungsregel, wonach eine erbrechtliche Verfügung zugunsten des Ehegatten oder Verlobten unwirksam ist, wenn die Ehe oder das Verlöbnis vor dem Tode des Erblassers aufgelöst wurde. Die erbrechtliche Verfügung zugunsten eines Ehegatten oder Verlobten erfolgt in der Regel nur wegen der durch die Eheschließung oder Verlobung begründeten familiären Bindung. Deshalb soll sie im Zweifel auch nur für den Fall des Bestehens der Ehe oder des Verlöbnisses wirksam bleiben.[150] Die Verfügung ist nicht unwirksam, wenn sich durch Auslegung feststellen lässt, dass der Erblasser die Fortgeltung gewollt hat bzw. gewollt haben würde, § 2077 Abs. 3. Gemäß § 10 Abs. 5 LPartG ist § 2077 entsprechend anwendbar, wenn der Erblasser seinen gleichgeschlechtlichen Lebenspartner durch letztwillige Verfügung bedacht hat.

E. Folgen teilweiser Unwirksamkeit

126   In allen Fällen der Unwirksamkeit einer Verfügung von Todes wegen kann sich die Frage stellen, inwieweit die Unwirksamkeit einer einzelnen Anordnung in der Verfügung zur Unwirksamkeit anderer in der Verfügung von Todes wegen enthaltener Bestimmungen führt. Damit befasst sich § 2085 (I.). Ob die Vorschrift auch zur Beantwortung der Frage, was im Falle der teilweisen Unwirksamkeit einer einzelnen Anordnung gilt, herangezogen werden kann, wird uneinheitlich beantwortet (II.).

Zur Begrifflichkeit: Das Gesetz verwendet den Begriff der „Verfügung von Todes wegen" einmal als Sammelbegriff für Testamente (unter Einschluss des gemeinschaftlichen Testaments) und Erbverträge. In einigen Vorschriften, so insbesondere in § 2085 (vgl. u.a. auch §§ 2253 ff.), meint das Gesetz mit dem Begriff der Verfügung nicht das Rechtsgeschäft insgesamt, sondern die einzelne, darin enthaltene Anordnung.

Die in diesem Abschnitt behandelte Fragestellung kann sich nicht nur bei den vorstehend genannten allgemeinen Unwirksamkeitsgründen (2. Abschnitt A.–D.), sondern namentlich auch bei Verstößen gegen die Form (vgl. dazu noch 3. Abschnitt Rn. 131 ff. und den nachfolgenden Fall 7) und bei Unwirksamkeit einer Verfügung infolge von Anfechtung (vgl. im 5. Abschnitt Rn. 271 ff.) stellen.

I. Unwirksamkeit einer von mehreren Verfügungen

127   Sind in einem Testament oder einem Erbvertrag mehrere Verfügungen (i.e.S.) vorhanden (z.B. Enterbung eines Pflichtteilsberechtigten und Erbeinsetzung eines Dritten) und ist eine dieser Verfügungen unwirksam, so hätte dies nach der allgemeinen Regel des § 139 im Zweifel die Unwirksamkeit auch der anderen Verfügung zur Folge. Gemäß § 2085 gilt dies bei Verfügungen von Todes wegen nicht. Um dem erklärten Willen des Erblassers nach Möglichkeit zum Erfolg zu verhelfen, kehrt § 2085 die Beweislage des § 139 dahingehend um, dass im Regelfall die übrigen Verfügungen wirksam bleiben.

---

148 Vgl. zu § 2077 Stumpf Jura 2013, 334 ff.
149 Hk-BGB/Hoeren § 2077 Rn. 2 m.w.N.; a.A.: gesetzliche Vermutung – dagegen spricht § 2077 Abs. 3.
150 Palandt/Weidlich § 2077 Rn. 1.

Ist eine einheitliche Verfügung von Todes wegen nicht teilbar, ist weder § 2085 noch § 139 anzuwenden, vielmehr führt die Formnichtigkeit einer Einzelverfügung zur Formnichtigkeit des gesamten Testaments.[151]

Fall 7: Wankelmütiger Erblasser

E hatte durch notarielles Testament aus dem Jahre 2003 seiner Bekannten B sein wesentliches Vermögen als „Vermächtnis" zugewandt und seine beiden Kinder S und T als seine „Erben bis zur Höhe ihres Pflichtteils" eingesetzt.

2009 wollte E seine Rechtsnachfolge abweichend regeln. Zu diesem Zweck vermerkte er auf der ersten Seite eines ihm überlassenen Entwurfs des Testaments von 2003 unter Einbeziehung des mittig geschriebenen Wortes „Testament" eigenhändig: „ungültig". Diesen Vermerk versah E mit dem Datum und seiner Unterschrift.

Unter Einbeziehung weiterer maschinenschriftlicher Teile auf Seite 2 des Entwurfs brachte E durch Streichungen und Ergänzungen ferner zum Ausdruck, dass S und T sowie die F, seine neue Freundin, ihn zu gleichen Teilen beerben sollten, ohne diesen Teil gesondert zu unterschreiben.

S und T beantragen beim Nachlassgericht die Erteilung eines gemeinschaftlichen Erbscheins zu je 1/2. (Fall nach OLG Hamm NJW-RR 2000, 742)

Das Nachlassgericht wird S und T den beantragten gemeinschaftlichen Erbschein erteilen, wenn sie zu je 1/2 Erben des E geworden sind, §§ 2353 i.V.m. §§ 352 a Abs. 1, 352 e Abs. 1 FamFG. **128**

I. S und T könnten gemäß § 1924 Abs. 1, 4 **gesetzliche Erben des E zu je 1/2** geworden sein.

II. Möglicherweise greift jedoch eine **vorrangige gewillkürte Erbfolge** ein.

   1. E hat 2003 ein **wirksames notarielles Testament** errichtet, nach dem S und T nur in Höhe ihrer Pflichtteile „Erben" sein sollten.

   2. Dieses Testament könnte jedoch 2009 durch den Vermerk des E auf dem Testamentsentwurf wirksam **widerrufen** worden sein.

      Gemäß § 2253 kann der Erblasser ein Testament oder eine einzelne testamentarische Verfügung jederzeit widerrufen. Für einen wirksamen Widerruf muss der Vermerk auf dem Testamentsentwurf jedoch auch einer der in §§ 2254 ff. vorgesehenen Widerrufsmöglichkeiten entsprechen.

      a) Ein Widerruf durch Vernichtung oder Veränderung gemäß **§ 2255** setzt bereits nach dem Gesetzeswortlaut stets die Veränderung der Originalurkunde voraus. E hat jedoch für seine Veränderungen lediglich einen Entwurf des notariellen Testaments von 2003 benutzt, sodass ein Widerruf gemäß § 2255 ausscheidet.

      b) In Betracht kommt ein Widerruf durch Testament gemäß **§ 2254**. Dann müssen hinsichtlich des Vermerks aus dem Jahre 2009 die Erfordernisse eines wirksamen Testaments gewahrt sein.

---

151 BayObLG NJW-RR 2004, 939 ff. = RÜ 2004, 466 ff.; Palandt/Weidlich § 2085 Rn. 1.

aa) E hat mit dem erforderlichen Testierwillen gehandelt und an seiner Testierfähigkeit bestehen keine Zweifel. Der Inhalt der Verfügung, das Testament von 2003 widerrufen zu wollen, ergibt sich auch mit hinreichender Deutlichkeit aus der Bezug nehmenden Verwendung des Entwurfs von 2003 und dem Vermerk „ungültig".

bb) Ferner muss der Vermerk einer **Testamentsform** entsprechen.

Der Vermerk könnte der Form eines eigenhändigen Testaments gemäß § 2247 entsprechen. Ein Widerrufstestament bedarf nicht der gleichen Form wie das zu widerrufende Testament, sodass ein öffentliches Testament durch ein eigenhändiges widerrufen werden kann.[152] Für dieses fordert § 2247 jedoch eigenhändige Niederschrift, die grundsätzlich den gesamten Testamentswortlaut umfassen muss.[153]

Der Testier- und Widerrufswille des E lassen sich nur unter kumulativer Betrachtung des handschriftlichen Vermerks von 2009 und des in Bezug genommenen notariellen Testaments von 2003 feststellen. Eine Bezugnahme auf eine andere Urkunde ist jedoch unschädlich, wenn es sich – wie hier – bei dem in Bezug genommenen Schriftstück um eine andere wirksame, insbesondere formgerecht errichtete letztwillige Verfügung handelt.[154] Dabei spielt auch keine Rolle, dass dieses lediglich ein Entwurf der früheren Verfügung ist.[155] Schließlich liegt auch die nach § 2247 weiterhin erforderliche eigenhändige Unterschrift vor.

Somit hat E ein formwirksames Widerrufstestament i.S.v. § 2254 errichtet.

cc) Das Widerrufstestament könnte jedoch **unwirksam** sein, wenn die in der gleichen Urkunde vorgesehene Erbeinsetzung von S, T und F zu gleichen Teilen nichtig ist und diese Unwirksamkeit auch den Widerruf erfasst.

(1) Die Verfügung zugunsten S, T und F ist formnichtig, wenn sie den Anforderungen des § 2247 nicht genügt.

Gemäß § 2247 Abs. 1 ist eine eigenhändige, handschriftliche und unterschriebene Erklärung zwingend erforderlich.

Zum einen ist die erforderliche Eigenhändigkeit nicht gewahrt, da sich die vorgesehene Erbeinsetzung zugunsten S, T und F teilweise aus dem maschinenschriftlichen Teil ergibt und nur zu einem weiteren Teil eigenhändig geschrieben wurde. Es handelt sich dabei auch nicht um eine – zulässige[156] – Bezugnahme auf maschinengeschriebene Schriftstücke zum Zwecke der Erläuterung der testamentarischen Bestimmung, da sich bereits der Kreis der bedachten Personen erst aus einer Zusammenschau des

---

152   Palandt/Weidlich § 2254 Rn. 1.

153   BGH NJW 1958, 547.

154   BGH NJW 1966, 201; OLG Hamm NJW-RR 1991, 1352.

155   OLG Hamm NJW-RR 2000, 742, 743 = RÜ 2000, 363.

156   Vgl. Jauernig/Stürner § 2247 Rn. 2.

maschinenschriftlichen und des eigenhändigen Teils ermitteln lässt. Zudem fehlt hinsichtlich der Anordnungen auf Seite 2 des Entwurfs die Unterschrift.

Folglich ist die Erbeinsetzung von S, T und F durch die Verfügung aus dem Jahre 2009 wegen Formmangels unwirksam.

(2) Ob diese Unwirksamkeit der Erbeinsetzung von S, T und F als Miterben auch den Widerruf erfasst, bestimmt sich anhand der Auslegungsregel des § 2085, da E nicht lediglich eine widersprechende letztwillige Verfügung i.S.d. § 2258 getroffen, sondern neben der „Erbeinsetzung" von S, T und F ausdrücklich und gesondert das frühere Testament aufgehoben hat, sodass mehrere Verfügungen in dem Testament enthalten sind.

Gemäß § 2085 führt die Unwirksamkeit einer testamentarischen Verfügung nur dann zur Unwirksamkeit der übrigen Verfügungen, wenn Umstände vorliegen, die darauf schließen lassen, dass der Erblasser diese Verfügung nicht ohne die unwirksame Verfügung getroffen hätte.

Fraglich ist also, ob E den Widerruf nicht angeordnet haben würde, wenn er die Unwirksamkeit der Erbeinsetzung bedacht hätte. Dagegen spricht nicht nur die Tatsache, dass E die Ungültigkeit des früheren Testaments explizit zum Ausdruck gebracht hat. Vielmehr kommt hinzu, dass entscheidendes Motiv für E war, dass die B nicht mehr Erbin sein sollte und seine Kinder besser gestellt werden sollten, als sie aufgrund des früheren notariellen Testaments standen. Es ist also nicht davon auszugehen, dass E für den Fall, dass die Einsetzung von F neben S und T fehlschlug, an der Anordnung zugunsten B, die ja gerade nichts mehr erhalten sollte, festhalten wollte.

Es ist daher von dem Regelfall in § 2085 auszugehen, sodass die Unwirksamkeit der Erbeinsetzung von S, T und F keine Auswirkungen auf den Widerruf der Anordnungen aus dem Testament von 2003 hat.

Folglich liegt ein wirksames Widerrufstestament i.S.d. § 2254 vor, sodass das notarielle Testament von 2003 keine Geltung mehr beansprucht.

3. Da die in der Urkunde von 2009 angeordnete testamentarische Erbfolge formnichtig ist (s.o.) und E keine anderweitige Verfügung vor seinem Tod getroffen hat, ist keine vorrangige gewillkürte Erbfolge gegeben.

Infolgedessen ist gesetzliche Erbfolge mit der Folge eingetreten, dass S und T gemäß § 1924 Abs. 1, 4 zu gleichen Teilen Erben des E geworden sind.

Dem Antrag von T und S auf Erteilung eines gemeinsamen Erbscheins, der sie als Erben des E zu je 1/2 ausweist, ist daher stattzugeben.

II. Teilweise Unwirksamkeit einer Verfügung

129   Ob § 2085 auch bei teilweiser Unwirksamkeit nur einer Verfügung gilt, ist umstritten:

■ Eine Auffassung wendet unter Verweis auf den bei teilweiser Unwirksamkeit nur einer Verfügung nicht einschlägigen Wortlaut des § 2085 die Regelung § 139 an.[157]

■ Demgegenüber geht die inzwischen wohl überwiegende Auffassung im Falle der teilweisen Unwirksamkeit einer Verfügung von einer (analogen) Anwendung des § 2085 aus.[158] Dadurch ließen sich Abgrenzungsschwierigkeiten zu den unmittelbar von § 2085 geregelten Fällen vermeiden. Ferner entspreche eine (analoge) Anwendung der Norm dem rechtspolitischen Zweck der wohlwollenden Auslegung.[159]

Die Frage, ob § 2085 auch im Falle der teilweisen Unwirksamkeit einer Verfügung anwendbar ist, hat nur bei „teilbaren Verfügungen" Bedeutung. Teilbarkeit erfordert, dass der Zusammenhang zwischen den einzelnen Bestandteilen der Verfügung nicht rechtlich zwingend geboten ist.[160] Das wird z.B. angenommen bei:

■ einem mehreren Erben auferlegten Vermächtnis, das gegenüber einzelnen Beschwerten unwirksam ist;[161]

■ der Anordnung der Testamentsvollstreckung bei mehreren Miterben.[162]

III. Anwendbarkeit des § 2085 auf Erbvertrag und gemeinschaftliches Testament

130   Bei Erbverträgen und gemeinschaftlichen Testamenten existieren Sonderregelungen:

■ Für die Folgen der Unwirksamkeit einer **vertragsmäßigen Verfügung beim zweiseitigen Erbvertrag** ist **§ 2298** zu beachten. Danach hat die Unwirksamkeit einer vertragsmäßigen Verfügung die Unwirksamkeit des Gesamtvertrags und damit auch der dazu im Abhängigkeitsverhältnis stehenden vertragsmäßigen Verfügung des anderen Teils zur Folge.

■ Gemäß **§ 2270 Abs. 1** führt die Nichtigkeit einer **wechselbezüglichen Verfügung** im gemeinschaftlichen Testament zur Unwirksamkeit der korrespondierenden Verfügung.

Im Übrigen findet auch beim Erbvertrag bzw. gemeinschaftlichen Testament § 2085 Anwendung; insbesondere bei der Frage, ob die Unwirksamkeit einer vertragsmäßigen bzw. wechselbezüglichen Verfügung die Unwirksamkeit anderer, also nicht vertragsmäßiger bzw. wechselbezüglicher Verfügungen, zur Folge hat.

---

157   RGZ 63, 23; BGH NJW 1962, 912.
158   BGH NJW 1983, 278; Palandt/Weidlich § 2085 Rn. 5; Jauernig/Stürner § 2085 Rn. 3; Brox/Walker Rn. 264.
159   Brox/Walker a.a.O.; Schlüter Rn. 199.
160   BeckOK BGB/Litzenburger § 2085 Rn. 3.
161   RG SeuffA 75 Nr. 36.
162   BGH LM Nr. 3 zu § 2085 BGB.

Wirksamkeitsvoraussetzungen der Verfügung von Todes wegen

Testierwille

- Die Erklärung muss auf den Willen schließen lassen, dass der Erblasser sich binden und eine bestimmte erbrechtliche Regelung treffen will. Er muss eine **Willenserklärung** abgeben. In Zweifelsfällen findet nicht § 2084, sondern § 133 Anwendung.

- Nach h.A. findet § 116 S. 1 Anwendung; die Vorschriften des § 116 S. 2 und des § 117 – Scheingeschäft – gelten nicht, weil das Testament (anders als der Erbvertrag) keine empfangsbedürftigen Willenserklärungen enthält (str.).

Testierfähigkeit

- Der **Volljährige**, wenn nicht § 2229 Abs. 4 vorliegt.

- Der **Minderjährige nach Vollendung des 16. Lebensjahres** kann ein öffentliches Testament durch Erklärung gegenüber dem Notar oder durch Übergabe einer offenen Schrift errichten.

Höchstpersönlichkeit

- Nach **§ 2064** ist weder Vertretung im Willen noch Vertretung in der Erklärung zulässig.

- Nach **§ 2065** darf die Bestimmung über die Geltung der Verfügung, die Person des Bedachten und des Gegenstandes der Zuwendung keinem Dritten überlassen werden.

  - Potestativbedingungen sind gültig, wenn sie nicht auf Unentschlossenheit beruhen.

  - Der Dritte darf den Bedachten bezeichnen = benennen, wenn der Erblasser ausreichende Wertmaßstäbe angegeben hat; also nicht bei freiem Ermessen.

- § 2065 gilt nicht für Vermächtnisse (§§ 2151–2153).

Keine Nichtigkeitsgründe

- § 134, wenn gegen ein gesetzliches Verbot verstoßen wird.

- § 138, wenn das Zustandekommen, der Inhalt oder der verfolgte Zweck der Anordnung sittlich anstößig sind.

- § 2077 bei Auflösung einer Ehe, Verlobung oder Lebenspartnerschaft

Folgen teilweiser Unwirksamkeit

- Bei Unwirksamkeit einer von mehreren Verfügungen in einem Testament: § 2085.

- Bei teilweiser Unwirksamkeit einer Verfügung ist Anwendbarkeit des § 2085 str.

3. Abschnitt: Die Formen der Verfügungen von Todes wegen

Der Erblasser kann durch Verfügung von Todes wegen die gesetzlich zulässigen Anordnungen für den Todesfall treffen. Eine Verfügung von Todes wegen liegt vor, wenn

- der Erblasser **einseitig** im **Testament** Anordnungen für den Todesfall trifft (A.),

- der Erblasser mit einem Dritten einen **Erbvertrag** abschließt (B.) oder

- Eheleute oder gleichgeschlechtliche Lebenspartner ein **gemeinschaftliches Testament** errichten (C.).

A. Das einseitige Testament

131 Das Testament besteht in einem einseitigen Rechtsgeschäft. Es wird vom Gesetz (im Gegensatz zum Erbvertrag) auch als **letztwillige Verfügung** bezeichnet, da es vom Erblasser zu Lebzeiten jederzeit widerrufen werden kann, § 2253. Für das einseitige Testament sind Formvorschriften zu beachten (I.). Die Anordnungen im einseitigen Testament binden den Erblasser nicht, sondern können jederzeit widerrufen werden (II.).

I. Formvorschriften

132 Es kann nur der **formgerecht geäußerte Wille** des Erblassers Berücksichtigung finden. Mündliche Erklärungen des Erblassers, die erst mit dem Tode Rechtsfolgen auslösen sollen, sind formnichtig.

Die Formvorschriften sollen zum einen dafür Sorge tragen, dass der Wille des Erblassers ermittelt werden kann und dass eine Verfälschung des Erblasserwillens unterbleibt (**Beweisfunktion**); zum anderen soll der Erblasser bei der Äußerung seines letzten Willens Gelegenheit haben, den Inhalt der Anordnungen zu überdenken (**Warnfunktion**).[163]

Welchen Formerfordernissen das Testament genügen muss, bestimmt sich danach, ob es sich um ein **ordentliches** oder **außerordentliches Testament** handelt.

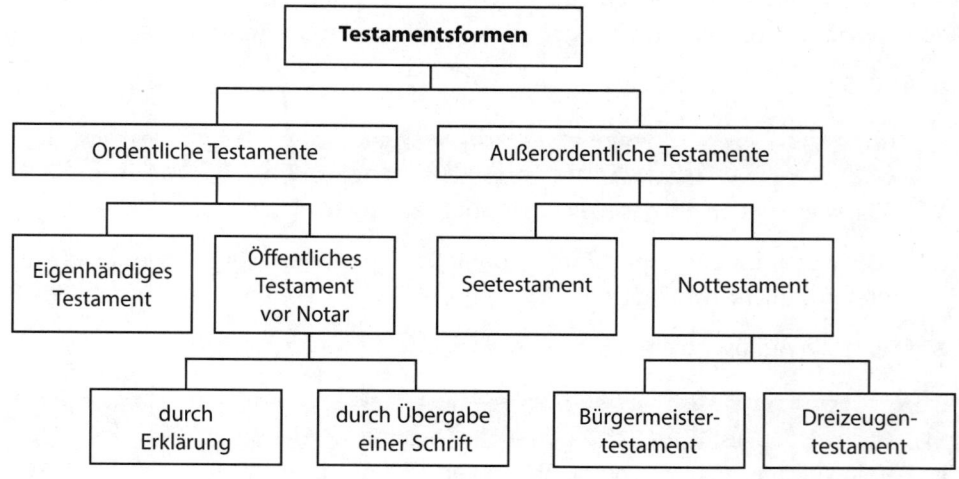

---

163   BGHZ 80, 246, 250 f.; Lange/Kuchinke § 16 IV 3.

1. Die Form des ordentlichen Testaments

Der Erblasser kann das ordentliche Testament eigenhändig oder unter Mitwirkung eines Notars errichten.[164]

133

a) Das eigenhändige Testament

aa) Vor- und Nachteile

Der Erblasser kann das eigenhändige Testament ohne Mithilfe anderer Personen errichten, insbesondere ist die Mitwirkung eines Notars oder Rechtsanwalts nicht vorgeschrieben. Infolgedessen ist die Errichtung eines privatschriftlichen Testaments mit **keinerlei Kosten** für den Erblasser verbunden und hat zudem den Vorteil, dass sie **schnell** und **nahezu an jedem Ort** möglich ist.

134

Andererseits besteht wegen der fehlenden rechtskundigen Beratung die Gefahr, dass der **Inhalt** der testamentarischen Anordnungen **nicht eindeutig** festgestellt werden kann. Ferner steigen das **Fälschungsrisiko** und die **Gefahr unbefugter Vernichtung** oder **Unauffindbarkeit im Todesfall**.[165] Die letztgenannten Nachteile kann der Erblasser allerdings vermeiden, indem er sein eigenhändiges Testament – gegen eine relativ geringe Gebühr (75 €, vgl. Nr. 12100 KV GNotKG) – in besondere amtliche Verwahrung beim Amtsgericht gibt, vgl. § 2248, §§ 344, 346 f. FamFG.

bb) Formerfordernisse gemäß § 2247

Das eigenhändige Testament kann der Erblasser gemäß § 2247 Abs. 1 durch eine **eigenhändig geschriebene** und **unterschriebene** Erklärung errichten. Diese in § 2247 Abs. 1 genannten Formerfordernisse sind **zwingend**. Darüber hinaus ist weder erforderlich, dass eine Orts- oder Zeitangabe erfolgt, noch braucht der Erblasser mit seinem vollen Namen zu unterschreiben. Diese Angaben dienen lediglich Beweiszwecken und sind keine Gültigkeitsvoraussetzungen. § 2247 Abs. 2 und Abs. 3 enthalten **Soll-Vorschriften**.

135

Maßgeblich werden diese Angaben nur, wenn Gültigkeitszweifel im Hinblick auf ein Testament bestehen, vgl. § 2247 Abs. 5. So wird die Zeitangabe wichtig bei verschiedenen Testamenten, die einander widersprechen,[166] sowie für die Frage der Testierfähigkeit, wenn der Erblasser zeitweilig testierunfähig war.[167] Die Ortsangabe kann in Fällen mit Auslandsbezug bedeutsam werden, wenn es darum geht, die Einhaltung der Ortsform i.S.v. Art. 27 EU-ErbVO (früher Art. 26 EGBGB) festzustellen.[168]

(1) Der Erblasser muss den gesamten Urkundentext **eigenhändig** schreiben. Es wird also mehr als bei der Schriftform des § 126 Abs. 1 verlangt. Dort reicht die eigenhändige Unterzeichnung der Urkunde aus.

136

■ Der Erblasser kann jede beliebige Sprache und Schriftart (z.B. Stenographie) wählen. Erforderlich ist lediglich eine die Sachprüfung der Echtheit ermöglichende, indivi-

137

---

164 Röthel Jura 2014, 475 ff.
165 Michalski Rn. 208.
166 BayObLG FamRZ 2005, 482.
167 OLG Thüringen FamRZ 2005, 2021, 2022.
168 Frank/Helms § 4 Rn. 17.

duelle Schrift. Die Errichtung mittels eines Durchschreibebogens (Blaupause) ist zulässig.[169] Demgegenüber reicht nach h.M. die Blindenschrift für die Errichtung eines eigenhändigen Testaments nicht aus, weil die mit der Hand gefertigte Punktschrift keinen sicheren Schluss auf die Person des Schreibers zulässt.[170]

138 ■ Die **handschriftliche** Niederschrift muss **objektiv lesbar** sein. Die Entzifferung einer schwer lesbaren Schrift darf nur anhand der Testamentsurkunde selbst vorgenommen werden.[171]

139 ■ Das Erfordernis der Eigenhändigkeit schließt nicht aus, dass der Erblasser sich beim Niederschreiben fremder Hilfe – einer sogenannten **Schreibhilfe** – bedient.

Die Schreibhilfe darf den Erblasser **nur** beim Schreiben **unterstützen**, **nicht** aber die Hand des Erblassers bei den Schriftzügen so **führen**, dass die Schriftzüge in Wirklichkeit nicht mehr vom Erblasser, sondern von dem Dritten hergestellt werden.[172] Von fremder Hand geschriebene Texte sind selbst dann unwirksam, wenn sie dem nachweisbaren Willen des Erblassers entsprechen.

Ob eine bloße Unterstützung – welche die Eigenhändigkeit unberührt lässt – oder ein die Eigenhändigkeit beseitigendes Handführen durch den zur Hilfe herangezogenen Dritten vorliegt, hängt davon ab, ob trotz Hilfe des Dritten der Schreibvorgang noch so von dem Willen des Erblassers mitbeherrscht wird, dass die Schriftzüge noch als von ihm geformt angesehen werden können, mögen sich auch infolge der Unterstützung notwendigerweise gewisse Änderungen gegenüber seinem normalen Schriftbild ergeben.[173]

140 ■ **Bezugnahmen auf andere Schriftstücke**, die nicht der Testamentsform entsprechen, sind zulässig, wenn sie nur **zur Auslegung** testamentarischer Bestimmungen dienen; denn zur Auslegung können auch Umstände außerhalb der Testamentsurkunde herangezogen werden.[174]

Beispiel: Der Erblasser verfügt in einer eigenhändig geschriebenen und unterschriebenen Erklärung, dass sein Sohn die Bilder und seine Tochter den Schmuck erhalten soll. Dem Testament hat er eine am Computer erstellte Liste über die Bilder und den Schmuck beigefügt.

Die Liste ist zwar nicht handschriftlich errichtet und entspricht daher nicht der Testamentsform, sie dient aber nur der Konkretisierung der formgerechten testamentarischen Verfügung. Daher ist die Bezugnahme auf die Liste als Auslegungshilfe zulässig.

Ferner sind Bezugnahmen zulässig, wenn es sich **bei dem in Bezug genommenen Schriftstück um eine andere wirksame, insbesondere formgerechte letztwillige Verfügung** des Erblassers handelt. Dabei ist nach h.M. auch eine Verweisung auf ein formgültiges gemeinschaftliches Testament ausreichend, das nicht vom Erblasser selbst, sondern von dessen Ehegatten niedergeschrieben wurde.[175]

---

169 BGHZ 47, 68 ff.

170 Palandt/Weidlich § 2247 Rn. 7 m.w.N.; a.A. RGRK/Kregel § 2247 Rn. 30.

171 OLG Hamm NJW-RR 1991, 1352; KG KG-Report 1998, 211.

172 Staudinger/Baumann § 2247 Rn. 39; BGH NJW 1981, 1900, 1901; Palandt/Weidlich § 2247 Rn. 7.

173 BGHZ 27, 274, 277; BGH NJW 1981, 1900, 1901 m.w.N.; OLG Hamm NJW-RR 2002, 222 = RÜ 2002, 156.

174 OLG Hamm FamRZ 2006, 1484, 1485 m.w.N.; Leipold Rn. 307 Fn. 13.

175 OLG Hamm FamRZ 1992, 356; OLG Frankfurt/M. ZEV 2002, 70; Palandt/Weidlich § 2247 Rn. 8; PWW/Avenarius § 2247 Rn. 8; a.A. Staudinger/Baumann § 2247 Rn. 69.

(2) Die **Unterschrift** des Erblassers braucht nicht unbedingt Namensunterschrift zu sein. Nach § 2247 Abs. 3 S. 2 genügt jede anderweitige Unterzeichnung, wenn diese zur Feststellung der Urheberschaft des Erblassers und der Ernstlichkeit seiner Erklärung ausreicht – z.B. Vorname, Verwandtschaftsbezeichnung, Kosename **(Identitätsfunktion)**. 141

Grundsätzlich muss die Unterschrift den Urkundentext abschließen, d.h., die Unterschrift muss unter der Erklärung stehen, sodass sie als Fortsetzung und Abschluss des Urkundentextes erscheint **(Abschlussfunktion)**. Deshalb kann nach h.M. die sogenannte Selbstbenennung am Anfang des Textes (z.B.: „Ich, Josef Müller, erkläre hiermit als meinen letzten Willen …") nicht als ausreichende Unterschrift gewertet werden.[176]

(a) Ob **spätere Änderungen** in der Testamentsurkunde gesondert unterschrieben werden müssen, hängt davon ab, ob die Abschlussfunktion der bisherigen Unterschrift noch darauf bezogen werden kann oder nicht. 142

- Für **bloße Streichungen** einzelner Anordnungen ist eine gesonderte Unterschrift schon deshalb entbehrlich, weil darin nur ein Widerruf der getroffenen Verfügung liegt. Da aber das ganze Testament durch bloßes schlüssiges Handeln widerrufen werden kann (§ 2255), kann – arg. a maiore ad minus – auch eine einzelne Anordnung schlüssig widerrufen werden.

- Enthalten eingeschaltete Zusätze keine neuen Verfügungen, sondern nur **Erläuterungen** der bereits getroffenen, ist eine erneute Unterschrift ebenfalls entbehrlich.[177]

- **Umstritten ist, ob bei Zusätzen, die eine neue Verfügung enthalten, eine erneute Unterschrift erforderlich ist**.

  - Nach einer Ansicht müssen inhaltlich neue Verfügungen im Interesse der Rechtssicherheit erneut unterzeichnet werden.[178]

  - Die überwiegende Meinung stellt auch hier nur darauf ab, ob die gesamte handschriftliche Erklärung, so wie sie im Zeitpunkt des Todes vorliegt, durch die Unterschrift des Erblassers objektiv räumlich und nach dem aus der Urkunde erkennbaren Willen des Erblassers gedeckt ist.[179] D.h. Ergänzungen und Veränderungen innerhalb des unterschriebenen Textes bedürfen keiner erneuten Unterschrift, Zusätze auf einem anderen Blatt oder Nachträge unterhalb der Unterschrift, die eine neue Verfügung enthalten, müssen unterschrieben werden, um formwirksam zu sein.[180] Auch eine Testamentsergänzung, die auf der Kopie der Originalurkunde verfügt wird, bedarf zu ihrer Wirksamkeit der Unterschrift des Erblassers.[181]

---

176 Palandt/Weidlich § 2247 Rn. 11; Staudinger/Baumann § 2247 Rn. 98; Brox/Walker Rn. 124 m.w.N.; OLG Celle NJW 1996, 2938 hält die aus Raumgründen über dem Text, BayObLG FamRZ 1986, 729 die neben dem Text angebrachte „Unterschrift" für wirksam (zustimmend etwa Jauernig/Stürner § 2247 Rn. 4); vgl. dazu auch OLG Hamm ZEV 2002, 152.

177 BayObLG Rpfleger 2004, 701, 702.

178 So z.B. Brox/Walker Rn. 124.

179 BGH NJW 1974, 1083; OLG Frankfurt/M. NJW-RR 1995, 711; BayObLG FamRZ 2005, 1012, 1013; Erman/Kappler § 2247 Rn. 11 m.w.N.; Palandt/Weidlich § 2247 Rn. 15.

180 Frank/Helms § 5 Rn. 16.

181 OLG München JuS 2012, 76.

Diese Differenzierung der h.M. erscheint sachgerecht und lebensnah, da der Erblasser nach den Gewohnheiten des täglichen Lebens bei einer Änderung und Ergänzung innerhalb des Testamentstextes in der Regel nicht an eine erneute Unterschrift denken wird.

(b) Bei Niederschrift des letzten Willens auf **mehreren Blättern** kommt es darauf an, dass sich die Abschlussfunktion der Unterschrift auf sämtliche Blätter bezieht. Das ist z.B. der Fall, wenn die einzelnen Blätter durchnummeriert sind oder sich die Reihenfolge durch Fortführung des Textes ohne Weiteres ergibt.[182]

143   **(c)** Zweifelhaft kann sein, ob allein das Zusammenfügen mehrerer Einzelblätter in einem **Briefumschlag, auf dem dann die Unterschrift geleistet wird**, ausreicht.

(aa) Da die Unterschrift auf dem Briefumschlag den Text nicht räumlich abschließt, reicht diese Art der Unterschrift nach einem Teil der Lit. nicht aus.[183]

(bb) Nach inzwischen ganz überwiegender Auffassung genügt die Unterschrift auf dem Briefumschlag dann, wenn ihr keine selbstständige Bedeutung zukommt und sie mit dem Text auf den einliegenden Blättern in einem so engen inneren Zusammenhang steht, dass sie sich nach dem Willen des Erblassers und der Verkehrsauffassung als äußere Fortsetzung und Abschluss der einliegenden Erklärung darstellt.[184]

Eine selbstständige Bedeutung kommt der Unterschrift auf dem Umschlag dann zu, wenn sie auf dem Umschlag bereits aufgedruckte Wörter wie „Name" und „Adresse" ergänzt und der Erblasser den „Testamentsbrief" einem anderen zur Verwahrung gibt.[185] An dem erforderlichen engen inneren Zusammenhang soll es fehlen, wenn sich die Unterschrift lediglich auf einem unverschlossenen Umschlag befindet.[186]

Beispiel:[187] Die E hatte in einem Schriftstück in DIN-A4-Format den Rechtsanwalt R zum testamentarischen Alleinerben bestimmt. Den Testamentstext, der ca. die Hälfte des Blattes umfasste, hatte die E eigenhändig und handschriftlich zu Hause verfasst, aber nicht unterschrieben. Mit diesem Schriftstück war sie in der Kanzlei des R erschienen, hatte – ohne den Inhalt des Schreibens bekannt zu geben – einen Briefumschlag DIN-A5 verlangt und in diesen das Schreiben eingesteckt. Auf der Rückseite des zugeklebten Kuverts hatte sie handschriftlich vermerkt: „Testament der E". Anschließend übergab sie den Umschlag dem R zur Verwahrung und teilte ihm mit, dass sie ihn zum Erben eingesetzt habe.

Fraglich ist, ob die Namensangabe auf dem Umschlag als eine das Testament abdeckende Unterschrift angesehen werden kann. Nach h.M. genügt die Unterschrift auf dem Briefumschlag, wenn ihr keine selbstständige Bedeutung zukommt und sie mit dem einliegenden Text in so engem innerem Zusammenhang steht, dass sie nach dem Willen des Erblassers und der Verkehrsauffassung die äußere Fortsetzung und den Abschluss der Erklärung darstellt. Der Unterschrift kommt im vorliegenden Fall jedoch selbstständige Bedeutung zu: Sie dient der Kennzeichnung des Inhalts des Briefumschlags. Die E musste den Briefumschlag als von ihr herrührend kennzeichnen, weil sie ihn nicht bei ihren Sachen aufbewahrt hat, sondern dem R zur Verwahrung übergeben hatte. Zudem spricht für die Kennzeichnungsfunktion der Namensaufschrift, dass E nicht aus Platzgründen gezwungen war, die Unterschrift auf dem Umschlag zu leisten. Ein äußerer Anlass, die Unterschrift auf dem Umschlag zu leisten, bestand also nicht. Somit ist das Testament wegen fehlender Unterschrift formunwirksam.

---

182   LG München I JuS 2005, 267 m.w.N.

183   Jauernig/Stürner § 2247 Rn. 4; Kipp/Coing § 26 I 2 b.

184   BayObLG NJW-RR 1986, 494, 495; Palandt/Weidlich § 2247 Rn. 12 m.w.N.

185   BayObLG NJW-RR 1989, 9.

186   OLG Hamm NJW-RR 1986, 873; Brox/Walker Rn. 124; a.A. BayObLG Rpfleger 86, 294; Staudinger/Baumann § 2247 Rn. 107.

187   Nach BayObLG NJW-RR 2002, 1520 = RÜ 2003, 51.

Fall 8: Testament in Form eines Pfeildiagramms

Nach dem Tode des Erblassers E hat seine Ehefrau F beim Nachlassgericht die Erteilung eines Alleinerbscheins beantragt und beruft sich auf den Eintritt der gesetzlichen Erbfolge.

X und Y, bei denen es sich um entfernte Verwandte des Erblassers E handelt, wenden dagegen ein, die gesetzliche Erbfolge sei nicht eingetreten, da ein Testament des Erblassers existiere. Sie legen ein Schriftstück des Erblassers vom 07.03.2017 vor, welches eine Kombination aus Textpassagen in handschriftlichen Worten (die allein betrachtet keine auslegbare letztwillige Verfügung enthalten) und mehreren Pfeildiagrammen darstellt. Abgeschlossen wird die Urkunde durch die Unterschrift des E.

Hiergegen führt die F an, es handele sich bei diesem Schriftstück schon der Form nach nicht um ein Testament und es bestünden darüber hinaus Zweifel an der Echtheit. In Anknüpfung an den letzten Einwand hat das Nachlassgericht ein Sachverständigengutachten eingeholt, welches zu dem Ergebnis gelangt, dass dieses Schriftstück mit an Sicherheit grenzender Wahrscheinlichkeit eigenhändig durch den Erblasser erstellt wurde.

Wird das Nachlassgericht der F einen Alleinerbschein erteilen? (frei nach OLG Frankfurt FamRZ 2013, 1423 = RÜ 2013, 491)

144 Das Nachlassgericht wird der F einen Alleinerbschein erteilen, wenn die formellen und materiellen Voraussetzungen **gemäß § 2353 i.V.m. §§ 352 ff. FamFG** erfüllt sind.

I. Der **in formeller Hinsicht** gemäß § 2353 i.V.m. § 352 Abs. 1 FamFG erforderliche **Antrag** an das Nachlassgericht wurde durch die F gestellt.

II. **Materielle Voraussetzung** für die Erbscheinserteilung ist, dass das **Nachlassgericht das Erbrecht des Antragstellers für festgestellt erachtet**, § 2353 i.V.m. § 352 e FamFG. Die Erteilung eines Alleinerbscheins wird daher nur erfolgen, wenn F Alleinerbin des E geworden ist.

F könnte **gemäß § 1931 Abs. 2 gesetzliche Alleinerbin** des E geworden sein.

1. Die gesetzliche Erbfolge tritt jedoch nur ein, wenn der Erblasser keine (wirksame) Verfügung von Todes wegen errichtet hat. Folglich sind die Regelungen über die gesetzliche Erbfolge nicht einschlägig, wenn E ein wirksames Testament errichtet hat.

   E könnte mit dem **Schriftstück vom 07.03.2017 ein wirksames Testament** errichtet haben.

   a) Von der Testierfähigkeit des E zum Zeitpunkt der Errichtung gemäß § 2229 Abs. 1 ist mangels gegenteiliger Anhaltspunkte auszugehen.

   b) Gründe, die der Wirksamkeit der Verfügung entgegenstehen, sind nicht ersichtlich, insbesondere hat E die Verfügungen selbst getroffen, sodass der Grundsatz der Höchstpersönlichkeit gemäß §§ 2064, 2065 gewahrt ist.

c) Das Schriftstück muss schließlich auch noch einer wirksamen **Testamentsform** entsprechen.

Das von E verfasste Schreiben könnte der Form des privatschriftlichen Testaments gemäß § 2247 entsprechen. § 2247 Abs. 1 verlangt zwingend eine handschriftliche, eigenhändige und unterschriebene Erklärung des Erblassers.

Das Schriftstück ist nach dem Ergebnis des Sachverständigengutachtens von E eigenhändig errichtet und unterschrieben worden. Fraglich ist jedoch, ob die **Darstellung durch das Pfeildiagramm als eigenhändig geschriebene Erklärung i.S.v. § 2247** angesehen werden kann.

Zweck des Schriftformerfordernisses ist es u.a., die **Echtheit** der Erklärung sicherzustellen, um den wirklichen Willen des Erblassers zur Geltung kommen zu lassen. Darüber hinaus soll durch das eigenhändige Niederschreiben des Testaments ein **Überlegungs- und Übereilungsschutz** des Erblassers gewährleistet werden. Nach Ansicht des OLG Frankfurt sind die gezeichneten Pfeile nicht geeignet, die Überprüfung der Echtheit zu ermöglichen. Auch werde durch ein solches Pfeildiagramm nicht ausreichend sichergestellt, dass sich der Erblasser mit der Bedeutung seiner Anordnungen ausreichend befasse.[188]

Folglich entspricht das vom Erblasser am 07.03.2017 errichtete Schriftstück nicht den Anforderungen des § 2247, sodass es sich nicht um ein wirksames Testament des E handelt. Mangels anderweitiger Verfügung von Todes wegen wird E daher im Wege der gesetzlichen Erbfolge beerbt.

2. F hat zum Zeitpunkt des Todes des E gelebt und ist daher gemäß § 1923 Abs. 1 erbfähig. Zu diesem Zeitpunkt bestand auch eine wirksame Ehe zwischen ihr und dem Erblasser E und Ausschlussgründe gemäß §§ 1933, 1318 Abs. 5 greifen nicht ein, sodass die Voraussetzungen des gesetzlichen Ehegattenerbrechts gemäß § 1931 vorliegen. Es sind weder Erben der ersten noch der zweiten Ordnung noch Großeltern des E vorhanden, sodass die F gemäß § 1931 Abs. 2 gesetzliche Alleinerbin des Erblassers geworden ist.

Somit liegen die formellen und materiellen Voraussetzungen des § 2253 i.V.m. §§ 352 ff. FamFG vor, sodass das Nachlassgericht der F einen Alleinerbschein erteilen wird.

---

b) Das öffentliche Testament, § 2232

aa) Vor- und Nachteile

145 Aufgrund der Rechtsberatung durch einen Notar, vgl. § 17 BeurkG, steht der **Inhalt** der testamentarischen Anordnungen in der Regel **eindeutig fest**, sodass sich **keine Auslegungs- oder Gültigkeitsfragen** ergeben. Zudem besteht wegen der besonderen amt-

---

188 OLG Frankfurt RÜ 2013, 491, 492.

lichen Verwahrung beim Amtsgericht (§§ 344, 346 f. FamFG; § 34 Abs. 1 S. 4 BeurkG) **kein Fälschungsrisiko**.

Seit dem 01.01.2012 werden alle amtlich verwahrten Testamente beim Zentralen Testamentsregister (ZTR), das von der Bundesnotarkammer geführt wird, elektronisch registriert, vgl. §§ 78 ff. BNotO. Dies gilt nach § 347 Abs. 1 FamFG auch für eigenhändig errichtete Testamente, die der Erblasser gemäß § 2248 selbst in die besondere amtliche Verwahrung bringt, und für Nottestamente.
Im ZTR wird gespeichert, dass es eine erbfolgerelevante Urkunde gibt, wo sie sich befindet und wer der Erblasser ist. Die Standesämter informieren das ZTR täglich über die Sterbefälle, das Register wird nach vorhandenen Registrierungen durchsucht und bei einem Treffer wird die jeweilige Verwahrstelle benachrichtigt, sodass diese das Testament eröffnen (§§ 344 Abs. 6, 348, 350 FamFG) und an das zuständige Nachlassgericht übersenden kann.[189] Dadurch wird sichergestellt, dass im Sterbefall die verwahrten Testamente und andere erbfolgerelevanten Urkunden auch tatsächlich und schnell aufgefunden werden, sodass der letzte Wille des Erblassers zügig und effizient umgesetzt werden kann.[190]

Ein weiterer Vorteil besteht darin, dass es sich beim notariellen Testament um eine öffentliche Urkunde i.S.v. § 415 ZPO handelt, die einen Erbschein ersetzen kann, vgl. § 35 Abs. 1 S. 2 GBO.[191]

Nachteilig sind die dem Erblasser **entstehenden Kosten**, die von der Höhe des Vermögens, über das verfügt wird, abhängen, §§ 3, 102 GNotKG i.V.m. Nr. 21200 KV GNotKG.[192]

bb) Formerfordernisse gemäß §§ 2232, 2233

Das öffentliche Testament wird zur Niederschrift eines Notars errichtet, indem der Erblasser entweder dem Notar seinen letzten Willen erklärt oder ihm eine – offene oder verschlossene – Schrift mit der Erklärung übergibt, dass diese seinen letzten Willen enthalte, §§ 2231 Nr. 1, 2232.

146

Nach überwiegender Auffassung muss der Erblasser den Inhalt der Schrift, die er dem Notar übergibt, wegen der sittlichen Verantwortung, die ihn für die Ausgestaltung der Erbfolge trifft, kennen.[193]

Für die Beurkundung der Testamentserrichtung durch den Notar gilt das BeurkG, insbesondere die §§ 27–35 BeurkG. Bei Beteiligung behinderter Personen sind ferner die §§ 22–26 BeurkG zu beachten. Der Notar fertigt in jedem Fall eine Niederschrift über die Verhandlung an, diese wird dann von ihm verlesen und vom Erblasser genehmigt und sodann von allen Beteiligten unterzeichnet, §§ 8–13 BeurkG. Der Notar soll dann veranlassen, dass das Testament unverzüglich in besondere amtliche Verwahrung gebracht wird, § 34 Abs. 1 S. 4 BeurkG.

Verwahrungsstelle ist in der Regel das Amtsgericht, §§ 23 a Abs. 1 S. 1 Nr. 2, Abs. 2 Nr. 2 GVG. Örtlich zuständig ist gemäß § 344 Abs. 1 S. 1 Nr. 1 FamFG das Gericht, in dessen Bezirk der Notar seinen Amtssitz hat. Ausnahmsweise kann das ordentliche öffentliche Testament vor einem Berufskonsul errichtet werden, §§ 10 f. Konsulargesetz.

Beachte: *Seit 01.08.2002 ist keine „mündliche" Erklärung mehr gegenüber dem Notar erforderlich. Demzufolge kann jede testierfähige Person, der noch irgendeine Verständigungs-*

147

---

189 Vgl. Diehn NJW 2011, 481 sowie Panz Rpfleger 2012, 664 zum Zentralen Testamentsregister.
190 Brox/Walker Rn. 111.
191 BGH NJW 2005, 2779; 2013, 3715 mit Anm. Günther NJW 2013, 3681.
192 Lange NJW 2017, 3617 ff.; Michalski Rn. 218.
193 Brox/Walker Rn. 103; Frank/Helms § 5 Rn. 23; Jauernig/Stürner § 2232 Rn. 3; MünchKomm/Hagena § 2232 Rn. 30; Olzen Rn. 273; Palandt/Weidlich § 2232 Rn. 3.; a.A. Schreiber Jura 1996, 360, 364; BeckOK BGB/Litzenburger § 2232 Rn. 12; Soergel/Mayer § 2232 Rn. 17.

möglichkeit verblieben ist, durch Erklärung gegenüber dem Notar ein Testament errichten. Ausreichend ist auch eine konkludente Erklärung des Erblassers durch Gebärden oder Zeichen oder auf andere Weise.[194] Der Notar hat in diesen Ausnahmefällen aber die besonderen Vorschriften für sprach-, hör- oder sehbehinderte Testierende zu beachten, §§ 22–26, 32 BeurkG.[195] Diese Regelung gilt sowohl für alle notariellen Testamente, die ab dem 01.08. 2002 errichtet werden, als auch für vor diesem Datum errichtete letztwillige Verfügungen, wenn der Erbfall bei der Rechtsänderung noch nicht eingetreten war.

2. Die außerordentlichen Testamente, §§ 2249–2251

148   Als außerordentliche Formen kennt das BGB die sogenannten **Nottestamente**, nämlich das Bürgermeistertestament, § 2249, und das Dreizeugentestament,[196] § 2250, die errichtet werden können, wenn dem Erblasser in der ihm voraussichtlich verbleibenden Zeit die Errichtung eines öffentlichen Testaments nicht mehr möglich ist. Nottestamente sind auch dann möglich, wenn der Erblasser ein eigenhändiges Testament noch errichten könnte.

Für diese Testamente gilt, dass Formfehler, die bei der Abfassung der Niederschrift über die Errichtung unterlaufen sind, der Wirksamkeit der Beurkundung nicht entgegenstehen, wenn mit Sicherheit anzunehmen ist, dass das Testament eine zuverlässige Wiedergabe der Erklärung des Erblassers enthält (§§ 2249 Abs. 6, 2250 Abs. 3 S. 2).[197]

Unter den Voraussetzungen des § 2251 kann ein **Seetestament** errichtet werden.

Wegen ihres vorläufigen Charakters tritt die Unwirksamkeit außerordentlicher Testamente rückwirkend in drei Monaten nach Errichtung ein, wenn der Erblasser dann noch lebt und zur Errichtung eines öffentlichen Testaments in der Lage ist, § 2252 Abs. 1 u. 2.

II. Der Widerruf der Anordnungen im Testament

149   Der Erblasser kann seine Verfügungen im Testament **jederzeit** und **ohne Grund** widerrufen, § 2253. Es tritt also keine Bindung an die rechtsgeschäftlichen Erklärungen des Erblassers im Testament ein, sodass der bedachte Erbe, Vermächtnisnehmer oder Auflagenbegünstigte keine rechtlich geschützte Erwerbsaussicht hat. Er ist nicht Anwartschaftsberechtigter. Der Bedachte hat lediglich eine tatsächliche Erwerbsaussicht, die erst mit dem Tode des Erblassers rechtswirksam wird.

1. Widerrufsmöglichkeiten

150   Für den Widerruf gelten grundsätzlich die allgemeinen erbrechtlichen Regeln, sodass der widerrufende Erblasser **testierfähig** sein muss. Bezüglich der **Form** gelten die in §§ 2254 ff. enthaltenen Besonderheiten. Danach kann der Widerruf erfolgen:

---

194   Gursky Zweiter Abschnitt A II. 1. a); Palandt/Weidlich § 2232 Rn. 2.

195   BeckOK BGB/Litzenburger § 2232 Rn. 5; Rossak ZEV 2002, 435.

196   Vgl. zur Errichtung eines Dreizeugentestaments OLG München NJW 2010, 684.

197   Zu den Nottestamenten vgl. auch Schmidt/Schmidt JuS 1996, 598; Mayer ZEV 2002, 140.

■ durch ein **Widerrufstestament**, § 2254 **151**

Ausreichend und erforderlich ist, dass der Erblasser in einem formgerechten Testament zum Ausdruck bringt, dass eine einzelne Verfügung oder alle Verfügungen keine Gültigkeit mehr haben sollen. Er braucht weder den Begriff „Widerruf" zu verwenden, noch ist es erforderlich, dass das Widerrufstestament in der Form des widerrufenen Testaments errichtet worden ist. Das Widerrufstestament kann daneben sonstige Verfügungen enthalten.[198]

■ durch ein **späteres widersprechendes Testament**, § 2258 **152**

Steht ein später errichtetes Testament sachlich zu dem früheren in Widerspruch, so enthält das spätere einen Widerruf, wobei ein entsprechender Widerrufswille nicht erforderlich ist.[199]

Ein Widerruf liegt auch vor, wenn zwar keine sachlich entgegengesetzten Anordnungen getroffen worden sind, aber die Auslegung ergibt, dass ihre kumulative Geltung dem im späteren Testament geäußerten Willen des Erblassers zuwiderliefe.[200] Dies gilt auch für die Neuregelung eines Teilbereichs.[201]

■ durch **Rücknahme eines öffentlichen Testaments aus der amtlichen Verwahrung**, § 2256 **153**

Der Hintergrund dieser Regelung ist formaler Natur: Solange sich das notarielle Testament in amtlicher Verwahrung befindet, ist es vor Verfälschungen geschützt; die Urkunde hat Beweiskraft bezüglich der Urheberschaft und Echtheit der Erklärung. Nach Rückgabe des Testaments an den Erblasser ist dieser Schutz nicht mehr gewährleistet.[202]

Wegen der schwerwiegenden Konsequenzen soll der Erblasser von der zurückgebenden Stelle über die Folgen der Rückgabe belehrt und dies auf der Urkunde vermerkt werden, § 2256 Abs. 1 S. 2. Bei der Belehrung handelt es sich zwar nur um eine Soll-Vorschrift, sodass die Wirkung der Rücknahme auch eintritt, wenn der Hinweis unterbleibt.[203] Die Verletzung der Belehrungspflicht kann jedoch Amtshaftungsansprüche auslösen.[204]

Beachte: Wird ein privatschriftliches Testament, das bei Gericht gemäß § 2248 hinterlegt worden ist, zurückgenommen, so liegt darin gemäß § 2256 Abs. 3 kein Widerruf.

■ durch **Vernichtung der Testamentsurkunde und ähnliche schlüssige Handlungen**, § 2255 (z.B. Verbrennen oder Zerreißen; Zerknittern zu einem Knäuel; Ausradieren, Durchstreichen oder Herausschneiden einzelner Sätze und Wörter).[205] **154**

Da der Widerruf einer letztwilligen Verfügung selbst letztwillige Verfügung ist, verlangt auch der Widerruf durch schlüssiges Handeln grundsätzlich die Testierfähigkeit des Widerrufenden.[206] Nicht erforderlich ist jedoch die Eigenhändigkeit der konkludenten Handlung, in welcher der Widerrufswille zum Ausdruck kommt; der Erblasser darf sich daher z.B. zur Vernichtung der Testamentsurkunde eines Dritten als Werkzeug bedienen.[207] Erforderlich ist dafür, dass der Dritte auf Weisung des Erblassers, d.h. ohne jeden eigenen Handlungsspielraum des Dritten (§ 2065 Abs. 1), handelt und die Widerrufshandlung des Dritten noch zu Lebzeiten des Erblassers zur Ausführung gelangt.[208]

---

198 Palandt/Weidlich § 2254 Rn. 1.
199 BeckOK BGB/Litzenburger § 2258 Rn. 6.
200 BGH NJW 1981, 2745, 2746.
201 BGH NJW 1985, 969.
202 Michalski Rn. 243.
203 BayObLG FamRZ 2005, 841, 842.
204 Lange/Kuchinke § 23 II 3.
205 OLG Hamm NJW-RR 2008, 21; Leipold Rn. 336.
206 BeckOK BGB/Litzenburger § 2255 Rn. 7.
207 OLG Hamm NJW-RR 2002, 222 = RÜ 2002, 156; OLG München JuS 2011, 939.
208 Barth JA 2015, 248, 253.

· 155 Der Erblasser muss bei seinen Handlungen mit Widerrufsabsicht handeln. Insbesondere bei Änderungen muss es unter Berücksichtigung der konkreten Einzelfallumstände als feststehend zu erachten sein, dass die Änderung in Absicht der Aufhebung des Testaments erfolgte. Die Widerrufsabsicht wird bei eigenhändigen Maßnahmen gemäß § 2255 S. 2 vermutet. Diese gesetzliche Vermutung ist jedoch widerlegbar.[209] Eine solche Widerlegung kommt z.B. in Betracht, wenn feststeht, dass Streichungen im Testament lediglich der Vorbereitung eines neuen Testaments dienten.[210]

Fall 9: Widerruf durch Randvermerk

Der mittlerweile verstorbene E hatte durch ein wirksam errichtetes Testament seine Kinder A, B und C zu gleichen Teilen als seine Erben eingesetzt. Als er sich mit C überworfen hatte, schrieb er an den Rand der Testamentsurkunde „ungültig hinsichtlich C". Diesen Vermerk unterschrieb er nicht. Wer beerbt den E?

I. **A, B und C** könnten **gemäß §§ 1937, 1922 testamentarische Erben des E zu je 1/3** geworden sein.

1. E hat ein wirksames Testament errichtet, nach dessen Inhalt seine drei Kinder ihn zu gleichen Teilen beerben sollten.

2. Die Erbeinsetzung des C zu 1/3 könnte wegen des von E geschriebenen Randvermerks **durch Widerruf nachträglich beseitigt** worden sein.

   Der Erblasser kann eine testamentarische Verfügung gemäß § 2253 jederzeit widerrufen. Ihm stehen dafür die Widerrufsmöglichkeiten gemäß §§ 2254 ff. zur Verfügung.

   a) Bei dem von E geschriebenen Randvermerk „ungültig hinsichtlich C" könnte es sich um einen **Widerruf durch neues Testament** (§ 2254 oder § 2258) handeln.

      Dazu muss der Randvermerk ein wirksames Testament darstellen, also insbesondere die Testamentsform erfüllen.

      Wegen der eigenhändigen Niederschrift könnte der Randvermerk der Form eines privatschriftlichen Testaments gemäß § 2247 genügen. E hat den Randvermerk jedoch nicht unterschrieben, sodass die Form des § 2247 nicht eingehalten wurde und der Randvermerk folglich kein wirksamer Widerruf durch neues Testament ist.

156   b) Der von E geschriebene Randvermerk könnte einen **Widerruf durch Vernichtung oder Veränderung gemäß § 2255** darstellen.

157   Der Wortlaut des § 2255 verlangt eine Vernichtung oder Veränderungen an der Testamentsurkunde. Infolgedessen ist **streitig, ob ein an den Rand der Urkunde gesetzter Annullierungsvermerk** (Entwertungsvermerk) – der am

---

209 Klinger/Roth NJW-Spezial 2009, 7.
210 BayObLG FamRZ 1998, 258.

bisherigen Urkundentext keine Veränderungen, z.B. Streichungen, Ausradieren usw., vornimmt – **den Widerrufserfordernissen nach § 2255 genügt.**

aa) Die **h.M.** bejaht das, weil auch ein solcher Randvermerk dem Betrachter sofort erkennbar macht, dass der Inhalt der Urkunde nicht mehr uneingeschränkt gelten soll.[211]

Danach hat E die Erbeinsetzung des C durch seinen Randvermerk gemäß § 2255 wirksam widerrufen.

bb) Nach **a.A.** sind solche Vermerke keine Widerrufshandlungen, sondern Widerrufserklärungen, die der Testamentsform (§ 2254) bedürfen.[212]

Demzufolge stellt der Randvermerk mangels Einhaltung der Testamentsform (s.o.) keinen wirksamen Widerruf der Erbeinsetzung des C dar.

cc) Stellungnahme: Da für einen Widerruf nach Wortlaut und Normzweck des § 2255 letztlich entscheidend ist, ob die Handlung des Erblassers nach der Verkehrsanschauung als Aufhebung der Erklärung angesehen werden kann, ist der h.M. der Vorzug zu geben.

Die Erbeinsetzung des C ist daher gemäß § 2255 wirksam widerrufen.

Folglich sind A, B und C nicht zu je 1/3 testamentarische Erben des E gemäß §§ 1937, 1922 geworden.

II. **A und B** könnten **gemäß §§ 1937, 1922 testamentarische Erben des E zu je 1/2** geworden sein.

E hat ursprünglich ein wirksames Testament zugunsten von A, B und C zu gleichen Teilen errichtet, die Erbeinsetzung des C jedoch gemäß § 2255 widerrufen. Fraglich ist, wie sich der Widerruf bezüglich des C auf die Verfügungen zugunsten von A und B auswirkt.

1. Gemäß **§ 2085** (lex specialis zu § 139) führt die Unwirksamkeit einer von mehreren in einem Testament enthaltenen Verfügungen nur zur Unwirksamkeit der übrigen Verfügungen, wenn anzunehmen ist, dass der Erblasser diese ohne die unwirksame Verfügung nicht getroffen haben würde. D.h. **Teilnichtigkeit führt bei einem Testament im Zweifel nur zur Teilnichtigkeit.**   **158**

E hat den Randvermerk ausdrücklich nur auf C, mit dem er sich überworfen hatte, bezogen. Es ist nicht ersichtlich, dass er dadurch auch die Erbenstellung seiner beiden anderen Kinder beseitigen wollte. Infolgedessen lässt der Widerruf der Erbeinsetzung des C die Erbenstellung von A und B unberührt.

2. Die **Erbquoten von A und B** könnten sich wegen des Widerrufs der Erbeinsetzung des C **auf je 1/2 erhöht** haben.   **159**

---

211 OLG Stuttgart NJW-RR 1986, 632; Palandt/Weidlich § 2255 Rn. 6 m.w.N.; Staudinger/Baumann § 2255 Rn. 19; RGRK/Kregel § 2255 Rn. 7; Brox/Walker Rn. 140.

212 Kipp/Coing § 31 II 2 Fn. 7; Lange/Kuchinke § 23 II 2 b.

E hat keine testamentarische Anordnung getroffen, was hinsichtlich des durch den Widerruf frei gewordenen Drittels geschehen soll. Folglich muss durch **Auslegung** ermittelt werden, ob es dem Erblasserwillen des E entspricht, dass sich die Erbquoten von A und B auf je 1/2 erhöhen.

Nach h.M. soll je nach Willensrichtung des Erblassers entweder § 2088 Abs. 2 (gesetzliche Erbfolge) oder § 2089 (Erhöhung der Bruchteile der verbleibenden Testamentserben) gelten. Danach ist die Erhöhung der Bruchteile von A und B auf je 1/2 anzunehmen, weil der Wille des E dahin ging, dass C am Nachlass überhaupt nicht beteiligt werden sollte.[213]

Somit sind A und B gemäß §§ 1937, 1922 testamentarische Erben des E zu je 1/2 geworden.

---

2. Der Widerruf des Widerrufs

160   Ein durch Testament erfolgter Widerruf kann selbst ebenfalls widerrufen werden, **§ 2257**, sodass im Zweifel die ursprüngliche Verfügung wieder Geltung erlangt. Ist hingegen ein gegenteiliger Wille des Erblassers feststellbar, so bleibt das frühere Testament widerrufen; es tritt gesetzliche Erbfolge ein.[214] Der Widerruf des Widerrufs ist auch eine letztwillige Verfügung; seine Erklärung setzt also Testierfähigkeit voraus, muss in den Formen der §§ 2254 ff. erfolgen und ist gemäß §§ 2078 ff. anfechtbar.[215]

Ein Widerruf, der nach den Vorschriften der §§ 2255, 2256 erfolgt, kann nicht widerrufen werden, weil die Wiederherstellung der ursprünglich widerrufenen Verfügung nur durch eine erneute Verfügung desselben Inhalts möglich ist. Infolgedessen genügt eine Wiederherstellung des ursprünglichen Zustands, z.B. durch Zusammenkleben des zerrissenen Testaments, nicht.[216]

3. Die Anfechtung des Widerrufs

161   Der Widerruf stellt seinerseits eine letztwillige Verfügung dar, die nach dem Tod des Erblassers unter den Voraussetzungen der §§ 2078 ff. angefochten werden kann.[217] Da der Gesetzgeber zwischen den einzelnen Widerrufsmöglichkeiten nicht unterscheidet, gilt das nicht nur für den Widerruf durch Testament, sondern nach Rspr. und h.Lit. auch in den Fällen des § 2255 und des § 2256.[218]

---

213 So KG JFG 6, 146; Staudinger/Baumann § 2255 Rn. 18; a.A. Kipp/Coing § 31 II 2, der in einem solchen Widerrufsfall stets § 2088 Abs. 2 anwenden will, weil der Widerruf nur negative, nicht aber gleichzeitig positive Wirkung haben könne.

214 Palandt/Weidlich § 2257 Rn. 1; BayObLG FamRZ 2005, 558, 559; OLG Köln Rpfleger 2006, 322, 323.

215 Palandt/Weidlich § 2257 Rn. 1.

216 BayObLG NJW-RR 1995, 1096; 1996, 1094; ausführlich zu dieser Frage Hellfeier ZEV 2003, 1.

217 Olzen Rn. 645 ff.

218 RGZ 102, 69 f.; BayObLG ZEV 2005, 480, 481; MünchKomm/Hagena § 2255 Rn. 18, § 2256 Rn. 11 m.w.N.

Fall 10: Irrtum über den Widerruf

Erblasserin O lebte mit ihrer Enkelin E, der Tochter ihrer Tochter T, in ihrem Haus. E pflegte und versorgte O bis zu ihrem Tod.

Mit notariellem Testament vom 05.04.2005 setzte O die E als ihre alleinige Erbin ein und bestimmte, dass T weder erb- noch pflichtteilsberechtigt sein solle. In einem weiteren notariellen Testament vom 12.04.2005 ergänzte sie das vorhergehende dahin, dass sie E aufgab, an T als Vermächtnis einen einmaligen Betrag von 15.000 € zu zahlen. Beide Testamente gab der Notar in amtliche Verwahrung beim Amtsgericht.

Anfang 2009 erkrankte O für etwa ein Jahr schwer und war Tag und Nacht pflegebedürftig. Nach ihrer Genesung erschien sie am 09.02.2010 beim Nachlassgericht und verlangte die Rückgabe der beiden notariellen Testamente. Ausweislich des Rückgabeprotokolls wurde sie belehrt, dass das vor einem Notar errichtete Testament durch die Rückgabe als widerrufen gilt. Nach dieser Belehrung wurde auf den Testamenten vermerkt *„Dieses Testament gilt durch die am 09.02.2010 erfolgte Rückgabe aus der amtlichen Verwahrung als widerrufen."*

Am 24.05.2010 verfasste und unterschrieb O folgenden Text:

„Zu meinem Testament.

Ich muss etwas abändern. Da ich durch meine Krankheit ein Jahr eine Pflege brauchte rund um die Uhr, ist mein Erspartes soweit geschrumpft, dass ich von meinem Testament nicht viel übrig habe. Also muss ich das Geld, was meine Tochter erben soll, streichen."

Nachdem E am 16.10.2017 nach dem Tod der O die notariellen Testamente zugeleitet worden waren, erklärte sie mit Schreiben vom 06.11.2017 die Anfechtung des – in der Rücknahme liegenden – Widerrufs der notariellen Testamente und beantragte die Erteilung eines Erbscheins. O sei nicht davon ausgegangen, dass die notariellen Testamente durch die Rückgabe aus der amtlichen Verwahrung als widerrufen gelten.

Wird das Nachlassgericht der E einen Erbschein erteilen, der sie als Alleinerbin ausweist? (frei nach OLG Düsseldorf RÜ 2016, 565 ff.)

Das Nachlassgericht wird E einen Erbschein erteilen, der sie als Alleinerbin ausweist, **162** wenn die formellen und materiellen Voraussetzungen **gemäß § 2353 i.V.m. §§ 352 ff. FamFG** erfüllt sind.

I. Den in **formeller Hinsicht** gemäß § 2353 i.V.m. § 352 Abs. 1 FamFG erforderlichen Antrag an das Nachlassgericht hat E am 06.11.2017 gestellt.

II. **Materielle Voraussetzung** für die Erteilung eines Alleinerbscheins an E ist, dass das **Nachlassgericht es für festgestellt erachtet, dass E Alleinerbin der Erblasserin O geworden ist**, § 2353 i.V.m. § 352 e Abs. 1 FamFG.

E könnte aufgrund der Verfügung vom 05.04.2005 **gemäß §§ 1937, 1922 testamentarische Alleinerbin** der O geworden sein.

1. Dazu muss O **am 05.04.2005 ein wirksames Testament zugunsten der E errichtet** haben.

a) Mangels entgegenstehender Anhaltspunkte ist von der **Testierfähigkeit** der O zur Zeit der Testamentserrichtung gemäß § 2229 BGB auszugehen.

b) E soll nach dem **Inhalt** der Verfügung vom 05.04.2005 Alleinerbin der O sein.

c) Gründe, die der **Wirksamkeit** der Verfügung entgegenstehen, sind nicht ersichtlich und O hat die Verfügung vom 05.04.2005 notariell und folglich **formgerecht** i.S.v. § 2232 errichtet.

Somit hat O am 05.04.2005 ein wirksames Testament zugunsten der E errichtet.

2. Die Erbeinsetzung der E könnte **durch Widerruf nachträglich beseitigt** worden sein.

a) Gemäß § 2353 kann der Erblasser seine testamentarischen Verfügungen jederzeit und ohne Grund widerrufen; ihm stehen die verschiedenen Widerrufsmöglichkeiten gemäß §§ 2254 ff. zur Verfügung.

Die Erbeinsetzung der E könnte **gemäß § 2256 Abs. 1** dadurch widerrufen sein, dass O am 09.02.2010 beim Nachlassgericht erschienen ist und ihre notariellen Testamente aus der amtlichen Verwahrung zurückgenommen hat.

aa) Mangels entgegenstehender Anhaltspunkte ist davon auszugehen, dass O zum Zeitpunkt der Rücknahme **testierfähig** i.S.v. § 2229 Abs. 1 gewesen ist.

bb) O hat sich die beiden notariellen Testamente, die der Notar in amtliche Verwahrung beim Amtsgericht gegeben hat, am 09.02.2010 wieder zurückgeben lassen.

Die **Rücknahme aus amtlicher Verwahrung gilt bei notariellen Testamenten gemäß § 2256 Abs. 1 S. 1 als Widerruf.** Diese Widerrufswirkung tritt wegen der gesetzlichen Fiktion der Widerrufsabsicht unabhängig vom Willen des Erblassers ein, sodass es für die Widerrufswirkung unerheblich ist, ob O die gemäß § 2256 Abs. 1 S. 2 erfolgte Belehrung über die Widerrufswirkung der Rückgabe verstanden hat oder nicht.

Somit ist durch die Rücknahme aus amtlicher Verwahrung am 09.02.2010 ein Widerruf gemäß § 2256 Abs. 1 S. 1 gegeben, sodass die Erbeinsetzung der E dadurch eigentlich nachträglich beseitigt worden ist.

b) Möglicherweise hat E die Verfügung der O vom 09.02.2010 **gemäß §§ 2078 ff. wirksam angefochten**, sodass der Widerruf gemäß § 142 Abs. 1 nichtig ist. Dazu müssen die Voraussetzungen für eine wirksame Anfechtung gemäß §§ 2078 ff. gegeben sein.

aa) Es muss ein **Anfechtungsgrund** für die E bestehen, um die Rücknahme samt Widerrufsfiktion erfolgreich anfechten zu können. In Betracht kommt eine Anfechtung **gemäß § 2078 Abs. 1 wegen Irrtums der Erblasserin O über die Rechtswirkungen der Rücknahme**.

O ist ausweislich des Rückgabeprotokolls über die Widerrufswirkung der Rückgabe belehrt worden und dies wurde auch auf den Testamenten ordnungsgemäß vermerkt. Eventuell hat O aber trotz dieser Belehrung nicht verstanden, dass sie durch die Rücknahme der notariellen Testamente aus der amtlichen Verwahrung ihre darin enthaltenen testamentarischen Verfügungen widerrufen hat.

Für jemanden, der sich in Rechtsfragen auskennt, ist die in § 2256 Abs. 1 S. 2 vorgesehene Belehrung eindeutig. Im Regelfall wird der Hinweis über die Widerrufswirkung der Rückgabe eines amtlich verwahrten Testaments auch für den juristischen Laien verständlich sein. Das schließt aber nicht aus, dass es im Einzelfall zu einem Irrtum über die Widerrufsfolgen der Rücknahme kommen kann.[219]

Dass O 3 ½ Monate nach der Rücknahme der notariellen Testamente aus der amtlichen Verwahrung ausdrücklich niedergeschrieben hat, sie müsse ihr Testament im Hinblick auf das Vermächtnis zugunsten der T abändern, da sie sich ihre finanziellen Situation verändert habe, macht deutlich, dass O ihre testamentarischen Verfügungen noch für wirksam hielt. Folglich war sie sich nicht über die Widerrufswirkung der Rücknahme der Testamente aus der amtlichen Verwahrung im Klaren. Denn hätte sie verstanden, dass die Rücknahme den Widerruf dieser Testamente bewirkt hat und die Testamente daher bereits mit der Rücknahme wirkungslos geworden sind, wäre es nicht mehr erforderlich gewesen, das Vermächtnis für T in dem Schreiben vom 24.05.2010 zu widerrufen.[220]

Infolgedessen ist ein beachtlicher Irrtum über die Rechtsfolgen der Rücknahme der notariellen Testamente aus der amtlichen Verwahrung gegeben, sodass ein Anfechtungsgrund gemäß § 2078 Abs. 1 vorliegt.

bb) Entfällt der Widerruf, ist E testamentarische Alleinerbin der O, sodass ihr die Aufhebung der Verfügung unmittelbar zustatten kommt und sie daher **gemäß § 2080 Abs. 1 zur Anfechtung berechtigt** ist.

cc) E hat mit Schreiben vom 06.11.2017 gegenüber dem Nachlassgericht die Anfechtung erklärt. Damit hat sie gemäß § 25 Abs. 1 FamFG **formgerecht** und gemäß § 2082 **fristgerecht** gegenüber dem **richtigen Anfechtungsgegner**, vgl. § 2081 Abs. 1, angefochten, sodass die Voraussetzungen einer wirksamen Anfechtung gegeben sind.

c) Als **Rechtsfolge** der wirksamen Anfechtung ist der in der Rücknahme liegende Widerruf gemäß § 142 Abs. 1 nichtig.

Demnach ist die Erbeinsetzung der E nicht nachträglich beseitigt worden, sodass E aufgrund der Verfügung vom 05.04.2005 gemäß §§ 1937, 1922 testamentarische Alleinerbin der O geworden ist und das Nachlassgericht ihr den beantragten Alleinerbschein erteilen wird.

---

219 OLG Düsseldorf RÜ 2016, 565, 567.
220 OLG Düsseldorf RÜ 2016, 565, 567.

B. Der Erbvertrag

163 Der Erblasser kann sich mit einem anderen darüber einigen, dass dem Vertragspartner oder einem Dritten mit Eintritt des Todes ein Vermögenswert zukommen soll. Er kann einen Erbvertrag abschließen.

Im Unterschied zum Testament weist der Erbvertrag eine **erbrechtliche Bindungswirkung** auf, die aus dem Vertragscharakter resultiert und mit dem Vertragsschluss entsteht. Für eine solche erbrechtliche Bindung besteht ein praktisches Bedürfnis: Wenn z.B. der Sohn eines Unternehmers im väterlichen Betrieb mitarbeiten soll, um diesen später zu übernehmen, wird er dazu in der Regel nur bereit sein, falls er für den späteren Erhalt des Unternehmens eine Absicherung hat.[221] Der Erbvertrag beschränkt den vertragsmäßig gebundenen Erblasser also in seiner Testierfreiheit. Der Erbvertrag hat eine **Doppelnatur**, da er sowohl Vertrag (Vertrag sui generis[222]) als auch Verfügung von Todes wegen ist.

Beachte: Der Erbvertrag ist trotz seines echten Vertragscharakters kein gegenseitiger Vertrag i.S.v. §§ 320 ff., da der Erbvertrag keine schuldrechtlichen Verpflichtungen der beiden Vertragsparteien begründet (eine Verpflichtung des Erblassers, bestimmte Verfügungen von Todes wegen zu errichten, wäre im Übrigen gemäß § 2302 nichtig). Folglich finden die §§ 320 ff. auf den Erbvertrag keine Anwendung.[223]

Begrifflich werden folgende Erscheinungsformen unterschieden:

- **einseitige und zweiseitige Erbverträge:**

164 - Bei **einseitigen Erbverträgen** trifft nur ein Vertragspartner *vertragsmäßige* Verfügungen von Todes wegen (§ 2278), sodass nur ein Vertragserblasser vorhanden ist. Der andere Vertragspartner kann sich darauf beschränken, die Erklärung des Erblassers anzunehmen. Damit führt er die Bindungswirkung herbei. Er kann sich aber auch zu einer Leistung unter Lebenden verpflichten (z.B. Unterhalt) oder einseitige Verfügungen von Todes wegen treffen. Auch in letzterem Fall liegt ein einseitiger Erbvertrag vor, da nur der Vertragserblasser vertragsmäßige Verfügungen trifft.

165 - Bei **zweiseitigen Erbverträgen** treffen beide Vertragsparteien vertragsmäßige Verfügungen von Todes wegen; in diesem Fall existieren zwei Vertragserblasser.

Beachte: Auch der zweiseitige Erbvertrag ist kein gegenseitiger Vertrag i.S.d. §§ 320 ff.

Abgesehen von der Frage, ob bzw. bei wem eine Beschränkung der Testierfreiheit eintritt, ist die Unterscheidung einseitiger/zweiseitiger Erbvertrag für die Vorschrift des **§ 2298** von Bedeutung. Danach hat bei einem zweiseitigen Erbvertrag die Unwirksamkeit einer vertragsmäßigen Verfügung im Zweifel die Unwirksamkeit des ganzen Vertrags zur Folge. Dasselbe gilt im Falle eines Rücktritts.

---

221 Brox/Walker Rn. 144; Röthel Jura 2014, 781, 783, 784.
222 Schlüter/Röthel § 23 Rn. 3.
223 Frank/Helms § 13 Rn. 13, 33 m.w.N.

■ **entgeltliche und unentgeltliche Erbverträge:**

■ Von einem **entgeltlichen Erbvertrag** spricht man, wenn der Vertragspartner des **166** Erblassers sich zu einer Leistung gegenüber dem Erblasser verpflichtet (z.B. Unterhaltszahlungen).

Beachte: Auch in diesem Fall besteht zwischen der Verpflichtung des Vertragspartners und der vertragsmäßigen Zuwendung des Erblassers kein Gegenseitigkeitsverhältnis i.S.d. §§ 320 ff.[224]

■ Demgegenüber liegt ein **unentgeltlicher Erbvertrag** vor, wenn keine Gegenleis- **167** tung geschuldet wird.

Die Unterscheidung entgeltlicher/unentgeltlicher Erbvertrag wird insbesondere im Rahmen des Rücktrittsrechts gemäß § 2295 bedeutsam.

Soweit sich aus den §§ 2274 ff. nichts Abweichendes ergibt, finden auf den Erbvertrag **168** die Regeln Anwendung, die für das einseitige Testament Gültigkeit haben. Besonderheiten gelten für:

■ das **Zustandekommen** des Erbvertrags (I.),

■ die Bindung an **vertragsmäßige Verfügungen** (II.),

■ die **unentgeltlichen Verfügungen** des Erblassers zu Lebzeiten (III.) und

■ den **Ehegattenerbvertrag**, §§ 2279 Abs. 2, 2280 (IV.).

I. Das Zustandekommen des Erbvertrags

1. Die besonderen Wirksamkeitsvoraussetzungen des Erbvertrags

Grundsätzlich gelten die allgemeinen Wirksamkeitsvoraussetzungen für Verfügungen **169** von Todes wegen. Das bedeutet insbesondere, dass der Erblasser mit Testierwillen und unter Beachtung des Gebots der Höchstpersönlichkeit verfügen muss. Auch hinsichtlich der Nichtigkeit wegen Verstoßes gegen §§ 134, 138 ergeben sich keine Abweichungen. Jedoch sind folgende Besonderheiten zu beachten:

■ Der Erblasser muss **gemäß § 2275 unbeschränkt geschäftsfähig** sein. **170**

Fehlende Geschäftsfähigkeit des Erblassers führt zur Unwirksamkeit der vertragsmäßigen Verfügung. In diesem Fall ist jedoch eine Umdeutung in eine einseitige Verfügung von Todes wegen in Erwägung zu ziehen. Voraussetzung ist, dass die Aufrechterhaltung der Verfügung dem mutmaßlichen Willen des Erblassers entspricht.[225]

Hinsichtlich des anderen Vertragspartners, der die Erklärungen des Erblassers lediglich annimmt, also nur bei einem einseitigen Erbvertrag, gelten die Vorschriften des allgemeinen Teils des BGB, also Vertretung, schwebende Unwirksamkeit etc.[226] Schuldet der Vertragspartner keine Gegenleistung, liegt also ein sogenannter unentgeltlicher Erbvertrag vor, so kommt insbesondere die Anwendung des § 107 in Betracht.

---

224 BayObLG DNotZ 1999, 81.
225 BayObLG NJW-RR 1996, 7.
226 Vgl. Schlüter/Röthel § 23 Rn. 6.

171 ■ Der Erbvertrag ist **gemäß § 2276** nur **formgültig**, wenn die **Erklärungen zur Niederschrift eines Notars bei gleichzeitiger Anwesenheit beider Teile** abgegeben werden.

2. Der Inhalt des Erbvertrags

172 Als Vertrag setzt der Erbvertrag zwei übereinstimmende Willenserklärungen voraus. Inhaltlich ist zwischen vertragsmäßigen und einseitigen Verfügungen zu unterscheiden.

■ **Vertragsmäßige Verfügungen** lösen eine erbrechtliche Bindungswirkung aus: Der Erblasser kann sie nicht frei widerrufen, § 2289 Abs. 1 S. 2. Folglich liegen vertragsmäßige Verfügungen i.S.d. § 2278 vor, wenn die Vertragsschließenden hinsichtlich der konkreten Verfügung eine derartige Bindung herbeiführen wollen.[227] Gemäß § 2278 Abs. 2 können nur Erbeinsetzungen, Vermächtnisse, Auflagen und die Wahl des anzuwendenden Erbrechts vertragsmäßige Verfügungen sein.

Beachte: Die im Erbvertrag enthaltenen Erbeinsetzungen, Vermächtnisse und Auflagen können vertragsmäßige Verfügungen sein, sie müssen es aber nicht.

*Hat der Erblasser sie nicht ausdrücklich als „vertragsmäßig" bezeichnet, so ist durch **Vertragsauslegung** gemäß §§ 133, 157 für jede Verfügung gesondert zu ermitteln, ob eine vertragsmäßige oder einseitige Verfügung vorliegt.[228] Maßgeblich ist, ob die Verfügung die in § 2289 angesprochene Bindungswirkung entfalten soll. D.h. mangels anderer Anhaltspunkte muss darauf abgestellt werden, ob der Vertragspartner des Erblassers ein Interesse an der Aufrechterhaltung der Verfügung und damit an der Bindung des Erblassers an diese Verfügung gehabt hat oder jedenfalls gehabt haben könnte.[229] Nach der Rspr. ist in der Regel von einer vertragsmäßigen Verfügung auszugehen, wenn der Vertragspartner selbst der Zuwendungsempfänger ist.[230] Ebenso ist in der Regel die Zuwendung an einen dem Vertragspartner nahestehenden, insbesondere mit ihm verwandten Dritten als vertragsmäßige Verfügung auszulegen.[231]*

Ein Erbvertrag liegt nur vor, wenn mindestens **eine wirksame vertragsmäßige Verfügung** getroffen wurde. Treffen also zwei Personen in einer Urkunde Verfügungen von Todes wegen, von denen jedoch keine vertragsmäßig gewollt ist (Auslegung!), so liegt, unabhängig von der Bezeichnung durch die Parteien, kein Erbvertrag, sondern allenfalls ein (gemeinschaftliches) Testament vor.

173 ■ **Einseitige Verfügungen** in einem Erbvertrag sind sachlich nicht eingegrenzt: Nach § 2299 Abs. 1 kann jeder Vertragsschließende einseitig die Verfügungen treffen, die durch ein Testament angeordnet werden können.

Für diese Verfügungen gelten uneingeschränkt die Testamentsregeln, vgl. § 2299 Abs. 2 S. 1. Insbesondere können einseitige Verfügungen vom Erblasser jederzeit wi-

---

227 Olzen Rn. 514.
228 Lange/Kuchinke § 25 IV. 2; OLG Hamm FamRZ 2005, 2100, 2101.
229 Brox/Walker Rn. 150.
230 BGHZ 26, 204; 106, 359.
231 BeckOK BGB/Litzenburger § 2278 Rn. 5.

derrufen werden, § 2299 Abs. 2 S. 1 i.V.m. §§ 2253 ff.,[232] sodass bei einseitigen Verfügungen in einem Erbvertrag keinerlei erbrechtliche Bindung besteht.

II. Die Bindung an vertragsmäßige Verfügungen[233]

1. Eintritt und Umfang der Bindung

Der Erblasser, der dem Vertragspartner für den Fall des Todes einen Vermögenswert zugesagt hat, ist an diese Zusage gebunden. Er kann keine **abweichende beeinträchtigende Verfügung** von Todes wegen mehr errichten: „Das Versprochene muss gehalten werden" (vgl. § 2289 Abs. 1 S. 2). Insofern bewirkt die vertragsmäßige Verfügung eine Einschränkung der Testierfreiheit.

174

Beispiel: Abweichende Verfügung?

E hat mit seiner Tochter T einen Erbvertrag abgeschlossen und darin die T zur Alleinerbin eingesetzt. T hat die Betreuung und Versorgung zugesagt. Später kommt es zu Unstimmigkeiten. E setzt seinen Sohn S durch Testament zum Erben ein. Wer ist nach dem Tode des E Erbe?

S ist in einem Testament, das nach dem Abschluss des Erbvertrags errichtet worden ist, als Erbe eingesetzt. Dieses Testament ist unwirksam, weil dadurch die Erbeinsetzung der Tochter T im Erbvertrag, die wegen ihrer unmittelbaren Begünstigung als vertragsmäßige Verfügung auszulegen ist, beeinträchtigt wird, § 2289 Abs. 1 S. 2. Der Erblasser kann also vertragsmäßige Verfügungen **nicht** – wie beim einseitigen Testament – frei **widerrufen**. Die §§ 2253 ff. finden insoweit keine Anwendung. T ist somit Alleinerbin.

Eine Beeinträchtigung des Rechts des Bedachten liegt vor, wenn zum Zeitpunkt des Erbfalls (nicht des Vertragsschlusses) die anderweitige letztwillige Verfügung die vertragsmäßige Zuwendung mindern, beschränken, belasten oder gegenstandslos machen würde.[234]

175

Streitig ist, ob **Beeinträchtigung i.S.v. § 2289 Abs. 1** auf eine **rechtliche Beeinträchtigung** beschränkt ist **oder** ob **auch wirtschaftliche Beeinträchtigungen** erfasst sind.

176

a) Nach einer Ansicht muss differenziert werden:[235]

- Eine Beeinträchtigung des Vertragserben ist immer gegeben, wenn die Verfügungen zueinander im Widerspruch stehen, unabhängig davon, welche Verfügung wirtschaftlich günstiger wäre.

- Bei fehlendem Widerspruch ist eine Beeinträchtigung anzunehmen, wenn der Vertragserbe durch die Verfügung **wirtschaftlich** schlechter gestellt wird.

b) Nach **Rspr. und h.Lit.** ist eine rechtliche Beeinträchtigung notwendig und ausreichend.[236] Eine rein wirtschaftliche Betrachtung finde im Gesetz keine Stütze und sei mit dem Wesen des Erbvertrags als Vertrag, der dem Bedachten ein bestimmtes Recht zu-

---

232 Palandt/Weidlich § 2278 Rn. 5.

233 Vgl. dazu Musielak ZEV 2007, 245 ff.

234 OLG Hamm OLGZ 74, 378.

235 Jauernig/Stürner § 2289 Rn. 1, 2; Hk-BGB/Hoeren § 2289 Rn. 7, 8; Palandt/Weidlich § 2289 Rn. 2; Soergel/Wolf § 2289 Rn. 3.

236 BGHZ 26, 204, 213, 214; Brox/Walker Rn. 157; Frank/Helms § 13 Rn. 15; Lange/Kuchinke § 25 VI. 2. a); Michalski Rn. 298; MünchKomm/Musielak § 2289 Rn. 10; Olzen Rn. 534; Schlüter/Röthel § 23 Rn. 18.

wende, unvereinbar. Zudem sei im Einzelfall oft schwer zu entscheiden, was für den Vertragserben wirtschaftlich günstiger ist (z.B. bei vertragsmäßiger Einsetzung als alleiniger Vorerbe und späterer Anordnung der hälftigen Vollerbschaft).[237]

U.a. in den folgenden Fällen ist in der Rspr. eine Benachteiligung bejaht worden:

- Herabstufung des Vertragserben zum Vorerben[238]
- wertverschiebende Teilungsanordnung (ohne Ausgleichspflicht[239])
- Anordnungen von Vermächtnissen und Auflagen
- Anordnung einer Testamentsvollstreckung.[240] Ob die Auswechslung der Person des Testamentsvollstreckers eine Benachteiligung des Vertragserben darstellt, ist umstritten.[241]

Fall 11: Vertragsmäßige Verfügungen

Die 1933 geborene und im Januar 2018 verstorbene Erblasserin E ist die Mutter von A, B und C die zwischen 1951 und 1959 geboren sind. Der Ehemann der E verstarb am 14.04.1966. Ab 1971 lebte die E mit dem im Jahre 1996 verstorbenen J. Sch. in nichtehelicher Lebensgemeinschaft. Von den Töchtern der E lebte nur die jüngste, die C, seit Beginn der Beziehung bis 1978 im Haushalt der E und ihres damaligen Lebensgefährten. Dessen Kinder (2 Söhne) waren bereits erwachsen.

Am 23.10.1983 schlossen J. Sch. und die E folgenden notariellen Erbvertrag:

"1) Wir setzen uns gegenseitig zu alleinigen und unbeschränkten Erben ein.

2) Zu Erben des Längstlebenden von uns bestimmen wir die Tochter der Erschienenen zu 1), Fräulein C. Falls die eingesetzte Erbin den Erbfall nicht erleben sollte, sollen deren Abkömmlinge, zu gleichen Teilen an ihre Stelle treten.

3) Dem Überlebenden von uns beiden wird das Recht eingeräumt, hinsichtlich des beiderseitigen Vermögens bzw. Nachlasses Teilungsanordnungen, und zwar auch im Wege der letztwilligen Verfügung zu treffen. Er soll insbesondere auch ermächtigt sein, den oder die Übernehmer des von uns hinterlassenen Grundbesitzes zu bestimmen sowie Höhe und Fälligkeit eventuell zu leistender Auszahlungen festzulegen und dabei abweichend von vorstehender Ziffer 2) die Erbteile der einzelnen Erben auch verschieden groß zu bestimmen."

Mit notariellem Testament vom 17.06.1997 setzte die Erblasserin ihre Töchter A und B als Erben ein; mit notariellem Testament vom 31.07.2009 setzte sie die B als Alleinerbin ein und schließlich mit notariellem Testament vom 11.04.2014 die A.

C hat beim Nachlassgericht aufgrund der erbvertraglichen Verfügung vom 23.10.1983 die Erteilung eines Alleinerbscheins beantragt. Wird das Nachlassgericht der C einen Alleinerbschein erteilen? (nach OLG München RÜ 2015, 17)

---

237 Brox/Walker Rn. 157.
238 OLG Hamm NJW 1974, 1774.
239 BGH NJW 1982, 441.
240 BGH NJW 1962, 912.
241 Vgl. zum Meinungsstand BGH NJW 2011, 1733, 1735.

Das Nachlassgericht wird der C einen Alleinerbschein erteilen, wenn die formellen und **177** materiellen Voraussetzungen gemäß **§ 2353 i.V.m. §§ 352 ff. FamFG** erfüllt sind.

I. Der in **formeller Hinsicht** gemäß § 2353 i.V.m. § 352 Abs. 2 FamFG **erforderliche Antrag** an das Nachlassgericht wurde durch die C gestellt.

II. **Materielle Voraussetzung** für die Erteilung des beantragten Alleinerbscheins ist, dass das Nachlassgericht es für festgestellt erachtet, dass die C Alleinerbin der E geworden ist, § 2353 i.V.m. § 352 e Abs. 1 FamFG.

C könnte aufgrund der Verfügung im Erbvertrag vom 23.10.1983 mit dem Tod der E im Januar 2018 gemäß §§ 1937, 1922 deren Alleinerbin geworden sein.

1. Dazu müssen die E und ihr Lebensgefährte J. Sch. einen wirksamen Erbvertrag zugunsten der C abgeschlossen haben.

    a) Von der gemäß § 2275 erforderlichen unbeschränkten Geschäftsfähigkeit beider Vertragspartner ist mangels entgegenstehender Angaben auszugehen.

    b) Nach dem Inhalt des Erbvertrags sollte die C Erbin des Letztversterbenden der beiden Vertragspartner sein, sodass sie nach dieser Verfügung zur Erbin der E, die den J. Sch. überlebt hat, berufen ist.

    c) Gründe, die der Wirksamkeit der Verfügung entgegenstehen, sind nicht ersichtlich und der Erbvertrag wurde formgerecht i.S.v. § 2276 errichtet, sodass E und J. Sch. einen wirksamen Erbvertrag abgeschlossen haben, nach dessen Inhalt die C zur Alleinerbin der letztversterbenden E berufen ist.

2. Die Erbeinsetzung der C könnte jedoch durch das notarielle Testament der E vom 17.06.1997, in welchem sie A und B zu Erben berufen hat, **durch Widerruf nachträglich beseitigt** worden sein.

    Gemäß § 2299 Abs. 2 gelten für **einseitige Verfügungen** eines Erbvertrags uneingeschränkt die Testamentsregeln, sodass eine einseitige erbvertragliche Verfügung gemäß § 2299 Abs. 2 S. 1 i.V.m. §§ 2253 ff. jederzeit widerrufen werden kann. Demgegenüber lösen **vertragsmäßige Verfügungen** gemäß § 2289 Abs. 1 S. 2 eine erbrechtliche Bindungswirkung aus: Nach dieser Regelung ist eine spätere Verfügung von Todes wegen unwirksam, soweit sie das Recht des vertragsmäßig Bedachten beeinträchtigt.

    Das notarielle Testament von 1997 entzieht der C ihre Erbenstellung und stellt daher eine Beeinträchtigung i.S.v. § 2289 Abs. 1 dar. Infolgedessen ist die Erbeinsetzung von A und B in dem notariellen Testament vom 17.06.1997 gemäß § 2289 Abs. 1 S. 2 unwirksam, wenn es sich bei der Erbeinsetzung der C in dem Erbvertrag vom 23.10.1983 um eine vertragsmäßige Verfügung i.S.v. § 2278 handelt.

    Im Erbvertrag ist keine der getroffenen Verfügungen ausdrücklich als „vertragsmäßig" bezeichnet worden, sodass im Wege der Vertragsauslegung (§§ 133, 157) ermittelt werden muss, ob die Verfügung zugunsten der C als vertragsmäßig gewollt und damit bindend anzusehen ist.

E und ihr Lebensgefährte haben dem Überlebenden von ihnen nur eine eingeschränkte Abänderungsbefugnis hinsichtlich der Schlusserbenbestimmung eingeräumt: In Ziffer 3 des Erbvertrages wird dem Überlebenden ausdrücklich nur das Recht eingeräumt, Teilungsanordnungen zu treffen oder den Übernehmer des Grundbesitzes zu bestimmen sowie Höhe und Fälligkeit etwaiger Auszahlungen festzulegen und dabei die Erbteile der einzelnen Erben verschieden groß zu bestimmen. Folglich ist der Überlebende – unabhängig davon, wer von ihnen das sein wird – nicht berechtigt, einen anderen Erben einzusetzen. Allein diese Ausgestaltung der Schlusserbeneinsetzung lässt erkennen, dass die Erbeinsetzung der C für beide Seiten verbindlich sein sollte.[242]

C ist zwar nur mit E verwandt und nicht mit dem Vertragspartner und in der Regel hat der Vertragspartner kein Interesse daran, den anderen hinsichtlich der Zuwendung an dessen Verwandte zu binden. Aber C hat sieben Jahre im gemeinsamen Haushalt mit E und deren Lebensgefährten gelebt. Der Umstand, dass J. Sch. im Jahre 1983 – also zu einem Zeitpunkt, zu dem C bereits nicht mehr bei ihnen lebte – C zur alleinigen Schlusserbin bestimmt hat und dabei seine eigenen Söhne nicht bedacht hat, spricht dafür, dass er ein eigenes Interesse an der Schlusserbeneinsetzung der C hatte.[243]

Somit ist die erbvertragliche Einsetzung der C als Erbin der E vertragsmäßig getroffen worden, sodass die Erbeinsetzung von A und B im notariellen Testament von 1997 gemäß § 2289 Abs. 1 S. 2 unwirksam und somit die Erbeinsetzung der C nicht durch diese Verfügung durch Widerruf nachträglich beseitigt worden ist.

3. Auch die testamentarischen Erbeinsetzungen der B durch notarielles Testament von 2009 sowie der A durch notarielles Testament von 2014 sind gemäß § 2289 Abs. 1 S. 2 unwirksam und haben folglich die Erbeinsetzung der C nicht beseitigt.

C ist somit aufgrund der erbvertraglichen Verfügung vom 23.10.1983 gemäß §§ 1937, 1922 testamentarische Alleinerbin der E geworden, sodass das Nachlassgericht den beantragten Alleinerbschein erteilen wird.

---

2. Ausschluss der Bindung

178 Der Erblasser ist an die vertragsmäßigen Anordnungen im Erbvertrag in den folgenden Fällen **nicht** mehr **gebunden**:

a) Beim Abschluss des Erbvertrags kann sich der Erblasser einen sogenannten **Änderungsvorbehalt** ausbedingen, wonach er berechtigt ist, unter bestimmten Voraussetzungen eine abweichende beeinträchtigende Verfügung von Todes wegen zu treffen. Begründet wird die Zulässigkeit eines derartigen Änderungsvorbehalts u.a. damit, dass die Vertragspartner im Erbvertrag sogar ein Rücktrittsrecht zugunsten des Erblassers

---

242 OLG München RÜ 2015, 17, 19.
243 OLG München RÜ 2015, 17, 19.

vereinbaren können, sodass folglich auch ein weniger weitreichendes Recht, die Bindungswirkung einzuschränken, erlaubt sein muss.[244]

Nach ganz h.M. ist nur ein **beschränkter Änderungsvorbehalt** zulässig; d.h. es muss mindestens eine vorbehaltlose vertragsmäßige Verfügung erhalten bleiben, damit der Vertrag durch den Vorbehalt nicht inhaltslos wird und weil ansonsten keine Änderung, sondern ein Rücktritt vorliegt.[245]

b) Nach Abschluss des Erbvertrags kann eine **einverständliche Aufhebung** durch die Parteien erfolgen. **179**

■ Der Erblasser kann mit dem Vertragspartner einen **Aufhebungsvertrag** abschließen, § 2290.

■ Der Erblasser kann mit Zustimmung des Vertragsschließenden ein **Aufhebungstestament** errichten, § 2291.

§ 2291 gilt nach seinem Wortlaut für Erbeinsetzungen nicht. Jedoch ist insoweit anerkannt, dass der vertragsmäßig Bedachte den Vertragserblasser durch eine **Einwilligung** von seiner Bindung befreien kann. Umstritten ist allerdings, ob es insoweit der Einhaltung einer Form bedarf.[246]

■ Ein zwischen Ehegatten oder Lebenspartnern geschlossener Erbvertrag kann durch ein **gemeinschaftliches Testament** aufgehoben werden, § 2292.

■ Die Vertragsschließenden können **gemäß § 2300 Abs. 2** einen Erbvertrag, der nur Verfügungen von Todes wegen enthält, gemeinsam **aus der besonderen amtlichen Verwahrung zurücknehmen** mit der Wirkung, dass durch die Rückgabe sowohl die vertragsmäßigen als auch die einseitigen Verfügungen von Todes wegen entsprechend § 2256 Abs. 1 als widerrufen gelten.

Die Rückgabe darf nur an alle Vertragsschließenden gemeinschaftlich erfolgen, § 2300 Abs. 2 S. 2, und der Erblasser kann sie nur persönlich verlangen, § 2300 Abs. 2 S. 2 i.V.m. § 2290 Abs. 2. Die zurückgebende Stelle soll die Vertragsschließenden über die Folgen der Rückgabe belehren, dies auf der Urkunde vermerken und aktenkundig machen, dass beides geschehen ist, § 2300 Abs. 2 S. 3 i.V.m. § 2256 Abs. 1.[247]

c) Nach einhelliger Auffassung entfällt die Bindung darüber hinaus, wenn der Bedachte (durch Vorversterben, Erbunwürdigkeitserklärung oder Ausschlagung) wegfällt und die **Klausel** dadurch **gegenstandslos** wird. **180**

d) Der **Rücktritt** vom Erbvertrag **181**

Ein wirksamer Rücktritt setzt voraus, dass ein Rücktrittsgrund vorliegt und der Rücktritt formgerecht ausgeübt wird.

aa) Die Rücktrittsgründe:

■ Der Erblasser hat sich den Rücktritt **vorbehalten**, § 2293. **182**

Ein Rücktrittsvorbehalt bietet sich insbesondere für den Fall der Nichterfüllung von Pflichten durch den Vertragspartner beim entgeltlichen Erbvertrag an.

---

244 Vgl. dazu Keim ZEV 2005, 365, 366 sowie NJW 2009, 818.
245 BGHZ 26, 204, 208 f.; OLG Köln NJW-RR 1994, 651, 652; Frank/Helms § 13 Rn. 17; MünchKomm/Musielak § 2278 Rn. 15 ff.; Keller ZEV 2004, 93, 96, 97; a.A. Hülsmeier NJW 1986, 3115, 3117 f.; diff. Mayer DNotZ 1990, 755, 774 f.
246 Bejahend etwa Palandt/Weidlich § 2289 Rn. 7: § 2290 IV i.V.m. § 2276; ausführlich zu dem Problemkreis Ivo ZEV 2003, 58.
247 Vgl. zu der Neuregelung des § 2300 Abs. 2 Reimann FamRZ 2002, 1383; Keim ZEV 2003, 55.

> *Beachte: Alternativ kann sich der Vertragserblasser dadurch schützen, dass er den Erbvertrag **bedingt** abschließt, sich einen Anspruch auf Aufhebung des Vertrags vorbehält oder einen Rückforderungsanspruch gemäß § 812 vereinbart. Der Erblasser kann im Falle eines Irrtums über die Person des Vertragspartners unter den Voraussetzungen der §§ 2281, 2078 ff. seine Erklärungen anfechten.*

183   ■   Der Bedachte hat eine **schwere Verfehlung** begangen, die den Erblasser zur Pflichtteilsentziehung berechtigen würde, § 2294.

184   ■   Die rechtsgeschäftliche Verpflichtung des Bedachten, an den Erblasser für dessen Lebenszeit wiederkehrende Leistungen zu entrichten, wird vor dem Tode des Erblassers **aufgehoben**, § 2295.

Umstritten ist, ob § 2295 analoge Anwendung findet, wenn das Verpflichtungsgeschäft, durch das die Verpflichtung begründet werden sollte, nichtig ist.[248]

Werden die Verpflichtungen vom Bedachten gegenüber dem Erblasser **verzögerlich oder schlecht erfüllt**, so kann der Erblasser nach h.A. weder analog § 2295 noch – mangels eines Gegenseitigkeitsverhältnisses – gemäß §§ 320 ff. zurücktreten. Der Erblasser kann jedoch seine Erbvertragserklärungen wegen Irrtums gemäß §§ 2281, 2078 Abs. 2 anfechten.[249]

Ein Rücktritt gemäß § 2295 ist jedoch nach h.M. möglich, wenn sich der Erblasser wegen der Nicht- oder Schlechterfüllung der Gegenverpflichtung vom Verpflichtungsvertrag durch Kündigung analog § 626 Abs. 1 oder § 314 lösen kann.[250] In diesen Fällen muss der Erblasser also zwei Gestaltungsrechte ausüben: Er muss erst die schuldrechtliche Gegenverpflichtung beseitigen und kann danach von seiner vertragsmäßigen erbrechtlichen Verfügung zurücktreten.[251]

Beispiel: Unzuverlässiger Sohn

Erblasser E hatte seinen Sohn S in einem Erbvertrag vertragsmäßig zum Alleinerben eingesetzt. S hatte sich dafür zur lebenslangen Pflege des E und zu monatlichen Unterhaltsleistungen i.H.v. 500 € verpflichtet. In der Folgezeit erfüllte S seine Verpflichtungen nicht. E möchte daher vom Erbvertrag zurücktreten.

I. Allein die Nichterfüllung der Pflege- und Unterhaltsleistung berechtigt E nicht zum Rücktritt gemäß § 2295, da die Leistungsverpflichtung des S dadurch nicht berührt wird, sie also nicht i.S.v. § 2295 aufgehoben worden ist.

II. Ein Rücktritt gemäß § 323 Abs. 1 scheidet ebenfalls aus, da der Erblasser sich in dem Erbvertrag nicht zu einer Leistung verpflichtet hat (vgl. § 2302), sodass kein gegenseitiger Vertrag i.S.d. §§ 320 ff. gegeben ist.[252]

III. E kann jedoch den Pflege- und Unterhaltsvertrag analog § 626 Abs. 1[253] bzw. gemäß § 314 aus wichtigem Grund wegen der beharrlichen Leistungsverweigerung des S kündigen.[254] Durch diese Kündigung wird die Gegenverpflichtung des S nach h.M. i.S.v. § 2295 aufgehoben, sodass E vom Erbvertrag zurücktreten kann.[255]

---

248   Dafür: Brox/Walker Rn. 155, Hk-BGB/Hoeren § 2295 Rn. 7, Jauernig/Stürner § 2295 Rn. 1, Lange/Kuchinke § 25 X 2. b), Palandt/Weidlich § 2295 Rn. 2; dagegen: Michalski Rn. 323, MünchKomm/Musielak § 2295 Rn. 6 – der Erblasser müsse in diesem Fall die vertragsmäßige Verfügung anfechten.

249   Palandt/Weidlich § 2295 Rn. 4; Stürzebecher NJW 1988, 2717.

250   OLG Karlsruhe NJW-RR 1997, 708; Erman/Kappler § 2295 Rn. 4; Frank/Helms § 13 Rn. 34; Jauernig/Stürner § 2295 Rn. 1; Lange/Kuchinke § 25 X 2. b); Leipold Rn. 538; Michalski Rn. 323; Palandt/Weidlich § 2295 Rn. 2.

251   Röthel Jura 2014, 781, 785.

252   Brox/Walker Rn. 155.

253   Eine direkte Anwendung des § 626 scheidet aus, da § 611 voraussetzt, dass der Dienstherr eine Gegenleistung unter Lebenden erbringt, vgl. Frank/Helms § 13 Rn. 34.

254   OLG Karlsruhe NJW-RR 1997, 708; Frank/Helms § 13 Rn. 34; Lange/Kuchinke § 25 X 2. b); Leipold Rn. 538.

255   OLG Karlsruhe NJW-RR 1997, 708, 709; Erman/Kappler § 2295 Rn. 4; Frank/Helms § 13 Rn. 34; Lange/Kuchinke § 25 X 2. b); Leipold Rn. 538; a.A. Staudinger/Kanzleitner § 2295 Rn. 7.

Beachte: Ein Rücktritt gemäß § 323 kommt jedoch in Betracht, wenn mit dem Erbvertrag ein gegenseitiger Vertrag unter Lebenden verbunden ist – so z.B., wenn der Erblasser den Vertragspartner zum Erben einsetzt, dieser sich dem Erblasser gegenüber zur Gewährung von Pflege verpflichtet und der Erblasser sich weiterhin dazu verpflichtet, sein Hausgrundstück zu Lebzeiten nicht zu veräußern oder zu belasten.[256]

bb) Formgerechte Rücktrittserklärung   185

■ Nach § 2296 muss der geschäftsfähige Erblasser die notariell beurkundete Rücktrittserklärung gegenüber dem anderen Vertragsschließenden abgeben.

■ Der Erblasser kann den Rücktritt auch noch nach dem Tode des Vertragsschließenden durch Testament äußern, § 2297. In Betracht kommt neben einem reinen Widerrufstestament i.S.d. § 2254 auch ein widersprechendes Testament i.S.d. § 2258.

cc) Die Wirkung des Rücktritts   186

Der Rücktritt kann zur Unwirksamkeit aller oder nur einzelner vertragsmäßiger Verfügungen führen.

■ Erstreckt sich der Rücktritt nur auf eine von mehreren in einem Erbvertrag enthaltenen vertragsmäßigen Verfügungen, so wird durch den Rücktritt nur diese vertragsmäßige Verfügung unwirksam; die übrigen vertragsmäßigen und einseitigen Verfügungen bleiben gemäß § 2085 (i.V.m. § 2279 Abs. 1) wirksam, sofern sich kein abweichender Wille des Erblassers feststellen lässt.

■ Tritt der Erblasser vom gesamten Erbvertrag zurück, d.h. von allen vertragsmäßigen Verfügungen, so werden gemäß § 2299 Abs. 3 auch die einseitigen Verfügungen unwirksam, wenn kein abweichender Wille des Erblassers anzunehmen ist.

■ Beim zweiseitigen Erbvertrag, bei dem beide Vertragspartner vertragsmäßige Verfügungen getroffen haben, führt der <u>vertraglich</u> vorbehaltene Rücktritt eines Vertragspartners gemäß § 2298 Abs. 2 zur Aufhebung des ganzen Vertrags, sofern kein abweichender Wille der Vertragsschließenden anzunehmen ist, vgl. § 2298 Abs. 3; einseitige Verfügungen werden in diesem Fall gemäß § 2299 Abs. 3 ebenfalls im Zweifel unwirksam. Beim <u>gesetzlichen</u> Rücktrittsrecht greift § 2298 Abs. 2 nicht ein, sodass bei Rücktritt von nur einer vertragsmäßigen Verfügung die übrigen Verfügungen im Zweifel wirksam bleiben, § 2085 (i.V.m. § 2279 Abs. 1), und beim Rücktritt vom gesamten Vertrag gemäß § 2299 Abs. 3 auch die einseitigen Verfügungen im Zweifel unwirksam werden.

e) Eine Beseitigung der Bindungswirkung kommt schließlich auch durch **Anfechtung** in   187
Betracht, §§ 2281 ff.; vgl. dazu 5. Abschnitt Rn. 271 ff.

3. Die Abhängigkeit der Verfügungen der Vertragsschließenden

Beim zweiseitigen Erbvertrag ist nach § 2298 Abs. 1 im Zweifel davon auszugehen, dass   188
die Nichtigkeit einer vertragsmäßigen Verfügung (z.B. wegen Geschäftsunfähigkeit oder Formmangels) die Unwirksamkeit des gesamten Vertrags zur Folge hat, wenn nicht ein abweichender Wille der Vertragsschließenden anzunehmen ist (§ 2298 Abs. 3).

---

256 BGH NJW 2011, 224 = RÜ 2011, 6.

Einseitige Verfügungen werden in diesem Fall im Zweifel ebenfalls gemäß § 2299 Abs. 3 unwirksam, soweit nicht ein anderer Wille des Erblassers festgestellt werden kann. Ob einseitige Verfügungen durch die Nichtigkeit einzelner vertragsmäßiger Bestimmungen berührt werden, bemisst sich nach § 2085.[257]

§ 2298 Abs. 1 trägt der besonderen Interessenlage beim zweiseitigen Erbvertrag Rechnung, indem er im Zweifel von der **Wechselbezüglichkeit** der vertragsmäßigen Verfügungen ausgeht, d.h., dass der eine Teil die Verfügung nicht ohne die Verfügung des anderen Teils getroffen hätte.[258]

Beachte: Die für § 2298 erforderliche Wechselbezüglichkeit ist nicht identisch mit der Vertragsmäßigkeit. Zwar ist eine wechselbezügliche Verfügung i.S.d. § 2298 stets notwendig auch eine vertragsmäßige. Jedoch sind auch vertragsmäßige Verfügungen denkbar, die nicht im Verhältnis der Wechselbezüglichkeit stehen.

Beispiel: Die Ehegatten M und F setzen sich gegenseitig im Erbvertrag zu Erben ein; zusätzlich verfügt der M vertragsmäßig eine Auflage, nach der F seine Briefmarkensammlung einmal jährlich seinem Briefmarkenverein zu Ausstellungszwecken zur Verfügung stellen soll.

Die gegenseitige Erbeinsetzung der Ehegatten erfolgte wechselbezüglich; demgegenüber ist die Auflage zwar vertragsmäßig verfügt, steht aber nicht mit einer Verfügung der F in Wechselbezüglichkeit.

III. Die Verfügungen des Erblassers zu Lebzeiten

189 Der Erblasser kann zu Lebzeiten, auch wenn er vertragsmäßig zugunsten eines anderen verfügt hat, über sein Vermögen **frei verfügen**, § 2286.

Wegen § 2286 kann eine lebzeitige entgeltliche Verfügung des Erblassers über wesentliche Teile oder sein gesamtes Vermögen nicht schon deshalb an § 134 oder § 138 Abs. 1 scheitern, weil dadurch ein vertragsmäßig bedachter Erbe benachteiligt wird bzw. die Vorschriften der §§ 2290 ff. umgangen werden.[259] Vielmehr müssen für § 138 Abs. 1 weitere Umstände hinzutreten, die etwa bei einem anstößigen Zusammenwirken zwischen Erblasser und Vertragspartner zwecks Hintergehung des Vertragserben gegeben sein können.[260]

190 Der **Vertragserbe**, der danach vor Verfügungen unter Lebenden des Erblassers nicht geschützt ist, kann für den Fall der Verfügung über wesentliche Vermögensgegenstände eine Bedingung, einen Aufhebungsanspruch oder ein Rücktrittsrecht in den Vertrag aufnehmen und vereinbaren, dass der Erblasser im Falle der Rückabwicklung alle bisherigen Zuwendungen zu ersetzen hat.[261] Möglich ist nach § 137 S. 2 auch eine schuldrechtliche Verpflichtung des Erblassers, über bestimmte Gegenstände nicht zu Lebzeiten zu verfügen. Bei Verletzung dieser Pflicht entsteht eine Schadensersatzpflicht des Erblassers aus § 280 Abs. 1.[262]

191 Nur für **Schenkungen** trifft das Gesetz eine **Sonderregelung**. Diese müssen nach dem Anfall der Erbschaft unter den Voraussetzungen des § 2287 nach den Regeln des Bereicherungsrechts rückabgewickelt werden.

---

257 BeckOK BGB/Litzenburger § 2299 Rn. 2.
258 Hk-BGB/Hoeren § 2298 Rn. 1.
259 Jauernig/Stürner § 2286 Rn. 2 f.
260 BGHZ 108, 73, 79.
261 Lange/Kuchinke § 25 X 3.
262 Jauernig/Stürner § 2286 Rn. 4.

1. Die Voraussetzungen des § 2287

■ Es muss eine **Schenkung i.S.d. § 516** vorliegen, d.h. die Parteien müssen sich über die Unentgeltlichkeit der Zuwendung geeinigt haben. **192**

Unbenannte Zuwendungen unter Ehegatten werden im Rahmen des § 2287 grundsätzlich wie Schenkungen behandelt, da es bei dieser Norm, die dem Schutz des Vertragserben dient, lediglich darauf ankommt, dass die Zuwendung objektiv unentgeltlich erfolgt ist.[263]

Ausreichend ist auch eine sogenannte gemischte Schenkung, die bei einer Einigung über teilweise Unentgeltlichkeit vorliegt, z.B. bei einem ungleichwertigen Tausch, die jedoch nicht bereits bei jedem Verkauf unter Wert angenommen werden kann.[264]

Ein in einem Grundstücksübertragungsvertrag vorbehaltener Nießbrauch sowie eine übernommene Pflegeverpflichtung sind bereits bei der Prüfung, ob eine (gemischte) Schenkung vorliegt, zu berücksichtigen.[265]

■ Ferner muss eine **objektive Beeinträchtigung des Vertragserben** durch die Schenkung gegeben sein.[266] **193**

Grundsätzlich stellt jede Schenkung durch den Erblasser eine objektive Beeinträchtigung dar, weil bei einer Schenkung keine Gegenleistung in das Vermögen zurückfließt. Die Regelung des § 2287 will den Vertragserben jedoch nur davor schützen, dass der Erblasser die Bindungswirkung erbvertraglicher Verfügungen durch lebzeitige Rechtsgeschäfte unterläuft.[267] Da nur vertragsmäßige Verfügungen eine erbrechtliche Bindung auslösen, kann die berechtigte Erwartung des Vertragserben nur durch solche Schenkungen objektiv benachteiligt werden, die eine vertragsmäßige erbvertragliche Verfügung beeinträchtigen.

An einer objektiven Beeinträchtigung fehlt es jedoch, wenn der Erblasser die verschenkten Gegenstände trotz der erbvertraglichen Bindung dem Begünstigten auch durch eine Verfügung von Todes wegen hätte zukommen lassen können, z.B. weil ein entsprechender Vorbehalt im Erbvertrag gemacht wurde.[268]

■ Schließlich muss der Erblasser die Schenkung mit **Beeinträchtigungsabsicht** bewirkt haben. **194**

Zunächst hat die Rspr. angenommen, dass der Wille, den Vertragserben zu beeinträchtigen, der „treibende" oder „eigentlich leitende Beweggrund" der Schenkung gewesen sein müsse.[269] Diese restriktive Rspr. führte dazu, dass der Vertragserbe praktisch nie den erforderlichen Nachweis für die Beeinträchtigungsabsicht führen konnte.

Mittlerweile geht die Rspr. davon aus, dass die Benachteiligungsabsicht nur dann fehlt, wenn der Erblasser ein **anerkennenswertes lebzeitiges Eigeninteresse hat**.[270] Ein solches lebzeitiges Eigeninteresse wird bejaht, wenn die Beweggründe des Er-

---

263 BGH NJW 1992, 564; NJW-RR 1996, 133.
264 BGHZ 97, 188, 192.
265 BGH RÜ 2017, 23, 25.
266 BGH NJW 1982, 441; Hk-BGB/Hoeren § 2287 Rn. 6; Jauernig/Stürner § 2287 Rn. 2; Palandt/Weidlich § 2287 Rn. 5.
267 Palandt/Weidlich § 2287 Rn. 1.
268 BGH NJW 1983, 2378.
269 BGH LM Nr. 5 zu § 2287 m.w.N.
270 BGHZ 59, 343, 349 f.; BGH NJW 1992, 564, 566 u. 2630, 2631; BGH NJW-RR 1996, 133, 134.

blassers in Anbetracht der gegebenen Umstände und nach dem Urteil eines objektiven Beobachters so sind, dass der erbvertraglich Bedachte sie anerkennen und seine Benachteiligung hinnehmen muss. Dies setzt eine sittliche Verpflichtung des Erblassers voraus.[271]

In der Rspr. ist ein lebzeitiges Eigeninteresse insbesondere bei Schenkungen im Bemühen, die eigene Altersversorgung zu sichern und zu verbessern, bejaht worden.[272] Allgemein anerkannt ist ferner, dass sogenannte Pflicht- und Anstandsschenkungen, z.B. Unterstützung bedürftiger naher Verwandter oder gebräuchliche Gelegenheitsgeschenke, nicht dem § 2287 unterliegen.[273] Auch bei Spenden an Stiftungen oder Organisationen, die kulturelle oder wohltätige Ziele verfolgen und in angemessenem Rahmen liegen, ist keine Beeinträchtigungsabsicht i.S.v. § 2287 gegeben, da der Erblasser damit anzuerkennende ideelle Zwecke verfolgt, deren Verwirklichung im lebzeitigen Eigeninteresse liegt.[274]

Keinesfalls genügt für ein lebzeitiges Eigeninteresse ein bloßer Sinneswandel des Erblassers.[275] Die Absicht des Erblassers, durch lebzeitige Verfügungen für eine Gleichbehandlung seiner Abkömmlinge zu sorgen, begründet nach Ansicht des BGH noch kein lebzeitiges Eigeninteresse.[276]

Kann der Erblasser eine ihn bindende erbrechtliche Verfügung anfechten (§ 2281), so unterliegt eine dieser Verfügung widersprechende lebzeitige Schenkung des Erblassers, die noch vor Ablauf der Anfechtungsfrist (§ 2283) erfolgt, nach h.M. nicht dem Herausgabeanspruch des § 2287, selbst wenn die Verfügung letztlich nicht angefochten wird.[277]

Die Gegenansicht kritisiert, dass das Gesetz für die Anfechtung besondere Regeln aufstellt und durch eine wirksame Anfechtung andere Rechtsfolgen ausgelöst werden als durch einen Vermögensentzug mittels Schenkung.[278]

2. Rechtsfolge des § 2287

195 Die Rechtsfolge der beeinträchtigenden Schenkung ist, dass der Vertragserbe, **nachdem ihm die Erbschaft zugefallen ist**, von dem Beschenkten die **Herausgabe des Geschenkten nach den Vorschriften der ungerechtfertigten Bereicherung** verlangen kann. Bei § 2287 handelt es sich um eine **Rechtsfolgenverweisung**. Hat der Beschenkte den erhaltenen Gegenstand unentgeltlich an einen Dritten weitergereicht, so kann der beeinträchtigte Vertragserbe unter den Voraussetzungen des § 822 Herausgabe vom Dritten verlangen.[279]

Bei gemischten Schenkungen geht der Anspruch nur dann auf Herausgabe des Gegenstands (Zug um Zug gegen Erstattung der Gegenleistung), wenn der unentgeltliche Charakter des Geschäfts überwiegt, ansonsten ist der Anspruch auf Erstattung der Wertdifferenz gerichtet.[280]

---

271 Palandt/Weidlich § 2287 Rn. 7; Spanke ZEV 2006, 485, 486.
272 BGHZ 66, 8; 77, 264; BGH JuS 2012, 360 = RÜ 2012, 15.
273 Michalski Rn. 304 m.w.N.
274 Lange/Kuchinski § 25 V 5. d) (2).
275 BGHZ 83, 44; NJW 1980, 2307.
276 BGH ZEV 2005, 479; ZEV 2006, 312.
277 BGH ZEV 2006, 505.
278 Leipold Rn. 525.
279 BGH NJW 2014, 782, RÜ 2014, 88.
280 Palandt/Weidlich § 2287 Rn. 11; Schlüter/Röthel § 23 Rn. 30 m.w.N.

Beachte: *§ 2287 gibt dem Vertragserben <u>nach dem Anfall der Erbschaft</u> einen Rückforderungsanspruch gegen den Beschenkten. D.h. die Verfügungsbefugnis des Erblassers zu Lebzeiten wird durch diese Vorschrift nicht eingeschränkt. Der Sinn des § 2287 besteht darin, zum Schutz des Vertragserben sicherzustellen, dass die erbrechtliche Bindung vertragsmäßiger Verfügungen in einem Erbvertrag nicht durch lebzeitige Verfügungen des Erblassers unterlaufen wird.*

Beispiel: Verschenktes Grundstück

E hat mit seinem Sohn A einen formgerechten Erbvertrag abgeschlossen und darin A zum Alleinerben eingesetzt. Nachdem die Tochter T ihn über Jahre betreut und in den Urlaub begleitet hat, schenkt E seiner Tochter ein wertvolles Grundstück. Nach dem Tode des E verlangt A das Grundstück gemäß § 2287 heraus.

I. E hat seiner Tochter das Grundstück aufgrund eines Schenkungsvertrags i.S.v. § 516 übereignet.
II. Jedoch fehlt es an einer Beeinträchtigungsabsicht, weil der Erblasser ein lebzeitiges Interesse an der Übertragung des Grundstücks hatte. Die Leistungen und Opfer, welche T für E erbracht hat, stellen einen Umstand dar, der die Schenkung und die damit einhergehende Beeinträchtigung des Vertragserben A als gerechtfertigt erscheinen lässt.[281]

Abwandlung:

Da es zu Spannungen mit dem Sohn kommt, überträgt E das Grundstück auf seine Tochter T.

I. E hat seiner Tochter das Grundstück geschenkt. Da kein lebzeitiges Eigeninteresse – ein Sinneswandel, sei er auch durch Spannungen hervorgerufen, genügt nicht – an der Übertragung erkennbar ist, hat er mit Beeinträchtigungsabsicht gehandelt.
II. Die Rechtsfolge ist, dass T gemäß §§ 2287, 812 zur Herausgabe des Grundstücks verpflichtet ist. Sie muss das Eigentum und den Besitz an dem Grundstück auf A übertragen.

T steht jedoch gegen den Erben A ein Pflichtteilsanspruch gemäß § 2303 zu, da sie Abkömmling des Erblassers ist und durch Verfügung von Todes wegen von der Erbfolge ausgeschlossen wurde.

Da der Vertragserbe mit einer Pflichtteilslast rechnen muss, ist er von vornherein nicht objektiv beeinträchtigt, soweit ein Geschenk des Erblassers den Pflichtteil des Beschenkten zu decken geeignet ist; der Anspruch aus § 2287 ist in diesen Fällen auf das beschränkt, was nach der Begleichung des Pflichtteils übrig bleibt.[282] Dies bedeutet, dass T nur Zug um Zug gegen Begleichung ihres Pflichtteilsanspruchs Eigentum und Besitz an dem Grundstück auf A übertragen muss.[283]

3. Beeinträchtigung des Vermächtnisnehmers, § 2288

Der vertragsmäßige Vermächtnisnehmer wird durch die Regelung des § 2288 vor beeinträchtigenden Verfügungen des Erblassers geschützt.

196

- Hat der Erblasser die Erfüllung des Vermächtnisses in Beeinträchtigungsabsicht unmöglich gemacht, indem er den Vermächtnisgegenstand zerstört, beiseite geschafft oder beschädigt hat, so kann der Vermächtnisnehmer gemäß § 2288 Abs. 1 von den Erben die Wiederherstellung oder Wertersatz verlangen.

- Hat der Erblasser den Vermächtnisgegenstand in Beeinträchtigungsabsicht veräußert oder belastet, steht dem Vermächtnisnehmer gemäß § 2288 Abs. 2 S. 1 gegen den Erben ein Anspruch auf Wiederverschaffung oder Beseitigung der Belastung zu; ist der Erbe hierzu außerstande, hat der Vermächtnisnehmer einen Anspruch auf Wertersatz, § 2288 Abs. 2 S. 1 Hs. 2 i.V.m. § 2170 Abs. 2 S. 1.

  Allein die Veräußerung des vermachten Gegenstands in dem Bewusstsein, dass damit dem Vermächtnis der Boden entzogen wird, spricht im Fall des § 2288 Abs. 2 S. 1 für eine Beeinträchtigungs-

---

281 Vgl. allgemein OLG Köln FamRZ 1992, 607.
282 Palandt/Weidlich § 2287 Rn. 5, 12; Brox/Walker Rn. 159.
283 Vgl. zu § 2287 in besonderen Fallkonstellationen Keim ZEV 2002, 93 ff.

absicht des erbvertraglich gebundenen Erblassers.[284] Ein lebzeitiges Eigeninteresse ist nur dann anzuerkennen, wenn sich das Interesse des Erblassers gerade auf die Veräußerung des Vermächtnisgegenstands richtet und der erstrebte Zweck nicht auch durch andere wirtschaftliche Maßnahmen zu erreichen gewesen wäre.[285]

- Erfolgte die Veräußerung oder Belastung des Vermächtnisgegenstandes schenkweise und kann der Vermächtnisnehmer vom Erben keinen Ersatz verlangen, so steht ihm hilfsweise ein Bereicherungsanspruch gegen den Beschenkten zu, vgl. § 2288 Abs. 2 S. 2 i.V.m. § 2287.

4. Ausschluss der §§ 2287, 2288 durch Erbvertrag?

197 Ob die Ansprüche des vertragsmäßigen Erben oder Vermächtnisnehmers gemäß §§ 2287, 2288 durch Vereinbarung im Erbvertrag ausgeschlossen werden können, ist umstritten.

- Die **h.M.** hält einen solchen Ausschluss unter Hinweis auf die Vertragsfreiheit uneingeschränkt für zulässig.[286] Der in § 2293 vorgesehene Rücktrittsvorbehalt belege, dass der Gesetzgeber auch für den Bereich des Erbvertrags von einer weitreichenden Privatautonomie ausgehe. Der Erbvertrag sei in diesem Fall für den Bedachten auch nicht wertlos, da der Erblasser zumindest keine ihn benachteiligenden Verfügungen von Todes wegen errichten könne.

- Nach **a.A.** kann der Vertragserbe nicht auf den in §§ 2287 ff. vorgesehenen Schutz verzichten, da eine solche Vereinbarung wegen Unsittlichkeit nichtig sei.[287]

- Eine **weitere Auffassung** erachtet den Ausschluss der erbvertraglichen Schutzvorschriften generell als zulässig, hält jedoch im Einzelfall einen Verstoß gegen § 138 für möglich.[288]

IV. Der Ehegattenerbvertrag sowie der Erbvertrag unter Verlobten

198 Der Ehegattenerbvertrag weist folgende Besonderheiten auf:

- Gemäß **§§ 2279 Abs. 2, 2077** werden Verfügungen (auch zugunsten Dritter) im Zweifel unwirksam, wenn die Verlobung bzw. Ehe anders als durch Tod aufgelöst wird.[289]

- Die Bindungswirkung kann beseitigt werden, indem die Ehegatten den Erbvertrag durch ein gemeinschaftliches Testament aufheben.

- Haben Ehegatten sich gegenseitig als Erben eingesetzt und bestimmt, dass nach dem Tod des Letztversterbenden der beiderseitige Nachlass an einen Dritten fallen soll, so findet über **§ 2280** die Vorschrift des **§ 2269 entsprechende Anwendung**. Dies bedeutet, dass im Zweifel keine Vor-/Nacherbschaft, sondern die Einheitslösung gilt (i.E. beim gemeinschaftlichen Testament unter C.).

---

284 Lange § 46 Rn. 207 m.w.N.
285 BGH FamRZ 1998, 427; 1984, 165; vgl. auch OLG Köln FamRZ 1998, 197.
286 OLG Köln ZEV 2003, 76 m.w.N.; Brox/Walker Rn. 159; Lange/Kuchinke § 25 V 9.
287 Kipp/Coing § 38 IV 2 c.
288 Palandt/Weidlich § 2287 Rn. 1.
289 Vgl. dazu Kellermann JuS 2004, 1071, 1074.

C. Das gemeinschaftliche Testament

Ehegatten – und gemäß § 10 Abs. 4 LPartG auch **gleichgeschlechtliche Lebenspartner** – können ein gemeinschaftliches Testament errichten. Das gemeinschaftliche Testament enthält gemeinschaftlich getroffene letztwillige Verfügungen mehrerer Personen; die Verfügungen der jeweiligen Personen sind getrennt voneinander zu betrachten. In der Sache liegen beim gemeinschaftlichen Testament also zwei Verfügungen von Todes wegen vor.

199

Das gemeinschaftliche Testament nimmt eine Zwischenstellung zwischen dem einseitigen Testament und dem Erbvertrag ein. Während beim einseitigen Testament die Testierfreiheit keinerlei Einschränkung erfährt, der Erblasser also jederzeit anderweitig verfügen kann, tritt beim Erbvertrag bereits mit Vertragsschluss eine Bindungswirkung aufgrund des Vertragscharakters ein. Das gemeinschaftliche Testament ist gekennzeichnet durch eine **beschränkte Bindungswirkung**, welche jedoch – anders als beim Erbvertrag – erst mit dem Tod des erstversterbenden Ehegatten/Lebenspartners eintritt und auf die sogenannten wechselbezüglichen (korrespektiven) Verfügungen beschränkt ist.

Die praktische Bedeutung des gemeinschaftlichen Testaments ist wegen der Formerleichterung und der beschränkten Bindungswirkung sehr groß.

Sämtliche Ausführungen zum gemeinschaftlichen Testament von Ehegatten gelten gemäß § 10 Abs. 4 LPartG auch für gleichgeschlechtliche Lebenspartner, da auf §§ 2266–2273 verwiesen wird.

Soweit sich aus den §§ 2265 ff. nichts Abweichendes ergibt, finden auf das gemeinschaftliche Testament die Regeln Anwendung, die für das einseitige Testament Gültigkeit haben. **Besonderheiten** gelten für:

200

- das **Zustandekommen** des gemeinschaftlichen Testaments (I.),

- das sogenannte **Berliner Testament** (II.),

- die **wechselbezüglichen Verfügungen** im gemeinschaftlichen Testament (III.),

I. Das Zustandekommen des gemeinschaftlichen Testaments

Das gemeinschaftliche Testament kann von Eheleuten in allen Testamentsformen errichtet werden, also als öffentliches oder als eigenhändiges Testament, aber auch als Nottestament.[290] Gemäß § 2267 besteht bei einem eigenhändigen gemeinschaftlichen Testament eine Formerleichterung: Es genügt, wenn einer der Ehegatten das Testament in der nach § 2247 vorgeschriebenen Form errichtet und der andere Ehegatte die gemeinschaftliche Erklärung eigenhändig mitunterzeichnet.

201

Eine vor der Abfassung des Textes geleistete Blankounterschrift genügt diesem Erfordernis nicht.[291] Der Form des § 2267 ist ebenfalls nicht genügt, wenn ein Ehegatte für beide den jeweiligen Testamentstext schreibt und sodann jeder seinen Testamentstext unterschreibt.[292] Da beide Ehegatten nach den allgemeinen Grundsätzen mit Testierwillen gehandelt haben müssen, ist es auch nicht ausreichend, wenn ein Ehegatte die vom anderen getroffenen Verfügungen nur zum Zeichen der Kenntnisnahme oder Billigung mitunterzeichnet.[293]

---

290 Einzelheiten bei Brox/Walker Rn. 181 ff.
291 OLG Hamm NJW-RR 1993, 269, 270.
292 BGH NJW 1958, 547.
293 BayObLG FamRZ 2004, 1237; Palandt/Weidlich § 2267 Rn. 2.

Ein unwirksames gemeinschaftliches Testament, z.B. von Personen, die nicht Ehegatten sind, kann – bei Beachtung der Formerfordernisse – nach § 140 in Einzeltestamente umgedeutet werden, wenn dies dem Willen des Erblassers entspricht.[294]

202　Das Gesetz legt nicht fest, unter welchen Voraussetzungen die Erklärungen der Ehegatten „gemeinschaftlich" sind. Trotz alledem entspricht es allgemeiner Ansicht, dass ein **Errichtungszusammenhang** zwingende Voraussetzung für ein gemeinschaftliches Testament ist. Ein solcher liegt vor, wenn jeder Ehegatte letztwillig verfügt und beide aufgrund eines gemeinsamen Entschlusses handeln.[295] Bei einem notariellen gemeinschaftlichen Testament ergibt sich die Gemeinschaftlichkeit der Errichtung bereits aus der einheitlichen Verhandlung. Bei einem privatschriftlichen Testament unter Ausnutzung des Formprivilegs gemäß § 2267 folgt der Errichtungszusammenhang aus der einheitlichen Urkunde, die von beiden Ehegatten unterschrieben worden ist.

203　Fraglich ist, ob bzw. unter welchen Voraussetzungen ein gemeinschaftliches Testament vorliegen kann, wenn die Verfügungen der Ehegatten in **verschiedenen Urkunden** enthalten sind.[296]

204　**a)** Nach der Rspr. des RG (sogenannte **objektive Theorie**) mussten die beiden letztwilligen Verfügungen in einer Urkunde enthalten sein, damit Gemeinschaftlichkeit der Errichtung gegeben war; dabei konnten die Verfügungen durchaus auf verschiedenen Blättern enthalten sein, solange äußerlich eine einheitliche Urkunde gegeben war;[297] der Wille der Ehegatten, gemeinschaftlich testieren zu wollen, war danach vollkommen unerheblich.[298]

205　**b)** Nach einem Teil der Lit. genügt es, wenn die Eheleute den Willen haben, gemeinsam eine Regelung zu treffen (sogenannte **subjektive Theorie**). Diese Frage soll gegebenenfalls durch Auslegung ermittelt werden, wobei sich der Wille auch aus Umständen ergeben kann, die außerhalb der Urkunde liegen.[299]

206　**c)** Nach heute h.M. **(vermittelnde Auffassung** oder **eingeschränkte subjektive Theorie)** ist es nicht erforderlich, dass die Verfügungen der beiden Ehegatten in ein und derselben Urkunde enthalten sind. Erforderlich ist in diesem Fall jedoch, dass jeder ein formgültiges Testament errichtet hat und der Wille der Eheleute, gemeinsam zu testieren, aus den verschiedenen Urkunden erkennbar ist.[300]

Beispiel: Erklärungsaustausch

M setzt auf einem eigenhändig geschriebenen und unterschriebenen Blatt seine Frau zur Alleinerbin ein, und seine Frau schreibt eigenhändig auf einem anderen Blatt, dass M ihr Erbe sein soll. Sodann tauschen die Eheleute die Erklärungen aus.

294　H.M., vgl. MünchKomm/Musielak § 2265 Rn. 4 f. m.w.N.; OLG München RÜ 2014, 696: Umdeutung eines wegen Testierunfähigkeit eines Ehegatten nichtigen gemeinschaftlichen Testaments in eine wirksame Einzelverfügung.

295　Brox/Walker Rn. 176.

296　Vgl. dazu OLG München RÜ 2009, 88.

297　RGZ 50, 308, 309.

298　RGZ 72, 204, 205.

299　Brox/Walker Rn. 176; Lange/Kuchinke § 24 III 2; OGHZ 1, 333.

300　BayObLG NJW-RR 1993, 1157; OLG München JuS 2012, 649: Errichtungszusammenhang kann auch gegeben sein, wenn anderer Ehegatte erst nach längerer Zeit beitritt; Schlüter/Röthel § 22 Rn. 15 ff. m.w.N.; Palandt/Weidlich vor § 2265 Rn. 2.

Es kann jeder Ehegatte in einem formgültigen Testament den anderen zum Erben einsetzen. Unter welchen Voraussetzungen diese beiden selbstständigen Testamente als gemeinschaftliches Testament zu behandeln sind, ist umstritten.

I. Nach der objektiven Theorie scheidet ein wirksames gemeinschaftliches Testament mangels Errichtung in einer einheitlichen Urkunde aus.

II. Nach der subjektiven Theorie ist ein wirksames gemeinschaftliches Testament gegeben, da allein der Wille der Ehegatten maßgeblich ist.

III. Nach herrschender vermittelnder Auffassung muss der Wille der Ehegatten, gemeinschaftlich zu testieren, aus der Verfügung selbst erkennbar sein. Ausreichende Anhaltspunkte dafür können z.B. sein, dass die Ehegatten in ihren Verfügungen das Wort „wir" benutzen oder dass beide Einzeltestamente aufeinander Bezug nehmen.[301] Da diese Voraussetzungen hier nicht erfüllt sind, handelt es sich nicht um ein wirksames gemeinschaftliches Testament.

IV. Stellungnahme: Gegen die objektive Theorie lässt sich anführen, dass die Ehegatten nach dem Wortlaut des § 2267 nicht gezwungen sind, in einer einheitlichen Urkunde zu testieren, sondern die Form des § 2247 ihnen auch einzeln zusteht; zudem stellt der Begriff „eine Urkunde" nur ein unsicheres Abgrenzungskriterium dar.[302] Die subjektive Theorie missachtet hinsichtlich der Frage des gemeinschaftlichen Errichtungswillens die erbrechtlichen Formvorschriften. Dass diese Formvorschriften von der h.M. beachtet werden, spricht letztlich dafür, der h.M. zu folgen.

Beachte: *Die herrschende vermittelnde Auffassung lehnt sich damit an die Andeutungstheorie zur Auslegung des Testaments an (vgl. dazu noch im 4. Abschnitt Rn. 234 ff.).*   **207**

II. Berliner Testament

Unter einem Berliner Testament[303] versteht man ein gemeinschaftliches Testament, in dem die Ehegatten sich gegenseitig und einen Dritten – oftmals die Kinder – zu Erben des Überlebenden einsetzen.   **208**

1. Einheits- und Trennungsprinzip

Bei einem Berliner Testament muss – im Zweifel durch Auslegung – geklärt werden, welche Rechtsposition der überlebende Ehegatte und der bedachte Dritte nach dem Tod des Erstversterbenden innehat. Dabei sind zwei Auslegungsmöglichkeiten denkbar:

■ Das sogenannte **Trennungsprinzip**: Jeder Ehegatte setzt den anderen zum Vorerben ein und den Dritten zum Nacherben sowie für den Fall, dass der andere Ehegatte zuerst sterben sollte, zum Ersatzerben.   **209**

Die Konsequenz ist, dass bei dem überlebenden Ehegatten zwei getrennte Vermögensmassen zu unterscheiden sind: das eigene – freie – Vermögen und das von dem zuerst verstorbenen Ehegatten erworbene Vermögen, hinsichtlich dessen er die Stellung des Vorerben und der Dritte die Stellung des Nacherben hat. Stirbt nunmehr der längstlebende Ehegatte, erwirbt der Dritte den Nachlass des zuerst Verstorbenen als dessen Nacherbe und im Übrigen den Nachlass des zuletzt Verstorbenen als dessen Ersatzerbe. Bei diesem Trennungsprinzip erbt der Dritte also von beiden Ehegatten: er ist Nacherbe des Erstverstorbenen und Ersatzerbe des zuletzt Verstorbenen.

---

301 Frank/Helms § 12 Rn. 8.
302 Olzen JuS 2005, 673, 674.
303 Vgl. zum Namen Scheuren-Brandes Jura 2002, 734.

210   ■ Das sogenannte **Einheitsprinzip**: Jeder Ehegatte setzt den anderen zu seinem alleinigen Erben (Vollerben) ein und für den Fall, dass dieser vor ihm sterben sollte, den Dritten zum Ersatzerben.

Die Konsequenz ist, dass der überlebende Ehegatte aufgrund letztwilliger Verfügung des Erstverstorbenen dessen alleiniger Vollerbe wird. Die Einsetzung des Dritten zum Ersatzerben des Vorverstorbenen ist gegenstandslos geworden. Stirbt nunmehr der überlebende Ehegatte, so erhält der Dritte aufgrund der Verfügung des Überlebenden als dessen Erbe (Ersatzerbe) den gesamten Nachlass. Bei diesem Einheitsprinzip wird das gesamte Vermögen als Einheit behandelt. Der Dritte ist nicht Erbe des Erstverstorbenen, sondern nur Erbe (sogenannter Schlusserbe) des Letztverstorbenen.

Ob in einem Berliner Testament das Einheits- oder das Trennungsprinzip gewollt ist, muss durch **Auslegung** ermittelt werden. Wenn Zweifel bleiben, so kommt die spezielle Auslegungsregel des **§ 2269 Abs. 1** zur Anwendung, nach welcher der Dritte „für den gesamten Nachlass als Erbe des zuletzt versterbenden Ehegatten eingesetzt ist". **Im Zweifel** gilt also das **Einheitsprinzip**.

> **Fall 12: Einheits- oder Trennungsprinzip?**
>
> Die Eheleute M und F haben sich in einem gemeinschaftlichen Testament gegenseitig zu Erben eingesetzt und bestimmt, dass nach dem Tod des Längstlebenden die gemeinsamen Kinder X und Y erben sollen. Nach dem Tode des M machen die Kinder X und Y einen Pflichtteilsanspruch geltend. Zu Recht?

211   X und Y könnte **gemäß § 2303 Abs. 1 S. 1** ein Pflichtteilsanspruch zustehen.

Danach steht den Abkömmlingen des Erblassers ein Pflichtteilsanspruch zu, wenn sie durch Verfügung von Todes wegen von der Erbfolge ausgeschlossen worden sind.

X und Y sind Abkömmlinge des verstorbenen M und sie könnten durch das gemeinschaftliche Testament ihrer Eltern von der Erbfolge ihres Vaters ausgeschlossen sein.

Wäre die F in dem gemeinschaftlichen Testament zur **Vollerbin** des M eingesetzt, wären X und Y enterbt und ihnen stünde ein Pflichtteilsanspruch zu. Wäre demgegenüber die F nur zur **Vorerbin** und die Kinder X und Y zu **Nacherben** des M berufen, würden sie ihren Vater mit Eintritt des Nacherbfalls – gemäß § 2106 im Zweifel mit Tod des Vorerben – beerben, sodass ihnen kein Pflichtteilsanspruch zustünde.

Bei einem gemeinschaftlichen Testament, bei dem sich die Ehegatten gegenseitig zu Erben einsetzen und gleichzeitig einen Dritten zum Erben des Längstlebenden bestimmen (sogenanntes Berliner Testament), bestehen zwei Gestaltungsmöglichkeiten:

I. Beim **Trennungsprinzip** setzt jeder Ehegatte den anderen zum Vorerben und den Dritten zum Nacherben sowie für den Fall, dass der andere Ehegatte zuerst sterben sollte, zum Ersatzerben gemäß § 2096 ein.

II. Bei der zweiten Gestaltungsmöglichkeit, dem **Einheitsprinzip**, setzt jeder Ehegatte den anderen zum Vollerben ein und bestimmt für den Fall, dass der andere Ehegatte vor ihm sterben sollte, den Dritten zum Ersatzerben gemäß § 2096.

III. Ob die Ehegatten bei einem Berliner Testament die Trennungs- oder Einheitslösung gewollt haben, ist durch **Auslegung** zu ermitteln.

Aus dem gemeinschaftlichen Testament von M und F ist nicht ersichtlich, ob dem überlebenden Ehegatten die Stellung eines Vor- oder Vollerben eingeräumt werden soll. Daher darf auf die gesetzliche Auslegungsregel des § 2269 zurückgegriffen werden, nach der im Zweifel anzunehmen ist, dass der überlebende Ehegatte Vollerbe ist.

F ist daher Vollerbin des M geworden und die Kinder X und Y sind enterbt.

Infolgedessen steht X und Y beim Tode ihres Vaters M als enterbten Abkömmlingen gemäß § 2303 Abs. 1 S. 1 ein Pflichtteilsanspruch zu, der sich auf die Hälfte des gesetzlichen Erbteils beläuft, § 2303 Abs. 1 S. 2. Bei gesetzlicher Erbfolge hätte F einen Erbteil von 1/2 erhalten (1/4 gemäß § 1931 Abs. 1 S. 1 zzgl. der Erhöhung um 1/4 gemäß § 1931 Abs. 3 i.V.m. § 1371 Abs. 1) und die Kinder X und Y hätten gemäß § 1924 Abs. 1, 4 jeweils einen Erbteil i.H.v. 1/4 bekommen. Ihre Pflichtteilsquote beläuft sich daher auf 1/8.

Beachte: *Wenn F Vorerbin und X und Y Nacherben des M gewesen wären, wären X und Y mangels Enterbung nicht pflichtteilsberechtigt gewesen. Sie könnten jedoch die Nacherbschaft ausschlagen, vgl. § 2142, und anschließend den Pflichtteil gemäß § 2306 verlangen.*

Exkurs: Verwirkungsklauseln

212

Das Einheitsprinzip führt zu Unbilligkeiten, wenn eines von mehreren Kindern beim Tod des erstversterbenen Elternteils seinen Pflichtteil verlangt hat. Denn beim Tod des zuletzt versterbenen Ehegatten wird dieses Kind zusammen mit seinen Geschwistern Erbe und erhält den Nachlass des Verstorbenen. In diesem Nachlass steckt aber auch der Nachlass des Erstverstorbenen. Das betreffende Kind partizipiert also zweimal am Vermögen des Erstverstorbenen.

Um sicherzustellen, dass nicht einer der Abkömmlinge bei der Verteilung des elterlichen Nachlasses bevorteilt wird und um zu gewährleisten, dass dem überlebenden Ehegatten bis zu seinem Tod der Nachlass ungeschmälert verbleibt, vereinbaren die Ehegatten beim Einheitsprinzip in der Regel, dass das Kind, welches nach dem Tod des Erstverstorbenen seinen Pflichtteil verlangt, auch nach dem Tod des zuletzt verstorbenen Ehegatten nur seinen Pflichtteil verlangen kann (Verwirkungsklausel).[304]

Durch die Verwirkungsklausel wird die Schlusserbeneinsetzung des Abkömmlings unter die auflösende Bedingung der Geltendmachung des Pflichtteilsanspruchs gestellt. Der Eintritt der auflösenden Bedingung kann grundsätzlich auch nach dem Tod des längstlebenden Ehegatten, nach Annahme der Schlusserbschaft und nach Verjährung des Pflichtteilsanspruchs nach dem Erstverstorbenen herbeigeführt werden.[305]

Die Verwirkungsklausel kann den Pflichtteilsberechtigten aber nicht zwingen, seinen Anspruch nicht geltend zu machen, und sie verhindert auch nicht, dass er den Pflichtteil vom Vermögen des Erstverstorbenen praktisch zweimal erhält: einmal beim Tod des Erstverstorbenen und dann nochmal beim Tod des Letztversterbenden, in dessen Nachlass das Vermögen des Erstversterbenden enthalten ist. Um dies zu verhindern, sollten die Ehegatten für diesen Fall den übrigen Kindern aus dem Vermögen des Erstversterbenden Vermächtnisse in Höhe des gesetzlichen Erbteils zuwenden, die erst beim Tode des Letztversterbenden fällig werden, sogenannte *Jastrow'sche Formel*.[306]

---

304 Brox/Walker Rn. 188.

305 BGH NJW 2006, 3064 = ZEV 2006, 501 mit Anm. Fischer; Bspr. Keim NJW 2007, 974.

306 Benannt nach dem Erfinder, dem Berliner Amtsgerichtsrat Jastrow – Frank/Helms § 12 Rn. 15; vgl. MünchKomm/Musielak § 2269 Rn. 64 ff. mit weiteren Einzelheiten sowie Adam MDR 2007, 68 ff.

2. Die rechtliche Bedeutung der Wiederverheiratungsklausel

Fall 13: Wiederverheiratungsklausel

Die Eheleute M und F errichten folgendes gemeinschaftliches Testament: *„Wir setzen uns gegenseitig zu Erben ein. Nach unserem Tode erben unsere Kinder X und Y. Heiratet der überlebende Ehegatte wieder, so soll er mit unseren Kindern X und Y gesetzliche Teilung halten."*

Der M stirbt 2000. Die F heiratet im Jahre 2008 den K. Anfang 2018 stirbt die F, ohne ein Testament errichtet zu haben. Wie gestaltet sich die Erbfolge?

A. **Erbfolge beim Tode des Ehemannes** im Jahre 2000

Nach der Auslegungsregel für das vorliegende Berliner Testament (§ 2269) wäre Frau F alleinige Vollerbin ihres Mannes; die Kinder würden erst von ihr erben, sie hätten also nur die Stellung von Schlusserben. Durch die Wiederverheiratungsklausel kann jedoch die erbrechtliche Stellung der F als Vollerbin eingeschränkt und die Stellung der Kinder gestärkt sein. Nach dem Inhalt der vorliegenden Wiederverheiratungsklausel: „Heiratet der überlebende Ehegatte wieder, so soll er mit unseren Kindern X und Y gesetzliche Teilung halten", soll den Kindern bei Wiederheirat des überlebenden Ehegatten aus dem Nachlass des verstorbenen Ehegatten das zukommen, was sie im Falle einer gesetzlichen Erbfolge nach dem vorverstorbenen Ehegatten als dessen gesetzliche Erben erhalten würden. Bei derartigen Wiederverheiratungsklauseln ist zu unterscheiden:

213   I.   Haben die Eheleute in einem gemeinschaftlichen Testament eine Vor- und Nacherbschaft angeordnet **(Trennungsprinzip)**, dann hat eine solche Wiederverheiratungsklausel nur die Bedeutung, dass der **Nacherbfall** bereits **mit der Wiederheirat** und nicht erst mit dem Tode des überlebenden Ehegatten eintritt.

214   II. Haben die Ehegatten Vollerbschaft des Überlebenden und Schlusserbschaft eines Dritten **(Einheitsprinzip)** gewollt, so soll das nach der Wiederverheiratungsklausel nur gelten, falls der Überlebende nicht wieder heiratet. Heiratet der überlebende Ehegatte wieder und soll er gesetzliche Teilung halten, so gilt:

1.   Der überlebende Ehegatte hätte bei gesetzlicher Erbfolge gemäß §§ 1931 Abs. 1 S. 1, Abs. 3, 1371 Abs. 1 die Hälfte des Nachlasses neben den Kindern erhalten, sodass er auch im Falle der Wiederverheiratung zu 1/2 **Vollerbe** ist.

2.   Bezüglich der anderen Hälfte des Vermögens des Erstverstorbenen gilt:

a)   Der Längstlebende soll **auflösend bedingter Vollerbe** sein, d.h., er ist bis zur Wiederverheiratung Vollerbe. Gleichzeitig ist er aufschiebend bedingter Vorerbe[307] zu 1/2 und die Kinder Nacherben zu je 1/4.

---

307   Nach h.M. ist der Überlebende befreiter Vorerbe: Palandt/Weidlich § 2269 Rn. 18 f. m.w.N.; vgl. Lange/Kuchinke § 24 IV 3, insbesondere Fn. 112 m.w.N. wegen weiterer Einzelheiten und Auflistung der unterschiedlichen Konstruktionen, die in diesem Zusammenhang vertreten werden.

b) Das bedeutet auf den Fall bezogen:

Mit der Wiederheirat der F im Jahre 2008 tritt die Bedingung ein. Sie ist nicht mehr Vollerbin, sondern zu 1/2 **Vorerbin**. Gleichzeitig tritt der Nacherbfall ein, sodass die Kinder Nacherben zu je 1/4 sind.

B. **Erbfolge beim Tode der F** im Jahre 2018

I. Nach dem gemeinschaftlichen Testament sind die Kinder aufgrund der Verfügung der Ehefrau F als ihre Erben zu je 1/2 eingesetzt. Hätte die F nicht wieder geheiratet, wären aufgrund des gemeinschaftlichen Testaments die Kinder ihre Erben (Schlusserben) geworden. Die F wäre an diese Verfügung auch gebunden gewesen, weil es sich um eine wechselbezügliche Verfügung handelte. **215**

II. Die Verfügung der Frau F im gemeinschaftlichen Testament zugunsten der Kinder könnte mit der Wiederverheiratung entfallen sein. Das ist der Fall, wenn die Erbeinsetzung der Schlusserben durch die Wiederverheiratung des Überlebenden auflösend bedingt war. Ob eine solche auflösend bedingte Einsetzung zu Schlusserben vorliegt, ist durch Auslegung zu ermitteln. **216**

1. Im Zweifelsfalle geht **eine Meinung** von einer solchen auflösenden Bedingung aus. Danach werden bei der Wiederheirat die früheren Verfügungen des überlebenden Ehegatten von selbst gegenstandslos. Der überlebende Ehegatte gewinnt so seine volle Testierfreiheit zurück. Trifft er keine neue Verfügung von Todes wegen, tritt mit seinem Tode die gesetzliche Erbfolge ein.[308] **217**

Nach dieser Ansicht ist der Nachlass der F (wozu auch die aus dem Nachlass des Mannes stammende Hälfte gehört) zu 1/2 auf den zweiten Ehemann K und je zu 1/4 auf die Kinder X und Y als die gesetzlichen Erben der F (§§ 1924, 1931, 1371) übergegangen.

2. **Nach anderer Auffassung** ist im Zweifel nur anzunehmen, dass mit der Wiederheirat des Überlebenden die Bindungswirkung für seine wechselbezüglichen Verfügungen entfällt. Es bedarf in diesem Fall eines Widerrufs.[309] **218**

Nach dieser Ansicht fällt mit der Wiederheirat der F die Erbeinsetzung ihrer Kinder X und Y nicht von selbst weg (keine auflösende Bedingung!). F erhält lediglich ihre volle Testierfreiheit zurück. Da sie jedoch die im gemeinschaftlichen Testament getroffene Verfügung nicht widerrufen hat, gilt diese weiter. Danach sind X und Y Erben der F. Der Ehemann K ist nicht Erbe; er kann nur den Pflichtteil verlangen.

Anmerkung: Eine Anfechtung der Einsetzung der Kinder als Erben der F durch den übergangenen Pflichtteilsberechtigten K nach § 2079 scheitert analog § 2285 daran, dass das Anfechtungsrecht der F wegen Fristablaufs (vgl. §§ 2283, 2285, die analog anzuwenden sind) bereits erloschen war.

---

308 Soergel/Wolf § 2269 Rn. 31 m.w.N.; Leipold Rn. 481; KG NJW 1957, 1073.

309 So Staudinger/Kanzleiter § 2269 Rn. 45 ff.; Erman/Kappler § 2269 Rn. 16; MünchKomm/Musielak § 2269 Rn. 62; RGRK/Johannsen § 2269 Rn. 20; Brox/Walker Rn. 191.

219 *Anmerkung: Wiederverheiratungsklauseln in Ehegattentestamenten und -erbverträgen dienen dazu, den unterschiedlichen Interessen Rechnung zu tragen, die sich bei Wiederheirat des länger lebenden Ehegatten ergeben:*

Jeder Ehegatte will für den Fall seines Erstversterbens verhindern, dass sein Vermögen bei Wiederheirat des überlebenden Ehegatten an die Angehörigen der neuen Familie abfließt; durch vorsorglich an die Wiederheirat geknüpfte Erbfolgeregelungen wird den Abkömmlingen des Erstverstorbenen ihr Anteil gesichert.

Jeder Ehegatte will für den Fall, dass er den anderen überlebt und später erneut heiratet, sicherstellen, dass seine neue Familie ihn beerben kann. Dem steht an sich die erbrechtliche Bindungswirkung der wechselbezüglichen Erbeinsetzung der Abkömmlinge aus erster Ehe entgegen. Deswegen entfällt nach allgemeiner Ansicht mit der Wiederheirat zumindest diese Bindungswirkung.

III. Die wechselbezüglichen Verfügungen

220 Im gemeinschaftlichen Testament können die Ehegatten grundsätzlich alle Verfügungen treffen, die in Einzeltestamenten möglich sind. Die Besonderheit besteht in der Möglichkeit, sogenannte wechselbezügliche Verfügungen vorzunehmen. Dabei handelt es sich gemäß § 2270 Abs. 1 um Verfügungen, die mit Rücksicht auf die Verfügungen des anderen Ehegatten getroffen werden.

1. Voraussetzungen der Wechselbezüglichkeit

221 Wesensmerkmal der wechselbezüglichen Verfügungen ist die gegenseitige innere Abhängigkeit der beiderseitigen Verfügungen aus dem Zusammenhang des Motivs. Gemeint ist damit, dass die Verfügung des einen Ehegatten nicht ohne die Verfügung des anderen Teils getroffen worden wäre, jeder Ehegatte also seine Verfügung gerade deshalb getroffen hat, weil auch der andere eine bestimmte Verfügung traf. Gemäß § 2270 Abs. 3 können nur Erbeinsetzung, Vermächtnis, Auflage und die Wahl des anzuwendenden Erbrechts wechselbezügliche Verfügungen sein.

Beachte: § 2270 Abs. 3 entspricht der Regelung in § 2278 Abs. 2 für die vertragsmäßigen Verfügungen beim Erbvertrag.

222 Haben die Ehegatten die Erbeinsetzung, das Vermächtnis oder die Auflage in dem gemeinschaftlichen Testament nicht als wechselbezügliche Verfügung bezeichnet, muss **durch Auslegung** ermittelt werden, ob es sich nach dem Willen der Ehegatten um eine wechselbezügliche Verfügung handelt. Indizien für einen derartigen Willen können etwa sein: Zuwendungen während der Ehe, besondere Dankesschuld, Äußerungen des überlebenden Ehegatten.[310]

---

310 Vgl. Jauernig/Stürner § 2270 Rn. 2 m.w.N.

Wenn die Auslegung nach allgemeinen Grundsätzen hinsichtlich der Frage der Wechselbezüglichkeit kein eindeutiges Ergebnis gebracht hat, darf auf die **gesetzliche Auslegungsregel in § 2270 Abs. 2** zurückgegriffen werden.[311] Aus dieser Regelung kann die Wechselbezüglichkeit in zwei Fällen entnommen werden:

■ Wechselbezüglichkeit, falls die Eheleute sich gegenseitig bedenken

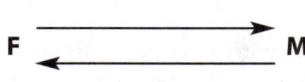

Die gegenseitige Erbeinsetzung ist wechselbezüglich, wenn der eine Ehegatte den anderen nur deswegen bedacht hat, weil dieser ihn eingesetzt hat. Nach § 2270 Abs. 2 Fall 1 ist im Zweifel ein solches Verhältnis anzunehmen, wenn die Ehegatten sich gegenseitig bedacht haben.

■ wechselbezügliche Verfügungen, wenn ein Dritter bedacht worden ist

Beispiel: Die Eheleute F und M haben sich gegenseitig zu Erben eingesetzt. Nach dem Tode des Letztversterbenden sollen Sohn A und Tochter B Erben sein. Sind A und B wechselbezüglich bedacht?

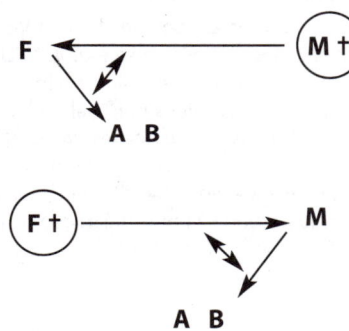

Soll ein Dritter nach dem Tode des letztversterbenden Ehegatten Erbe, Vermächtnisnehmer oder Auflagenbegünstigter sein, dann ist er **wechselbezüglich** bedacht, wenn der erstverstorbene Ehegatte den Letztverstorbenen nur deswegen bedacht hat, weil dieser den Dritten bedacht hat. Ergeben sich Zweifel, so gilt gemäß § 2270 Abs. 2 Fall 2 der Dritte dann als wechselbezüglich bedacht, wenn er mit dem erstverstorbenen Ehegatten verwandt ist oder ihm sonst nahe steht.

Sohn A und Tochter B sind sowohl mit M als auch mit F verwandt, sodass sie wechselbezüglich bedacht worden sind.

Beachte: *Nach § 2270 Abs. 2 Fall 2 muss der bedachte Dritte mit dem Erstversterbenden verwandt sein oder ihm sonst nahe stehen. Es kommt nicht darauf an, in welchem Verhältnis der Dritte zum Letztversterbenden steht. Sinn und Zweck der §§ 2270, 2271 ist es, den Erstversterbenden zu schützen, der den Letztversterbenden im Vertrauen darauf bedacht hat, dass dieser Letztversterbende den Dritten bedacht hat.*   **223**

■ § 2270 Abs. 2 Fall 2 wird grundsätzlich eng ausgelegt. Dies erlangt für den Begriff der **„nahe stehenden Person"** Bedeutung. Anders als die Verwandtschaft (vgl. § 1589) wird dieser vom Gesetz nicht definiert. Nach der Rspr. gehören zu den nahe stehenden Personen nur solche, zu denen der betroffene Ehegatte eine enge persönliche und innere Bindung gehabt hat, die mindestens dem üblichen Verhältnis zu nahen Verwandten entspricht, was insbesondere bei Adoptiv-, Stief- und Pflegekindern sowie engen Freunden naheliegen soll.[312] Die bloße Schwägerschaft soll ebenso wenig genügen wie gute nachbarschaftliche Beziehungen.   **224**

■ Nach BGH[313] ist bei Wegfall des Schlusserben § 2270 Abs. 2 auf etwaige Ersatzerben nur anwendbar – also deren Erbeinsetzung nur wechselbezüglich –, wenn deren Einsetzung nicht allein auf der Auslegungsregel des § 2069 beruht, sondern auf einem feststellbaren Willen der Ehegatten.

Beispiel: „Späte Wechselbezüglichkeit"

K ist das einzige Kind des Ehepaares M und F. 1961 errichteten die Eltern des K formgerecht ein gemeinschaftliches Testament mit folgendem Inhalt: *„I. Wir setzen uns gegenseitig zu Alleinerben ein. II. Der Überlebende von uns kann über das Ererbte und sein eigenes Vermögen frei testieren. Wenn er keine Verfügungen von Todes wegen trifft, soll Erbe sein unser einziger Sohn K. Ersatzerbe unseres Sohnes K, falls er vor oder*

---

311 Palandt/Weidlich § 2270 Rn. 7; BayObLG FamRZ 2005, 1931, 1932; OLG Bamberg RÜ 2016, 152 ff.

312 KG OLGZ 93, 398.

313 NJW 2002, 1126 ff.; bestätigt durch BayObLG FamRZ 2004, 1671, 1672.

gleichzeitig mit uns versterben sollte und keine letztwillige Verfügung mehr treffen kann, soll sein: Das Institut für Krebsforschung an der Universität in Köln." Im Jahre 2000 änderten die Eltern des K durch eine weitere letztwillige Verfügung ihr Testament formgerecht ab: *„1. In Abänderung der Ziffer II. des Testamentes von 1961 bestimmen wir, dass Erbe des Letztlebenden von uns unser Sohn K sein soll. Ersatzerbe unseres Sohnes soll unsere Schwiegertochter S sein. Ersatzerbe unserer Schwiegertochter soll unsere Enkeltochter E sein."* Ist die Erbeinsetzung des K wechselbezüglich?

Gemäß § 2270 Abs. 1 sind diejenigen Verfügungen wechselbezüglich, die ein Ehegatte nicht ohne die Verfügung des anderen getroffen hätte. Maßgeblich ist, ob nach dem gemeinsamen Willen der Eheleute die eine Verfügung mit der anderen stehen und fallen soll.

I. Die im Testament von 1961 enthaltene Schlusserbenbestimmung zugunsten des K stand ausdrücklich unter der Bedingung, dass der Überlebende keine anderweitige Verfügung von Todes wegen trifft. Hieraus folgt ohne Zweifel, dass die gegenseitige Erbeinsetzung der Eheleute und die Einsetzung des K als Schlusserbe nach dem damaligen Willen der Eheleute gerade nicht miteinander stehen und fallen sollten und diese Verfügungen daher keinen Wechselbezug hatten.[314]

II. Die Eheleute haben jedoch nach Ansicht des OLG Hamm nachträglich eine entsprechende Wechselbezüglichkeit zwischen der gegenseitigen Erbeinsetzung und der nunmehr ohne Bedingung verfügten Schlusserbeneinsetzung des K in dem Testament von 2000 hergestellt. Wechselbezügliche Verfügungen müssen nicht zwingend zeitgleich in einer einheitlichen Urkunde getroffen werden, sondern können auch nacheinander in getrennten Urkunden niedergelegt werden, wenn ein entsprechender Verknüpfungswille feststellbar ist, der sich aus den Urkunden zumindest andeutungsweise ergibt. Nach Auffassung des OLG Hamm spricht der lange Zeitraum von fast 40 Jahren, der zwischen den beiden Testamenten liegt, nicht entscheidend gegen die Annahme eines Verknüpfungswillens der Eheleute, da das Zeitmoment nicht der einzige zu berücksichtigende Umstand sei. Anhaltspunkte für eine nachträgliche Verknüpfung könnten sich etwa auch aus einer inhaltlichen Bezugnahme ergeben. Die Verfügung von 2000 nehme ausdrücklich Bezug auf das Testament von 1961 und erkläre eine Abänderung gerade der Klausel, aus der sich die fehlende Wechselbezüglichkeit der Schlusserbenbestimmung in dem früheren Testament herleite.[315] Infolgedessen ist die Erbeinsetzung des K wechselbezüglich.

2. Folgen der Wechselbezüglichkeit

225   **Wechselbezügliche Verfügungen** im gemeinschaftlichen Testament unterscheiden sich von den sonstigen Verfügungen im gemeinschaftlichen Testament dadurch, dass

- sie im **Bestand** voneinander **abhängig** sind (unter a),

- sie eine **Bindung** des überlebenden Ehegatten hervorrufen (unter b),

- auf sie die **§§ 2286 ff.** (Erbvertrag) **analog** anwendbar sind (unter c).

a) Die Abhängigkeit wechselbezüglicher Verfügungen im Bestand, § 2270 Abs. 1

226   Gemäß § 2270 Abs. 1 Fall 1 hat die Nichtigkeit einer wechselbezüglichen Verfügung die Unwirksamkeit der anderen zur Folge. Damit werden zunächst einmal die Fälle der Nichtigkeit aus formellen oder sachlichen Gründen sowie die Anfechtung erfasst. Bei der Unwirksamkeit aus anderen Gründen (z.B. Erbschaftsausschlagung, Erbunwürdigkeit) ist durch Auslegung zu ermitteln, ob die Wirksamkeit der einen Verfügung durch die Ausführung der anderen bedingt sein soll. § 2270 Abs. 1 Fall 2 ordnet an, dass der Widerruf

---

314   OLG Hamm RÜ 2018, 18, 20.
315   OLG Hamm RÜ 2018, 18, 20.

einer wechselbezüglichen Verfügung die Unwirksamkeit der damit im Abhängigkeitsverhältnis stehenden Verfügung des anderen Ehegatten zur Folge hat.

b) Die Bindung an wechselbezügliche Verfügungen

aa) Bis zum Tod des Erstversterbenden tritt keine Bindung ein.

Zu Lebzeiten kann jeder Ehegatte die wechselbezüglichen Verfügungen nach der für den Rücktritt vom Erbvertrag geltenden Vorschrift des § 2296 frei, d.h. ohne Grund, widerrufen, § 2271 Abs. 1. Aus der entsprechenden Anwendung des § 2296 ergibt sich dabei, dass dieser Widerruf höchstpersönlich (vgl. § 2296 Abs. 1) und gegenüber dem anderen Ehegatten (empfangsbedürftige Willenserklärung) erklärt werden muss (vgl. § 2296 Abs. 2 S. 1) und der notariellen Beurkundung bedarf (vgl. § 2296 Abs. 2 S. 2). Die Widerrufserklärung muss dem anderen Ehegatten in Urschrift oder in Gestalt einer Ausfertigung (vgl. § 47 BeurkG) der notariellen Widerrufsverhandlung zugehen.[316] Nur insoweit besteht also eine Besonderheit gegenüber dem Widerruf nicht wechselbezüglicher Verfügungen im gemeinschaftlichen Testament, welcher in den Formen der §§ 2254 ff. erfolgen kann.

227

Anmerkung: Insbesondere durch das Zugangserfordernis des § 2296 Abs. 2 stellt das Gesetz sicher, dass der andere Ehegatte von dem Widerruf Kenntnis erlangt und sich so hinsichtlich seiner eigenen Verfügungen darauf einrichten kann. Die Bedeutung des § 2271 Abs. 1 S. 2 beschränkt sich also darauf klarzustellen, dass ein einseitiger Widerruf (ohne Zugangs- und Formerfordernis) ausgeschlossen ist.

Der Widerruf wechselbezüglicher Verfügungen kann auch gegenüber einem testierunfähigen Ehegatten erklärt werden.[317] Dem steht nicht entgegen, dass der testierunfähige Ehepartner auf den Widerruf nicht mit einer neuen letztwilligen Verfügung reagieren kann. Ansonsten würde das zu Lebzeiten beider Ehegatten nach dem Gesetz bestehende Widerrufsrecht und damit die Testierfähigkeit des widerrufswilligen Ehegatten praktisch aufgehoben und ihm die Möglichkeit genommen, sich aus der erbrechtlichen Bindung zu lösen.[318] Der Widerruf gegenüber dem testierunfähigen Ehegatten erfordert den Zugang der notariell beurkundeten Widerrufserklärung an einen für den Aufgabenkreis der Vermögenssorge bestellten Ersatzbetreuer.[319]

Folge des Widerrufs der wechselbezüglichen Verfügung des einen Ehegatten ist gemäß § 2270 Abs. 1 Fall 2 die Unwirksamkeit der wechselbezüglichen Verfügung des anderen Ehegatten.

Der Widerruf kann jedoch nicht in der Weise erfolgen, dass der Widerrufende die Anweisung gibt, seinen Widerruf dem überlebenden Ehegatten erst nach seinem Tode zu übermitteln.[320] Der Widerruf muss zu Lebzeiten „auf den Weg" gebracht worden sein.[321]

---

316 OLG Zweibrücken Rpfleger 2005, 607.
317 Palandt/Weidlich § 2271 Rn. 6 m.w.N.
318 OLG Nürnberg NJW 2013, 2909, 2910 m.w.N.
319 OLG Nürnberg NJW 2013, 2909, 2910 m.w.N.
320 BGHZ 9, 233.
321 OLG Hamm NJW-RR 1991, 1480.

Beispiel: Schlitzohriger Ehegatte

M und F, die vermögend sind, haben sich 1998 gegenseitig zu Erben eingesetzt. Nach dem Tode des Letztversterbenden soll die Schwester der F Erbin sein. Es kommt zu Unstimmigkeiten. Im Jahre 2003 erklärt M vor dem Notar den Widerruf der Erbeinsetzung der F und setzt seinen Freund B zum Erben ein. Der Notar soll den Widerruf erst nach seinem Tode der F zustellen. Der M stirbt vor der F. Wer ist Erbe?

I. M hat den B zum Erben eingesetzt.

II. Diese Erbeinsetzung ist gemäß § 2271 Abs. 1 S. 2 unwirksam, wenn M die F in dem gemeinschaftlichen Testament wechselbezüglich bedacht hat.

1. M und F haben sich gegenseitig zu Erben eingesetzt, und gemäß § 2270 Abs. 2 Fall 1 stehen die beiden Verfügungen im Verhältnis der Wechselbezüglichkeit.

2. Die gemäß § 2271 Abs. 1 S. 2 bestehende Bindung an die wechselbezügliche Verfügung zugunsten der F ist dann entfallen, wenn M seine Verfügung zugunsten der Frau wirksam widerrufen hat.

M hat den Widerruf formgerecht erklärt. Der Widerruf ist der F auch zugegangen und gemäß § 130 Abs. 2 ist der Tod des M ohne Einfluss auf die Wirksamkeit der abgegebenen Widerrufserklärung.

§ 130 Abs. 2 ist jedoch zum Schutze des überlebenden Ehegatten einschränkend auszulegen. Der Widerruf muss sich beim Tod des Erklärenden zumindest bereits auf dem Weg zum Adressaten befinden und der Zugang muss alsbald nachfolgen. Grundsätzlich muss der andere Ehegatte als Empfänger des Widerrufs seinerseits die Möglichkeit haben, seine wechselbezügliche Verfügung abzuändern.[322] Anderenfalls könnte ein Ehegatte im Falle seines Vorversterbens dem anderen Ehegatten die Zuwendung entziehen und im Falle des Vorversterbens des anderen Ehegatten die Zuwendung aus dem gemeinschaftlichen Testament für sich in Anspruch nehmen.

M hat seine Verfügung somit nicht wirksam widerrufen, Erbin des M ist die F.

Die Ehegatten können das gemeinschaftliche Testament auch gemeinsam widerrufen, wobei ihnen die Widerrufsmöglichkeiten der §§ 2254 ff. uneingeschränkt offenstehen.[323] Dieses kann durch Abschluss eines neuen, widersprechenden gemeinschaftlichen Testaments, aber auch durch Erbvertrag erfolgen.[324]

Ein gemeinschaftliches Testament kann nach § 2256 nur von beiden Ehegatten zurückgenommen werden, vgl. § 2272.

bb) Mit dem Tod des erstversterbenden Ehegatten tritt die Bindung an die wechselbezüglichen Verfügungen ein.

228   Mit dem Tod des erstversterbenden Ehegatten muss dessen Vertrauen geschützt werden, dass der Überlebende jetzt nicht mehr anders verfügt;[325] daher erlischt das Recht zum Widerruf gemäß **§ 2271 Abs. 2 S. 1** mit dem Tod des Ehegatten.

Eine nach dem Tod des Erstversterbenden getroffene neue letztwillige Verfügung ist unwirksam, wenn sie das Recht des wechselbezüglich Bedachten beeinträchtigt.[326] Dies ergibt sich zwar nicht unmittelbar aus § 2271; wegen der Vergleichbarkeit mit der erbvertraglichen Bindung folgt die Unwirksamkeit einer das Recht des wechselbezüglich Bedachten beeinträchtigenden Verfügung jedoch aus **§ 2289 Abs. 1 S. 2 analog**.[327]

---

322 BGHZ 9, 233; Roth NJW 1992, 791, 792; Palandt/Weidlich § 2271 Rn. 6 f.

323 Lange/Kuchinke § 24 VI 2 a).

324 Palandt/Weidlich § 2271 Rn. 2.

325 Brox/Walker Rn. 178.

326 Hk-BGB/Hoeren § 2271 Rn. 5; Jauernig § 2271 Rn. 6; Palandt/Weidlich § 2271 Rn. 14.

327 BeckOK BGB/Litzenburger § 2271 Rn. 17; Lange § 33 Rn. 41; Palandt/Weidlich § 2271 Rn. 12.

§ 2289 Abs. 1 S. 2 analog führt allerdings nicht zur Nichtigkeit einer beeinträchtigenden Verfügung, sondern schließt nur ihre Wirksamkeit aus, solange die wechselbezügliche Verfügung besteht. Wird diese später beseitigt – z.B. durch Anfechtung –, so gelangt die spätere Verfügung zur Geltung.[328]

Fall 14: Das abweichende zweite Testament

Die kinderlosen Eheleute M und F hatten sich in einem gemeinschaftlichen Testament gegenseitig zu Erben eingesetzt und ferner bestimmt, dass nach dem Tode des Längstlebenden der X, Neffe des Mannes, und die Y, Nichte der Frau, je zur Hälfte Erben sein sollten. Zunächst verstarb M. Danach errichtete F ein privatschriftliches Testament, in dem sie Z zu ihrer Alleinerbin einsetzte. Danach starb auch F. Von wem wird sie beerbt?

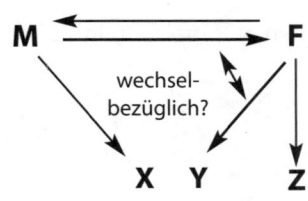

Mit dem Tode des Erstversterbenden (M) sind zwei Verfügungen gegenstandslos geworden:

1. Die Verfügung der F zugunsten des M, weil M vorverstorben ist, und

2. die Verfügung des M zugunsten X und Y, weil M als Erstverstorbener zugunsten der F verfügt hat.

Wenn die Verfügung der F zugunsten X und Y mit der Verfügung des Mannes zugunsten der F in einem wechselbezüglichen Verhältnis steht, ist die Verfügung der F zugunsten der Z unwirksam.

A. **Z** könnte **gemäß §§ 1937, 1922 testamentarische Alleinerbin** von Frau F sein.　　**229**

I. Nach dem zweiten von F errichteten Testament soll Z Alleinerbin sein. Von der Formgültigkeit dieses Testaments kann ausgegangen werden.

II. Die in diesem Testament enthaltene Verfügung von Todes wegen könnte **analog § 2289 Abs. 1 S. 2** unwirksam sein, wenn dadurch das Recht eines im gemeinschaftlichen Testament wechselbezüglich Bedachten beeinträchtigt wird.

1. F hat im gemeinschaftlichen Testament verfügt, dass nach ihrem Tod X und Y Erben sein sollen. Das neue Testament zugunsten der Z beeinträchtigt die Rechtsposition von X und Y, da diese danach nicht mehr Erben werden.

2. Die Verfügung der F zugunsten der Z ist unwirksam, wenn die Verfügung zugunsten von X und Y **wechselbezüglich** getroffen worden ist. Es muss also eine Abhängigkeit zwischen den Verfügungen derart bestanden haben, dass M die F deshalb bedacht hat, weil diese zugunsten X und Y verfügt hat. M und F haben die Wechselbezüglichkeit der Verfügungen nicht ausdrücklich im gemeinsamen Testament angeordnet und es sind auch keine Anhaltspunkte ersichtlich, die eine entsprechende Auslegung ermöglichen. Jedoch könnte die **Auslegungsregel des § 2270 Abs. 2 Fall 2** eingreifen. Danach stehen die Verfügungen des Erstverstorbenen zugunsten des Letztverstorbenen einerseits und die des Letztverstorbenen zugunsten eines Dritten andererseits im Verhältnis der Wechselbezüglichkeit, wenn der Dritte mit dem Erstverstorbenen verwandt ist oder ihm sonst nahe steht.

---

328 MünchKomm/Musielak § 2271 Rn. 12.

a) X ist mit dem M verwandt, sodass die Verfügung der F zugunsten des X mit der Verfügung des M zugunsten der F gemäß § 2270 Abs. 2 Fall 2 im Verhältnis der Wechselbezüglichkeit steht.

b) Y ist weder mit M verwandt noch ist dem Sachverhalt zu entnehmen, dass sie ihm nahe stand, da sie nicht im Haushalt des M gelebt hat und es auch keine Anhaltspunkte für ein freundschaftliches Verhältnis zwischen M und Y gibt. Daher steht die Verfügung der F zugunsten der Y nicht mit der Verfügung des M zugunsten der F im Verhältnis der Wechselbezüglichkeit.

Folglich ist die Verfügung der F an Z unwirksam, soweit sie mit der wechselbezüglichen Verfügung der F an X im Widerspruch steht; das ist der Fall im Hinblick auf die Hälfte des Nachlasses der F. Im Übrigen bleibt die Verfügung der F an Z wirksam. Somit ergibt sich, dass Z Erbin der F zur Hälfte geworden ist.

B. Die andere Hälfte fällt X aufgrund der bindend gewordenen Verfügung in dem ersten gemeinschaftlichen Testament zu.

Demnach sind Z und X Miterben zu je 1/2.

---

cc) Das Entfallen der Bindungswirkung

Der Ehegatte kann auch dann, wenn er eine wechselbezügliche Verfügung getroffen hat und der andere Ehegatte verstorben ist, entgegen dieser Verfügung wirksame Anordnungen in einer Verfügung von Todes wegen treffen, wenn ein vereinbarter oder gesetzlicher Grund vorliegt oder der Dritte als Bedachter „wegfällt".

230 **(1) Der „vereinbarte" Grund**

Der überlebende Ehegatte ist an die wechselbezügliche Verfügung im gemeinschaftlichen Testament nicht mehr gebunden, wenn er

- einen im Testament **vorbehaltenen Widerruf** ausübt. Analog § 2297 S. 1 ist die **Form** des Widerrufs eines Testaments nach § 2254 bzw. § 2258 erforderlich.[329]

  In Hinblick auf die wechselbezügliche Verfügung des vorverstorbenen Ehegatten gilt § 2270 Abs. 1, sofern sich nicht ein abweichender Wille der Eheleute feststellen lässt. Letzteres wird bei einem vorbehaltenen Widerruf häufig der Fall sein.

- von der ihm eingeräumten **Abänderungsbefugnis** Gebrauch macht.

  Die Zulässigkeit eines Änderungsvorbehalts ergibt sich aus einem Erst-recht-Schluss, wenn man bedenkt, dass die Ehegatten die Wechselbezüglichkeit sogar ganz ausschließen können.[330] Die Einräumung einer Abänderungsbefugnis muss nicht ausdrücklich erfolgen. Sie kann gegebenenfalls durch Auslegung ermittelt werden.[331]

---

329 OLG Hamm NJW-RR 1996, 1095; OLG Stuttgart NJW-RR 1986, 632; Palandt/Weidlich § 2271 Rn. 23.

330 BGHZ 2, 35, 37.

331 Vgl. hierzu OLG Hamm NJW-RR 1995, 777, 778 sowie FamRZ 2005, 2023, 2024.

(2) Kraft Gesetzes ist der überlebende Ehegatte an die wechselbezügliche Verfügung **231**
nicht mehr gebunden, wenn:

- er das vom vorverstorbenen Ehegatten Zugewandte **ausschlägt**, § 2271 Abs. 2 S. 1
  Hs. 2.

  Umstritten ist, ob die Bindungswirkung auch entfällt, wenn nicht der überlebende Ehegatte, sondern ein diesem nahe stehender Dritter durch den Erstversterbenden bedacht worden ist und dieser Dritte ausschlägt.[332] Gegen ein Entfallen der Bindungswirkung bei Ausschlagung durch den bedachten Dritten spricht, dass der überlebende Ehegatte die Bindung an die eigene Verfügung nur
  dadurch beseitigen können soll, dass er selbst ein Opfer erbringt, indem er auf das ihm Zugewandte
  verzichtet.[333]

- sich der bedachte Dritte einer in § 2294 und §§ 2333 ff. umschriebenen **Verfehlung**
  schuldig macht, § 2271 Abs. 2 S. 2.

- der bedachte Dritte wegfällt, weil er einen **Erbverzichtsvertrag** mit dem Ehegatten
  abgeschlossen hat oder **vorverstorben** ist und keiner an seine Stelle tritt. Ein münd-
  licher Verzicht ist nicht ausreichend.

- die **Ehe** vor dem Tod des Erblassers **aufgelöst** wurde und damit das Testament unwirksam ist, §§ 2268 Abs. 1, 2077 Abs. 1 S. 1.

  Wird die Ehe durch **Scheidung** aufgelöst, hat das die Unwirksamkeit des gesamten
  gemeinschaftlichen Testaments zur Folge.[334] Es lebt auch bei einer Wiederheirat der
  geschiedenen Ehegatten nicht wieder auf.[335] Jedoch kann dem durch Auslegung zu
  ermittelnden Willen der Ehegatten die Weitergeltung der in dem gemeinschaftlichen Testament enthaltenen Verfügungen entnommen werden, § 2268 Abs. 2 (sogenannter Aufrechterhaltungswille).[336]

c) Die analoge Anwendung der §§ 2286 ff.

Die Errichtung eines gemeinschaftlichen Testaments hat keinerlei Einfluss auf die Mög- **232**
lichkeiten der Ehegatten, zu Lebzeiten anderweitig zu verfügen. Dieser Grundsatz freier
Verfügungsbefugnis erfährt **bis zum Tode** des erstversterbenden Ehegatten keinerlei
Einschränkungen. Bis zu seinem Tode ist der andere Ehegatte hinreichend durch die
Möglichkeit geschützt, seine Verfügung nach Maßgabe des § 2271 Abs. 1 S. 1 i.V.m.
§ 2296 zu widerrufen.

Mit dem Tod des erstversterbenden Ehegatten tritt hinsichtlich der wechselbezüglichen
Verfügung eine erbrechtliche Bindung ein, § 2271 Abs. 2 S. 1. Da aber der überlebende
Ehegatte über sein Vermögen zu Lebzeiten frei verfügen kann, besteht für Dritte, die im
gemeinschaftlichen Testament wechselbezüglich bedacht sind, die Gefahr, dass das
Vermögen durch lebzeitige Verfügungen geschmälert oder völlig verbraucht wird. Da-
mit würde die erbrechtliche Bindung faktisch ausgehöhlt.

---

332 Für ein Entfallen der Bindungswirkung: Kipp/Coing § 35 III 3 b; Brox/Walker Rn. 194; Pfeiffer FamRZ 1993, 1266, 1280; da-
     gegen: MünchKomm/Musielak § 2271 Rn. 23; Staudinger/Kanzleiter § 2271 Rn. 40.
333 Brox/Walker Rn. 194.
334 Vgl. dazu Kellermann JuS 2004, 1071, 1073 f.
335 BayObLG DNotZ 1996, 302 mit Anm. Kuchinke; OLG Hamm RÜ 2011, 428.
336 Vgl. hierzu auch: OLG Hamm NJW-RR 1992, 330, 331; BayObLG NJW-RR 1993, 1157, 1158; Muscheler DNotZ 1994, 733.

Mangels entsprechender Regelung in den §§ 2265 ff. und wegen der Vergleichbarkeit der Situation mit der Bindungswirkung vertragsmäßiger Verfügungen im Erbvertrag werden die **§§ 2287 ff. analog** angewandt, sodass der Dritte nach Anfall der Erbschaft Schenkungen, die der Erblasser in Benachteiligungsabsicht vorgenommen hat, zurückfordern kann.[337]

Fall 15: § 2287 analog?

Die Eheleute X und Y haben am 23.07.1999 formgerecht ein Testament errichtet, das auszugsweise folgenden Inhalt hatte: *„Wir, die Eheleute X und Y setzen uns gegenseitig zum alleinigen Erben ein. Der Überlebende von uns soll, wenn die Umstände das nicht zunichte machen, möglichst unabhängig zu Ende leben, hoffentlich nicht den Söhnen zur Last fallen und unser kleines Vermögen gegebenenfalls auch verbrauchen dürfen. Nach dem Tode des Überlebenden soll unser Nachlass unseren Söhnen A, B und C zu gleichen Teilen zufallen."*

Als Anlage zu dem Testament vom 23.07.1999 erteilten sich die Eheleute gegenseitig eine als solche überschriebene Generalvollmacht mit folgendem Inhalt: *„Wir .... erteilen uns gegenseitig Vollmacht über den Tod hinaus über unser gesamtes Vermögen jedweder Art! Diese Vollmacht soll auch über jeden einzelnen von unserem Tod für den anderen Überlebenden wirksam sein, besonders unseren Söhnen, deren Frauen und deren heutigen und künftigen Kindern gegenüber."*

X verstarb 2011 und wurde von seiner Ehefrau beerbt. Im Mai 2015 schenkte Y ihrem Sohn B 50.000 €. Sie verstarb am 12.10.2016 und wurde von A, B und C zu gleichen Teilen beerbt, die den Nachlass in der Folgezeit unter sich aufgeteilt haben. Nachdem A und C Anfang 2018 von dem Geschenk der Mutter an B erfahren hatten, machten sie gegen diesen einen Anspruch analog § 2287 i.H.v. jeweils 16.666 € geltend.

B meint, es fehle zumindest an einer Beeinträchtigungsabsicht, da er seine Mutter in den vergangenen Jahren in besonderer Weise unterstützt und für ihre medizinische Versorgung Sorge getragen habe.

Steht A und C gegen B ein Zahlungsanspruch i.H.v. jeweils 16.666 € analog § 2287 zu? (frei nach OLG Frankfurt, RÜ 2010, 11)

---

233 A und C kann gegen B ein Anspruch auf Zahlung i.H.v. jeweils 16.666 € **analog § 2287 Abs. 1 i.V.m. §§ 812 ff.** zustehen.

I. Dazu muss § 2287, der für den Erbvertrag gilt, auf die Anordnungen des gemeinschaftlichen Testaments von X und Y **analog anwendbar** sein.

1. §§ 2265 ff. enthalten für das gemeinschaftliche Testament keine dem § 2287 entsprechende Regelung und es ist nicht ersichtlich, dass der Gesetzgeber eine unterschiedliche Regelung bewusst angestrebt hat, sodass eine **planwidrige Regelungslücke** vorliegt.

---

337 BGHZ 82, 274, 276 ff.; 87, 19, 23 ff.; Brox/Walker Rn. 195; Palandt/Weidlich § 2271 Rn. 10; kritisch von Dickhut-Harrach FamRZ 2005, 322 ff., der die §§ 2287, 2288 auch bei Beeinträchtigungen *vor* Eintritt der Bindungswirkung für analog anwendbar hält, wenn die wechselbezügliche Verfügung wirksam ist, d.h. vom Erblasser nicht widerrufen wurde.

2. Eine Analogie erfordert ferner eine **vergleichbare Interessenlage**.

a) § 2287 soll beim Erbvertrag die erbrechtliche Bindung vertragsmäßiger Verfügungen vor einer Aushöhlung durch Rechtsgeschäfte unter Lebenden schützen. Eine vergleichbare Interessenlage besteht daher beim gemeinschaftlichen Testament, wenn es auch dort eine erbrechtliche Bindung gibt, die vor einer Aushöhlung durch lebzeitige Rechtsgeschäfte geschützt werden muss.

Gemäß § 2271 Abs. 2 S. 1 kann ein Ehegatte seine wechselbezüglichen Verfügungen im gemeinschaftlichen Testament nach dem Tod des anderen Ehegatten nicht mehr widerrufen; damit ist ab diesem Zeitpunkt eine erbrechtliche Bindung gegeben, die vor einer Aushöhlung durch lebzeitige Geschäfte geschützt werden muss. Folglich kann beim gemeinschaftlichen Testament eine vergleichbare Interessenlage gegeben sein.

b) Die vergleichbare Interessenlage (Tod eines Ehegatten, wechselbezügliche Verfügung) muss auch im konkreten Fall gegeben sein:

X ist im Jahre 2011 verstorben. Ob die Erbeinsetzung der Söhne im gemeinschaftlichen Testament wechselbezüglich ist, muss mangels ausdrücklicher Anordnung der Ehegatten in der Verfügung von Todes wegen durch Auslegung ermittelt werden. Ausreichende Anhaltspunkte für eine konkrete Auslegung liegen nicht vor, sodass auf die gesetzliche Auslegungsregel des § 2270 Abs. 2, 2. Fall zurückgegriffen werden darf.

Da im gemeinschaftlichen Testament von X und Y dem einen Ehegatten (Y) von dem anderen Ehegatten (X) eine Zuwendung (Erbeinsetzung) gemacht worden ist und für den Fall des Überlebens der Y eine Verfügung zugunsten der Söhne getroffen wurde, also zugunsten mehrerer Personen, die mit dem anderen Ehegatten (X) verwandt sind, stellt die Erbeinsetzung der Söhne gemäß § 2270 Abs. 2, 2. Fall eine wechselbezügliche Verfügung dar.

Folglich ist mit dem Tod des X im Jahre 2011 eine erbrechtliche Bindung eingetreten, sodass eine vergleichbare Interessenlage gegeben ist und somit die Analogievoraussetzungen vorliegen.

II. **Voraussetzung** des § 2287 analog ist, dass der Erblasser eine Schenkung in der Absicht gemacht hat, den oder die durch das gemeinschaftliche Testament bestimmten Erben zu beeinträchtigen.

1. Y hat B 50.000 € zugewendet, sodass eine Schenkung i.S.v. § 516 vorliegt.

2. A und C müssen ferner durch die Schenkung **objektiv benachteiligt** worden sein.

Grundsätzlich führt jede Schenkung durch den Erblasser wegen ihrer Unentgeltlichkeit zu einer objektiven Beeinträchtigung des Vertragserben, soweit seine Erberwartung begründet ist. Infolgedessen wird der durch das gemeinschaftliche Testament zum Erben Berufene nur durch solche Schenkungen objektiv benachteiligt, die eine bindend gewordene erbrechtliche Verfügung beeinträchtigen.

Die Erbeinsetzung von A, B und C im gemeinschaftlichen Testament von 1999 ist mit dem Tod des X im Jahre 2011 erbrechtlich bindend geworden (s.o.), sodass grundsätzlich eine objektive Benachteiligung von A und C durch die Schenkung der Y an B im Jahre 2016 gegeben ist.

Angesichts der von X und Y gegenseitig erteilten Generalvollmacht, über den Tod hinaus über das gesamte Vermögen jedweder Art verfügen zu können, erscheint es jedoch zweifelhaft, ob durch die Schenkung der Y an B eine berechtigte Erberwartung von A und C beeinträchtigt worden ist.

Die Ehegatten haben in dem Testament dem überlebenden Ehegatten ausdrücklich die freie Verfügung über das Vermögen vorbehalten. Dieser Vorbehalt bezog sich auf eine **völlige Verfügungsfreiheit**. Ferner haben die Ehegatten In der Generalvollmacht deutlich zum Ausdruck gebracht, dass die gegenseitig eingeräumte Verfügungsfreiheit insbesondere Einschränkungen seitens ihrer Söhne oder Rücksichtnahmen auf diese ausschließen sollte. Damit hatte die Erblasserin Y freie Hand, über den Nachlass zu verfügen. Diese Befugnis umfasste auch Schenkungen an einen ihrer Söhne.

Folglich sind A und C durch die Schenkung nicht objektiv benachteiligt worden, sodass die Voraussetzungen des § 2287 analog nicht vorliegen.

Demnach steht A und C gegen B kein Anspruch analog § 2287 i.V.m. §§ 812 ff. i.H.v. jeweils 16.666 € zu.

	Testament	Erbvertrag	Gemeinschaftliches Testament
Die Formen der Verfügung von Todes wegen			
Inhalt	■ erbrechtliche Anordnungen, z.B. Erbeinsetzung, Vermächtnis, Auflage, Testamentsvollstreckung ■ familienrechtliche und sonstige Anordnungen	■ vertragsmäßige Verfügungen: nur Erbeinsetzung, Vermächtnis, Auflage (§ 2278 Abs. 2) ■ im Übrigen wie Testament	■ wechselbezügliche Verfügungen: nur Erbeinsetzung, Vermächtnis, Auflage (§ 2270 Abs. 3) ■ im Übrigen wie Testament
allg. Wirksamkeitsvoraussetzungen	■ Testierwille ■ Testierfähigkeit ■ Wirksamkeit (höchstpersönlich, §§ 134, 138)	■ unbeschränkte Geschäftsfähigkeit erforderlich	■ wirksame Ehe bzw. wirksame Lebenspartnerschaft
Form	■ ordentliche Testamente ■ eigenhändiges ■ öffentliches ■ außerordentliche ■ Seetestament ■ Nottestamente	■ zur Niederschrift eines Notars bei gleichzeitiger Anwesenheit beider Teile, § 2276	■ § 2267: eigenhändige Mitunterzeichnung genügt ■ im Übrigen wie Testament
Widerruf/ Bindung	■ frei widerruflich, §§ 2253 ff.	■ Bindung nur bei **vertragsmäßigen Verfügungen** ab Abschluss des Erbvertrags, § 2289 Abs. 1 S. 2 ■ Entfallen der Bindung bei: ■ Änderungsvorbehalt ■ einvernehmlicher Aufhebung (§§ 2290 ff.) ■ Gegenstandslosigkeit ■ Rücktritt (§§ 2293 ff.) ■ Anfechtung (§§ 2281 ff.) ■ freie Widerruflichkeit von **einseitigen Verfügungen** i.S.d. § 2299	■ Bindung nur bei **wechselbezüglichen Verfügungen** i.S.d. § 2270 **ab Tod** des Erstversterbenden (§ 2271 Abs. 2 S. 1) ■ Wegfall der Bindung bei ■ Widerrufsvorbehalt oder Abänderungsbefugnis ■ gesetzlichem Grund (insbes. § 2271 Abs. 2) ■ Anfechtung (§§ 2281 ff. analog) ■ freie Widerruflichkeit von **nicht wechselbezüglichen Verfügungen**
Verfügung unter Lebenden		■ grundsätzlich: freie Verfügungsbefugnis, § 2286 ■ Schutz: Schenkungen mit Beeinträchtigungsabsicht i.S.d. **§ 2287**	■ grundsätzlich: freie Verfügungsbefugnis ■ Schutz: Schenkungen mit Beeinträchtigungsabsicht i.S.d. **§ 2287 analog**

4. Abschnitt: Die Auslegung der Verfügung von Todes wegen

234 Der Inhalt einer Verfügung von Todes wegen kann aus unterschiedlichen Gründen **auslegungsbedürftig** sein: Zum einen werden die letztwilligen Verfügungen oftmals von Laien ohne juristische Beratung errichtet; da diesen die teilweise recht komplizierten erbrechtlichen Regeln nicht oder nur zum Teil bekannt sind, stellt sich dann häufig die Frage, ob juristische Fachbegriffe – wie z.B. Vermächtnis, Vorerbschaft – vom Erblasser richtig verstanden wurden. Zum anderen liegt zwischen dem Zeitpunkt der Testamentserrichtung und dem Erbfall manchmal ein sehr langer Zeitraum, während dessen sich die tatsächlichen Verhältnisse gravierend verändert haben können.[338]

- Hat der wahre Wille des Erblassers in der Anordnung nur einen unvollständigen Ausdruck gefunden, so greifen zur Verwirklichung des Erblasserwillens die **Grundsätze der (erläuternden und ergänzenden) Auslegung** ein (A.).

- Ist der wahre Wille des Erblassers durch Anwendung der Auslegungsmethoden nicht eindeutig feststellbar oder unvollständig, so kommen die **gesetzlichen Auslegungs- und Ergänzungsregeln** zum Zuge (B.).

- Bestehen verschiedene Auslegungsmöglichkeiten, so ist gemäß § 2084 die Auslegung zu wählen, die am praktikabelsten ist – **wohlwollende Auslegung** (C.).

A. Grundsätze und Prüfungsgang bei der Auslegung der Verfügung von Todes wegen

235 Bei der Auslegung testamentarischer Verfügungen ist eine mehrstufige Prüfung geboten:

- Zunächst ist die **Auslegungsbedürftigkeit** des Inhalts festzustellen. Diese ist immer gegeben, wenn Zweifel bestehen, ob die Anordnungen des Erblassers mit seinem Willen übereinstimmen.

- Dann ist der wahre Wille des Erblassers durch **erläuternde oder ergänzende Auslegung** der Verfügung von Todes wegen zu ermitteln (I.).

- Da es sich um eine formbedürftige Erklärung handelt, ist in einem weiteren Schritt jeweils zu fragen, ob der durch Auslegung gewonnene Inhalt der Verfügung auch **formgerecht** erklärt worden ist (II.).

---

338 Vgl. Horn/Kroiß NJW 2012, 666 zu Irrtümern und Verfahrensfragen bei der Testamentsauslegung.

Prüfungsgang bei der Auslegung der Verfügung von Todes wegen

I. Auslegungsbedürftigkeit

II. Ermittlung des wahren Erblasserwillens (im Zeitpunkt der Errichtung)

1. Auslegungsmethoden

a) erläuternde Auslegung
Was wollte der Erblasser mit seiner Erklärung zum Ausdruck bringen?

b) ergänzende Auslegung
Was hätte der Erblasser angeordnet, wenn er die wesentlichen Umstände bei Errichtung des Testaments bedacht hätte?

Bei der Ermittlung des Erblasserwillens werden der gesamte Inhalt der Testamentsurkunde, aber auch Umstände, die außerhalb des Testaments liegen (Äußerungen des Erblassers, Inhalt früherer, widerrufener oder nichtiger Verfügungen), hinzugezogen.

2. Einhaltung der vorgeschriebenen Form

H.M.: der durch Auslegung ermittelte Wille des Erblassers muss im Testament selbst eine hinreichende Stütze finden; an die danach erforderliche **„Andeutung"** des Erblasserwillens in der Verfügung werden keine hohen Anforderungen gestellt.

I. Die Ermittlung des Erblasserwillens

In einem ersten Schritt ist der Erblasserwille durch Auslegung zu ermitteln. Dabei kommen folgende Grundsätze zur Anwendung:

1. Ermittlung des wahren Erblasserwillens

Abweichend von den Auslegungsregeln für empfangsbedürftige Willenserklärungen kommt es bei der Testamentsauslegung nicht darauf an, wie die Erklärung vom Bedachten verstanden werden darf – also nicht auf den sogenannten „Empfängerhorizont". Maßgebend ist vielmehr der tatsächliche oder hypothetische Wille (vgl. § 133) des Erblassers im Zeitpunkt der Errichtung. Der Grund dafür liegt darin, dass es bei der nicht empfangsbedürftigen Willenserklärung an einem Empfänger fehlt, dessen Vertrauen in die Bedeutung der Erklärung zu schützen wäre.

236

2. Erläuternde und ergänzende Testamentsauslegung

Wie bei der Auslegung allgemein, kann auch bei der Testamentsauslegung dogmatisch zwischen der erläuternden und der ergänzenden Auslegung differenziert werden.

■ Die **erläuternde Auslegung** knüpft an den Wortlaut der Erklärung an und ermittelt sodann, was der Erblasser in Wahrheit damit zum Ausdruck bringen wollte (a).

237

■ Die **ergänzende Auslegung** greift ein, wenn die Verfügung eine **Lücke** aufweist, die der Erblasser im Zeitpunkt der Errichtung nicht als solche erkannt hat, weil ihm gegenwärtige Umstände nicht bekannt waren oder weil sich seit der Errichtung der

238

Verfügung von Todes wegen die Verhältnisse wesentlich verändert haben, und er bei Kenntnis der Veränderungen bzw. der wahren Sachlage eine abweichende Regelung getroffen hätte.[339] Es ist der sogenannte hypothetische Wille zu ermitteln (b).

a) Die erläuternde Auslegung

239   Mit der erläuternden Auslegung wird dem wahren Willen des Erblassers in Fällen der Mehrdeutigkeit der Verfügung zur Geltung verholfen. Dabei kann bereits die Frage, ob eine objektiv mehrdeutige Erklärung vorliegt, Schwierigkeiten bereiten.

aa) Die Auslegungsfähigkeit und -bedürftigkeit ist unproblematisch, wenn der Erblasser **objektiv widersprüchlich** verfügt hat.

Beispiel: Vorerbschaft oder Vermächtnis?

E errichtet ein Testament: Die Ehefrau F soll den Nießbrauch am ganzen Vermögen erhalten. Sein Sohn S soll danach Erbe sein.

I. Nach dem Wortlaut bestehen zwei Auslegungsmöglichkeiten:[340]
1. Die F soll Vorerbin sein und S nach dem Tode der F Nacherbe.
2. S soll Vollerbe sein und die F soll Vermächtnisnehmerin sein. Sie soll mit Eintritt des Todes gegen den Erben S einen schuldrechtlichen Anspruch auf Bestellung eines Nießbrauchs am ganzen Vermögen erhalten und sodann das Vermögen nutzen dürfen.
II. Die Auslegung ergibt, dass E nicht wollte, dass S mit seinem Tode allein das Vermögen als Ganzes erhalten sollte. Er sollte erst nach der F Erbe sein. Daher ist eine Vor- und Nacherbschaft angeordnet worden.

240   **bb)** Wenn der Erblasser einen nach dem allgemeinen Sprachgebrauch **mehrdeutigen Begriff** verwendet hat, so ist durch erläuternde Auslegung zu klären, welche Bedeutung der Erblasser zugrunde gelegt hat.

> ### Fall 16: „Mutter"
>
> E bestimmt in seinem wirksam errichteten privatschriftlichen Testament, dass „Mutter" Alleinerbin sein soll, und dass die beiden minderjährigen Kinder lediglich den Pflichtteil erhalten sollen.
>
> Nach dem Tode des E verlangt die Mutter M des E den Nachlass von der Witwe W des E heraus. Diese verweigert die Herausgabe mit der Begründung, dass in Wirklichkeit sie die Erbin sei, denn mit der Bezeichnung „Mutter" habe der E sie gemeint, weil er sie immer so genannt habe, während er seine Mutter als „Oma" bezeichnet habe.
>
> Steht der M gegen die W ein Anspruch auf Herausgabe des Nachlasses zu?

241   M könnte gegen die W ein **Anspruch auf Herausgabe des Nachlasses aus § 2018** zustehen.

Dazu ist erforderlich, dass **M Erbin des E** und **W Erbschaftsbesitzerin** ist.

M könnte **gemäß §§ 1937, 1922 testamentarische Alleinerbin** des E geworden sein.

---

339   Vgl. dazu BGH JuS 2018, 74 ff.

340   Für die Auslegung als Vor- und Nacherbschaft in diesen Fällen BGH LM Nr. 2 zu § 2100. Für die Auslegung i.S. eines Nießbrauchsvermächtnisses BayObLG Rechtspfleger 1981, 64 m.w.N.

E hat ein privatschriftliches Testament wirksam errichtet, nach dessen Inhalt „Mutter" Alleinerbin sein soll. Ob der Erblasser mit dem Wort „Mutter" im Testament seine Ehefrau oder seine Mutter gemeint hat, ist durch **Auslegung** zu ermitteln.

I. Da es im täglichen Leben einer vielfachen Gewohnheit entspricht, dass Familienväter ihre Ehefrauen „Mutter" nennen, ist der Begriff schon nach dem allgemeinen Sprachgebrauch mehrdeutig.

II. Dafür, dass der Erblasser mit dem Begriff „Mutter" seine Ehefrau gemeint hat, spricht Folgendes: Er hat im täglichen Sprachgebrauch seine Frau mit „Mutter", seine Mutter aber mit „Oma" angeredet. Es war naheliegend, diesen Sprachgebrauch auch in dem privatschriftlichen Testament beizubehalten. Auch dass der Erblasser seine minderjährigen Kinder auf den Pflichtteil setzte und damit von einer unmittelbaren Rechtsnachfolge in sein Vermögen ausschloss, spricht gegen eine Erbeinsetzung seiner Mutter. Der Erblasser, der keinen Grund hatte, seine minderjährigen Kinder von einer Nachfolge in sein Vermögen endgültig auszuschließen, hat sich offensichtlich von dem Gedanken leiten lassen, dass seine Ehefrau für die minderjährigen Kinder sorgen und nach ihrem Tode das Vermögen den Kindern zufallen werde. Der wahre Wille des Erblassers war daher, unter der Bezeichnung „Mutter" seine Ehefrau als Alleinerbin einzusetzen.

Im Übrigen kann, da die Verwendung des Begriffs „Mutter" für seine Ehefrau in den Kreisen des Erblassers bekannt war, die Verwendung dieses Begriffs im Testament auch als eine „falsa demonstratio" aufgefasst werden, die auch in der letztwilligen Verfügung unschädlich ist.[341]

III Dieser Wille des Erblassers hat auch **in der Testamentsurkunde** – wie es Rspr. und h.M. verlangen – seinen **Anklang** gefunden (sogenannte Anklangs- oder Andeutungstheorie;[342] vgl. unten Rn. 249 ff.).

Demnach ergibt die Auslegung, dass Witwe W Erbin des E ist. Die M hat folglich mangels Erbenstellung keinen Herausgabeanspruch nach § 2018.

---

cc) Die Auslegung **scheinbar eindeutiger Erklärungen**

Die Auslegung des Testaments greift immer dann ein, wenn der wahre Wille in der Erklärung keinen eindeutigen Ausdruck gefunden hat. Daher kommt es nicht darauf an, ob die Anordnung nach dem allgemeinen Sprachgebrauch bzw. nach dem Sprachgebrauch der Kreise, denen der Erblasser angehört, einen eindeutigen Sinn hat oder nicht.

242

Der Richter darf sich deshalb nicht auf eine Analyse des Wortlauts beschränken, sondern muss auch alle ihm zugänglichen Umstände außerhalb des Testaments auswerten, die der Aufdeckung des Erblasserwillens dienlich sein können.[343]

---

341 Brox/Walker Rn. 200; Lange/Kuchinke § 34 III 4; BGHZ 80, 246, 252.

342 RGZ 134, 277, 280; BGHZ 86, 41; Schlüter/Röthel § 19 Rn. 6; Palandt/Weidlich § 2084 Rn. 9.

343 BGH FamRZ 1987, 475, 476; OLG Brandenburg FamRZ 2004, 981, 982; OLG Hamm FamRZ 2007, 939.

Beispiel: Fast gleichzeitiges Versterben[344]

Die E hatte in ihrem Testament ihren Lebensgefährten L zu ihrem alleinigen Erben eingesetzt. Ferner enthielt das Testament folgenden Passus: *„Falls L und mir gleichzeitig etwas zustößt, setze ich dessen Tochter T zur Erbin meiner Hinterlassenschaft ein. Ich erwarte, dass L und eventuell T mich gut beerdigen und auch das Grab in Ordnung halten.“*
L überlebte die E nur um drei Tage. T will wissen, ob sie Erbin der E geworden ist.

T ist Erbin der E geworden, wenn sie von E als (Nach-)Erbin eingesetzt worden ist.
Dagegen könnte sprechen, dass T nach dem Testament nur für den Fall zur Erbin berufen sein sollte, dass E und L gleichzeitig verstarben. In der Sache war T also als Ersatzerbin i.S.d. § 2096 für den Fall vorgesehen, dass L wegen des gleichzeitigen Versterbens als Erbe wegfiel.

E und L sind jedoch nicht gleichzeitig verstorben, sondern es lagen drei Tage zwischen dem Tod der E und dem des L, sodass L als Erbe nicht weggefallen ist. Es ist daher zu fragen, ob die Klausel im Testament dahingehend auszulegen ist, dass T (als Nacherbin) für den Fall eingesetzt werden sollte, dass L die E nur kurzzeitig überlebte.
Man könnte der Ansicht sein, dass ein gleichzeitiges Versterben eindeutig nur dann vorliege, wenn der Tod der in Betracht kommenden Person im gleichen Sekundenbruchteil eintrete.[345] Jedoch wären damit nur sehr seltene Ausnahmefälle erfasst, da sich ein derartiges gleichzeitiges Versterben kaum jemals wird feststellen lassen.
Jedoch ist anerkannt, dass auch in den Fällen scheinbar eindeutigen Wortlauts eine Auslegung möglich ist. Danach ist zu fragen, ob die vom Erblasser getroffene Regelung auch für den Fall gelten sollte, dass dieser und der zunächst Bedachte kurz hintereinander sterben, selbst wenn dies nicht auf dieselbe Ursache zurückgeht.[346]
Es sprechen gewichtige Umstände dafür, dass E die T auch für den Fall zur (Nach-)Erbin einsetzen wollte, dass der Tod von E und L kurz nacheinander erfolgte. So ging es ihr ersichtlich um die Grabpflege, für welche sie die T für geeignet hielt. Es ist also davon auszugehen, dass E die Nacherbschaft zugunsten der T jedenfalls für den Fall eintreten lassen wollte, dass L nach ihrem Tode nicht mehr in der Lage war, seinerseits zu testieren. T ist Nacherbin der E geworden.

243   Besondere Bedeutung hat die Auslegungsfähigkeit (scheinbar) eindeutiger Erklärungen bei der Anordnung von Vor- und Nacherbschaft bzw. Ersatzerbschaft, da diese Begriffe von weiten Kreisen der Betroffenen synonym bzw. falsch verwendet werden:

> **Fall 17: Ersatzerbe oder Nacherbe**
>
> E hat durch ein formwirksames eigenhändiges Testament den gemeinsamen Sohn S zum Alleinerben und seine vermögenslose Frau W, damit – wie im Testament erklärt ist – ihr Lebensabend gesichert sei, zur „Ersatzerbin" eingesetzt. Bald nach dem Tode des E verunglückt S, der seine Frau F zur Alleinerbin eingesetzt hatte, tödlich. W und F streiten um den Nachlass des E. Wie ist die Rechtslage?

W ist mit dem Tod des S gemäß §§ 1937, 1922, 2106 testamentarische Erbin des E geworden, wenn E die W in seinem Testament zur **Nacherbin** (§ 2100) berufen hat.

I.   **Nach dem Wortlaut** des von E errichteten Testaments sollte W **Ersatzerbin** sein. Danach wäre W mit dem Tod des S nicht Erbin des E geworden, da die Ersatzerbfolge (§§ 2096–2099) immer nur eintreten kann, wenn der in erster Linie berufene Erbe nicht Erbe wird (z.B. vorverstirbt oder nach dem Erbfall ausschlägt). Da der zunächst berufene S Erbe geworden ist, konnte keine Ersatzerbfolge eintreten.

344   Abgewandelt nach BayObLG NJW-RR 1999, 1528; vgl. dazu auch OLG München JuS 2009, 380.
345   In diesem Sinne KG NJW 1970, 758.
346   BayObLG NJW-RR 1997, 329; RÜ 2004, 238 = ZEV 2004, 200 mit Anm. Kasper.

II. Anders wäre es, wenn man den im Testament verwandten **Begriff „Ersatzerbin" als „Nacherbin" auslegen** könnte. Bei der Nacherbfolge (§§ 2100–2146) würde W Erbin des Erblassers E sein, und zwar in der Weise, dass das zunächst auf den Vorerben S übergegangene Vermögen des E mit dem Tode des S ihr zufallen würde (§ 2100).

1. Da der Erblasser eine Sicherung des Lebensabends seiner Ehefrau gewollt hat, was aber mit einer Ersatzerbschaft nicht zu erreichen war, ist fraglich, ob der Erblasser in Wahrheit nicht eine Nacherbfolge wollte (Auslegungsbedürftigkeit).

2. Es ist daher im Wege der **erläuternden Auslegung** zu ermitteln, ob die Einsetzung als „Ersatzerbin" als Einsetzung zur „Nacherbin" zu verstehen ist.

   a) Der Rechtsbegriff „Ersatzerbschaft" ist für den ausgebildeten Juristen ein eindeutiger Begriff. Doch wird dieser Begriff von rechtsunkundigen Personen auch im Sinne einer Nacherbschaft verstanden. Der Begriff ist somit mehrdeutig und daher auslegungsfähig. Es ist der **wirkliche Wille des Erblassers** zu ermitteln. Die verwendeten Erklärungen dienen lediglich als Anhaltspunkte. Entscheidend ist, was der Erblasser mit seinen Worten sagen wollte.[347]

   b) Da E den Willen hatte, den Lebensabend der W zu sichern, ist er bei Testamentserrichtung davon ausgegangen, dass S, solange er lebt, für die Mutter sorgen werde, und dass nach dem Tode des S die W das Vermögen erhalten werde und so gesichert sei. E hat somit eine Nacherbschaft der W gewollt.

   c) Dieser Wille des E hat auch **in der Testamentsurkunde** – wie es Rspr. und h.M. verlangen – seinen **Anklang** gefunden (sogenannte Anklangs- oder Andeutungstheorie;[348] vgl. unten Rn. 249 ff.). E hat in dem Testament zum Ausdruck gebracht, dass er mit der Erbeinsetzung seiner Frau deren Lebensabend absichern wollte.

W ist daher nach dem Tode des Vorerben S Erbin des E geworden.

Beachte: Auf die spezielle Auslegungsregel des § 2102 Abs. 2, wonach „im Zweifel" Ersatzerbschaft anzunehmen ist, kann erst dann zurückgegriffen werden, wenn sich nach den zunächst anzuwendenden allgemeinen Auslegungsmethoden ein Erblasserwille nicht feststellen lässt.[349]

---

b) Ergänzende Auslegung

Durch die **ergänzende Testamentsauslegung** ist es möglich, Lücken in der Verfügung von Todes wegen zu schließen. **244**

Relativ unproblematisch ist die Feststellung einer Lücke im Testament, wenn der Erblasser eine Anordnung schlichtweg vergessen hat.

---

347 BGHZ 86, 41, 46; BayObLG FamRZ 1994, 1554, 1555; Schlüter/Röthel § 19 Rn. 5.
348 BGHZ 86, 41; Palandt/Weidlich § 2084 Rn. 9.
349 BGHZ 33, 60, 63; Brox/Walker Rn. 206.

Die Lückenhaftigkeit kann sich jedoch auch daraus ergeben, dass sich zwischen der Testamentserrichtung und dem Erbfall persönliche oder sachliche **Verhältnisse**, die für die in der Testamentsurkunde niedergelegte Entschließung des Erblassers **maßgebend** waren, so verändert haben, dass sich das ursprünglich verfolgte Ziel nicht mehr erreichen lässt oder dass es verfehlt würde (aa).

Die ergänzende Testamentsauslegung kommt aber auch in Betracht, wenn der Erblasser Umstände nicht kannte, die bereits bei Errichtung des Testaments vorlagen (bb).

245 **aa)** Die ergänzende Auslegung wird angewendet, wenn sich **wesentliche Umstände verändert** haben:

Fall 18: Aktiensturz

E hat in seinem privatschriftlichen Testament seine Ehefrau F zur nicht befreiten Vorerbin eingesetzt und seine beiden, zur Zeit der Testamentserrichtung vier- und fünfjährigen Söhne A und B zu Nacherben. Diese Verfügungen hat er im Testament selbst damit begründet, dass seine Ehefrau im Falle seines Ablebens durch die Erträge des Nachlasses gut für sich und ihre Kinder sorgen könne und somit die Substanz des Vermögens nicht angegriffen werden müsse, sondern seinen Kindern für später erhalten bleiben solle. Als E acht Jahre später starb, stellte sich heraus, dass die F von den Erträgen des Nachlasses nicht leben konnte, weil die zum Nachlass gehörenden Aktien keine Dividende mehr abwarfen. Ein bei Testamentserrichtung noch vorhandenes Mietshaus war durch Brand zerstört worden und ein Wiederaufbau nicht möglich gewesen, weil das Haus unterversichert war.

Zum Nachlass gehört noch ein unbebautes Grundstück. Dieses möchte die F veräußern, um die Lebenshaltungskosten bestreiten zu können. Der Kaufinteressent hat wegen der Nacherbschaft Bedenken bezüglich der Wirksamkeit der Veräußerung durch F und bittet daher die F, ihm einen Erbschein vorzulegen, der sie als befreite Vorerbin ausweist. Die F beantragt einen solchen Erbschein.

---

246 **Vorüberlegung:**

I. Die Bedenken des Kaufinteressenten sind **wegen § 2113 Abs. 1** berechtigt. Danach wird die Verfügung, die ein Vorerbe über ein Grundstück trifft, das zum Nachlass gehört, bei Eintritt des Nacherbfalls unwirksam, soweit dadurch die Rechte des Nacherben vereitelt oder beeinträchtigt werden.[350]

II. Die Bedenken des Kaufinteressenten sind dagegen ausgeräumt, wenn **befreite Vorerbschaft** vorliegt, **§ 2136**, denn dann kann der Vorerbe über ein Nachlassgrundstück verfügen, ohne dass bei Eintritt der Nacherbfolge die Verfügung unwirksam wird. Wenn F durch einen Erbschein als befreite Vorerbin ausgewiesen ist, dann ist der Erwerber – unabhängig von der materiellen Lage – gesichert, weil der öffentliche Glaube des Erbscheins, §§ 2365, 2366, zu seinen Gunsten wirkt. § 2363 Abs. 1 S. 2 sieht auch im Erbschein die Angabe vor, ob befreite oder nicht befreite Vorerbschaft vorliegt.

247 Das Nachlassgericht wird F den Erbschein als befreite Vorerbin erteilen, wenn es die zur Begründung des Antrags erforderlichen Tatsachen für festgestellt erachtet, § 352 e Abs. 1 FamFG.

I. Gegen die Erteilung eines Erbscheins als befreite Vorerbin spricht der Wortlaut des Testaments, in dem die F zur nicht befreiten Vorerbin eingesetzt worden ist.

---

350 Vgl. dazu auch BGHZ 52, 269 ff. sowie OLG Hamm NJW-RR 1995, 1289.

II. Der beantragte Erbschein kann also nur erteilt werden, wenn die Auslegung des Testaments ergibt, dass F in Wahrheit befreite Vorerbin ist. Eine erläuternde Auslegung scheidet aus, weil der Wortlaut eindeutig ist und den damaligen wirklichen Willen des Erblassers ausdrückt. In Betracht kommt aber eine **ergänzende Auslegung**.

1. Das Ziel des Erblassers, durch Einsetzung seiner Frau zur nicht befreiten Vorerbin deren Lebensunterhalt aus den Erträgen des Nachlasses sicherzustellen, kann wegen nachträglich eingetretener Umstände – Ertraglosigkeit des Nachlasses – nicht mehr erreicht werden. Für die ergänzende Auslegung muss nun ermittelt werden, welchen **hypothetischen Willen der Erblasser** gehabt hätte, wenn er **im Zeitpunkt der Testamentserrichtung** die später eingetretene Entwicklung vorausschauend bedacht hätte.

   Seine beiden Ziele – einerseits den Lebensunterhalt seiner Frau sicherzustellen, andererseits die Nachlasssubstanz für seine Kinder zu erhalten – hätte er nicht gleichzeitig voll verwirklichen können, weil zur Erreichung des ersten Ziels immer ein Rückgriff auf die Nachlasssubstanz erforderlich war. Um einerseits seiner Ehefrau den Rückgriff auf die Nachlasssubstanz zu ermöglichen und andererseits den Nachlass auch seinen Kindern zukommen zu lassen, bestanden die Möglichkeiten, Frau und Kinder als Miterben oder die Ehefrau als befreite Vorerbin und die Kinder als Nacherben einzusetzen. Eine Miterbeneinsetzung hätte der Ehefrau einen Rückgriff auf die Nachlasssubstanz zur Deckung ihres Lebensunterhalts ebenfalls erschwert, weil dies eine Erbauseinandersetzung mit den minderjährigen Kindern vorausgesetzt hätte. Außerdem hatte E den Willen, dass der Nachlass zunächst einmal ungeteilt in der Hand der Frau bleiben sollte, damit diese für sich und die Kinder sorgen könne. Nach alledem kann man als hypothetischen Willen des E annehmen, dass er seine Ehefrau als befreite Vorerbin und die Kinder als Nacherben eingesetzt hätte.

2. Dieser hypothetische Wille des Erblassers hat auch **in der Testamentsurkunde** – wie es Rspr. und h.M. verlangen – seinen **Anklang** gefunden (sogenannte Anklangs- oder Andeutungstheorie;[351] vgl. unten Rn. 249 ff.). E hat in dem Testament zum Ausdruck gebracht, dass seine Frau mit der Anordnung in die Lage versetzt werden solle, aus dem Nachlass ihren Lebensunterhalt zu bestreiten.

Die F wird daher den von ihr beantragten Erbschein erhalten.

---

bb) Die (ergänzende) Auslegung, wenn dem Erblasser **wesentliche Umstände unbekannt** waren: **248**

Beispiel: Falsche Wert-Vorstellungen

E hat in einem Testament bestimmt, dass seine Söhne A, B und C Erben sein sollen. A soll das Geschäft erhalten, B die Baugrundstücke und C das übrige Vermögen. Jeder soll nicht mehr und nicht weniger als die zugewandte Vermögensgruppe erhalten. E ist bei dieser Regelung davon ausgegangen, dass die einzelnen Vermögensgruppen etwa gleichwertig sind. In Wahrheit hatten die Baugrundstücke einen doppelt so hohen Wert.

---

351 RGZ 134, 277, 280; 142, 171, 175; BGHZ 86, 41; 94, 36; Palandt/Weidlich § 2084 Rn. 9; MünchKomm/Leipold § 2084 Rn. 14.

I. E hat A, B, C als Erben eingesetzt, und zwar zu Bruchteilen. Das Bruchteilsverhältnis ergab sich aus dem Wert der zugewandten Gegenstände zueinander. Dabei ging E davon aus, dass die zugewandten Vermögensgruppen etwa gleichwertig waren, also etwa jeder ein Drittel erhielt.

II. Da die Baugrundstücke einen doppelt so hohen Wert haben, entspricht die getroffene Regelung nicht dem wahren Willen des Erblassers. Im Wege der ergänzenden Auslegung ergibt sich, dass B bezüglich des überschießenden Betrags zur Ausgleichszahlung verpflichtet ist.

II. Einhaltung der Form

1. Umstritten ist, ob der durch die Auslegung ermittelte Erblasserwille nur berücksichtigt werden darf, wenn er in der Testamentsurkunde Anklang gefunden hat.

249   **a)** Da im Erbrecht nur der formgerechte Wille des Erblassers berücksichtigt werden kann, fordert die **h.A.**, dass der durch Auslegung ermittelte Wille in der Verfügung von Todes wegen irgendeinen Ausdruck gefunden haben muss, sogenannte **Andeutungstheorie.** Eine Auslegung, die den Erblasserwillen zum alleinigen Maßstab nimmt, verletze die gesetzlichen Formvorschriften und die damit verfolgten Zwecke. Die Form soll den Erblasser insbesondere dazu veranlassen, sich über den Inhalt seiner Verfügung klar zu werden. Dies müsse auch bei einer Auslegung des Inhalts gelten.[352]

250   **b)** In Teilen der Lit. wird diese Auffassung mit der Begründung abgelehnt, die Andeutungstheorie bevorzuge ohne sachlichen Grund den weitschweifigen Erblasser und führe zu Rechtsunsicherheiten, da es in der Entscheidung des Richters liege, ob er die Andeutung für ausreichend hält.[353]

251   Nach der Rspr. des BGH ist daher bei der Auslegung zunächst der Wille des Erblassers zu ermitteln und sodann festzustellen, ob dieser Wille irgendeinen Ausdruck in der Verfügung von Todes wegen gefunden hat.

Beispiel: Beim Abschreiben übersehen

In einem gemeinschaftlichen Testament wollen M und seine Ehefrau F sich gegenseitig zu Erben einsetzen. Nach dem Tode des Letztversterbenden sollen die Kinder Erben sein. Als die Eheleute das Testament jedoch niederschreiben, übertragen sie die gegenseitige Erbeinsetzung aus dem Konzept versehentlich nicht mit. Sie setzen nur die Kinder als Erben des Letztversterbenden ein. Ist die F nach dem Tode des M Erbin?

I. Das gemeinschaftliche Testament enthält keine Erbeinsetzung der F, sondern lediglich die Erbeinsetzung der Kinder.

II. Bei der Errichtung des Testaments wollten die Eheleute sich gegenseitig zu Erben einsetzen. Jedem Ehegatten war der wahre Wille des anderen bekannt. Zur Feststellung des wahren Willens können alle Umstände – auch außerhalb der Testamentsurkunde liegende – berücksichtigt werden.

1. Da nur der formgerecht geäußerte Wille des Erblassers berücksichtigt werden kann, nimmt die herrschende Andeutungstheorie an, dass der wahre Wille nur Berücksichtigung finden kann, wenn er in der Verfügung von Todes wegen **irgendeinen Ausdruck** gefunden hat.[354] Danach kann der wahre Wille der Eheleute nicht berücksichtigt werden, weil in dem gemeinschaftlichen Testament kein Hinweis darauf enthalten ist, dass die Eheleute sich gegenseitig bedenken wollten.[355]

Somit ist F nicht testamentarische Erbin. Es tritt nach dem Tode des „Erstversterbenden" die gesetzliche Erbfolge ein.

---

352   BGH NJW 1985, 1554, 1555; Leipold Rn. 396; Michalski Rn. 336; Olzen Rn. 571 ff.; Palandt/Weidlich § 2084 Rn. 4.

353   Brox/Walker Rn. 200, 204; JA 1984, 549 ff.; Gerhards JuS 1994, 642; Harder/Kroppenberg Rn. 195 ff.; MünchKomm/Busche § 133 Rn. 60; Petersen Jura 2005, 597, 599.

354   BGH NJW 1985, 1554, 1555.

355   BGH NJW 1981, 1737; MünchKomm/Leipold § 2084 Rn. 15.

2. Nach a.A. ist allein der hypothetische Wille maßgebend. Er braucht **keinen Anhaltspunkt** in der Verfügung von Todes wegen gefunden zu haben. Deshalb liegt eine gegenseitige Erbeinsetzung vor.[356]

2. In diesem Zusammenhang ist **umstritten, welche Rechtsfolgen eintreten, wenn**   **252**
der Erblasser bei der Errichtung des Testaments eine bestimmte Person als Erben einsetzen wollte und er diese **Person irrtümlich falsch bezeichnet** hat.

Beispiel: Falsche Rechtskenntnisse

E, der nach seinem Tode seine Mutter M und seine uneheliche Tochter T hinterlässt, hatte in einem Testament bestimmt, es solle die gesetzliche Erbfolge eintreten. Damit wollte er bezwecken, dass M Alleinerbin wird, da er zu Unrecht annahm, die nichteheliche Tochter sei keine gesetzliche Erbin. Ist M Alleinerbin geworden?

I. Der Erblasser E hat angeordnet, dass die gesetzliche Erbfolge eintreten soll. Daher ist nach der getroffenen Anordnung die T Alleinerbin, da sie als Abkömmling (Erbin erster Ordnung, § 1924 Abs. 1) die Mutter (Erbin zweiter Ordnung, § 1925 Abs. 1) gemäß § 1930 verdrängt.
II. Der E wollte bei der Errichtung des Testaments, dass M Alleinerbin wird. Kann diesem wahren Willen Geltung verschafft werden?
1. Zum Teil wird **in der Lit.** die Auffassung vertreten, dass es sich in diesen Fällen um eine **irrtümliche Falschbezeichnung** handele und daher die Regeln der falsa demonstratio anzuwenden seien, mit der Folge, dass die Falschbezeichnung unschädlich sei und der wahre Wille des Erblassers Berücksichtigung finden könne. Danach ist M alleinige Erbin.[357]
Dagegen spricht jedoch, dass E in dem Testament nicht eine bestimmte Person als Erben benannt hat, sondern lediglich auf die gesetzliche Regelung verwiesen hat.
2. Nach der überwiegenden Auffassung kann dem wahren Willen des E nur unter den Voraussetzungen der Testamentsauslegung Geltung verschafft werden.
a) Da der Wille des E, seine Mutter als Alleinerbin einzusetzen, in der Testamentserklärung keinerlei Ausdruck gefunden hat, kommt **nach der herrschenden Andeutungstheorie** keine Auslegung des Testaments, dass die M Alleinerbin sein soll, in Betracht.[358]
b) Nach a.A., nach welcher der feststehende wahre Wille des Erblassers auch dann Berücksichtigung finden kann, wenn er im Testament keinen Ausdruck gefunden hat,[359] ist M Alleinerbin.

B. Die besonderen gesetzlichen Auslegungsregeln und Ergänzungsvorschriften

Das Erbrecht enthält eine Fülle besonderer gesetzlicher Auslegungsregeln. Als sie geschaffen wurden, waren in der Rechtsdogmatik die allgemeinen Auslegungsgrundsätze noch nicht so weit entwickelt wie heute. Mit der Weiterentwicklung der allgemeinen Auslegungsgrundsätze haben diese speziellen Auslegungsregeln des Erbrechts weitgehend an Bedeutung verloren, da sie zumeist auf Lebenserfahrungsgrundsätzen beruhen, die nach dem heutigen Stand der Auslegungsdogmatik ohnehin bei der allgemeinen Auslegung zu berücksichtigen sind. Ihre Bedeutung haben sie dort behalten, wo die allgemeine Auslegung noch nicht zu einem eindeutigen Ergebnis führt.[360]   **253**

---

356 Brox/Walker Rn. 200, 204; ders. JA 1984, 549 ff.
357 Vgl. Flume NJW 1983, 2007 ff.; Wolf/Gangel JuS 1983, 663 ff.
358 BGHZ 80, 246, 250.
359 Brox/Walker Rn. 200, 204.
360 BGHZ 33, 60, 63; Brox/Walker Rn. 206; Kipp/Coing § 22; Lange/Kuchinke § 34 VI 2; Schlüter/Röthel § 19 Rn. 30.

I. Unklarheiten bezüglich des bedachten Personenkreises oder bezüglich der Bedingung, §§ 2066–2076

Regeln zur Klärung des Kreises der Bedachten und von bedingten Zuwendungen sind in den **§§ 2066–2076** enthalten. Sie gelten nicht nur für Erbeinsetzungen, sondern auch für Vermächtnisse.

1. Generelle Bezeichnung des bedachten Personenkreises

254 Die §§ 2066 ff. enthalten u.a. Regeln für den Fall, dass der Erblasser den Kreis der Bedachten nur generell bezeichnet.

- § 2066 „meine gesetzlichen Erben"
- § 2067 „meine Verwandten" oder „meine nächsten Verwandten"
- § 2068 „meine Kinder"
- § 2070 „die Abkömmlinge des X" (eines Dritten)
- § 2071 Personengruppen (z.B. „meine Angestellten")
- § 2072 „die Armen"
- § 2073 mehrdeutige Bezeichnung (z.B. Name, der mehrmals in der Verwandtschaft vorkommt); genau genommen handelt es sich bei § 2073 nicht um eine Auslegungsregel, sondern um eine Fiktion.[361]

Das Verhältnis dieser Regeln zu den allgemeinen Auslegungsregeln sei am Beispiel des § 2066 verdeutlicht:

Nach der Regel des § 2066 S. 1 sind in dem Fall, dass der Erblasser seine gesetzlichen Erben ohne nähere Bestimmung bedacht hat, diejenigen, welche zur Zeit des Erbfalls seine gesetzlichen Erben sein würden, nach dem Verhältnis ihrer gesetzlichen Erbteile bedacht. D.h. es tritt dann aufgrund des Testaments die Rechtslage ein, die eingetreten wäre, wenn es zur gesetzlichen Erbfolge gekommen wäre.

Die Regel des § 2066 kommt aber nur dann zur Anwendung, wenn mittels allgemeiner Auslegungsregeln gemäß § 133 ein anderer Erblasserwille (wahrer oder hypothetischer) nicht eindeutig feststellbar ist. Ein Fall des § 2066 liegt daher zum einen nicht vor, wenn sich feststellen lässt, dass der Erblasser – ohne Rücksicht auf eine etwaige spätere Veränderung – nur die zum Zeitpunkt der Testamentserrichtung als gesetzliche Erben in Betracht kommenden Personen als Erben einsetzen wollte. Ein Fall des § 2066 ist zum anderen nicht gegeben, wenn sich ein wahrer oder hypothetischer Wille des Erblassers dahin feststellen lässt, dass er die Personen als Erben einsetzen wollte, die im Zeitpunkt des Erbfalls nach der Rechtslage, wie sie bei der Testamentserrichtung bestand, Erben geworden wären.

2. Auslegungsregel des § 2069

255 § 2069 enthält die Auslegungsregel, dass bei **Wegfall eines bedachten Abkömmlings** nach Testamentserrichtung dessen Abkömmlinge insoweit bedacht sind, als sie bei gesetzlicher Erbfolge an die Stelle des Weggefallenen treten würden.[362]

Beispiel: Vorverstorbener Sohn

Der Erblasser hat seinen Sohn A zum Alleinerben eingesetzt und seinen Sohn B auf den Pflichtteil gesetzt. A, der zwei Kinder hat, ist nach der Testamentserrichtung, aber vor Eintritt des Erbfalls gestorben.

Es greift im Zweifel § 2069 ein, der auf dem Gedanken beruht, dass der Erblasser, der einen Abkömmling bedenkt, auch dessen Stamm die Zuwendung machen will. Danach sind die beiden Kinder des A testamentarische Erben zu je 1/2.

---

361 Vgl. zur Reichweite des § 2073, Palandt/Weidlich § 2073 Rn. 2.
362 Vgl. dazu Perkams ZEV 2005, 510 ff.

Die stillschweigende Ersatzberufung von Abkömmlingen des Bedachten kann unter Heranziehung des in § 2069 enthaltenen Gedankens bei der ergänzenden Testamentsauslegung (aber keine analoge Anwendung des § 2069) bei entsprechenden Anhaltspunkten auch bei Einsetzung anderer nahestehender Personen angenommen werden. **256**

3. Auslegungsregeln für bedingte Zuwendungen

Für Bedingungen enthalten die §§ 2074–2077 folgende besondere erbrechtliche Auslegungsregeln: **257**

- § 2074

  Bei aufschiebender Bedingung soll die Zuwendung im Zweifel nur gelten, wenn der Bedachte ihren Eintritt erlebt.

- § 2075

  Die Bedingung eines fortgesetzten Tuns oder Unterlassens (z.B. „soll Erbe sein, wenn er nicht mehr säuft") ist im Zweifel auflösende Bedingung; ebenso auch eine Verwirkungsklausel.[363]

- § 2076

  Verknüpft der Erblasser eine Zuwendung mit einer Bedingung, die einem Dritten einen Vorteil verschaffen soll, so will er auf den Willen des Bedachten einwirken, die Bedingung zu erfüllen. Wenn der Bedachte dazu bereit ist und die Erfüllung nur daran scheitert, dass der Dritte den Vorteil nicht haben will, dann widerspricht es in der Regel dem Erblasserwillen, dem Bedachten die Zuwendung aus diesem Grunde vorzuenthalten.[364] Daher ordnet § 2076 an, dass die Bedingung zum Vorteil eines Dritten im Zweifel als eingetreten gilt, wenn der Dritte die zum Eintritt der Bedingung erforderliche Mitwirkung verweigert (Ergänzung zu § 162).

- § 2077

  Letztwillige Verfügungen zugunsten des Ehegatten (Abs. 1) oder Verlobten (Abs. 2) stehen im Zweifel unter der stillschweigenden Bedingung, dass die Ehe bzw. das Verlöbnis nicht vor dem Tode des Erblassers aufgelöst wird.[365] Gleiches gilt gemäß § 2077 Abs. 1 S. 2, wenn die Ehe zwar noch nicht aufgelöst war, aber die Voraussetzungen für die Scheidung vorlagen und der Scheidungsantrag noch vor dem Tod zugestellt war oder der Erblasser der Scheidung zugestimmt hat.[366] gemäß § 10 Abs. 5 LPartG gelten die Regeln des § 2077 Abs. 1 und 3 entsprechend bei Zuwendungen an den Lebenspartner. Die Unwirksamkeit einer letztwilligen Verfügung zugunsten des Ehepartners aufgrund des § 2077 Abs. 1 wegen Auflösung der Ehe vor dem Tod des Erblassers stellt einen Wegfall des zunächst bedachten Erben i.S.v. § 2096 dar, sodass der Ersatzerbfall eintritt.[367]

II. Auslegungsregeln bei Unklarheiten bezüglich der Erbeinsetzung, §§ 2087 ff.

Die §§ 2087 ff. enthalten **spezielle Auslegungsregeln und Ergänzungsvorschriften** für die Erbeinsetzung.

1. Auslegung gemäß § 2087

§ 2087 enthält eine Regel, nach der in **Zweifelsfällen** zu entscheiden ist, **ob eine Erbeinsetzung gewollt war**. **258**

---

363 BGH JuS 2009, 1059; Lange/Kuchinke § 34 VI 3.
364 MünchKomm/Leipold § 2076 Rn. 1.
365 Vgl. dazu OLG München NJW-Spezial 2008, 232.
366 Vgl. hierzu BGH FamRZ 1995, 229 mit krit. Anm. Schlüter FuR 1995, 55.
367 Hanseatisches OLG RÜ 2015, 703, 704.

Für eine Erbeinsetzung ist der Gebrauch der Worte „Erbe", „erben" usw. nicht wesentlich. Notwendig ist nur, dass sich der Wille des Erblassers ergibt, die Gesamtrechtsnachfolge herbeizuführen. Das bringt § 2087 Abs. 1 zum Ausdruck, denn wenn der Erblasser einem anderen sein Vermögen oder Bruchteile seines Vermögens zuwendet, dann will er im Zweifel eine Gesamtrechtsnachfolge.

Nach § 2087 Abs. 2 ist die Zuwendung einzelner Gegenstände (auch wenn der Begriff „erben" gebraucht wird) im Zweifel keine Erbeinsetzung, sondern regelmäßig nur ein Vermächtnis. Diese spezielle Auslegungsregel gilt jedoch nur dann, wenn nach Anwendung der allgemeinen Auslegungsgrundsätze weiterhin Zweifel bleiben.[368] Wenn ein Erblasser sein gesamtes Vermögen auf bestimmte Personen nach bestimmten Vermögensgruppen, die jede für sich gesehen einen wesentlichen Bruchteil des Vermögens ausmachen, verteilt, so bringt er damit konkludent zum Ausdruck, dass die bedachten Personen zusammen in sein Gesamtvermögen einrücken sollen, und zwar entsprechend dem Wert der zugedachten Vermögensgruppen.[369]

Beispiel: Einzelzuweisung

Die kinderlose Witwe W errichtet ein Testament und bestimmt: „Ich setze meine Hausgehilfin H zur Erbin ein. Der Nachlass umfasst den Bungalow – in dem ich jetzt wohne – nebst Inventar."
Im Zeitpunkt des Todes gehören der W der Bungalow im Wert von 250.000 € und Barvermögen i.H.v. 500.000 €. Der Bruder B der W – als einziger gesetzlicher Erbe – und die H streiten darüber, wer Erbe ist.

Erbe kann nur derjenige sein, der nach dem Erblasserwillen das Vermögen als **Ganzes** erhalten soll.

I. Im Testament hat W nur über den Bungalow – einen einzelnen Vermögensgegenstand – verfügt und nicht zum Ausdruck gebracht, dass die H ihr ganzes Vermögen erhalten soll. Gemäß § 2087 Abs. 2 enthält die Zuwendung eines einzelnen Vermögensgegenstandes im Zweifel ein Vermächtnis. Allerdings wird davon ausgegangen, dass für den Fall, dass der zugewandte Gegenstand den gesamten Nachlass ausmacht, entgegen der Auslegungsregel des § 2087 Abs. 2 eine Erbeinsetzung anzunehmen sei. Es könne nicht davon ausgegangen werden, dass der Erblasser in diesem Fall überhaupt keinen Erben habe einsetzen wollen.[370]
Vorliegend sind neben dem Bungalow noch erhebliche weitere Vermögensgegenstände vorhanden. Es ist daher von dem in § 2087 Abs. 2 geregelten Normalfall auszugehen, sodass die H vom Erben gemäß § 2174 die Übereignung des Bungalows verlangen kann.
II. Mangels einer testamentarischen Erbeinsetzung tritt die gesetzliche Erbfolge ein. B als Bruder der W ist gemäß § 1925 als gesetzlicher Erbe berufen. Er hat mit dem Tode das gesamte Vermögen allein erworben, also auch das Eigentum am Bungalow. Diesen muss er jedoch zum Zwecke der Erfüllung des Vermächtnisses an die H übereignen.[371]

2. Auslegung gemäß §§ 2088, 2089

259   Erschöpft eine **Erbeinsetzung** (eines oder mehrerer Erben) **auf Bruchteile** den Nachlass nicht, so ist zu unterscheiden:

- ■ Ergibt die allgemeine Auslegung, dass die gesetzliche Erbfolge ausgeschlossen sein soll, so tritt nach **§ 2089** eine verhältnismäßige Erhöhung der Bruchteile der Testamentserben ein.

---

368   Vgl. OLG München JuS 2008, 560.
369   BGH FamRZ 1972, 561; BayObLG NJW-RR 1998, 1230; 1999, 1021; OLG Celle MDR 2003, 89; RGRK/Johannsen § 2087 Rn. 7; Staudinger/Otte § 2087 Rn. 8 ff. u. 18 ff.; Lange/Kuchinke § 27 II 2; Klinger/Scheuber NJW-Spezial 2008, 135.
370   Vgl. BayObLG NJW-RR 1999, 1021; OLG München RÜ 2010, 556.
371   Nachgebildet BayObLG NJW-RR 1993, 138.

■ Ist ein Wille des Erblassers, die gesetzliche Erbfolge auszuschließen, nicht feststellbar, so gilt der Grundsatz, dass eine Erbeinsetzung nicht weiter reicht als ihr Inhalt, **§ 2088**. Hinsichtlich des Vermögensrestes, über den nicht verfügt wurde, tritt gesetzliche Erbfolge ein.

260

3. Auslegung gemäß § 2091

Die Ergänzungsregel des § 2091 spricht bei **Einsetzung mehrerer Erben ohne Quotenbestimmung** für die **Gleichheit der Erbteile**; das gilt nicht, soweit sich aus den Regeln der §§ 2066–2069 etwas anderes ergibt.

261

Beispiel 1: Der Erblasser E setzt seine Frau und seine beiden Kinder in der Weise zu Erben ein, dass er testiert: „Meine Frau Frieda und meine Söhne Anton und Bruno sollen mich gemeinsam beerben."

Namentliche Erbeinsetzung ist kein Fall des § 2066, es greift also § 2091 ein.[372] Es sind also F, A und B testamentarische Miterben zu je 1/3.

Beispiel 2: E hat in Beispiel 1 testiert: „Mein Vermögen soll an meine gesetzlichen Erben fallen." Es liegt der Fall des § 2066 vor: F, A und B sind testamentarische Miterben in Höhe ihrer gesetzlichen Erbteile, also die F zu 1/2, A und B je zu 1/4. Für die Anwendung des § 2091 ist somit kein Raum mehr.

4. Anwachsung gemäß § 2094

§ 2094, die Vorschrift über die **Anwachsung**, trifft eine dem vermutlichen Willen des Erblassers entsprechende Regelung für den Fall, dass ein eingesetzter Erbe wegfällt.

262

Fall 19: Nasciturus

E hat in seinem Testament das bereits gezeugte, aber noch nicht geborene Kind seiner zweiten Ehefrau und seine zweite Ehefrau zu je 1/2 als Erben eingesetzt. Seine beiden Söhne aus erster Ehe hat E im Testament nicht erwähnt. Nach dem Tode des E bringt die zweite Ehefrau das Kind tot zur Welt. Wer ist Erbe?

I. Nach dem Willen des E sollten die zweite Ehefrau und das bereits gezeugte, aber noch nicht geborene Kind Erben zu je 1/2 sein. Die Einsetzung einer Leibesfrucht zum Erben ist möglich. Der eingesetzte „nasciturus" gilt dann, falls er lebend zur Welt kommt, als vor dem Erbfall geboren (§ 1923 Abs. 2). Da jedoch das zum Erben eingesetzte erwartete Kind tot geboren wurde, konnte sich der Erblasserwille insoweit nicht verwirklichen, denn die totgeborene Leibesfrucht kann niemals Erbe sein. Die Fiktion des § 1923 Abs. 2 gilt nur, wenn der „nasciturus" lebend zur Welt kommt.[373]

II. Fraglich ist, welche Veränderung bezüglich der Erbfolge durch die Totgeburt eintritt.

1. Soweit der Erblasser seine zweite Ehefrau zu 1/2 als Erbin eingesetzt hat, bleibt diese Verfügung gemäß § 2085 bestehen.

2. Was mit der Hälfte geschieht, die an das Kind fallen sollte, ist durch Auslegung zu ermitteln, da der Erblasser im Testament hierüber keine Anordnung getroffen hat.

---

372 Palandt/Weidlich § 2091 Rn. 1.
373 Palandt/Weidlich § 1923 Rn. 6.

a) Die allgemeinen Auslegungsgrundsätze führen nicht weiter, da sich keine Andeutung darüber findet, was im Falle des Wegfalls eines eingesetzten Erben geschehen soll; insbesondere lässt sich nicht durch eine ergänzende Auslegung feststellen, dass die im Testament übergangenen Söhne aus erster Ehe Ersatzerben sein sollen.

b) Ein Fall des § 2088 Abs. 1 liegt ebenfalls nicht vor, da E in seinem Testament über das ganze Vermögen verfügt hat.

c) Es könnte § 2094 eingreifen, wonach der dem weggefallenen Testamentserben zugedachte Erbteil dem verbleibenden Testamentserben anwächst.

   aa) Voraussetzung des § 2094 ist zunächst, dass der Erblasser eine Mehrheit von Erben auf den gesamten Nachlass eingesetzt und dadurch die gesetzliche Erbfolge ausgeschlossen hat.

   E hat seine zweite Ehefrau und das bereits gezeugte, aber noch nicht geborene Kind testamentarisch als Erben zu je 1/2 eingesetzt. Dadurch hat er seinen gesamten Nachlass auf eine Mehrheit von Erben verteilt und die gesetzliche Erbfolge ausgeschlossen.

   bb) Ferner muss einer der eingesetzten Erben vor oder nach Eintritt des Erbfalls weggefallen sein.

   Die Totgeburt einer eingesetzten Leibesfrucht ist ein Wegfall des eingesetzten Erben vor dem Erbfall i.S.v. § 2094, da die Leibesfrucht nur Erbe werden kann, wenn sie lebend geboren wird (§ 1923 Abs. 2).[374]

   cc) Ein die Anwachsung ausschließender Wille des E ist nicht feststellbar, vgl. § 2094 Abs. 3, sodass die zweite Ehefrau testamentarische Alleinerbin geworden ist.

   Anmerkung: Eine Anfechtung der Erbeinsetzung der Leibesfrucht durch die Söhne aus erster Ehe wegen Irrtums des Erblassers nach § 2078 ist ausgeschlossen, da durch Auslegung der (mutmaßliche) Wille des Erblassers festgestellt werden kann.[375] Die Auslegung geht der Anfechtung vor.

---

5. Auslegungsregeln bei Vor- und Nacherbschaft

263   Hat der Erblasser **Vor- und Nacherben** eingesetzt, aber unvollständige Angaben über die Person des Vor- oder Nacherben oder über den Zeitpunkt des Nacherbfalls gemacht, so geben die §§ 2101 ff. für bestimmte Fälle gesetzliche Auslegungsregeln.

Es gilt z.B. nach § 2101 die Einsetzung einer noch nicht gezeugten Person oder einer noch nicht entstandenen juristischen Person als Einsetzung zum Nacherben.

---

374 Kipp/Coing § 45 I 3 a; Staudinger/Otte § 2094 Rn. 2; Palandt/Weidlich § 2094 Rn. 2.
375 Palandt/Weidlich § 2078 Rn. 1 m.w.N.

Ist die Vorerbschaft auflösend bedingt angeordnet, aber kein Nacherbe bestimmt, gelten im Zweifel die gesetzlichen Erben (mit Ausnahme des Fiskus) als Nacherben, § 2104. Wird umgekehrt kein Vorerbe genannt, so gelten die gesetzlichen Erben als Vorerben, § 2105.

C. Der Grundsatz der wohlwollenden Auslegung, § 2084

Wenn der Inhalt einer letztwilligen Verfügung verschiedene Auslegungen zulässt, so ist nach § 2084 im Zweifel diejenige vorzuziehen, bei welcher die Verfügung Erfolg haben kann (benigna interpretatio).

I. Unmittelbarer Anwendungsbereich des § 2084

§ 2084 regelt zunächst einmal unstreitig den Fall, dass hinsichtlich des Inhalts der letztwilligen Verfügung nach allgemeiner (erläuternder und ergänzender) Auslegung und auch nach den speziellen Auslegungsregeln des Erbrechts ein eindeutiger Erblasserwille nicht festgestellt werden kann, sondern **zwei Auslegungsmöglichkeiten** bestehen, von denen die eine zur Unwirksamkeit der Verfügung führen würde. In diesem Fall ist die Auslegung geboten, die zur Wirksamkeit der Verfügung führt.[376]

264

Bestehen über die Auslegung einer letztwilligen Verfügung keine Zweifel und ist diese eindeutig unwirksam, so kann ihr nicht durch wohlwollende Auslegung gemäß § 2084 zur Wirksamkeit verholfen werden, sondern nur über eine Umdeutung gemäß § 140.[377] Aber auch für diese Umdeutung ist der hypothetische Erblasserwille nach dem Gebot der wohlwollenden Auslegung zu ermitteln.[378]

II. Erweiterung des Anwendungsbereichs des § 2084

Von einem Teil der Lehre und der Rspr. wird § 2084 auch dann angewandt, wenn zwar keine der verbleibenden Auslegungsmöglichkeiten zur Unwirksamkeit führt, aber eine der Auslegungsmöglichkeiten das **praktikablere Ergebnis** ermöglicht.[379]

265

Beispiel: Dezentrale Verteilung[380]

Der Erblasser hat die Tierschutzvereine der Bundesrepublik in den Städten mit über 20.000 Einwohnern zu seinen Erben eingesetzt, und zwar im Verhältnis der Einwohnerzahl der betreffenden Städte.

Es bestehen die Auslegungsmöglichkeiten:
1. Die Tierschutzvereine selbst und, soweit sie nicht juristische Personen sind, die Gesamtheit ihrer Mitglieder sollen Erben nach Bruchteilen sein, was zwar rechtlich möglich wäre, aber zu einer unübersehbaren Miterbengemeinschaft führte und daher unpraktikabel ist.
2. Eingesetzt ist der Dachverband der Tierschutzvereine e.V. mit der Auflage, das Zugewandte entsprechend auf die einzelnen Vereine zu verteilen. Diese Auslegung ist vorzuziehen, denn sie macht die Durchführung des Erblasserwillens praktikabel.[381]

III. Analoge Anwendung des § 2084

Für die Frage, ob überhaupt eine rechtsgeschäftliche Willenserklärung vorliegt, gilt § 2084 nicht; diese Frage ist nach § 133 zu entscheiden.

266

---

376 Brox/Walker Rn. 205; KG NJW 1970, 758/759; OLG Karlsruhe NJW-RR 1999, 806.
377 Schlüter/Röthel § 19 Rn. 16.
378 BayObLG NJW-RR 2004, 1085 = RÜ 2004, 563.
379 Kipp/Coing § 21 V b; BayObLG NJW 1960, 1765; Brox/Walker Rn. 205.
380 Beispiel nach Kipp/Coing a.a.O.
381 Vgl. auch KG JW 1938, 2273 Nr. 6.

267 Rspr. und h.M. wenden jedoch § 2084 analog an, wenn feststeht, dass eine rechtsgeschäftliche Willenserklärung vorliegt, aber zweifelhaft ist, ob es sich dabei um eine letztwillige Verfügung handelt oder um ein (nichtiges) Rechtsgeschäft unter Lebenden.[382]

D. Besonderheiten bei der Auslegung von Erbverträgen und gemeinschaftlichen Testamenten

I. Die Auslegung von Erbverträgen

268 **1.** Bei der Auslegung von Erbverträgen ist wie folgt zu differenzieren:

■ Soweit der Erbvertrag **Rechtsgeschäfte unter Lebenden** enthält, gelten die allgemeinen Auslegungsgrundsätze gemäß §§ 133, 157, sodass zu ermitteln ist, wie ein redlicher Empfänger an Stelle der Erbvertragspartei die Erklärung verstehen durfte.

■ Für die im Erbvertrag enthaltenen **einseitigen Verfügungen** gelten die zuvor dargestellten Grundsätze der Testamentsauslegung. Da mangels erbrechtlicher Bindungswirkung einseitiger Verfügungen kein schützenswertes Vertrauen existiert, ist der wahre Wille des Erblassers gemäß § 133 zu ermitteln.

■ Besonderheiten gelten hingegen für die **vertragsmäßigen Verfügungen**. Da der Vertragspartner wegen der erbrechtlichen Bindungswirkung vertragsmäßiger Verfügungen schutzwürdig ist, kann es nach h.M. nicht allein auf den wahren Willen des Erblassers ankommen.[383] Vielmehr ist vorrangig zu fragen, wie die Vertragsparteien den Vertrag und seinen Wortlaut übereinstimmend verstanden haben.[384] Führt diese, an § 133 orientierte Auslegung nicht zum Ergebnis, ist gemäß § 157 der Empfängerhorizont maßgeblich.[385]

269 **2.** Neben den allgemeinen Auslegungsregeln ist beim Erbvertrag die Vorschrift des § 2269 (Berliner Testament) zu beachten, die auf Erbverträge über § 2280 entsprechende Anwendung findet.

II. Die Auslegung von gemeinschaftlichen Testamenten

270 Während bei der Auslegung nicht wechselbezüglicher Verfügungen die Testamentsauslegung uneingeschränkt Anwendung findet, gelten für die Auslegung **wechselbezüglicher Verfügungen** die gleichen Einschränkungen wie für die vertragsmäßig bindenden Verfügungen beim Erbvertrag. D.h., dass, soweit ein gemeinsamer Wille der Ehegatten nicht festgestellt werden kann, der Empfängerhorizont maßgeblich ist.[386]

Neben den allgemeinen Auslegungsregeln sind bei der Auslegung gemeinschaftlicher Testamente **§ 2269** sowie, im Hinblick auf die Frage der Wechselbezüglichkeit, **§ 2270 Abs. 2** zu beachten.

---

382 BGH FamRZ 1985, 693; NJW 1988, 2731; a.A. Soergel/Stein § 1937 Rn. 2.

383 Abweichend Dietz § 13 IV 1.

384 BGH NJW 1984, 721.

385 BGH NJW 1989, 2885; einschränkend Brox/Walker Rn. 222, der zwischen entgeltlichen und unentgeltlichen Erbverträgen unterscheiden will.

386 Vgl. BGH NJW 1993, 256; OLG Hamm Rpfleger 2005, 262, 263.

Die Auslegung der Verfügung von Todes wegen

Ermittlung des wahren Willens des Erblassers

■ Da ein Vertrauensschutz grundsätzlich nicht eingreift, kommt es nicht auf den Empfängerhorizont, sondern auf den Willen des Erblassers im Zeitpunkt der Errichtung der Verfügung an (§ 133).

Beachte: bei der Auslegung von vertragsmäßig bindenden Verfügungen im Erbvertrag sowie von wechselbezüglichen Verfügungen im gemeinschaftlichen Testament gilt § 157.

■ Die **Auslegung geht der Anfechtung vor**.

■ Bei der Ermittlung des Erblasserwillens sind auch außerhalb des Testaments liegende Umstände zu berücksichtigen (jedoch Einschränkung durch Formerfordernis, s.u.).

Erläuternde und ergänzende Auslegung; Auslegungsregeln

■ **Erläuternde Auslegung** knüpft an den **Wortlaut** der Erklärung an und ermittelt, was der Erblasser in Wahrheit zum Ausdruck bringen wollte.

Die erläuternde Auslegung kommt nicht nur bei objektiv widersprüchlichen oder mehrdeutigen Erklärungen in Betracht, sondern auch bei scheinbar eindeutigen Erklärungen, denen der Erblasser eine abweichende Bedeutung beigemessen hat (z.B. Vor-/Nach- bzw. Ersatzerbschaft).

■ Fehlt eine Anordnung (Lücke) und ist ein **hypothetischer** Wille andeutungsweise erkennbar, so ist **ergänzende Auslegung** vorzunehmen.

Wichtige Fälle: Änderung wesentlicher Umstände; Unkenntnis bereits bei Testamentserrichtung vorliegender Umstände.

■ Fehlt eine Regelung und ist ein hypothetischer Wille nicht erkennbar, dann greifen die gesetzlichen Auslegungsregeln ein.

§§ 2066 ff. greifen ein, wenn die bedachten Personen unbestimmt sind; §§ 2088 ff., wenn der Bruchteil unklar ist.

■ Bei verschiedenen Möglichkeiten **wohlwollende** Auslegung (§ 2084).

Einhaltung der Form

■ H.M.: Der durch (insbesondere erläuternde) Auslegung ermittelte Wille des Erblassers muss in der Verfügung von Todes wegen irgendeinen Ausdruck gefunden haben, sogenannte **Andeutungstheorie**.

■ M.M.: Andeutungstheorie ist abzulehnen, da weitschweifiger Erblasser bevorzugt wird.

123

5. Abschnitt: Die Anfechtung der Verfügung von Todes wegen[387]

271   Nach den Regeln des Erbrechts soll der wahre Wille des Erblassers verwirklicht werden. Diesem Ziel dienen in erster Linie die Grundsätze über die Auslegung der Verfügung von Todes wegen. Soweit dem Erblasserwillen durch (erläuternde bzw. ergänzende) Auslegung Geltung verschafft werden kann, ist die Anfechtung ausgeschlossen, weil die Auslegung den Erblasserwillen verwirklicht, während ihn die Anfechtung vernichtet.[388] Es gilt also auch im Erbrecht der **Vorrang der Auslegung vor der Anfechtung**.

Die Prüfung der Anfechtung von Verfügungen von Todes wegen entspricht grundsätzlich derjenigen bei §§ 119 ff. Jedoch enthält das Gesetz in den §§ 2078 ff., 2281 ff. Sonderregeln, welche die allgemeinen Vorschriften teilweise verdrängen, teilweise ergänzen. Solche Spezialregeln sind bei der Testamentsanfechtung insbesondere deswegen erforderlich, weil es beim Testament als einseitiger, nicht empfangsbedürftiger Willenserklärung keinen schutzbedürftigen Dritten gibt, der auf den Bestand der Erklärung berechtigterweise vertrauen durfte.

A. Die Voraussetzungen der Testamentsanfechtung

Es bedarf eines **Anfechtungsgrundes**, welcher für die Verfügung von Todes wegen **kausal** geworden ist. Ferner bedarf es der **Anfechtungserklärung** gegenüber dem **richtigen Adressaten** innerhalb der **Anfechtungsfrist**. Besonderes Augenmerk ist auf die **Anfechtungsberechtigung** zu legen. Anders als bei der Anfechtung nach §§ 119 ff. ist der Erklärende (= Verfügende) grundsätzlich nicht anfechtungsberechtigt.

I. Anfechtungsgrund

272   Es muss ein **Anfechtungsgrund** gemäß § 2078 oder § 2079 vorliegen. Zwischen dem Irrtum bzw. der Drohung und der Verfügung des Erblassers muss **Kausalität** bestehen. Im Unterschied zu § 119 Abs. 1 kommt es hinsichtlich der Beurteilung der Kausalität bei der Testamentsanfechtung ausschließlich auf die subjektive Einstellung des Erblassers an. Ob ein „vernünftiger Erblasser" die Verfügung getroffen hätte, ist also irrelevant.

1. Der Anfechtungsgrund des § 2078 Abs. 1

273   § 2078 Abs. 1 entspricht § 119 Abs. 1 und behandelt den **Erklärungs- und Inhaltsirrtum**. Voraussetzung ist stets das Auseinanderfallen von innerem und äußerem Erklärungstatbestand. Diese Divergenz kann verschiedene Gründe haben:

- Ein **Erklärungsirrtum (§ 2078 Abs. 1 Fall 2)** liegt insbesondere vor, wenn der Erblasser sich bei der Abfassung des eigenhändigen Testaments (§ 2247) verschreibt bzw. bei einer mündlichen Erklärung gegenüber dem Notar (§ 2232) verspricht.

- Für einen **Inhaltsirrtum (§ 2078 Abs. 1 Fall 1)** kommen insbesondere Irrtümer über im Testament verwendete Rechtsbegriffe in Betracht.

---

387   Schreiber Jura 2009, 507 ff.; Löhnig JA 2016, 801 ff.; Röthel Jura 2017, 1183 ff.

388   Palandt/Weidlich § 2078 Rn. 1.

In der Rspr. wurde eine Anfechtung gemäß § 2078 Abs. 1 z.B. zugelassen:

- bei der irrtümlichen Annahme, halbbürtige Abkömmlinge seien keine gesetzlichen Erben,[389]
- bei einem Irrtum über die Bedeutung der Rücknahme aus amtlicher Verwahrung i.S.d. § 2256 als rechtsgeschäftlichem Widerrufstatbestand (s.o. Fall 9),[390]
- bei einem Irrtum über die Bindungswirkung eines Erbvertrags.[391]

2. Der Anfechtungsgrund des § 2078 Abs. 2

Gemäß § 2078 Abs. 2 berechtigt jeder **Motivirrtum** zur Anfechtung. Damit geht diese Vorschrift wesentlich über § 119 Abs. 2 hinaus und erfasst zugleich die Fälle der arglistigen Täuschung i.S.d. § 123, die ebenfalls zu einem Motivirrtum des Getäuschten führt. **274**

Bezugspunkt des Motivirrtums können grundsätzlich vergangene, gegenwärtige oder zukünftige Umstände sein. Nicht erforderlich ist, dass die Vorstellung oder Erwartung des Erblassers im Testament einen Niederschlag gefunden hat. Jedoch bedarf es besonderer Umstände des Einzelfalls, die in die Richtung einer bestimmten Vorstellung des Erblassers deuten.[392]

Zweifelhaft ist, ob eine Anfechtung nach § 2078 Abs. 2 auch darauf gestützt werden kann, dass sich der Erblasser über Umstände geirrt hat, die nach seinem Tod eintreten. Da es das Ziel der §§ 2078, 2079 ist, sicherzustellen, dass der Erblasser für den Fall seines Todes eine Entscheidung trifft, die seinem wirklichen Willen nicht widerspricht, ist der Tod des Erblasser der in zeitlicher Hinsicht maßgebliche Aspekt. Daher sollte man – auch im Interesse der Rechtssicherheit – aus fehlgegangenen Vorstellungen des Erblassers über Umstände, die nach seinem Tod eintreten, keinen Anfechtungsgrund herleiten.[393] **275**

Problematisch ist jedoch, inwieweit Irrtum und Nichtwissen gleichgestellt werden können bzw. welche Anforderungen an die Intensität der Fehlvorstellung des Erblassers zu stellen sind. **276**

Fall 20: Reumütiger Freidenker

Der Witwer E war Freidenker und ein erbitterter Gegner der Kirche. Als seine einzige Tochter T gegen seinen Widerstand einen Pfarrer heiratete, errichtete er ein formgültiges Testament mit dem Inhalt: „Zu meinem alleinigen Erben bestimme ich den Freidenkerverband e.V. in Dortmund." Ein Jahr vor seinem Tode vollzog sich bei E ein Wandel in seiner religiösen Anschauung; er trat wieder in die Kirche ein und wurde ein aktives Gemeindemitglied.

Nach dem Tode des E wurde das beim Nachlassgericht hinterlegte Testament eröffnet. Als die T von seinem Inhalt Kenntnis erhält, fragt sie einen Anwalt, ob dieses Testament rechtsgültig sei und was sie eventuell dagegen unternehmen könne.

Bei Gültigkeit des Testaments ist der Freidenkerverband gemäß §§ 1937, 1922 testamentarischer Alleinerbe des E und die Tochter T, die bei gesetzlicher Erbfolge die allei-

---

389 RGZ 70, 361.
390 BGHZ 23, 207, 211.
391 BayObLG NJW-RR 1997, 1027; OLG Frankfurt/M. FamRZ 1998, 194.
392 BGH NJW 1963, 246; BayObLG NJW-RR 1999, 86.
393 Frank/Helms § 7 Rn. 36; Leipold Rn. 428 m.w.N.

nige Erbin wäre, hat nur einen Pflichtteilsanspruch (§ 2303 Abs. 1), also eine Forderung auf Geld im Werte der Hälfte des Nachlasses.

277   I. Die testamentarischen Verfügungen könnten allerdings **sittenwidrig** sein. Eine solche Sittenwidrigkeit ergibt sich aber weder aus der bloßen Enterbung der Tochter (dann wäre das gesamte Pflichtteilsrecht gegenstandslos) noch aus den damaligen Motiven des Erblassers für diese Enterbung. Es ist gerade das Vorrecht des Erblassers, in seiner letzten Verfügung über sein Vermögen seiner Persönlichkeit gemäß zu verfügen, mag die Wertung auch moralisch bedenklich, intolerant oder unverständlich sein. Nur dort, wo die Verfügung in einem Ausmaße missbilligenswert ist, dass die staatliche Ordnung zu ihrer Durchführung außerstande ist, muss man die Nichtigkeit wegen Sittenwidrigkeit anerkennen.[394]

278   II. Auch die Möglichkeit, im Wege **ergänzender Testamentsauslegung** statt der Einsetzung des Freidenkerverbandes eine Erbeinsetzung der Tochter anzunehmen, kommt nicht in Betracht, da nach der h.M. hierfür ein solcher hypothetischer Wille in der Testamentsurkunde zumindest irgendeinen Anklang gefunden haben müsste.

III. In Betracht kommt eine **Anfechtung**.

279   1. Nach **§ 2078 Abs. 2** berechtigt jeder **Motivirrtum** zur Anfechtung. E war bei der Testamentserrichtung zugunsten des Freidenkerverbandes sein eigener künftiger Gesinnungswandel nicht bekannt. Anfechtungsgrund nach § 2078 Abs. 2 kann auch ein Irrtum über die künftige Änderung der eigenen Anschauung des Erblassers sein.[395] Die Frage ist nur, ob die **Unkenntnis** eines solchen künftigen eigenen Gesinnungswandels, die bei der Testamentserrichtung vorlag, einem **Irrtum**, nämlich einer falschen Vorstellung über Umstände, **gleichzusetzen** ist.

280   a) **Nach der Rspr. und h.M.** ist für einen Irrtum grundsätzlich zu fordern, dass sich der Erblasser konkrete Vorstellungen über Umstände bzw. Ereignisse gemacht hat. Die Unkenntnis von einem Umstand kann danach nur dann ein Irrtum sein, wenn dieser unbekannte Umstand von den wirklichen Vorstellungen und Erwartungen des Erblassers abweicht.[396] Dies folge aus dem Wortlaut des § 2078 Abs. 2, wonach der Erblasser durch die irrige Annahme oder Erwartung des Eintritts oder Nichteintritts eines Umstandes zu der Verfügung „bestimmt" worden sein muss. Zudem spricht ein Umkehrschluss aus § 2079, der nur als Ausnahmefall das Nichtbedenken eines Pflichtteilsberechtigten regelt, dagegen, dass grundsätzlich Unkenntnis und Motivirrtum gleichzusetzen sind.

Nach st.Rspr. gehören zu den wirklichen Vorstellungen und Erwartungen des Erblassers aber auch solche, die er zwar nicht in sein Bewusstsein aufgenommen, aber als selbstverständlich zugrunde legt hat (sogenannte **unbewusste Vorstellungen**).[397] Das Vorliegen solcher unbewusster Erwartungen und die

---

394   Lange/Kuchinke § 35 IV 3 b; BGHZ 52, 17, 20.
395   BGH LM Nr. 4 zu § 2078.
396   BGH NJW 1963, 246; NJW-RR 1987, 1412, 1413; Erman/M. Schmidt § 2078 Rn. 8; Palandt/Weidlich § 2078 Rn. 6.
397   BGH NJW 1963, 246, 247; vgl. auch BGH WM 1983, 567, 568; MünchKomm/Leipold § 2078 Rn. 26 f. m.w.N.

Kausalität für die Verfügung sind anhand besonderer Umstände des Einzelfalls zu beweisen.

Bei der Testamentserrichtung ist der E als selbstverständlich von einer eigenen gefestigten religiösen Überzeugung ausgegangen, die er nicht mehr ändern werde. Insoweit lässt sich bei ihm eine „unbewusste Vorstellung" annehmen, die ihn zu der Testamentserrichtung zugunsten des Freidenkerverbandes motivierte und die – wie sich später herausstellte – unrichtig war. Es bestand also nach h.M. ein Motivirrtum des E.

b) Nach einem **Teil der Lit.** steht das Nichtwissen eines Umstandes dem Irrtum gleich.[398] Bei § 2078 Abs. 2 sei stets nach dem hypothetischen Erblasserwillen zu fragen, also danach, ob der Erblasser die Verfügung auch bei Kenntnis der wahren Sachlage getroffen hätte.[399] Das Abstellen der h.M. auf unbewusste Vorstellungen des Erblassers sei eine überflüssige Hilfskonstruktion.[400]

281

Auch nach dieser Ansicht ist ein Motivirrtum des E gegeben, sodass sich eine Entscheidung des Meinungsstreits erübrigt.

2. Bedenken gegen die **Kausalität** dieses Motivirrtums für die Einsetzung des Freidenkerverbandes könnten deshalb bestehen, weil E nach seinem Wiedereintritt in die Kirche – also nach Kenntniserlangung von seinem Irrtum – das Testament nicht widerrufen hat, obgleich ihm das ohne Weiteres möglich gewesen wäre.

282

Aus dem Fortbestehenlassen der letztwilligen Verfügung kann unter Umständen der Schluss zu ziehen sein, dass der Irrtum gar nicht kausal war, sondern dass der Erblasser auch bei Kenntnis so testiert hätte.[401]

Motiv für die Enterbung seiner Tochter und die Einsetzung des Freidenkerverbandes war bei Erblasser E nachgewiesenermaßen seine damalige religionsfeindliche Einstellung. Infolgedessen erscheint es ausgeschlossen, dass der E so testiert hätte, wenn er gewusst hätte, dass er sich selbst wieder der Kirche zuwenden würde.

T kann daher das Testament nach § 2078 Abs. 2 durch Erklärung gegenüber dem Nachlassgericht anfechten. Damit tritt dann die gesetzliche Erbfolge ein und T ist gemäß § 1924 gesetzliche Alleinerbin.

---

3. Der Anfechtungsgrund des § 2079

§ 2079 enthält einen Sonderfall des Motivirrtums und betrifft das Übergehen eines Pflichtteilsberechtigten.

283

Bereits nach dem Wortlaut des § 2079 steht das Nichtwissen (in Bezug auf das Vorhandensein des Pflichtteilsberechtigten) dem Irrtum gleich. Außerdem wird die Kausalität

---

398 Brox/Walker Rn. 233; Lange/Kuchinke § 36 III 2 c; Kipp/Coing § 24 II 2 b; Ebenroth Rn. 304 f.
399 Leipold Rn. 427.
400 Lange/Kuchinke § 36 III 2 c: „Krücke der unbewussten Vorstellung".
401 RGZ 77, 165, 170; Brox/Walker a.a.O.

des Irrtums für die Verfügung vermutet. Soweit § 2079 nicht eingreift, kann auf § 2078 zurückgegriffen werden.

> **Fall 21: Wiederheirat**
>
> Der E hat in seinem Testament seiner Haushälterin H 5.000 € vermacht und seinen Freund F zum Erben eingesetzt. Seinen Bruder B hat E nicht erwähnt. Später heiratet E die H. Nach dem Tode des E fragt H nach der Rechtslage.

Da E durch Testament den F zum Erben eingesetzt hat, kann H kraft Gesetzes nur Erbin sein, wenn sie dieses Testament durch Anfechtung beseitigt.

284 I. Als **Anfechtungsgrund** kommt **§ 2079** in Betracht. Danach ist ein Testament anfechtbar, wenn der Erblasser einen zur Zeit des Erbfalls lebenden Pflichtteilsberechtigten übergangen hat, dessen Vorhandensein ihm bei der Errichtung des Testaments nicht bekannt war oder der erst nach der Errichtung geboren oder pflichtteilsberechtigt geworden ist.

    1. Die H ist nach der Testamentserrichtung durch die Heirat mit E pflichtteilsberechtigt geworden (§ 2303 Abs. 2).

    2. Sie muss übergangen worden sein.

285   a) **Nach einem Teil der Lit.**[402] liegt ein „Übergangensein" schon dann vor, wenn der Pflichtteilsberechtigte als solcher – also in seiner Eigenschaft als Pflichtteilsberechtigter – übergangen wurde, denn für § 2079 sei entscheidend, dass der Erblasser bei Testamentserrichtung nicht die Tatsachen kannte, die beim Erbfall zu einer Pflichtteilsberechtigung führten; außerdem sei dies zum Schutz des Pflichtteilsberechtigten erforderlich, der nunmehr die Kausalitätsvermutung gemäß § 2079 S. 2 für sich in Anspruch nehmen könne.

    Da der H der Betrag von 5.000 € zugewendet worden ist, als sie noch nicht Pflichtteilsberechtigte war, ist ihr der Betrag nicht als Pflichtteilsberechtigte zugewandt worden, sodass sie als Pflichtteilsberechtigte übergangen worden ist. § 2079 findet nach dieser Ansicht Anwendung.[403]

286   b) **Nach der h.M.** ist dagegen ein Pflichtteilsberechtigter nicht mehr übergangen, wenn ihm überhaupt etwas – was nicht ganz unbedeutend ist – zugewendet worden ist, unabhängig davon, ob die Zuwendung an ihn als Pflichtteilsberechtigten erfolgte oder nicht und ob er zur Zeit der Zuwendung bereits Pflichtteilsberechtigter war.[404] Dadurch soll insbesondere das Eingreifen der Kausalitätsvermutung des § 2079 S. 2 verhindert werden, da ein solches Privileg in diesem Fall nicht gerechtfertigt sei.

    Danach ist H, da ihr ein nicht völlig unbedeutender Geldbetrag zugewendet wurde, nicht übergangen worden; eine Anfechtung nach § 2079 ist daher nicht möglich.

---

402 Brox/Walker Rn. 233; Frank/Helms § 7 Rn. 39; Lange/Kuchinke § 36 III 4 b).

403 Ebenso (mit ausführlicher Darstellung des Streitstands) Jung AcP 194, 42, 66 ff.; MünchKomm/Leipold § 2079 Rn. 6.

404 RGZ 50, 238; Staudinger/Otte § 2079 Rn. 5; RGRK/Johannsen § 2079 Rn. 10; Palandt/Weidlich § 2079 Rn. 3.

c) **Stellungnahme**: § 2079 sollte als Sonderregelung zu § 2078 eng ausgelegt werden, damit die darin zum Schutz des übergangenen Pflichtteilsberechtigten enthaltene Kausalitätsvermutung nur zur Anwendung kommt, wenn der Betroffene wirklich schutzwürdig ist. Hat der Pflichtteilsberechtigte eine testamentarische Zuwendung erhalten, ist er vom Erblasser nicht übergangen worden und erscheint daher nicht so schutzwürdig wie derjenige Pflichtteilsberechtigte, der gar keine Zuwendung erhalten hat. Infolgedessen ist der h.M. zu folgen, sodass eine Anfechtung nach § 2079 ausscheidet.

II. Da § 2079 aber nur ein Spezialfall des weitergehenden Motivirrtums nach § 2078 **287** Abs. 2 ist, kann, wenn der speziellere § 2079 nicht eingreift, durchaus noch die **Anfechtungsmöglichkeit nach § 2078 Abs. 2** bestehen.

1. Ein Motivirrtum des E bei der Testamentserrichtung hat vorgelegen: Wenn man die Unkenntnis künftiger Umstände dem Irrtum gleichstellt, versteht sich das von selbst. Wenn man mit der h.M. für den Irrtum wenigstens eine „unbewusste Vorstellung" verlangt, so ergibt sich diese daraus, dass E bei Testamentserrichtung jedenfalls als selbstverständlich davon ausging, dass er die H nicht heiraten werde.

Hätte E eine spätere Heirat mit der H bedacht, hätte er nicht seinen Freund F zum Alleinerben eingesetzt und der H nur ein Vermächtnis über 5.000 € zugedacht. Infolgedessen war der Irrtum auch kausal für die Erbeinsetzung des F, sodass H ein Anfechtungsrecht gemäß §§ 2078 Abs. 2, 2080 zusteht.

2. Würde durch die Anfechtung die Erbeinsetzung des F insgesamt vernichtet, dann wäre hinsichtlich des gesamten Nachlasses die gesetzliche Erbfolge eingetreten, was zur Folge hätte, dass zwischen der H und B, dem Bruder des E, Miterbschaft im Verhältnis von 3/4 zu 1/4 eintreten würde.

Da jedoch in der Erbeinsetzung des F gleichzeitig eine insoweit irrtumsfreie Enterbung des Bruders B lag, würde dieses Ergebnis zum Erblasserwillen im Widerspruch stehen. § 2078 lässt daher, wie sich aus dem Merkmal „soweit" ergibt, eine Teilbarkeit der Anfechtung auch hinsichtlich einer einzelnen Verfügung zu.[405] Ist von mehreren gesetzlichen Erben durch eine Erbeinsetzung der eine durch Irrtum, die anderen aber irrtumsfrei übergangen, so ist die Erbeinsetzung nicht insgesamt, sondern nur zu dem durch Irrtum beeinflussten Teil anfechtbar.[406]

Da H gesetzliche Erbin nur zu 3/4 ist, ist die Erbeinsetzung des F auch nur zu diesem Teil anfechtbar. F bleibt damit testamentarischer Erbe zu 1/4. Bestehen bleibt weiter als letztwillige Verfügung die Enterbung des B. H wird gesetzliche Erbin zu 3/4.

Anmerkung: Wegen der Anfechtungsmöglichkeit nach § 2078 Abs. 2 ist der oben dargestellte Meinungsstreit zur Auslegung des § 2079 ohne große Bedeutung, da die verschiedenen Auffassungen letztlich in der Regel doch zu gleichen Ergebnissen führen.

---

405 RGZ 70, 391, 394 f.; Staudinger/Otte § 2078 Rn. 35.
406 OLG Köln NJW 1956, 1522; BGH NJW 1985, 2025; Erman/M. Schmidt § 2079 Rn. 5.

II. Die Anfechtungsberechtigung

288   ■ Anfechtungsberechtigt ist gemäß **§ 2080 Abs. 1** grundsätzlich derjenige, dem die Aufhebung der letztwilligen Verfügung unmittelbar zustatten kommen würde. Das ist der Fall, wenn der Anfechtende im Fall des Wegfalls der angefochtenen Verfügung selbst ein Erbrecht bzw. einen Anspruch erlangt oder eine Beschwerung oder Beschränkung entfällt. Da immer nur die einzelne im Testament enthaltene Verfügung anfechtbar ist und nicht das Testament als solches, ist zu prüfen, wie weit der Irrtum reicht und ob er den Inhalt einer Erklärung betrifft, deren Aufhebung gerade dem Anfechtenden zugute käme.[407]

Danach sind beispielsweise anfechtungsberechtigt:[408]

- ■ die nächsten gesetzlichen Erben bei Einsetzung eines Dritten

- ■ Vor- und Nacherbe wechselseitig

- ■ Ersatzerbe gegenüber dem Haupterben

- ■ Miterbe bezüglich der Einsetzung der übrigen Miterben

- ■ der mit Vermächtnis belastete Erbe bezüglich der Anordnung des Vermächtnisses

Aus dem Kriterium der **Unmittelbarkeit** ergibt sich, dass es grundsätzlich nicht ausreichend ist, wenn zunächst ein Dritter Nutznießer der Anfechtung wäre. Umstritten ist, ob etwas anderes gilt, wenn der von der Anfechtung zunächst Begünstigte erbunwürdig ist.[409]

289   ■ Im Falle des Motivirrtums gemäß § 2078 Abs. 2 Fall 1 ist die einschränkende Regelung des **§ 2080 Abs. 2** zu beachten, wonach bei einem Irrtum, der sich auf eine bestimmte Person bezieht, nur diese anfechtungsberechtigt ist. Für § 2079 trifft das Gesetz in **§ 2080 Abs. 3** eine Sonderregelung: Bei Übergehung des Pflichtteilsberechtigten bezieht sich der Irrtum auf seine Person, sodass auch nur er anfechtungsberechtigt ist.

   ■ Der **Erblasser** selbst ist **nicht anfechtungsberechtigt**.

Wegen der Möglichkeit, die Verfügung von Todes wegen zu widerrufen, bedarf er einer Anfechtung auch nicht. Besonderheiten bestehen insoweit bei der Anfechtung vertragsmäßig bindender Verfügungen im Erbvertrag sowie wechselbezüglicher Verfügungen beim gemeinschaftlichen Testament (vgl. C. Rn. 298).

III. Die Anfechtungserklärung

290   Die Anfechtung muss **form**- und **fristgerecht** gegenüber dem **richtigen Anfechtungsgegner** erklärt werden. Im Einzelnen ergibt sich:

   ■ Die Anfechtung ist eine **empfangsbedürftige Willenserklärung**, § 143. Nach allgemeinen Grundsätzen bedarf es nicht der Verwendung des Ausdrucks „Anfechtung", soweit sich der Wille des Erklärenden, die Verfügung nicht gelten lassen zu wollen, aus der Erklärung ergibt.

---

407   BGH NJW 1985, 2025.

408   Vgl. Palandt/Weidlich § 2080 Rn. 5.

409   Vgl. MünchKomm/Leipold § 2080 Rn. 5 m.w.N.

■ Die Anfechtung ist in den Fällen des § 2081 Abs. 1 (Erbeinsetzung, Enterbung, Ernennung eines Testamentsvollstreckers) und § 2081 Abs. 3 (Auflagen, Pflichtteilsentziehung etc.) **gegenüber dem Nachlassgericht** zu erklären.

Dies dient der Rechtssicherheit und erspart es dem Anfechtenden, den durch die Verfügung Begünstigten ausfindig machen zu müssen, vgl. § 2081 Abs. 2.

Für alle anderen Fälle (z.B. bei Vermächtnis) verbleibt es bei der allgemeinen Vorschrift des § 143 Abs. 4. Das bedeutet, dass die Erklärung gegenüber demjenigen abzugeben ist, der aufgrund des Testaments unmittelbar einen rechtlichen Vorteil erlangt hat.[410]

■ Die **Anfechtungsfrist** beträgt gemäß § 2082 Abs. 1, 2 ein Jahr vom Zeitpunkt der Kenntnis des Anfechtungsgrundes. Gemäß § 2082 Abs. 3 ist die Anfechtung unabhängig von der Kenntnis nach dreißig Jahren nach dem Erbfall ausgeschlossen.

■ Die Anfechtungserklärung ist grundsätzlich **formlos**. Gemäß § 2282 Abs. 3 bedarf die Anfechtungserklärung beim Erbvertrag der notariellen Beurkundung.

IV. Kein Ausschluss der Anfechtung

■ Die Anfechtung ist, außer im Fall der Versäumung der Anfechtungsfrist (s.o.), ausgeschlossen, wenn der Anfechtungsberechtigte auf sie durch Vertrag mit dem Anfechtungsgegner **verzichtet** hat.   **291**

■ Problematisch erscheint, inwieweit daneben auch eine formlose **Bestätigung** der Verfügung der Anfechtung entgegenstehen kann.   **292**

Nach der allgemeinen Vorschrift des **§ 144** schließt eine Bestätigung durch den Anfechtungsberechtigten die Anfechtung aus. Daraus ergibt sich für die Anfechtung der Verfügung von Todes wegen:

■ Eine Bestätigung durch denjenigen, dem die Aufhebung der Verfügung unmittelbar zustatten kommt (= Anfechtungsberechtigter), schließt die Anfechtung aus. Zwar geht § 144 von einer Identität zwischen Anfechtungsberechtigtem und Erklärendem aus. Die Vorschrift ist jedoch jedenfalls analog anzuwenden.[411]

■ Hingegen kommt einer Bestätigung durch den Erblasser nach h.M. nicht die Wirkung des § 144 zu, da dieser grundsätzlich nicht anfechtungsberechtigt ist. Jedoch wird in diesem Falle häufig die Kausalität zwischen Irrtum und Verfügung zu verneinen sein.[412]

B. Die Rechtsfolgen der Anfechtung

■ Die angefochtene Verfügung ist gemäß **§ 142** von Anfang an nichtig. Die Anfechtung wirkt dabei absolut, d.h. für und gegen alle und nicht nur zugunsten des An-   **293**

---

410 Brox/Walker Rn. 239.

411 Palandt/Weidlich § 2081 Rn. 7; Jauernig/Stürner § 2080 Rn. 4; Brox/Walker Rn. 241.

412 BeckOK BGB/Litzenburger § 2079 Rn. 17; vgl. Fall 21 Rn. 277 ff. mit Nachweisen auch zur Gegenauffassung.

fechtenden.[413] Gemäß § 2078 Abs. 3 gibt es keinen Anspruch auf Ersatz des Vertrauensschadens (§ 122).

■ Dem durch Vermächtnis oder Auflage Beschwerten steht gemäß **§ 2083 die Einrede der Anfechtbarkeit** zu, die ihm auch dann ein Leistungsverweigerungsrecht gibt, wenn die Anfechtungsfrist, § 2082, versäumt wurde.

294 ■ Gemäß **§ 2085** lässt die Unwirksamkeit einer Verfügung in einem Testament andere Verfügungen in der Regel unberührt.

295 ▪ Dies bedeutet für die Anfechtung gemäß § 2078, dass Verfügungen, welche nicht vom Irrtum bzw. der Drohung beeinflusst waren, wirksam bleiben.[414]

296 ▪ Allerdings soll nach h.M. im Falle der Anfechtung gemäß § 2079 die Nichtigkeit des gesamten Testaments die Regel sein.[415] Nach der Gegenauffassung soll im Fall des § 2079 der übergangene Pflichtteilsberechtigte seinen gesetzlichen Erbteil erhalten, während es im Übrigen bei der testamentarischen Erbfolge verbleibe.[416]

Fall 22: Übergangene Tochter

Erblasser E war mit der F verheiratet. Aus ihrer Ehe sind zwei Kinder hervorgegangen: der am 04.05.2005 geborene X und die am 12.12.2013 geborene Y.

E errichtete am 07.03.2013 ein notarielles Testament, in dem es u.a. heißt: *„Ich setze meinen Sohn X, geb. am 04.05.2005, zu meinem alleinigen Erben ein. Meine Ehefrau soll nicht erben."* Die Eheleute hatten die Enterbung der F im Vorfeld abgesprochen, da diese von ihrem Ehemann bereits anderweitig finanziell abgesichert worden war. E verstarb bei einem Verkehrsunfall am 27.06.2016 im Alter von 47 Jahren.

Der für die Y bestellte Ergänzungspfleger erklärte form- und fristgerecht gegenüber dem Nachlassgericht für die T die Anfechtung des Testaments.

Wer beerbt den E? (nach OLG Schleswig RÜ 2016, 358 ff.)

---

297 I. **X** könnte aufgrund der Verfügung vom 07.03.2013 **gemäß §§ 1937, 1922 testamentarischer Alleinerbe** des E geworden sein.

　　1.　Dazu muss E ein **wirksames Testament zugunsten des X** errichtet haben.

　　　　a)　Mangels entgegenstehender Angaben ist von der Testierfähigkeit des E zur Zeit der Testamentserrichtung gemäß § 2229 auszugehen. Gründe, die der Wirksamkeit der Verfügung entgegenstehen, sind nicht ersichtlich und E hat das Testament notariell und folglich formgerecht i.S.v. § 2232 errichtet.

　　　　b)　Nach dem Wortlaut der Verfügung vom 07.03.2013 sollte der Sohn X den Erblasser E allein beerben.

413　BGH NJW 1985, 2026.
414　BGH NJW 1985, 2026.
415　BayObLG NJW 1971, 1565.
416　OLG Köln NJW 1956, 1522; Brox/Walker Rn. 242; Frank/Helms § 7 Rn. 52; Olzen Rn. 720.

Durch die spätere Geburt der Tochter haben sich zwar nach der Testamentserrichtung wesentliche Umstände verändert und es ist davon auszugehen, dass E seine beiden Kinder erbrechtlich gleich behandelt hätte.[417] Jedoch kommt eine ergänzende Auslegung dahingehend, dass E bei Kenntnis von der späteren Geburt der Y die F weiterhin enterbt und seine Kinder X und Y zu Miterben zu je 1/2 eingesetzt hätte, nicht in Betracht, da dieser hypothetische Wille nach h.M. in der Testamentsurkunde irgendeinen Anklang gefunden haben müsste.

Folglich hat E ein wirksames Testament zugunsten des X errichtet.

2. Möglicherweise ist die Erbeinsetzung des X **wegen wirksamer Anfechtung der Y gemäß §§ 2078 ff. nichtig**, vgl. 142 Abs. 1 BGB.

   a) Als **Anfechtungsgrund** kommt eine Anfechtung gemäß **§ 2079** wegen Übergehung eines Pflichtteilsberechtigten in Betracht.

      aa) Y wurde erst nach der Errichtung des Testaments geboren und ist als Abkömmling des E gemäß § 2303 Abs. 1 pflichtteilsberechtigt. Da ihr im Testament nichts zugewendet worden ist, liegt die Übergehung eines Pflichtteilsberechtigten vor.

      bb) Da nicht ersichtlich ist, dass E seine Tochter bewusst enterben wollte, ist die gemäß § 2079 S. 2 vermutete Kausalität nicht dadurch widerlegt, dass E die testamentarische Verfügung nach der Geburt der Y nicht geändert hat.

   b) Y ist gemäß § 2080 Abs. 3 zur Anfechtung berechtigt und die Anfechtung wurde form- und fristgerecht gegenüber dem richtigen Anfechtungsgegner erklärt.

   c) **Umstritten ist, welche Rechtsfolge die Anfechtung nach § 2079 S. 1 auslöst.**

      aa) **Nach einer Ansicht** bewirkt die Anfechtung nach § 2079 S. 1, dass die testamentarische Verfügung lediglich insoweit nichtig ist, als sie dem gesetzlichen Erbrecht des Pflichtteilsberechtigten entgegensteht. Um dem Erblasserwillen so weit wie möglich Rechnung zu tragen, erhält der übergangene Pflichtteilsberechtigte seinen gesetzlichen Erbteil, während es im Übrigen bei der testamentarischen Erbfolge verbleibt.

      Da die Enterbung der F dem gesetzlichen Erbrecht der Y nicht entgegensteht, bleibt sie bestehen, sodass der gesetzliche Erbteil der Y neben ihrem Bruder gemäß § 1924 Abs. 1, 4 1/2 beträgt. Die Bestimmung des X zum Alleinerben steht daher dem gesetzlichen Erbrecht der Y – Erbin zu 1/2 – nur zur Hälfte entgegen und ist folglich auch nur in diesem Umfang gemäß § 142 Abs. 1 nichtig, sodass X nach dieser Ansicht testamentarischer Erbe des E zu 1/2 bleibt.

---

417 OLG Schleswig RÜ 2016, 358, 359.

bb) **Nach h.M.** führt die Anfechtung nach § 2079 grundsätzlich zur Nichtigkeit des gesamten Testaments; einzelne Verfügungen bleiben nur wirksam, wenn nach § 2079 S. 2 positiv feststellbar ist, dass sie der Erblasser auch in Kenntnis der Erb- und Pflichtteilsberechtigung ebenso errichtet hätte.

E hätte F auch enterbt, wenn er im Zeitpunkt der Testamentserrichtung von der späteren Geburt eines weiteren Kindes gewusst hätte, sodass deren Enterbung trotz der Anfechtung der Y wirksam bleibt. Allerdings ist die Erbeinsetzung des S nach h.M. gemäß § 142 Abs. 1 im vollen Umfang nichtig.

cc) **Stellungnahme**: Anders als § 2078 Abs. 1, 2 enthält der Wortlaut des § 2079 S. 1 nicht von vornherein eine Einschränkung durch das Wort „soweit" und § 2079 S. 2 erklärt die Anfechtung für ausgeschlossen, „soweit" anzunehmen ist, dass der Erblasser auch bei Kenntnis der Sachlage die Verfügung getroffen hätte. Durch diese Formulierung hat der Gesetzgeber zum Ausdruck gebracht, dass er die Gesamtnichtigkeit der Verfügung bei § 2079 S. 1 für den Regelfall hält.

Daher ist die testamentarische Erbeinsetzung des X in vollem Umfang nichtig, sodass er nicht gemäß §§ 1937, 1922 Alleinerbe des E geworden ist.

II. Mangels gewillkürter Erbfolge greift die gesetzliche Erbfolge gemäß §§ 1924 ff. ein. F ist enterbt (s.o.), sodass E gemäß § 1924 Abs. 1, 4 von X und Y zu je 1/2 beerbt wird.

C. Besonderheiten bei der Anfechtung von Erbverträgen und gemeinschaftlichen Testamenten

I. Die Anfechtung von Erbverträgen

298   Hinsichtlich der Anfechtung von Erklärungen in Erbverträgen ist anhand der möglichen Inhalte zu unterscheiden.

1. Beinhaltet der Erbvertrag **Willenserklärungen, die keine Verfügung von Todes wegen enthalten** (z.B. eine Verpflichtung zu Unterhaltszahlungen), so gelten für die Anfechtung dieser Erklärung uneingeschränkt die §§ 119 ff. Dies bedeutet insbesondere, dass Motivirrtümer nur ausnahmsweise unter den Voraussetzungen des § 119 Abs. 2 zur Anfechtung berechtigen.

299   **2.** Enthält der Erbvertrag **einseitige Verfügungen i.S.d. § 2299**, so gelten die Grundsätze zur Testamentsanfechtung. Dies bedeutet, dass der Erblasser selbst keiner Anfechtung bedarf, da er die Verfügung jederzeit widerrufen kann. Dritte können die Verfügung nach dem Tod des Erblassers unter den Voraussetzungen der §§ 2078 ff. anfechten.

300   **3.** Für die Anfechtung der **vertragsmäßig bindenden Verfügungen** (vgl. § 2278) enthält das Gesetz in **§§ 2281 ff. Sonderregelungen**. Diese tragen der besonderen Interessenlage beim Erbvertrag wie folgt Rechnung:

a) Da bei vertragsmäßig bindenden Verfügungen der Widerruf ausgeschlossen ist, gibt § 2281 Abs. 1 dem **Erblasser** die Berechtigung, seine eigene Verfügung anzufechten. Für diese **Selbstanfechtung**[418] gilt: **301**

■ Die **Anfechtungsgründe** entsprechen denen beim Testament, vgl. **§ 2281 Abs. 1 i.V.m. §§ 2078, 2079**. **302**

Als Inhaltsirrtum i.S.v. § 2078 Abs. 1 Fall 1 kommt insbesondere die Unkenntnis des Erblassers von der Bindungswirkung des Erbvertrags in Betracht.[419]

Auch jeder Motivirrtum des Erblassers i.S.d. § 2078 Abs. 2 berechtigt uneingeschränkt zur Anfechtung. Damit räumt der Gesetzgeber dem Erblasserwillen bewusst einen höheren Stellenwert ein als dem Vertrauen des anderen Vertragsschließenden auf den Bestand des Vertrags.

Bei der Anfechtung gemäß § 2079 ist gemäß § 2281 Abs. 1 Hs. 2 erforderlich, dass der Pflichtteilsberechtigte zur Zeit der Anfechtung vorhanden ist.

■ **Umstritten** ist, ob bei einer Anfechtung durch den Erblasser ein **Anspruch auf Ersatz des Vertrauensschadens gemäß § 122** besteht: **303**

■ Die **wohl h.M.** bejaht einen solchen Ersatzanspruch, da § 2078 Abs. 3, der die Anwendung des § 122 ausschließt, nur den Dritten schützen wolle, der nicht für die Folgen eines Erblasserirrtums haften soll.[420] Der Ersatzanspruch umfasst aber nur den Vertrauensschaden und folglich nicht den Wert der vertraglichen Zuwendung, da § 122 keinen Anspruch wegen Nichterfüllung gewährt. Ersatzfähig sind jedoch die beim Vertragsschluss verursachten Kosten und Aufwendungen.[421]

■ Die **a.A.** argumentiert mit dem klaren Verweis des Gesetzgebers in § 2281 Abs. 1 auf den kompletten § 2078.[422] Außerdem sei der Bedachte nicht schutzwürdig, da er durch den Erbvertrag keine Erbanwartschaft, sondern eine bloße Erbaussicht erlange.[423] Für den Vertragserben sei nämlich von vornherein ungewiss, ob er den Erblasser überleben werde oder ob er im Nachlass etwas vorfinde, falls er Erbe werden sollte; daher habe er den Schutz des § 122 nicht verdient.[424]

■ Die Anfechtung erfolgt **gegenüber dem Vertragspartner, § 143 Abs. 2**. Will der Erblasser nach dem Tod des Vertragspartners die Verfügung zugunsten eines Dritten anfechten, so ist sie dem Nachlassgericht gegenüber zu erklären, § 2281 Abs. 2. **304**

■ In jedem Fall bedarf die Anfechtung der vertragsmäßig bindenden Verfügung der **Form des § 2282 Abs. 3 (notarielle Beurkundung)** und ist gemäß § 2282 Abs. 1 höchstpersönlich. Für die **Frist** ist **§ 2283** als Sonderregelung zu § 2082 zu beachten. **305**

---

418 Veit NJW 1993, 1553 sowie Klinger/Jülicher NJW-Spezial 2007, 567.

419 BayObLG FamRZ 1997, 1430; Hk-BGB/Hoeren § 2281 Rn. 6; Palandt/Weidlich § 2281 Rn. 3 m.w.N.

420 Palandt/Weidlich § 2281 Rn. 10; Staudinger/Kanzleiter § 2281 Rn. 37; Jauernig/Stürner § 2281 Rn. 6.

421 Soergel/Wolf § 2281 Rn. 6.

422 Lange/Kuchinke § 25 IX 4; Hk-BGB/Hoeren § 2281 Rn. 11; MünchKomm/Musielak § 2281 Rn. 21.

423 Schlüter/Röthel § 23 Rn. 61; Veit NJW 1993, 1553, 1556.

424 Frank/Helms § 13 Rn. 38.

Das Beurkundungserfordernis erfasst nur die Erklärung der Anfechtung, also die Abgabe der Willenserklärung, dagegen nicht deren Begebung und Zugang.[425]

306 ■ Die Selbstanfechtung wird durch eine **Bestätigung** des voll geschäftsfähigen Erblassers ausgeschlossen, § 144 i.V.m. § 2284.

■ Hinsichtlich der **Rechtsfolgen** der Anfechtung einer vertragsmäßig bindenden Verfügung ist neben § 2085 auch § 2298 zu beachten. Bei zweiseitigen Erbverträgen bewirkt danach die Nichtigkeit einer vertragsmäßigen Verfügung die Nichtigkeit des ganzen Vertrags.

Beispiel: Unzuverlässige Vertragserben

Die Witwe W schließt mit zwei von ihren drei Söhnen 1997 einen notariellen Erbvertrag. Darin bestimmt sie, dass die beiden Söhne A und B Erben sein und das Hausgrundstück nebst Speditionsunternehmen erhalten sollen. Der C soll 1/3 des Wertes des Nachlasses in Geld erhalten. Die Söhne A und B verpflichten sich zu Unterhaltsleistungen. Später kommt es zu Unstimmigkeiten. A und B zahlen wiederholt den Unterhalt nicht. Der Geschäftsbetrieb geht zurück. Daher erklärt die W den Söhnen A und B gegenüber formgerecht die Anfechtung der Erbvertragserklärung. Sie setzt den Sohn C zum Erben ein. Wer ist nach dem Tode der W Erbe?

I. Die W hat in dem zuletzt errichteten Testament den Sohn C zum Alleinerben bestimmt.
II. Diese Erbeinsetzung ist gemäß § 2289 Abs. 1 S. 2 unwirksam, wenn die W die beiden Söhne A und B 1997 im Erbvertrag vertragsmäßig bedacht hat und diese vertragsmäßige Verfügung noch wirksam ist.
1. Die W hat den beiden Söhnen zugesagt, dass sie mit Eintritt des Todes Erben sein sollen, und die Söhne haben sich damit einverstanden erklärt, sodass A und B vertragsmäßig bedacht worden sind.
2. Die Bindung an diese vertragsmäßige Verfügung ist entfallen, wenn ein vereinbarter oder gesetzlicher Grund vorliegt.
a) Ein vereinbarter Grund ist nicht ersichtlich.
b) Gesetzlicher Grund?
aa) Allein der Umstand, dass die bedachten Erben den versprochenen Unterhalt nicht pünktlich gezahlt haben und der Geschäftsbetrieb rückläufig ist, gewährt der W, wie sich aus § 2294 und § 2295 ergibt, kein Rücktrittsrecht.
bb) Die Bindungswirkung ist jedoch entfallen, wenn die W ihre Erbvertragserklärung wirksam **angefochten** hat.
(1) Die W hat sich über die Zuverlässigkeit ihrer beiden Söhne geirrt. Dieser Motivirrtum ist gemäß § 2281 Abs. 1 i.V.m. § 2078 Abs. 2 beachtlich.
(2) Die Anfechtung ist in der gemäß § 2282 vorgeschriebenen notariellen Form erklärt worden, und
(3) die Erklärung ist fristgerecht erfolgt.
III. Da die Bindungswirkung entfallen ist, war die W berechtigt, den Sohn C zum Erben einzusetzen.

307 **b)** Für die Anfechtung vertragsmäßig bindender Verfügungen nach dem Tod des Erblassers **durch Dritte** enthält § 2285 Einschränkungen. Danach kann der Dritte die vertragsmäßig bindende Verfügung insbesondere dann nicht mehr anfechten, wenn der Erblasser die Frist des § 2283 versäumt hat.

II. Die (Selbst-)Anfechtung im gemeinschaftlichen Testament

308 Das Gesetz sieht beim gemeinschaftlichen Testament eine Anfechtung durch den Erblasser selbst nicht vor. Dies ist für den Zeitraum bis zum Tod des erstversterbenden Ehegatten konsequent, da die Möglichkeit des Widerrufs auch der wechselbezüglichen Verfügung gemäß § 2271 besteht. Jedoch besteht diese Möglichkeit mit dem Tod des erstversterbenden Ehegatten nicht mehr, vgl. § 2271 Abs. 2 S. 1. Wenn in diesem Fall eine

---

425 BGH NJW 2013, 3306 = RÜ 2013, 627.

Anfechtung wegen Willensmängeln nicht möglich sein sollte, würde das gemeinschaftliche Testament insoweit eine stärkere erbrechtliche Bindung erzeugen als der Erbvertrag. Da dies vom Gesetz nicht beabsichtigt ist, werden die **§§ 2281 ff.** auf die Anfechtung wechselbezüglicher Verfügungen nach dem Tod des erstversterbenden Ehegatten **analog** angewendet.[426]

- Der **Anfechtungsgrund** ergibt sich aus den §§ 2078, 2079. Dem Anfechtungsgrund gemäß § 2079 kommt besondere Bedeutung in den Fällen der Wiederverheiratung zu, weil der neue Ehegatte pflichtteilsberechtigt wird.   **309**

  Umstritten ist, ob wechselbezügliche Verfügungen in einem gemeinschaftlichen Testament mit der Begründung angefochten werden können, der Erblasser habe sich über die mit dem Tod des Erstversterbenden eintretende Bindung geirrt.

  - Dies wird zum Teil unter Hinweis darauf befürwortet, dass beim Erbvertrag ein Irrtum über die Bindungswirkung unstreitig zur Anfechtung berechtige und wegen der vergleichbaren Bindungswirkung beim gemeinschaftlichen Testament nichts anderes gelten könne.[427] Insbesondere Ehegatten, die ein gemeinschaftliches Testament eigenhändig errichten, seien schutzwürdig, da sie testieren, ohne von einem Notar zuvor über die Bindungswirkung aufgeklärt worden zu sein.[428]

  - Dem BayObLG[429] erscheint eine solche Gleichbehandlung zweifelhaft, weil es sich bei der Bindungswirkung wechselbezüglicher Verfügungen in einem gemeinschaftlichen Testament nicht um eine echte vertragliche Bindung handele und diese Bindungswirkung sich auch inhaltlich von der des Erbvertrags unterscheide, da sie erst nach dem Tode des Erstversterbenden eintrete.

- Die Anfechtung muss analog §§ 2281 ff. **frist- und formgerecht** erfolgen.   **310**

- Die Anfechtung hat zur **Folge**, dass die angefochtene Verfügung als von Anfang an nichtig anzusehen ist (§ 142 Abs. 1) und gemäß § 2270 Abs. 1 damit auch die Unwirksamkeit der zu dieser Verfügung im wechselbezüglichen Verhältnis stehenden Verfügung des Erstverstorbenen eintritt.   **311**

  Die Anfechtung braucht nicht zur vollständigen Nichtigkeit der von ihr betroffenen Verfügung führen, wenn dieses dem Willen beider Ehegatten entspricht.

  Hinsichtlich der Folgen der Anfechtung einer wechselbezüglichen Verfügung für andere, nicht im Verhältnis der Wechselbezüglichkeit stehende Verfügungen im gemeinschaftlichen Testament gilt § 2085.

---

426 BGHZ 37, 331, 333; vgl. BGH RÜ 2016, 497 ff. zur analogen Anwendung des § 2285.
427 Pfeiffer FamRZ 1993, 1266.
428 Frank/Helms § 12 Rn. 37.
429 BayObLG FamRZ 2003, 259; FamRZ 2004, 1996.

Die Anfechtung der Verfügung von Todes wegen

Voraussetzungen

Anfechtungsgrund, §§ 2078 f.

- **§ 2078 Abs. 1:** Inhalts- oder Erklärungsirrtum (wie § 119 Abs. 1)
- **§ 2078 Abs. 2:** Motivirrtum (Erweiterung § 119 Abs. 2)/widerrechtliche Drohung (wie § 123 Abs. 1 Fall 2)
  Die Anfechtung wegen arglistiger Täuschung (§ 123 Abs. 1 Fall 1) wird nicht gesondert geregelt, da diese Fälle von § 2078 Abs. 2 erfasst werden.
- **§ 2079:** Übergehung Pflichtteilsberechtigter (Sonderfall: Motivirrtum)

Kausalität

- Der Irrtum bzw. die Drohung muss für die Verfügung ursächlich gewesen sein.
- Bei **§ 2079** wird Kausalität vom Gesetz **vermutet.**
- I.Ü. entscheidet allein die **subjektive Einstellung**, kein Abstellen auf „vernünftigen Erblasser" (anders als bei § 119).

Anfechtungsberechtigung, § 2080

- Grundsätzlich: derjenige, dem Aufhebung der Verfügung unmittelbar zustatten kommen würde, **§ 2080 Abs. 1** (Bsp.: Erlangung Erbrecht).
- Ausnahmen: § 2080 Abs. 2 u. 3
- Erblasser bedarf wegen Widerrufsmöglichkeit keiner Anfechtung; anders: sogenannte **Selbstanfechtung** bei Bindungswirkung in Erbvertrag/gemeinschaftlichem Testament gemäß **§§ 2281 ff. (analog).**

Anfechtungserklärung, §§ 2081 f.

- empfangsbedürftige Willenserklärung, § 143
- **Anfechtungsgegner:** bei Erbeinsetzung, Enterbung, Ernennung Testamentsvollstrecker etc. ggü. Nachlassgericht (§ 2081 Abs. 1); sonst (z.B. Vermächtnis: § 143 Abs. 4) der durch Testament Begünstigte
- **Frist:** 1 Jahr ab Kenntnis Anfechtungsgrund, § 2082
- **Form:** grundsätzlich formlos; Ausnahme: § 2282 Abs. 3 (Erbvertrag)

Kein Ausschluss

- vertraglicher **Verzicht**
- **Bestätigung** durch Anfechtungsberechtigten

Rechtsfolgen

- Nichtigkeit der angefochtenen Verfügung, **§ 142**
- **kein Vertrauensschaden** gemäß § 122; vgl. § 2078 Abs. 3 (bei Erbvertrag und gemeinschaftlichem Testament str.)
- Anfechtung kassiert lediglich, reformiert nicht
- Anfechtung einer Verfügung lässt andere (nicht von Irrtum oder Drohung beeinflusste) Verfügungen grundsätzlich unberührt **(§ 2085)**; bei § 2079 str.
- Einrede der Anfechtbarkeit in **§ 2083**

4. Teil: Der Ausschluss von der Erbfolge

Der Ausschluss von der Erbfolge tritt – außer im Fall der Enterbung und der Anfechtung der Verfügung von Todes wegen – in den folgenden Fällen ein:[430] **312**

- Erbunwürdigkeit (1. Abschnitt),

- Erbverzicht (2. Abschnitt) und

- Ausschlagung (3. Abschnitt).

1. Abschnitt: Die Erbunwürdigkeit, §§ 2339 ff.

Die Vorschriften über die Erbunwürdigkeit sollen verhindern, dass sich ein Erbe das Vermögen des Erblassers dadurch verschafft, dass er dessen Tod herbeiführt oder ihn daran hindert, die Erbfolge durch Verfügung von Todes wegen zu regeln oder zu ändern.[431] Die Regelungen sind daher eine notwendige Ergänzung der Vorschriften, die der Verwirklichung des tatsächlichen oder mutmaßlichen Erblasserwillens und dem Schutz der Interessen der Anfechtungsberechtigten dienen.[432] Die Erbunwürdigkeit tritt nicht automatisch kraft Gesetzes ein, sondern setzt aus Gründen der Rechtssicherheit eine Anfechtungsklage voraus.[433] **313**

A. Voraussetzungen der Erbunwürdigkeit

- Es muss einer der in § 2339 erschöpfend aufgezählten Erbunwürdigkeitsgründe vorliegen. Die genannten Erbunwürdigkeitsgründe erfassen Angriffe auf das Leben, die Testierfreiheit und die Testierfähigkeit des Erblassers.[434] Eine analoge Anwendung auf andere Fälle ist nicht zulässig.[435] **314**

  - Beim Erbunwürdigkeitsgrund gemäß § 2339 Abs. 1 Nr. 3 (arglistige Täuschung, widerrechtliche Drohung) sind zugleich die Voraussetzungen für eine Testamentsanfechtung gegeben. Die Geltendmachung der Erbunwürdigkeit hat jedoch den Vorteil, dass die Erbenstellung des Unwürdigen vollständig beseitigt wird, während bei der Anfechtung gemäß §§ 2078 ff. nur die Verfügung beseitigt wird, für die der Anfechtungsgrund ursächlich war, d.h. z.B. die gesetzliche Erbfolge bleibt unberührt.[436]

  - Der Erbunwürdigkeitsgrund gemäß § 2339 Abs. 1 Nr. 1 (vorsätzliche Tötung oder deren Versuch) setzt nach Rspr. und h.Lit. Schuldfähigkeit des Handelnden voraus.[437]

  Bei allen Erbunwürdigkeitsgründen ist eine Anfechtung nicht mehr möglich, wenn der Erblasser **verziehen** hat, **§ 2343**. Verzeihung liegt vor, wenn der Erblasser durch sein Verhalten nachträglich zu erkennen gibt, dass er aus dem Tun des Erbunwürdigen keine nachteiligen Folgen ziehen will. Die Verzeihung kann ausdrücklich oder

---

430 Vgl. zum Ausschluss von der Erbfolge Strobel JuS 2016, 401 ff.
431 Schlüter/Röthel § 28 Rn. 1.
432 Michalski Rn. 465.
433 Vgl. zur Erbunwürdigkeitsklage Muscheler ZEV 2009, 101.
434 Frank/Helms § 21 Rn. 1.
435 Brox/Walker Rn. 275.
436 Staudinger/Olshausen § 2339 Rn. 36.
437 BGH NJW 2015, 1382 ff.; MünchKomm/Helms § 2339 Rn. 11 m.w.N.

konkludent geschehen, setzt aber immer voraus, dass der Erblasser Kenntnis von den tatsächlichen Umständen hatte, die die Erbunwürdigkeit begründeten.[438]

■ **Anfechtungsberechtigt** ist jeder, dem der Wegfall des Erbunwürdigen, sei es auch nur mittelbar, zustatten kommt **(§ 2341)**. Anders als bei der Testamentsanfechtung haben also auch mittelbar Betroffene, die den Nachlass erst nach dem Wegfall anderer nächstberufener Personen erwerben können, ein Anfechtungsrecht.[439]

■ Die Erbunwürdigkeit muss durch **Anfechtungsklage gemäß § 2342** geltend gemacht werden. Um die Klärung der Erbenstellung zu beschleunigen, hat der Gesetzgeber in **§ 2340 Abs. 3** die Erhebung der Anfechtungsklage an die **Jahresfrist des § 2082** geknüpft. Die Frist beginnt mit zuverlässiger Kenntnis vom Anfechtungsgrund sowie seiner Beweisbarkeit. Fristende ist spätestens 30 Jahre nach dem Erbfall.[440]

B. Wirkungen der Erbunwürdigkeit

315 ■ Mit Rechtskraft des Urteils, in dem der Erbe für erbunwürdig erklärt wird, verliert dieser rückwirkend seine Erbenstellung. Der **Anfall gilt als nicht erfolgt, §§ 2342 Abs. 2, 2344**. Die Erbschaft fällt rückwirkend demjenigen an, der berufen sein würde, wenn der Erbunwürdige zur Zeit des Erbfalls nicht gelebt hätte, § 2344 Abs. 2.

■ Der neue Erbe hat gegen den für erbunwürdig Erklärten die **Rechte aus den §§ 2018 ff.**, da dieser wegen der rückwirkenden Beseitigung seiner Erbenstellung Erbschaftsbesitzer ist.[441]

Einen speziellen Schutz Dritter – wie z.B. bei der Ausschlagung, § 1959 Abs. 2, 3 – hat der Gesetzgeber für entbehrlich gehalten. Insofern gelten für den Schutz gutgläubiger Dritter die allgemeinen Vorschriften der §§ 932 ff., 892 f., 2366 f.[442] Allerdings scheitert ein gutgläubiger Erwerb des Dritten nicht an § 935 Abs. 1: Nachlasssachen, über die der Erbunwürdige verfügt, sind dem Erben nicht abhanden gekommen, da der Unwürdige bis zur Rechtskraft des Urteils wirklicher Erbe gewesen ist.[443]

316 Auch Vermächtnisnehmer und Pflichtteilsberechtigte werden **gemäß § 2345** unwürdig, wenn einer der Fälle des § 2339 Abs. 1 vorliegt, sogenannte **Vermächtnis- bzw. Pflichtteilsunwürdigkeit**. Zu ihrer Geltendmachung ist wegen des geringeren öffentlichen Interesses keine Klage erforderlich (vgl. § 2345 Abs. 1, der nicht auf § 2342 verweist), sondern es reicht eine materiell-rechtliche Anfechtungserklärung gegenüber dem Unwürdigen, § 143 Abs. 1, 4.

---

438 Olzen Rn. 772.
439 Schlüter/Röthel § 28 Rn. 15.
440 Lange/Kuchinke § 6 III 3 b.
441 Brox/Walker Rn. 288.
442 Michalski Rn. 476.
443 Lange/Kuchinke § 6 IV 2; Brox/Walker Rn. 287.

2. Abschnitt: Der Erbverzicht, §§ 2346 ff.

Der künftige Erbe kann in einem notariellen Vertrag mit dem Erblasser auf sein Erbrecht verzichten.[444]   **317**

Der Erbverzichtsvertrag bezieht sich in der Regel auf das gesetzliche Erbrecht (§ 2346). Es ist jedoch auch möglich, auf die künftige Erbenstellung zu verzichten, die durch Verfügung von Todes wegen eintreten soll, sogenannter Zuwendungsverzicht – § 2352. Das hat insbesondere Bedeutung, wenn der Erblasser die für ihn bindend gewordene Erbeinsetzung nicht mehr einseitig ändern kann.[445] Ein Zuwendungsverzicht kann analog § 2351 zumindest dann durch notariellen Vertrag mit dem Erblasser wieder aufgehoben werden, wenn der Erblasser den Rechtszustand vor dem Verzicht wegen seiner erbrechtlichen Bindung durch Verfügung von Todes wegen nicht vollständig wiederherstellen kann.[446]

A. Zustandekommen und Inhalt des Erbverzichts

I. Zustandekommen des Erbverzichts

Der Erbverzicht erfolgt durch Vertrag zwischen dem Verzichtenden und dem Erblasser. Es handelt sich um ein **abstraktes erbrechtliches Verfügungsgeschäft**, da es unmittelbar mit dem Erbfall die Änderung der erbrechtlichen Verhältnisse bewirkt.[447] Der Vertrag bedarf wegen seiner schwerwiegenden Bedeutung für beide Vertragsparteien **gemäß § 2348** der **notariellen Beurkundung**.   **318**

Für den Erblasser ist der Erbverzichtsvertrag zudem ein **höchstpersönliches Geschäft**, sodass er sich weder im Willen noch bei Abgabe der Erklärung vertreten lassen kann, es sei denn, er ist geschäftsunfähig, vgl. § 2347 Abs. 2. Beim Verzichtenden ist eine Stellvertretung dagegen zulässig; dies ist insbesondere im Hinblick auf minderjährige Abkömmlinge sinnvoll, die auf diese Weise rechtzeitig in eine vernünftige Gestaltung der Erbfolge einbezogen werden können.[448]

II. Inhalt des Erbverzichts

Der Verzicht auf das gesetzliche Erbrecht enthält grundsätzlich auch den Verzicht auf das Pflichtteilsrecht, § 2346 Abs. 1 S. 2 Hs. 2.   **319**

Möglich ist jedoch:

- den Verzicht auf einen Bruchteil zu beschränken,[449]

- sich das Pflichtteilsrecht vorzubehalten[450] oder

- nur auf das Pflichtteilsrecht zu verzichten (§ 2346 Abs. 2).[451]

---

444 Vgl. dazu Röthel Jura 2015, 1065 ff.

445 Umfassend zur Stellung des weichenden Erben beim Erbverzicht Edenfeld ZEV 1997, 134.

446 BGH NJW-RR 2008, 747.

447 Michalski Rn. 478.

448 Vgl. OLG Düsseldorf NJW-RR 2002, 584 zur Formunwirksamkeit eines vom Erblasser nicht höchstpersönlich abgeschlossenen Erbverzichtsvertrags.

449 Kipp/Coing § 82 II 1 b.

450 Palandt/Weidlich § 2346 Rn. 3.

451 Vgl. dazu BGH NJW 2011, 1586.

B. Die Rechtsfolgen des Erbverzichts

320 Der wirksame Erbverzicht verhindert, soweit der Verzicht reicht, den Anfall der Erbschaft. Der Verzichtende wird insoweit so behandelt, als ob er zur Zeit des Erbfalls nicht gelebt hätte.

Der Erbverzicht eines Abkömmlings oder Seitenverwandten erstreckt sich, falls nichts anderes vereinbart ist, auch auf die Abkömmlinge – den Stamm – des Verzichtenden, § 2349. Dies gilt auch bei einem Zuwendungsverzicht, vgl. § 2352 S. 3 i.V.m. § 2349.

Der Erbverzicht kann auch zugunsten eines anderen erklärt werden. Ein solcher Verzicht wird im Zweifel gegenstandslos, wenn der Begünstigte nicht Erbe wird, § 2350.[452]

Gemäß § 2351 haben die Parteien des Erbverzichtsvertrags die Möglichkeit, diesen nachträglich aufzuheben. Nach allgemeiner Meinung ist das nach dem Tod des Erblassers nicht mehr möglich.[453] Nach h.M. scheidet eine Aufhebung des Erbverzichts jedoch auch nach dem Tode des Verzichtenden aus.[454]

Eine Anfechtung des Erbverzichts ist nach h.M. ebenfalls nur zu Lebzeiten des Erblassers möglich.[455] Der Gedanke der Rechtssicherheit gebiete es, die mit dem Erbfall eintretenden erbrechtlichen Folgen, die auch Interessen Dritter, etwa von Nachlassgläubigern, berühren, nicht nachträglich zu beseitigen.

Die verschiedenen Gestaltungsmöglichkeiten des Erbverzichtsvertrags ermöglichen es, die Erbfolge den Besonderheiten des Einzelfalls anzupassen, z.B. etwa die Fortführung eines Betriebs in einer Hand zu ermöglichen, ohne dass eine die Liquidität gefährdende Schuldenbelastung durch Pflichtteilsansprüche besteht, oder die an einen Abkömmling gemachten Zuwendungen für Ausbildung, Geschäftsgründung usw. gewissermaßen als vorweggenommene Erbteilsauszahlung zu berücksichtigen.

C. Der Rechtsgrund des Erbverzichtsvertrags

321 ■ Nach h.A. liegt dem Erbverzicht als abstraktem Verfügungsgeschäft immer ein (schuldrechtliches) **Kausalgeschäft** zugrunde, durch das sich die Parteien zum Abschluss eines Erbverzichtsvertrags verpflichten (z.B. Schenkung).[456]
Nach überwiegender Auffassung bedarf dieser obligatorische Vertrag ebenso wie der Erbverzicht **analog § 2348** der **notariellen Beurkundung**, weil die Warnfunktion der vorgeschriebenen Form ins Leere ginge, wenn aufgrund eines formlosen Grundgeschäfts eine Verpflichtung zum Erbverzicht begründet werden könnte.[457] Wird ein Erbverzichtsvertrag geschlossen, ohne dass das Kausalgeschäft analog § 2348 notariell beurkundet wurde, tritt eine Heilung des Formmangels in Analogie zu §§ 311 b Abs. 1 S. 2, 518 Abs. 2, 766 S. 3 ein.[458]

---

452 Vgl. dazu BGH NJW 2008, 298.

453 Staudinger/Schotten § 2346 Rn. 96 m.w.N.

454 BGH NJW 1998, 3117 = RÜ 1998, 463; MünchKomm/Wegerhoff § 2351 Rn. 2; Palandt/Weidlich § 2351 Rn. 2; a.A. Staudinger/Schotten § 2346 Rn. 97 ff. m.w.N.

455 OLG Celle NJW-RR 2003, 1450 = RÜ 2004, 32 m.w.N.; BayObLG ZEV 2006, 209, 210.

456 BGHZ 37, 319, 327; BGH NJW 1997, 653; Staudinger/Schotten § 2346 Rn. 115; Schlüter /Röthel § 24 Rn. 5 m.w.N.; umfassend hierzu Schotten DNotZ 1998, 163.

457 MünchKomm/Wegerhoff § 2348 Rn. 2; Staudinger/Schotten § 2346 Rn. 119 und § 2348 Rn. 10 m.w.N.; Schlüter/Röthel § 24 Rn. 5; a.A. Lange/Kuchinke § 7 I 5 b, da der Gesetzgeber in § 2348 nur den Erbverzicht der notariellen Beurkundung unterworfen habe (Gegenteilsschluss); vgl. zum Streitstand Keller ZEV 2005, 229.

458 Staudinger/Schotten § 2348 Rn. 17 m.w.N.

Der BGH hat die Frage, ob auf das einem Erbverzichtsvertrag zugrundeliegende Kausalgeschäft die Formvorschrift des § 2348 anzuwenden ist, bislang offengelassen. Mittlerweile entschieden hat der BGH jedoch, dass auf dingliche Vollzugsgeschäfte, die mit einem Erbverzicht in Zusammenhang stehen, die Regelung des § 2348 nicht analog anzuwenden ist. Der Schutz- und Warnfunktion des § 2348 sei ausreichend Genüge getan, wenn der Erbverzicht selbst notariell beurkundet sei.[459]

■ Beim **Erbverzicht gegen Abfindung** liegt ein Kausalgeschäft zugrunde, durch das sich eine Partei zur Zahlung einer Abfindung und die andere zum Erbverzicht verpflichtet.[460]   **322**

Beispiel: Abgefundener Sohn

Einer der vier Söhne (S1) des Erblassers E verzichtet notariell gegen Zahlung von 10.000 € auf seinen künftigen gesetzlichen Erbteil. E und S1 tätigen zwei Rechtsgeschäfte:

■ das schuldrechtliche Kausalgeschäft, in dem sich E zur Leistung einer Abfindung von 10.000 € und S1 zum Erbverzicht verpflichtet, und

■ den Erbverzichtsvertrag als abstraktes Verfügungsgeschäft.

Problematisch ist bei einem Erbverzicht gegen Abfindung, **ob die für den Erb- oder Pflichtteilsverzicht geleistete Zuwendung eine Gegenleistung oder eine Schenkung i.S.v. § 516 Abs. 1 darstellt.** Liegt eine Schenkung vor, kommen Rückforderungsansprüche wegen Verarmung des Erblassers gemäß § 528 oder ein Widerruf der Schenkung wegen groben Undanks gemäß §§ 530, 531 Abs. 2 in Betracht. Maßgeblich für die Qualifikation einer mit einem Erbverzicht verbundenen Zuwendung als Schenkung ist das subjektive Einigsein über die Unentgeltlichkeit der Zuwendung des Erblassers. Dies entscheidet sich nach Auffassung des BGH unter Berücksichtigung aller Umstände des Einzelfalls. Dient der Erbverzicht nach dem Willen der Vertragsparteien der Ausgleichung der lebzeitigen Zuwendung bei der Erbfolge, ist dies ein Indiz für die Unentgeltlichkeit der Zuwendung. Ein solcher Wille ist nach BGH anzunehmen, wenn die Höhe der Zuwendung in etwa der Erberwartung entspricht oder diese sogar übersteigt.[461]

■ Da der Erbverzicht mit Abschluss des Verzichtsvertrags wirksam wird, können Probleme auftauchen, wenn es **im Rahmen des Kausalgeschäfts zu Störungen** kommt (z.B. Abfindung wird nicht gezahlt oder das Kausalgeschäft ist nichtig).   **323**

■ Probates Mittel zur Vermeidung von Schwierigkeiten ist, den Erbverzichtsvertrag **bedingt** abzuschließen. Hierdurch kann die Wirksamkeit des Erbverzichts vom Vollzug der Abfindung abhängig gemacht werden.[462] Wird die Bedingung nicht ausdrücklich festgelegt, müssen allerdings konkrete Anhaltspunkte gefunden werden, um die Annahme einer Bedingung zu rechtfertigen.[463]   **324**

■ Kann eine Einheit von Verpflichtungs- und Leistungsgeschäft nicht festgestellt werden, finden **im Falle der Leistungsstörung die allgemeinen Regeln** Anwendung, z.B. Rücktritt gemäß § 323 und Rückforderung der Leistung gemäß § 346.[464]   **325**

---

459 BGH NJW-RR 2012, 332 = JuS 2012, 751.
460 Vgl. OLG Hamm RÜ 2017, 205 ff. zur Sittenwidrigkeit eines Erbverzichts.
461 BGH NJW 2016, 324 ff.
462 Vgl. BayObLG NJW-RR 1995, 648.
463 Vgl. Staudinger/Schotten § 2346 Rn. 154.
464 Brox/Walker Rn. 299; Leipold Rn. 548; Zimmer NJW 2017, 513, 515.

326 ■ Schwieriger ist die Situation bei **nichtigem Kausalgeschäft und gleichzeitig wirksamem Verzicht**. Die allgemeinen Regeln über Leistungsstörungen finden auf diese Fallgestaltung keine Anwendung. Wird die Abfindung nicht erbracht, kann der Verzichtende nach h.Lit. den Verzicht kondizieren.[465] Denn durch den erklärten Verzicht habe der Erblasser ein Stück Testierfreiheit, und damit „etwas" i.S.d. § 812 Abs. 1, auf Kosten des Verzichtenden erlangt.[466] Die a.A., die einen Kondiktionsanspruch ablehnt, weil der Erblasser durch den Verzicht nichts erlangt habe, was nicht ohnehin in seinem Vermögen sei, will dem Verzichtenden mit § 242 helfen: Er könne den Erben, die sich auf den wirksamen Verzicht berufen, den Einwand der unzulässigen Rechtsausübung entgegenhalten.[467]

3. Abschnitt: Die Ausschlagung[468]

327 Der Erbe kann die ihm angefallene Erbschaft ohne Begründung ausschlagen und damit rückwirkend die Erbenstellung beseitigen. Als Grund für die Ausschlagung kommt in Betracht, dass der Nachlass überschuldet ist oder das Erbe einem anderen zufallen soll. Ausschlagungsberechtigt ist sowohl der gesetzliche Erbe als auch derjenige, der durch letztwillige Verfügung als Erbe berufen ist.

A. Die frist- und formgerechte Ausschlagung

328 ■ Der Erbe kann durch **formgerechte Erklärung gegenüber dem Nachlassgericht** die Erbschaft ausschlagen (§ 1945). Die Ausschlagung muss innerhalb einer **Frist von 6 Wochen** (ab Kenntniserlangung) erfolgen (§ 1944).

Ob Kenntnis vom Anfall der Erbschaft und dem Grund der Berufung zum Erben vorliegt, muss nach den gesamten Umständen des Einzelfalls beurteilt werden. Kenntnis setzt dabei ein **zuverlässiges Erfahren der maßgeblichen Umstände** voraus, aufgrund dessen ein Handeln erwartet werden kann.

329 ■ Das **Ausschlagungsrecht erlischt durch die Annahme der Erbschaft**, dabei gilt das Verstreichenlassen der Ausschlagungsfrist als Annahme (§ 1943).

Die Annahme der Erbschaft ist eine nicht empfangsbedürftige, gestaltende Willenserklärung, die ausdrücklich oder konkludent erfolgen kann oder vom Gesetzgeber fingiert wird. Durch schlüssiges Verhalten kann die Annahme erfolgen, wenn dieses gegenüber Dritten objektiv eindeutig zum Ausdruck bringt, Erbe zu sein und die Erbschaft behalten zu wollen, z.B. Stellung eines Erbscheinsantrags, Verfügung über Nachlassgegenstände oder Geltendmachung eines Erbschaftsanspruchs.[469]

---

465 BeckOK BGB/Litzenburger § 2346 Rn. 31; Brox/Walker Rn. 299: MünchKomm/Wegerhold § 2346 Rn. 24; Lange/Kuchinke § 7 V 2 b; Lipp Rn. 151; Schlüter/Röthel § 24 Rn. 6.

466 BeckOK BGB/Litzenburger § 2346 Rn. 31.

467 Damrau, Der Erbverzicht als Mittel zweckmäßiger Vorsorge für den Todesfall, 1966, 99 ff.

468 Röthel Jura 2017, 545 ff.

469 Palandt/Weidlich § 1943 Rn. 1, 2; vgl. Roth NJW-Spezial zur Annahme einer Erbschaft.

■ Ausschlagung und Annahme sind als einseitige Willenserklärungen **anfechtbar.**   **330**

  ■ Für die **Frist und Form der Anfechtung** enthält das Gesetz in **§§ 1954 ff.** Sondervorschriften.

  > Für den Beginn der sechswöchigen Anfechtungsfrist gemäß § 1954 Abs. 2 S. 1 ist der Zeitpunkt maßgebend, in dem der Anfechtende zuverlässige Kenntnis von den seinen Irrtum begründenden Tatsachen erlangt. Es entspricht dabei allgemeiner Ansicht, dass bloßes Kennenmüssen oder bloßes Vorliegen von Verdachtsmomenten nicht ausreichend, eine volle Überzeugung vom Bestehen des Anfechtungsgrundes dagegen nicht erforderlich ist.

  ■ Die **Anfechtungsgründe** sind nicht speziell geregelt, sondern ergeben sich aus   **331** den **§§ 119 ff.**[470]

  – Ein Irrtum des mit Beschwerungen als Erbe eingesetzten Pflichtteilsberechtigten, er dürfe die Erbschaft nicht ausschlagen, um seinen Anspruch auf Pflichtteil nicht zu verlieren, kann einen zur Anfechtung berechtigenden **Inhaltsirrtum i.S.v. § 119 Abs. 1** darstellen.[471] Denn gemäß § 2306 Abs. 1 muss der beschwerte Erbe den Erbteil gerade ausschlagen, wenn er den Pflichtteil verlangen will. Die Fehlvorstellung des Erben erzeugt also genau das Gegenteil der von ihm erstrebten Rechtswirkung.[472]

  – Ein **Irrtum über die Nachlassüberschuldung** ist als Irrtum über eine verkehrswesentliche Eigenschaft i.S.d. **§ 119 Abs. 2** anerkannt.[473] Voraussetzung dafür ist aber, dass der Irrtum bezüglich der Überschuldung des Nachlasses auf unrichtigen Vorstellungen hinsichtlich der Zusammensetzung des Nachlasses – des Bestandes an Aktiva und Passiva – beruht.[474]

  – Der Irrtum über die Größe des Nachlasses selbst berechtigt grundsätzlich nicht zur Anfechtung gemäß § 119 Abs. 2, da nicht der Wert, sondern die wertbildenden Faktoren der Erbschaft als deren Eigenschaften gelten. Folglich ist die **Zugehörigkeit bestimmter Rechte eine verkehrswesentliche Eigenschaft**, die dann zur Anfechtung gemäß § 119 Abs. 2 berechtigt, wenn die fragliche Forderung von besonderem Gewicht ist. Dies muss aus dem Verhältnis der gesamten Erbschaft gegenüber dem Wert der Forderung ermittelt werden.[475]

  ■ Auch die Versäumung der Ausschlagungsfrist kann angefochten werden, § 1956.[476] Die Anfechtung der Ausschlagung gilt als Annahme und umgekehrt, § 1957 Abs. 1.

  ■ Auch eine Anfechtungserklärung gemäß §§ 1954, 1956 kann ihrerseits angefochten werden.[477] Für diese Anfechtung der Anfechtungserklärung der Annahme

---

470 Leipold Rn. 613; BayObLG FamRZ 1997, 1174; OLG Düsseldorf NJW-RR 1998, 150; OLG München NJW 2010, 687.

471 BGH NJW 2016, 2954, 2956; MünchKomm/Leipold § 1954 Rn. 10; Palandt/Weidlich § 1954 Rn. 4; a.A. BeckOK BGB/Mayer § 2306 Rn. 24: unbeachtlicher Rechtsfolgenirrtum, da Wortlaut des § 2306 Abs. 1 seit Neuregelung vom 01.01.2010 klar und verständlich.

472 Löhnig JA 2016, 703, 704.

473 BayObLG NJW-RR 1999, 590 = RÜ 1999, 267.

474 BayObLG FamRZ 2003, 121; OLG Düsseldorf ZEV 2005, 255; OLG Düsseldorf NJW-RR 2009, 12.

475 OLG Düsseldorf BeckRS 2016, 110185.

476 OLG Hamm FamRZ 1985, 1185; BayObLG FamRZ 1993, 1367 u. NJW-RR 1994, 586.

477 BGH RÜ 2015, 567 ff.; BeckOK BGB/Siegmann/Höger § 1955 Rn. 4; MünchKomm/Leipold § 1955 Rn. 5.

oder Ausschlagung der Erbschaft sowie der Versäumung der Ausschlagungsfrist (§ 1956) gelten aus Gründen der Rechtssicherheit die Fristen des § 121 und nicht diejenigen des § 1954.[478] Für die Form gilt auch hier §§ 1955, 1945.

332 ■ **Gemäß § 1946** kann die Erbschaft **erst mit Eintritt des Erbfalls ausgeschlagen** werden. Auch der Schlusserbe eines Berliner Testaments kann erst nach dem Tod des überlebenden Ehegatten ausschlagen, weil er nur diesen beerbt.[479] Der Nacherbe kann bereits mit dem Tod des Erblassers ausschlagen (§ 2142), da es nur einen Erbfall gibt, der Vor- und Nacherbschaft in versetzter Reihenfolge auslöst.

333 ■ Annahme und Ausschlagung sind **bedingungsfeindlich**, § 1947.

334 ■ Annahme und Ausschlagung sind grundsätzlich **nicht** in der Weise **teilbar**, dass ein Erbteil zu einem Bruchteil angenommen und ausgeschlagen werden kann, **§ 1950**. Doch kann der gewillkürte Erbe, der sonst gesetzlicher Erbe wäre, die Berufung als gewillkürter Erbe ausschlagen und die als gesetzlicher Erbe annehmen. Bei mehreren Erbteilen, die auf verschiedenen Berufungsgründen beruhen, kann der eine Erbteil ausgeschlagen, der andere angenommen werden, § 1951 Abs. 1.[480]

B. Die Wirkungen der Ausschlagung

335 ■ Die Ausschlagung erstreckt sich nach § 1949 Abs. 2 im Zweifel sowohl auf die Berufung als testamentarischer Erbe als auch auf die Berufung als gesetzlicher Erbe. **Es gilt dann der Anfall der Erbschaft als nicht erfolgt** (§ 1953 Abs. 1). Die Erbschaft fällt – rückwirkend auf den Zeitpunkt des Erbfalls – demjenigen an, welcher berufen sein würde, wenn der Ausschlagende zur Zeit des Erbfalls nicht gelebt hätte (§ 1953 Abs. 2).

Schlägt der eingesetzte Erbe aus, so tritt an seine Stelle der Ersatzerbe. Ist ein solcher nicht berufen, so tritt der gesetzliche Erbe ein. Schlägt der gesetzliche Erbe aus, so tritt an seine Stelle der nächstberufene gesetzliche Erbe.

336 ■ Wenn ein vorläufiger Erbe – also ein Erbe, der noch ausschlagen kann[481] – in der Zeit nach dem Tod des Erblassers, aber vor seiner Ausschlagung, Nachlassgegenstände an Dritte veräußert, so sind diese Verfügungen nach der Ausschlagung – wegen deren Rückwirkung – Verfügungen eines Nichtberechtigten.

Ein Eigentumserwerb des Dritten ist somit nur in der Form des gutgläubigen Erwerbs möglich. Diesem steht dann allerdings auch nicht § 935 im Wege, da die h. M. bei Verfügungen des vorläufigen Erben über einen Erwerbsgegenstand kein Abhandenkommen aufseiten des endgültigen Erben annimmt.[482] Zwar verliert der vorläufige Erbe auch den Erbenbesitz gemäß § 857 und der neue Erbe erhält ihn. Die h.M. stellt jedoch auf die tatsächlichen Verhältnisse ab, da der Gesetzgeber durch die Regelung

---

478 BGH RÜ 2015, 567, 570; Palandt/Weidlich Rn. 1; MünchKomm/Leipold § 1954 Rn. 21 m.w.N.; aA Soergel/Stein § 1954 Rn. 12

479 BGH FamRZ 1998, 103 unter Aufhebung von OLG Düsseldorf ZEV 1996, 310 mit zust. Anm. Edenfeld = FamRZ 1996, 1567 mit abl. Anm. Leipold.

480 Vgl. hierzu auch BayObLG NJW-RR 1997, 72; Ivo ZEV 2002, 145 ff.

481 Leipold Rn. 623.

482 MünchKomm/Leipold § 1953 Rn. 4; Staudinger/Marotzke § 1959 Rn. 14; Schlüter/Röthel § 27 Rn. 55; Leipold Rn. 623; a.A. Lange/Kuchinke § 8 V 2 Fn. 110.

in § 1959 Abs. 1 und den Verweis auf die Vorschriften über die Geschäftsführung ohne Auftrag dem vorläufigen Erben die Besitzergreifung gestatte, sodass sich der endgültige Erbe jedenfalls nicht auf einen unfreiwilligen Besitzverlust berufen könne.[483]

Gegenüber dem vorläufigen Erben hat der endgültige Erbe dann jedoch Ansprüche aus Geschäftsführung ohne Auftrag, § 1959 Abs. 1. Das gilt auch dann, wenn der vorläufige Erbe nicht den Willen hatte, ein Geschäft für den endgültigen Erben zu führen, weil er sich selbst für den endgültigen Erben hielt.

Bei § 1959 Abs. 1 handelt es sich um einen beschränkten Rechtsgrundverweis:[484] Da der vorläufige Erbe bis zur Ausschlagung davon ausgeht, ein eigenes Geschäft zu führen, hat er bei Vornahme des Geschäfts keinen Fremdgeschäftsführungswillen; zudem kann er bis zur Ausschlagung nicht auf den wirklichen Willen des endgültigen Erben abstellen. Aufwendungsersatz gemäß §§ 677, 683 S. 1, 670 erhält der vorläufige Erbe daher schon dann, wenn das erbrechtliche Geschäft dem verständigen Willen des endgültigen Erben entspricht. Diesem steht dann jedoch auch ein Anspruch auf Herausgabe des durch die Geschäftsführung Erlangten gemäß § 681 S. 2 i.V.m. § 667 zu.

Beachte: *Ansprüche aus §§ 2018 ff. stehen dem endgültigen Erben bei Wegfall der vorläufigen Erbenstellung infolge Ausschlagung nicht zu, da der vorläufige Erbe den Nachlass aufgrund eines ihm zustehenden Erbrechts erlangt hat und daher kein Erbschaftsbesitzer ist.[485]*

---

483 Schlüter/Röthel § 27 Rn. 55.
484 Olzen Rn. 814.
485 MünchKomm/Leipold § 1959 Rn. 2.

Verlust der Erbenstellung

Wegen Erbunwürdigkeit, §§ 2339 ff.

- abschließende Aufzählung der Gründe in § 2339; keine analoge Anwendung

- Geltendmachung durch Anfechtungsklage gemäß § 2342

- mit Rechtskraft gilt Anfall an Erben als nicht erfolgt, §§ 2342 Abs. 2, 2344

- Ausschluss bei Verzeihung, § 2343

- zur Vermächtnis- bzw. Pflichtteilsunwürdigkeit vgl. § 2345

Wegen Erbverzichts, §§ 2346 ff.

- führt dazu, dass Erbschaft beim Verzichtenden nicht anfällt

- erfasst grundsätzlich auch Verzicht auf den Pflichtteil

- auch beschränkter Verzicht (Bruchteil, nur Pflichtteil) möglich

- Aufhebung nur bis zum Tod des Erblassers möglich; nach Tod des Verzichtenden nach h.M. ebenfalls keine Aufhebung mehr

- Verzicht liegt **schuldrechtliches Kausalgeschäft** (insbesondere Schenkung) zugrunde

Wegen Ausschlagung, §§ 1944 ff.

- Frist: 6 Wochen ab Kenntnis vom Anfall der Erbschaft und Grund der Berufung (Tatsachen- oder Rechtsirrtum kann Fristbeginn entgegenstehen), § 1944

- **Annahme (§ 1943)** schließt Ausschlagung aus, ebenso ein Verstreichenlassen der Ausschlagungsfrist

- Ausschlagung und Annahme sind **anfechtbar gemäß §§ 119 ff.**; Regeln für Form und Frist in §§ 1954 ff.

- Wirkung der Ausschlagung: Anfall der Erbschaft gilt als nicht erfolgt. Erbschaft fällt rückwirkend demjenigen zu, der berufen sein würde, wenn Ausschlagender zur Zeit des Erbfalls nicht gelebt hätte (§ 1953 Abs. 1 u. 2)

5. Teil: Die Rechtsstellung des Erben – die Verwaltung

Vom Eintritt des Todes bis zur endgültigen Verteilung des Nachlasses muss anstelle des **337**
Erblassers eine andere Person das Vermögen **verwalten**.

- Der berufene **Alleinerbe** ist berechtigt, Ansprüche, die zum Nachlass gehören, geltend zu machen, und er hat – wie der Erblasser – das Vermögen zu verwalten (1. Abschnitt).

- Sind mehrere Personen Erben, so bilden diese eine **Miterbengemeinschaft**. Ihnen gehört der Nachlass zur gesamten Hand (§ 2032), und sie sind gemäß § 2038 grundsätzlich nur zur gemeinsamen Verwaltung des Nachlasses befugt (2. Abschnitt).

- Soll nach dem Willen des Erblassers zunächst eine Person Erbe sein und danach eine andere Person den Nachlass des Erblassers erhalten, so liegt eine **Vor- und Nacherbschaft** vor. In diesem Fall muss gewährleistet sein, dass der Nacherbe noch etwas aus dem Nachlass des Erblassers erhält. Daher werden bestimmte Verfügungen des Vorerben mit Eintritt des Nacherbfalls unwirksam, §§ 2112 ff. (3. Abschnitt).

- Auch wenn der Erblasser die **Testamentsvollstreckung** anordnet (§§ 2203 ff.), beeinträchtigt er damit die Handlungsfreiheit seiner Erben (4. Abschnitt).

Bis zur Annahme der Erbschaft hat das Nachlassgericht gemäß § 1960 für die Sicherung des Nachlasses zu sorgen, soweit ein Bedürfnis besteht. Die Erben selbst können (ebenso unter bestimmten Voraussetzungen die Nachlassgläubiger) die gerichtliche Anordnung der Nachlassverwaltung beantragen (§ 1981), um die Beschränkung ihrer Haftung für Nachlassverbindlichkeiten zu erreichen (6. Teil 4. Abschnitt – Erbenhaftung).

1. Abschnitt: Der Alleinerbe und seine Rechtsstellung

A. Der Grundsatz der Universalsukzession

Nach dem Grundsatz der Universalsukzession rückt der Erbe mit dem Erbfall in die **338**
Rechtsstellung des Erblassers ein. Die Universalsukzession erfolgt gemäß § 1922 hinsichtlich des Vermögens des Erblassers. Der Begriff „Vermögen" besagt nicht, dass nur geldwerte Güter vererblich sind. Der Grundsatz ist das **Einrücken in die gesamte Rechtsstellung des Erblassers**, so wie sie bei seinem Tode vorhanden ist. Dabei sind vermögensrechtliche Positionen grundsätzlich vererblich, höchstpersönliche Positionen sind dagegen grundsätzlich nicht vererblich. Durchbrechungen gibt es aber in beiden Fällen.

- Nicht vererblich sind z.B. der Nießbrauch, vgl. § 1061 S. 1, und beschränkte persönliche Dienstbarkeiten, vgl. § 1090 Abs. 2. Der Leichnam des Erblassers ist ebenfalls nicht vererblich. Für die rechtliche Zulässigkeit von Obduktionen und Organentnahmen kommt es auf den Willen des Verstorbenen an; nur wenn ein solcher nicht feststellbar ist, ist nachrangig der Wille der Familienangehörigen zu berücksichtigen.[486]

- Vererblich sind von den persönlichkeitsbezogenen Rechten z.B. die Urheberrechte (§§ 28, 64 UrhG); die Mitgliedschaft in einem Verein kann durch Satzung, die in einer OHG durch Gesellschaftsvertrag, vererblich gemacht werden (§§ 38 S. 1, 40, § 139 HGB).

---

486 Hk-BGB/Hoeren § 1922 Rn. 5; Roth NJW-Spezial 2015, 231

- Das allgemeine Persönlichkeitsrecht ist höchstpersönlich und folglich nicht vererblich. Allerdings gebietet die Wertentscheidung des Art. 1 Abs. 1 GG einen postmortalen Persönlichkeitsschutz, durch den der Erblasser vor Verunglimpfungen nach seinem Tod geschützt werden soll.[487] Ferner sind die vermögenswerten Bestandteile des Persönlichkeitsrechts vererblich[488] (vgl. zum allgemeinen Persönlichkeitsrecht im Einzelnen AS-Skript Schuldrecht BT 4 [2017], Rn. 69 ff.).

- Schmerzensgeldansprüche sind nach der ersatzlosen Streichung des § 847 Abs. 1 S. 2 (1990), der die Vererblichkeit des Schmerzensgeldanspruchs von der Rechtshängigkeit der Klage bzw. vom Anerkenntnis des Schädigers abhängig machte, uneingeschränkt vererblich. D.h., es kommt nicht darauf an, ob der Verletzte zu Lebzeiten den Willen bekundet hat, Schmerzensgeld zu fordern.[489]

- Das rechtliche Schicksal des digitalen Nachlasses ist noch nicht abschließend geklärt. Unter dem digitalen Nachlass versteht die h.Lit. sämtliche Rechtsverhältnisse des Erblassers betreffend informationstechnische Systeme, einschließlich des gesamten elektronischen Datenbestands.[490] Umfasst werden dabei neben digital gespeicherten E-Mails, Fotos und anderer Daten (etwa in einer „cloud" hinterlegten Dokumente) auch Vertragsbeziehungen im Hinblick auf Social-Media oder E-Mail-Accounts. Nach h.M. geht der digitale Nachlass gemäß § 1922 grundsätzlich auf den Erben über.[491]

  Die Rechtsprechung beschäftigt derzeit vor allem die Frage, ob Erben gegenüber Dienstanbietern Zugang zu Account-Inhalten des Erblassers in sozialen Netzwerken verlangen können. Das LG Berlin[492] hat in Einklang mit der h.Lit.[493] entschieden, dass dem oder den Erben sämtliche Daten des Erblassers zustehen, seien sie privat oder vermögensbezogen. In der Berufungsinstanz wurde dieses Urteil allerdings vom KG Berlin[494] aufgehoben und ein Anspruch der Erben auf Zugang zum Konto der verstorbenen Person bei einem sozialen Netzwerk unter Hinweis auf das Fernmeldegeheimnis (§ 88 TKG) verneint (die Revision ist beim BGH unter dem Aktenzeichen III ZR 183/17 anhängig).

Der Erbe erwirbt mit dem Erbfall den Besitz, und zwar so, wie ihn der Erblasser zur Zeit seines Todes hatte, also unabhängig davon, ob und wie der Erbe die tatsächliche Sachherrschaft erlangt **(fiktiver Erbenbesitz, § 857)**.[495] Dadurch wird der Erbe vom Erbfall an durch die besitzrechtlichen Vorschriften (§§ 858 ff.) und durch § 935 geschützt.

Ansprüche, die dem Erblasser zustanden, kann nunmehr der Erbe als Rechtsnachfolger geltend machen.

Er kann also die Ansprüche aus Kauf, Miete, Pacht, unerlaubter Handlung, Bereicherung usw. erheben.[496] Soweit dem Erblasser dingliche Ansprüche aus §§ 985, 1007, 861 zustanden, kann der Erbe sie nunmehr geltend machen. Die Verjährung solcher zum Nachlass gehörender Ansprüche ist gemäß § 211 gehemmt.

Eingriffe Dritter, die nach dem Erbfall in zum Nachlass gehörende Gegenstände erfolgen (z.B. Beschädigung einer Sache), lassen Ansprüche in der Person des Erben nach allgemeinen Regeln (z.B. §§ 985, 861, 1007, 812, 823 usw.) entstehen. Eine Besonderheit kann sich jedoch ergeben, wenn der Dritte sogenannter **Erbschaftsbesitzer** ist.

---

487 BVerfG 30, 173, 194 – Mephisto.

488 BGHZ, 143, 214 – Marlene Dietrich.

489 BGH NJW 1995, 783; Leipold Rn. 634.

490 Deutsch ZEV 2014, 2; Klas/Möhrke-Sobolewski NJW 2015, 3473; Raude ZEV 2017, 433, 434.

491 Brox/Walker Rn. 21a; Herzog NJW 2013, 3745 ff.; Palandt/Weidlich § 1922 Rn. 34 m.w.N.

492 LG Berlin MDR 2016, 165 ff.; ebenso bereits Steiner/Holzer ZEV 2015, 262, 263.

493 BeckOK BGB/Müller-Christmann § 1922 Rn. 101; Herzog NJW 2013, 3745 ff; MünchKomm/Leipold § 1922 Rn. 25; Palandt/ Weidlich § 1922 Rn. 34 m.w.N.

494 KG ZEV 2017, 386.

495 Umfassend zur Übertragung des Besitzes vom Erblasser auf den Erben Ebenroth/Frank JuS 1996, 794.

496 Vgl. BGH NJW 2013, 2015 = RÜ 2013, 417.

B. Die Rechte des Erben gegen den Erbschaftsbesitzer, §§ 2018 ff.

Die §§ 2018 ff. regeln die Ansprüche des Erben gegen den Erbschaftsbesitzer.[497] Erbschaftsbesitzer ist derjenige, der aufgrund eines **vermeintlichen Erbrechts** Erbschaftsgegenstände für sich in Anspruch nimmt. Ob der Erbschaftsbesitzer an das Erbrecht glaubt oder nicht, ist gleichgültig, wenn er es nur für sich in Anspruch nimmt. Bedeutsam ist die Gut- oder Bösgläubigkeit nur für die Haftung, vgl. § 2024.[498]

339

Anmerkung: Neben dem Erbschaftsanspruch stehen dem Erben die Einzelansprüche zu, z.B. Besitzschutzansprüche, §§ 861, 862, dingliche Herausgabeansprüche, §§ 985, 1065, 1227, deliktische Ansprüche usw. Dass die §§ 2018 ff. keine verdrängenden Sondernormen sind, zeigt schon die Regelung des § 2029, die sonst unnötig wäre. § 2029 stellt sicher, dass bei Konkurrenz von Erbschafts- und Einzelanspruch die Haftung sich stets nach den §§ 2018 ff. richtet; damit wird aber nur der Inhalt der Einzelansprüche beeinflusst, ohne dass diese Ansprüche in ihrem Bestand berührt werden.[499] Der Vorteil für den Erben beim Anspruch aus § 2018 besteht darin, dass er nicht die konkrete rechtliche Beziehung des Erblassers zu den einzelnen Gegenständen darlegen muss, sondern nur die Voraussetzungen des Erbschaftsanspruchs (Anspruchsteller = Erbe, Anspruchsgegner = Erbschaftsbesitzer).[500]

I. Herausgabeanspruch gemäß § 2018

Mit dem **Gesamtanspruch** gemäß § 2018 kann der Erbe vom Erbschaftsbesitzer alles herausverlangen, was dieser aufgrund des ihm in Wirklichkeit nicht zustehenden Erbrechts aus der Erbschaft erlangt hat. Nach der Vorstellung des Gesetzgebers soll dieser Erbschaftsanspruch es dem wahren Erben erleichtern, den Nachlass vollständig zu erlangen, ohne auf eine Vielzahl von Einzelklagen angewiesen zu sein.[501]

340

Wegen dieses Normzwecks ist es für den Herausgabeanspruch aus § 2018 bei der 30-jährigen Sonderverjährung geblieben, vgl. § 197 Abs. 1 Nr. 2; zudem ist auch aus praktischer Sicht ein Gleichlauf der Verjährungsfrist des Anspruchs aus § 2018 mit dem Anspruch aus § 985 sinnvoll.

■ **Gläubiger** des Anspruchs ist der Erbe. Seine Erbenstellung bestimmt demnach Art und Inhalt der Anspruchsberechtigung.

341

- ■ Bei Miterben ist § 2039 zu beachten. Danach können diese vor Auseinandersetzung nur Leistung an alle Miterben verlangen.

- ■ Bei Vor-/Nacherbschaft ist der Vorerbe bis zum, der Nacherbe ab dem Nacherbfall anspruchsberechtigt (vgl. § 2139).

- ■ Der Erbteilserwerber i.S.d. § 2033 kommt als Gläubiger ebenso in Betracht wie der Pfändungsgläubiger eines Erbteils.

- ■ Ferner können der Testamentsvollstrecker oder der Nachlassverwalter bzw. Nachlassinsolvenzverwalter Gläubiger des Anspruchs sein. Umstritten ist, ob dem Nachlasspfleger, § 1960, der Erbschaftsanspruch zusteht.[502]

---

497 Röthel Jura 2012, 947 ff.; Prütting JuS 2015, 205 ff.
498 Lange/Kuchinke § 40 II 3.
499 Brox/Walker Rn. 597; Olzen Rn. 823; Richter JuS 2008, 97.
500 Frank/Helms § 17 Rn. 2.
501 Brox/Walker Rn. 573.
502 Vgl. zum Streitstand Brox/Walker Rn. 574 m.w.N.

342 ■ **Schuldner** des Anspruchs ist der Erbschaftsbesitzer. Das ist jeder, der aus dem Nachlass etwas (also einen Vermögensvorteil, wie z.B. eine Sache oder eine Forderung) erlangt hat **(objektives Element)** und sich dabei ein ihm tatsächlich nicht zustehendes Erbrecht (nicht: Vermächtnis) anmaßt **(subjektives Element)**.

Eine solche Erbrechtsanmaßung liegt vor, wenn dem Besitzer das Erbrecht nicht oder (bei Miterben) nicht in vollem Umfang zusteht. Fällt die zunächst eingenommene Erbenstellung infolge von Anfechtung (§§ 2078 ff.) oder Erbunwürdigkeitserklärung (§§ 2339 ff.) weg, so wird der besitzende vermeintliche Erbe zum Erbschaftsbesitzer. Auch derjenige, der zunächst ohne Inanspruchnahme eines Erbrechts etwas aus dem Erblasservermögen erlangt hat und die Herausgabe nunmehr nachträglich unter Berufung auf ein vermeintliches Erbrecht verweigert, ist Erbschaftsbesitzer.[503] Auch der Staat ist Erbschaftsbesitzer und haftet nach §§ 2018 ff., wenn sich herausstellt, dass sein gesetzliches Erbrecht zu Unrecht festgestellt worden ist. [504]

Kein Erbschaftsbesitz ist in den folgenden Fällen gegeben:

■ bei Wegfall der vorläufigen Erbenstellung infolge Ausschlagung, da der vorläufige Erbe den Nachlass aufgrund eines ihm zustehenden Erbrechts erlangt hat. Es bestehen bei dieser Konstellation aber Ansprüche aus GoA, vgl. § 1959.

■ bei Besitz aufgrund eines vermeintlichen Anspruchs gegen den Erben oder ohne solchen, insbesondere nach Diebstahl. In diesem Fall kommen Ansprüche aus §§ 858 ff., 985 ff., 812 ff. in Betracht.

■ beim Besitz des Testamentsvollstreckers, Nachlasspflegers, Nachlass(-insolvenz-)verwalters, da diese Personen kein Erbrecht an dem Nachlass beanspruchen, sondern den Nachlass aufgrund ihrer Verwaltungsaufgaben besitzen.[505]

■ bei Besitz des Vorerben, der den Eintritt der Nacherbfolge zu Unrecht bestreitet. Der Vorerbe ist gemäß § 2130 gegenüber dem Nacherben herausgabepflichtig. Die strengere Haftung des § 2130 geht nach h.M. als lex specialis vor.[506]

343 Der Gesamtanspruch nach § 2018 geht auf Herausgabe des gesamten beim Erbschaftsbesitzer vorhandenen Nachlasses. Er ist jedoch auf Herausgabe eines einzelnen Gegenstands beschränkbar. Der Erbschaftsbesitzer hat dem Erben über Bestand und Verbleib der Erbschaftsgegenstände gemäß § 2027 Abs. 1 Auskunft zu erteilen.

*Anmerkung: Wird der Erbschaftsanspruch eingeklagt, so müssen die einzelnen Nachlassgegenstände, die herausverlangt werden, wegen des Erfordernisses eines bestimmten Klageantrags gemäß § 253 Abs. 2 Nr. 2 ZPO genau bezeichnet werden. Dies kann jedoch zunächst unterbleiben, wenn gemäß § 254 ZPO eine **Stufenklage** auf Vorlage eines Verzeichnisses der Erbschaftsgegenstände, § 260, und auf Herausgabe erhoben wird.*

II. Erweiterung der Herausgabepflicht durch § 2019 und § 2020

§ 2019 und § 2020 sind keine eigenständigen Anspruchsgrundlagen, sondern erweitern lediglich den Anspruchsumfang des § 2018.[507]

---

503 BGH NJW 1985, 3068.
504 BGH NJW 2016, 156 ff.
505 Schlüter/Röthel § 29 Rn. 10.
506 Palandt/Weidlich § 2018 Rn. 7 m.w.N.; a.A.: Soergel/Harder § 2130 Rn. 6.
507 Prütting JuS 2015, 205, 206 m.w.N.

1. Dingliche Surrogation gemäß § 2019

Die Herausgabepflicht bezieht sich auch auf Ersatzstücke, die der Erbschaftsbesitzer **344** durch Rechtsgeschäft mit Mitteln der Erbschaft erwirbt, § 2019.

§ 2019 bewirkt, dass dem wahren Erben das Surrogat dinglich zugeordnet wird, d.h. das Surrogat tritt automatisch und ohne Durchgangserwerb beim Erbschaftsbesitzer an die Stelle des Nachlassgegenstandes. Zweck dieser dinglichen Surrogation sind der Schutz des Erben vor dem Verlust von Nachlasswerten sowie Schutz der Gläubiger vor einer wertmäßigen Aushöhlung der Erbschaft.[508]

Beispiel:

Nach dem Tode des E hatte sein Sohn S, der sich für den gesetzlichen Alleinerben hielt, vom Sparguthaben des Erblassers i.H.v. 50.000 € einen BMW X1 von Händler H erworben. Nach zwei Monaten stellt sich heraus, dass E seinen Freund F testamentarisch zum Alleinerben eingesetzt hat. Wer ist Eigentümer des BMW?

S könnte gemäß § 929 S. 1 von H das Eigentum an dem Kfz erworben haben. Die Voraussetzungen des § 929 S. 1 liegen zwischen S und H auch vor, doch die Rechtsfolge des Eigentumsübergangs auf S greift wegen § 2019 nicht ein: S hat den BMW als Erbschaftsbesitzer mit Mitteln der Erbschaft erworben, sodass der wahre Erbe F Eigentümer des BMW geworden ist.

Die Surrogation setzt voraus, dass ein **Erwerb durch Rechtsgeschäft mit Mitteln der** **345** **Erbschaft** erfolgt. Das ist der Fall, wenn die Gegenleistung aus dem Nachlass erbracht wird. Ist die Verfügung über den Nachlassgegenstand durch den Erbschaftsbesitzer (insbesondere mangels Gutgläubigkeit des Erwerbers bzw. wegen Abhandenkommens) nicht wirksam, kann der Erbe durch Genehmigung die Voraussetzungen des § 2019 herbeiführen (ähnlich § 816 Abs. 1). Bei einer nachfolgenden weiteren Surrogation spricht man auch von Kettensurrogation.

Beispiel: Voreiliger Verkauf

Nach dem Tode der E hatte die als einzige gesetzliche Erbin in Betracht kommende Nichte N den Nachlass in Besitz genommen. Sie war der Meinung, es sei gesetzliche Erbfolge eingetreten, obwohl die E wiederholt geäußert hatte, sie habe ein Testament errichtet. Später fand sich ein Testament, in dem die Freundin F als Alleinerbin eingesetzt war. N hatte inzwischen eine zum Nachlass gehörende Perlenkette für 2.000 € an X verkauft. Rechte der F?

I. F kann als Erbin von der Erbschaftsbesitzerin N gemäß § 2018 Herausgabe des aus der Erbschaft Erlangten verlangen. Nach § 2019 ist auch das aus der Erbschaft erlangt, was der Erbschaftsbesitzer durch Rechtsgeschäft mit Mitteln der Erbschaft erwirbt. Als N die zum Nachlass gehörende Perlenkette an die X für 2.000 € veräußerte, erlangte N die 2.000 € durch Rechtsgeschäft mit Mitteln der Erbschaft. Die 2.000 € traten damit an die Stelle der Perlenkette – dingliche Surrogation, sodass F diese von N gemäß § 2018 herausverlangen kann.

II. X hat jedoch kein Eigentum an der Perlenkette erlangt, da N als Nichtberechtigte verfügt hat und ein gutgläubiger Erwerb gemäß § 932 ausscheidet, weil die Perlenkette der F abhanden gekommen ist (§ 935). Daher kann F von X gemäß § 985 Herausgabe der Perlenkette verlangen.

III. Der F steht nach h.A. ein Wahlrecht zu.

- Sie kann gemäß § 2018 die 2.000 € verlangen – dann liegt in der Forderung dieses Geldbetrags die Genehmigung der Veräußerung an die X – oder
- sie kann Herausgabe der Perlenkette gemäß § 985 von der X verlangen.[509]

---

508 Vgl. zu Problemen der dinglichen Surrogation im Einzelnen Löhnig JA 2003, 990 ff.

509 Soergel/Dieckmann § 2019 Rn. 3; Erman/Horn § 2019 Rn. 1a, 1e; Staudinger/Gursky § 2019 Rn. 12.

2. Nutzungen gemäß § 2020

346 Die Herausgabepflicht umfasst ferner nach § 2020 alle aus Erbschaftsgegenständen gezogenen Nutzungen einschließlich der Früchte, an denen der Erbschaftsbesitzer das Eigentum erworben hat.

Die Vorschrift erfasst nur tatsächlich gezogene Nutzungen i.S.d. § 100 (anders z.B. § 987 Abs. 2). Der Eigentumserwerb an Früchten richtet sich nach § 955. Soweit nicht der Erbschaftsbesitzer, sondern der Erbe Eigentümer geworden ist (§ 953, insbesondere bei Bösgläubigkeit des Erbschaftsbesitzers), besteht ein Herausgabeanspruch nach § 985.

III. Schadensersatzansprüche des Erben gemäß §§ 2023 ff.

347 Der Anspruch aus § 2018 geht ins Leere, wenn der vom Erbschaftsbesitzer erlangte Gegenstand verbraucht oder vernichtet ist. Während es für den Herausgabeanspruch aus § 2018 keine Rolle spielt, ob der Erbschaftsbesitzer gut- oder bösgläubig ist, hat der Gesetzgeber die Haftung demgegenüber unterschiedlich geregelt, je nachdem, ob der Erbschaftsbesitzer gut- oder bösgläubig bzw. verklagt oder unverklagt ist.

1. Gutgläubiger, unverklagter Erbschaftsbesitzer, § 2021

348 Ist dem gutgläubigen und nicht verklagten Erbschaftsbesitzer die nach den §§ 2018–2020 geschuldete Herausgabe des Erlangten nicht möglich, so haftet er gemäß § 2021 nach den Vorschriften über die ungerechtfertigte Bereicherung.

§ 2021 enthält einen Rechtsfolgenverweis auf §§ 818 ff., sodass der Anspruch aus § 2021 auf Wertersatz gemäß § 818 Abs. 2 geht und bei Wegfall der Bereicherung, vgl. § 818 Abs. 3, erlischt.

Neben § 2021 kommt im Falle unentgeltlicher Weitergabe des Erlangten an einen Dritten § 822, bei wirksamer Verfügung als Nichtberechtigter § 816 Abs. 1 in Betracht.

2. Verklagter Erbschaftsbesitzer, § 2023

349 Ab Rechtshängigkeit des Erbschaftsanspruchs haftet der Erbschaftsbesitzer verschärft wie ein verklagter rechtswidriger Besitzer gegenüber dem Eigentümer hinsichtlich des Eigentumsanspruchs, § 2023 i.V.m. §§ 987 Abs. 2, 989, und zwar sowohl für die Herausgabe des ursprünglich Erlangten und der Surrogate, § 2023 Abs. 1, als auch für die Herausgabe oder Vergütung von Nutzungen, vgl. § 2023 Abs. 2.

Der Erbschaftsbesitzer haftet gegenüber dem Erben für jeden Schaden, der infolge seines Verschuldens zur Verschlechterung, zum Untergang oder dazu führt, dass der Erbschaftsgegenstand aus anderen Gründen nicht herausgegeben werden kann.

Für den Bereicherungsanspruch aus § 2021 gilt § 2023 nicht,[510] sodass bei Rechtshängigkeit gemäß § 818 Abs. 4 die allgemeinen Vorschriften – also die §§ 291, 292, 987 ff. – gelten. Folglich kommt dem Erbschaftsbesitzer dann nur noch ein unverschuldeter Wegfall der Bereicherung zugute.

---

510   Michalski Rn. 1050; Staudinger/Gursky § 2023 Rn. 2.

3. Bösgläubiger Erbschaftsbesitzer, § 2024

Der bösgläubige Erbschaftsbesitzer haftet wie der verklagte Erbschaftsbesitzer verschärft, § 2024 S. 1. Bösgläubig ist der Erbschaftsbesitzer, wenn er bei Beginn des Erbschaftsbesitzes weiß oder infolge grober Fahrlässigkeit nicht weiß (§ 932 Abs. 2 analog), dass er nicht Erbe ist, oder wenn er dies später erfährt, § 2024 S. 2.[511]

350

Die Haftungsverschärfung gilt sowohl für den dinglichen als auch für den schuldrechtlichen Bereich (§ 2021) des Erbschaftsanspruchs. Ansonsten würde die Haftung für den bereicherungsrechtlichen Anspruch aus § 2021 und den dinglichen Anspruch auseinanderfallen, da § 819 für den Bereicherungsanspruch auf positive Kenntnis abstellt und beim Eigentumsanspruch gemäß § 990 bereits grob fahrlässige Unkenntnis beim Besitzerwerb schadet.[512]

Gerät der bösgläubige Erbschaftsbesitzer in Verzug, tritt eine weitere Haftungsverschärfung gemäß § 2024 S. 3 ein. Er haftet auf Ersatz jeglichen Verzögerungsschadens, §§ 280 Abs. 1, Abs. 2, 286, und auch bei durch Zufall eintretender Unmöglichkeit der Herausgabe, § 287 S. 2.

4. Deliktischer Erbschaftsbesitzer, § 2025

Der Erbschaftsbesitzer, der einen Nachlassgegenstand durch eine Straftat oder durch schuldhafte verbotene Eigenmacht erlangt hat, haftet gemäß § 2025 (Rechtsgrundverweis) nach den Deliktsvorschriften (§§ 823 ff.). Da die dingliche Surrogation gemäß § 2019 nicht ausgeschlossen ist, tritt ein Schaden nicht ein, soweit der Erbe für den Verlust eines Erbschaftsgegenstands ein Surrogat erhalten hat.[513]

351

IV. Verwendungsersatzansprüche des Erbschaftsbesitzers

1. Gutgläubiger unverklagter Erbschaftsbesitzer

Gemäß § 2022 kann der gutgläubige und nicht verklagte Erbschaftsbesitzer Ersatz aller Verwendungen verlangen, unabhängig davon, ob es notwendige, nützliche, überflüssige oder nicht nutzbringende Verwendungen sind. Damit steht er sogar besser als der gutgläubige rechtswidrige Besitzer im Eigentümer-Besitzer-Verhältnis.[514] Verwendungen sind alle freiwilligen Vermögensopfer des Erbschaftsbesitzers aus seinen Mitteln, die einer einzelnen Nachlasssache oder der Erbschaft im Ganzen zugute kommen.[515]

352

Aus dem Verweis auf §§ 1000–1003 ergibt sich, dass dem gutgläubigen und unverklagten Besitzer wegen seiner Verwendungen zunächst einmal „nur" ein **Zurückbehaltungsrecht** zusteht. Er kann also die Herausgabe der in seinem Besitz befindlichen Erbschaftssachen vom Ersatz seiner Verwendungen abhängig machen. Einen selbstständigen Anspruch auf Verwendungsersatz erhält er hingegen nur unter den Voraussetzungen des § 1001 (Rückerlangung oder Genehmigung durch Erben).

---

511 Palandt/Weidlich § 2024 Rn. 1.
512 Schlüter/Röthel § 29 Rn. 27.
513 Brox/Walker Rn. 584.
514 Harder/Kroppenberg Rn. 414.
515 Michalski Rn. 1053.

2. Verklagter und bösgläubiger Erbschaftsbesitzer

353 Ein Anspruch auf Ersatz von Verwendungen des gutgläubigen Erbschaftsbesitzers nach Rechtshängigkeit oder bei Bösgläubigkeit besteht nur unter den Voraussetzungen der §§ 2024, 2023 Abs. 2, 994 Abs. 2, 677 ff. Dies führt zu einer Beschränkung auf die notwendigen Verwendungen (§ 994 Abs. 2) und macht es ferner erforderlich, dass sie dem wirklichen oder mutmaßlichen Willen des Erben entsprochen haben oder von ihm genehmigt worden sind (§§ 677, 683) oder ihn noch bereichern (§ 684 i.V.m. § 812).

3. Deliktischer Erbschaftsbesitzer

354 Hat sich der Erbschaftsbesitzer den Nachlass durch eine Straftat oder durch schuldhafte verbotene Eigenmacht verschafft, so kann er die Verwendungen nur gemäß §§ 850, 994 ff. ersetzt verlangen. Hat er den Erbschaftsbesitz durch eine vorsätzliche unerlaubte Handlung erlangt, so entfällt sein Zurückbehaltungsrecht, § 1000 S. 2.

2. Abschnitt: Die Miterbengemeinschaft gemäß §§ 2032 ff.[516]

355 Hat der Erblasser mehrere Personen als Erben eingesetzt, so werden diese mit dem Tode Rechtsinhaber des gesamten Vermögens. Gemäß § 2032 wird der Nachlass **gemeinschaftliches Vermögen** der Erben. Bei der Erbengemeinschaft handelt es sich folglich um eine **Gesamthandsgemeinschaft**.

Anmerkung: Das BGB kennt neben der Erbengemeinschaft nur noch zwei weitere Gesamthandsgemeinschaften: die Gesellschaft, vgl. § 718, und die Gütergemeinschaft, vgl. § 1416.

Die einzelnen Miterben sind Gesamthandsberechtigte, d.h. jedem gehört das ganze Vermögen, beschränkt durch die Mitberechtigung des anderen. Jedem Erben gehören also zwei Vermögensmassen: sein Privatvermögen und die gesamthänderische Beteiligung am Nachlass als Sondervermögen.

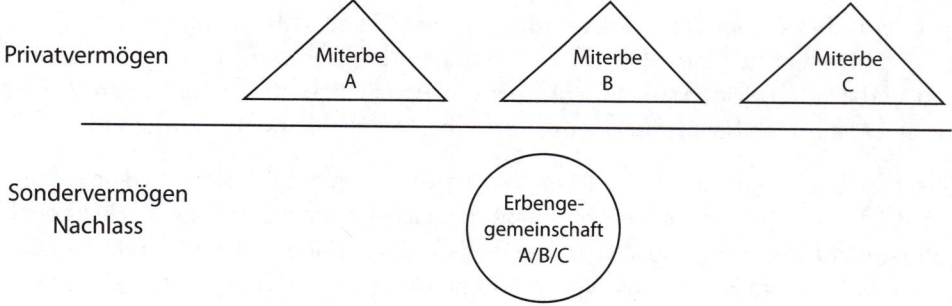

Beachte: Zwar ist jeder Miterbe wertmäßig Erbe zu einem bestimmten Bruchteil, d.h. Miterbe zu 1/4, 1/8, 1/2. Das bedeutet aber nicht, dass jeder Miterbe Bruchteilsberechtigter ist. Vielmehr ist damit nur zum Ausdruck gebracht, dass dem Miterben bei der Auseinandersetzung ein Geldbetrag im Werte eines bestimmten Bruchteils zusteht.

---

516 Lemmerz Jura 2014, 1246 ff.

Der Gesetzgeber musste bei der Regelung der Erbengemeinschaft in den §§ 2032 ff. verschiedene, miteinander kollidierende Interessen ausgleichen: Die Erben wollen eine zügige Auseinandersetzung, damit sie frei über ihren Anteil verfügen können, während die Nachlassgläubiger an der Erhaltung des Nachlasses als Haftungsgrundlage interessiert sind, damit sie ihre Forderungen leichter realisieren können. Die Ausgestaltung der Erbengemeinschaft als Gesamthandsgemeinschaft trägt dabei in erster Linie den Interessen der Nachlassgläubiger Rechnung.

Die Regelungen der §§ 2032 ff. enthalten für den einzelnen Miterben Maßgaben für die Verfügung über seine Nachlassbeteiligung (§ 2033 – dazu B.) und Beschränkungen hinsichtlich der Verwaltung des Nachlasses (§§ 2038 ff. – dazu C.). Die Miterbengemeinschaft ist auf Auseinandersetzung gerichtet (§§ 2042 ff. – dazu D.).

A. Rechtsfähigkeit der Erbengemeinschaft

Ob es sich bei der **Erbengemeinschaft** um ein **eigenständiges und handlungsfähiges Rechtssubjekt** handelt, ist **umstritten**:   **356**

- Nach Ansicht der Rspr. und h.Lit. besitzt die Erbengemeinschaft keine eigene Rechtsfähigkeit. Rechtsträger sind vielmehr die Erben in ihrer gesamthänderischen Verbundenheit.[517]

- In der Lit. wird dagegen der Erbengemeinschaft vereinzelt Rechtsfähigkeit zuerkannt.[518] Dieser Auffassung haben sich einige Autoren angeschlossen, seit der BGH im Jahre 2001 die Rechtsfähigkeit der Gesellschaft bürgerlichen Rechts (GbR) anerkannt hat:[519] Da es sich sowohl bei der GbR als auch bei der Erbengemeinschaft um eine Gesamthandsgemeinschaft handele, müsse man konsequenterweise nunmehr auch der Erbengemeinschaft Rechtsfähigkeit zuerkennen.[520]

  Diese Argumentation hat der BGH – mit Zustimmung der h.Lit. – entschieden abgelehnt, da die Rechtsstellung der Erbengemeinschaft nicht mit der GbR vergleichbar sei.[521] Zwar sei in beiden Fällen ein gesamthänderisch gebundenes Sondervermögen vorhanden, die Erbengemeinschaft werde jedoch – anders als die GbR – nicht rechtsgeschäftlich, sondern gesetzlich begründet; zudem sei sie – im Gegensatz zur GbR – nicht auf Dauer angelegt, sondern auf Auseinandersetzung gerichtet. Ferner verfüge die Erbengemeinschaft nicht über eigene Organe, durch die sie im Rechtsverkehr handeln könne.

  Aus denselben Gründen lehnt der BGH es auch ab, die Grundsätze zur Rechtsfähigkeit der Gemeinschaft der Wohnungseigentümer[522] auf die Erbengemeinschaft zu übertragen.[523]

---

517 BGH NJW 1989, 2133; Lange/Kuchinke § 42 I 4 Fn. 39; Leipold Rn. 721; MünchKomm/Gergen § 2032 Rn. 12. m.w.N.

518 Flume, Die Personengesellschaft, Bd I, S. 59 Fn. 48; Grunewald AcP 1997, 305.

519 BGHZ 146, 341 ff.

520 Eberl-Borges ZEV 2002, 125 ff.; Harder/Kroppenberg Rn. 590.

521 BGH NJW 2002, 3389 = RÜ 2002, 494; Hk-BGB/Hoeren § 2032 Rn. 4; Jauernig/Stürner § 2032 Rn. 1; Palandt/Weidlich Einf v. § 2032 Rn. 1 m.w.N.

522 BGH NJW 2005, 2061.

523 BGH NJW 2006, 3715.

B. Die Verfügung des Miterben über seine Beteiligung am Nachlass, § 2033

357   Jeder Miterbe kann gemäß **§ 2033 Abs. 1** über seinen Anteil am Nachlass – **als Ganzes** – verfügen. Damit soll jedem Miterben die schnelle Verwertung seiner Erbschaft trotz gesamthänderischer Bindung ermöglicht werden. In der Regel liegt diesem Verfügungsgeschäft als Kausalgeschäft ein Kaufvertrag zugrunde.

Gemäß **§ 2033 Abs. 2** ist der Miterbe hingegen nicht berechtigt, über seinen Anteil am einzelnen Gegenstand zu verfügen, auch dann nicht, wenn die übrigen Miterben zustimmen.[524] Doch kann jeder Miterbe über den **einzelnen ganzen Gegenstand** mit Zustimmung der übrigen Miterben verfügen **(§ 2040)**.

§ 2033 Abs. 2 dient nicht dem Schutz der übrigen Miterben, sondern verhindert zum Schutze der Nachlassgläubiger, dass der Nachlass vor Begleichung aller Verbindlichkeiten ausgehöhlt wird.

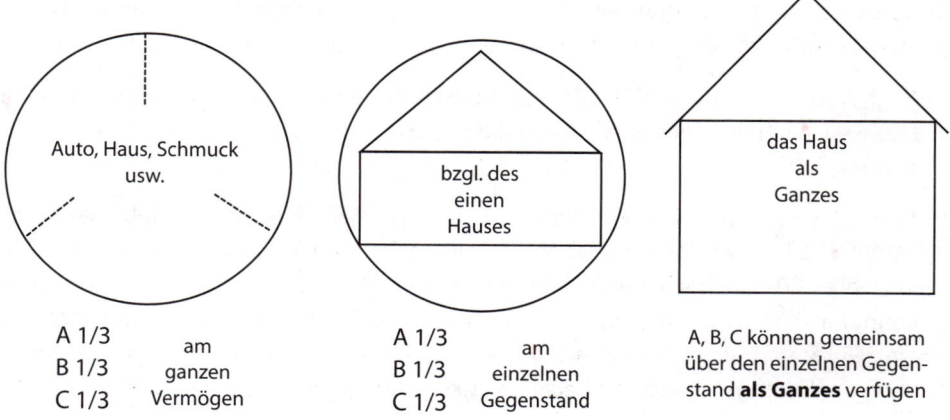

A 1/3	am	
B 1/3	ganzen	
C 1/3	Vermögen	

A 1/3	am	
B 1/3	einzelnen	
C 1/3	Gegenstand	

A, B, C können gemeinsam über den einzelnen Gegenstand **als Ganzes** verfügen

---

Fall 23: Anteilsübertragung

A, B und C sind Miterben. Der C veräußert seinen Anteil am Nachlass durch notariellen Vertrag an X für 15.000 €. Wie ist die Rechtslage? Insbesondere:

1. Kann X einen Erbschein verlangen?

2. Wird X als Miteigentümer des Nachlassgrundstücks eingetragen?

3. Kann X die Auseinandersetzung betreiben?

4. Welche Möglichkeiten haben die Miterben A und B?

---

358   Der notarielle Vertrag zwischen C und X enthält als **Kausalgeschäft** einen **Erbschaftskauf** (§ 2371) und als **Verfügungsgeschäft** zugleich die **Übertragung des Erbteils**. Die notwendige Form für beide Geschäfte (notarielle Beurkundung, vgl. §§ 2371, 2033 Abs. 1 S. 2) ist eingehalten. Damit ist der Anteil des Miterben C am Nachlass auf den Erbschaftskäufer X übergegangen. X ist in die vermögensrechtliche Stellung, die C in der Miterbengemeinschaft hatte, eingetreten.

---

524   Staudinger/Löhnig § 2033 Rn. 40.

I. Einen **Erbschein** auf seinen Namen kann der Erbteilserwerber X nicht erhalten, denn der Erbschein als Zeugnis über das Erbrecht (§ 2353) kann nur auf den Namen des Erben selbst ausgestellt werden. Der Erbteilserwerber ist aber nicht Erbe kraft Erbfalls. Wie bereits im Wortlaut des § 2033 Abs. 1 zum Ausdruck kommt, erwirbt der Erbteilserwerber nur den Anteil am Nachlass im Sinne der vermögens- und mitgliedschaftsrechtlichen Stellung, die der veräußernde Miterbe im Zeitpunkt der Verfügung hatte. Erbe des Erblassers bleibt hingegen der Veräußerer.[525]

359

Nach h.M. kann der Erbteilserwerber in diesem Fall nur die Erteilung eines Erbscheins auf den Namen des veräußernden Erben, also von C als Miterben, beantragen.[526]

II. Da der Erbteilserwerber X in die vermögensrechtliche Position des Miterben C eingerückt ist, wird er nunmehr mit A und B Gesamthänder am Nachlass. Deshalb wird er unmittelbar durch die Übertragung des Erbteils auch **Miteigentümer** zur gesamten Hand an dem zum Nachlass gehörenden Grundstück.

360

Das Grundbuch ist daher durch einen Rechtsübergang außerhalb des Grundbuchs unrichtig geworden. X kann also als neuer Gesamthandseigentümer eingetragen werden, und zwar im Wege der Berichtigung (§ 22 GBO: Veränderungsspalte: „Der Miterbenanteil des C ist auf X übertragen worden").[527]

III. X ist in die gesamte vermögensrechtliche Position des C eingetreten. Er nimmt daher an der gemeinschaftlichen Verfügung, Verwaltung und Nutzung des Nachlasses teil, haftet für die Nachlassverbindlichkeiten und kann auch die Auseinandersetzung betreiben und das **Auseinandersetzungsguthaben** verlangen.[528]

361

IV. Verkauft ein Miterbe seinen Anteil an einen Dritten, haben die übrigen Miterben ein gesetzliches Vorkaufsrecht, §§ 2034–2037 i.V.m. §§ 463 ff. Durch dieses Vorkaufsrecht der Miterben soll die Erbengemeinschaft vor Überfremdung geschützt werden.

362

Üben die Miterben A und B ihr **Vorkaufsrecht** aus – durch Erklärung gegenüber dem Erbteilskäufer X, vgl. § 2035[529] – so entsteht zwischen X und den Miterben A und B ein gesetzliches Schuldverhältnis, kraft dessen der Käufer verpflichtet ist, den erworbenen Anteil auf die Miterben zu übertragen. Die Ausübung des Vorkaufsrechts bewirkt nicht von selbst den Übergang des Erbteils.[530] Die Miterben müssen dem Käufer den etwa schon gezahlten Kaufpreis nebst sonstigen Aufwendungen erstatten.[531] Der ausgeschiedene Miterbe ist nicht mehr vorkaufsberechtigt.[532]

---

525 Allg. Meinung; vgl. zuletzt KG NJW-RR 1999, 880, 881.
526 Vgl. RGZ 64, 173, 175; Erman/Bayer § 2033 Rn. 5; Erman/Simon § 2353 Rn. 10; Brox/Walker Rn. 620; Staudinger/Löhnig § 2033 Rn. 24; a.A. MünchKomm/Mayer § 2353 Rn. 84 m.w.N.
527 Staudinger/Löhnig § 2033 Rn. 24 m.w.N.
528 Erman/Bayer § 2033 Rn. 5.
529 Vgl. zur analogen Anwendung des § 2035 Abs. 1 S. 1 BGH FamRZ 2002, 320 = RÜ 2002, 71.
530 BGH LM Nr. 1 zu § 2034.
531 BGHZ 6, 85.
532 BGHZ 121, 47.

C. Die Verwaltung des Nachlasses durch die Miterbengemeinschaft gemäß §§ 2038–2040

363 Der Begriff der Verwaltung ist in § 2038 nicht definiert. Die h.M. versteht darunter **alle Handlungen, die der Erhaltung, Nutzung und Mehrung des Nachlasses dienen, gleichgültig, ob diese Maßnahmen nur im Innenverhältnis oder auch nach außen wirken.**[533]

Bezüglich der Frage, inwieweit der einzelne Miterbe zur Vornahme solcher Verwaltungsmaßnahmen befugt ist, ist die Unterscheidung zwischen Innen- (I.) und Außenverhältnis (II.) jedoch bedeutsam.[534]

I. Die Befugnis des Miterben, Verwaltungsmaßnahmen zu treffen – das Innenverhältnis

364 Die gesetzliche Regelung in § 2038 unterscheidet:

- Bei **Maßnahmen der ordnungsmäßigen Verwaltung** reicht Stimmenmehrheit nach Größe der Anteile, § 2038 Abs. 2 i.V.m. § 745.

  Was eine Maßnahme ordnungsgemäßer Verwaltung ist, richtet sich nach § 745: Sie muss der Beschaffenheit des Gegenstandes dienen, § 745 Abs. 1, dem Interesse aller Miterben nach billigem Ermessen entsprechen, § 745 Abs. 2, und darf keine wesentliche Veränderung des Gegenstandes darstellen, § 745 Abs. 3 S. 1.[535]

  Dabei ist unter „Gegenstand" i.S.v. §§ 2038 Abs. 2 S. 1, 745 Abs. 3 S. 1 nach Rspr. und h.Lit. nicht der konkrete Einzelgegenstand zu verstehen, sondern der gesamte Nachlass.[536] Dies wird damit begründet, dass anderenfalls jede Verfügung über einen Nachlassgegenstand eine wesentliche Veränderung sei, sodass derartige Maßnahmen niemals der ordnungsgemäßen Verwaltung unterfielen, was wiederum mit Wortlaut und Entstehungsgeschichte der Mitwirkungsregeln unvereinbar sei.[537]

- **Maßnahmen, die über den Rahmen der ordnungsmäßigen Verwaltung hinausgehen**, erfordern Einstimmigkeit, § 2038 Abs. 1 S. 1.

- Bei **notwendigen Maßnahmen zur Erhaltung des Nachlasses** ist Alleinhandeln möglich, § 2038 Abs. 1 S. 2 Hs. 2.

  Eine notwendige Erhaltungsmaßnahme liegt vor, wenn im Falle der Untätigkeit nach der Lebenserfahrung zu erwarten ist, dass der Nachlassgegenstand untergeht oder verschlechtert wird und wenn ein wirtschaftlich vernünftig denkender Erbe diese Erhaltungsmaßnahme vornehmen würde.[538] Es genügt also nicht, dass der Untergang oder die Verschlechterung des Nachlassgegenstands droht, sondern es muss da-

---

533 Brox/Walker Rn. 490.
534 Vgl. dazu Löhnig JA 2007, 262 ff.
535 Brox/Walker Rn. 492.
536 BGH NJW 2006, 439 = ZEV 2006, 24 mit Anm. Muscheler; Brox/Walker Rn. 492; Leipold Rn. 733 Fn. 22; Palandt/Weidlich § 2038 Rn. 6.
537 BGH a.a.O. S. 25.
538 BGHZ 6, 76.

rüber hinaus das Erhaltungsinteresse gegenüber den aufzuwendenden Kosten abgewogen werden. Ferner ist nach h.M. jedenfalls bei bedeutsamen Maßnahmen erforderlich, dass die Maßnahme so dringlich ist, dass vorher die Zustimmung der Miterben nicht mehr eingeholt werden kann.[539]

Fall 24: Die uneinigen Miterben

A ist Miterbe zu 1/2, B und C sind Miterben zu je 1/4. Den Nachlass bildet im Wesentlichen ein Mietshaus. A und B wollen dieses Haus abreißen lassen, um auf dem Grundstück ein Parkhochhaus zu errichten. C ist damit nicht einverstanden. Er will stattdessen das Mietshaus renovieren. Außerdem verlangt er von A und B anteilig Aufwendungsersatz, weil er nach einem Sturm das beschädigte Dach hat reparieren lassen und die Kosten in Höhe von 800 € aus eigenen Mitteln gezahlt hat, da A und B zu diesem Zeitpunkt im Urlaub und nicht zu erreichen waren. A und B lehnen das unter Hinweis auf ihren Abbruchplan ab.

Wie ist die Rechtslage?

I. **Rechtslage bezüglich des von A und B geplanten Abrisses des Mietshauses**

A und B haben insgesamt 3/4 der Erbteile und könnten daher den Plan, das Mietshaus abzubrechen und an seine Stelle ein Parkhochhaus zu setzen, gemäß **§ 2038 Abs. 2 S. 1 i.V.m. § 745** gegen den Willen des C durchsetzen, wenn es sich dabei um eine **ordnungsgemäße Verwaltungsmaßnahme** handelt.

Eine Maßnahme ordnungsgemäßer Verwaltung muss der Beschaffenheit des Gegenstandes dienen, dem Interesse aller Miterben nach billigem Ermessen entsprechen und darf keine wesentliche Veränderung des Nachlasses darstellen, § 745 Abs. 1–3.

Der Abriss des Hauses, welches den Nachlass im Wesentlichen bildet, dient zum einen nicht der Beschaffenheit dieses Gegenstandes und stellt zum anderen wegen der einschneidenden Veränderung der Gestalt des Nachlasses auch eine wesentliche Veränderung des Nachlasses dar, sodass es sich nicht um eine ordnungsgemäße Verwaltungsmaßnahme handelt.

Infolgedessen kann ein derartiger Beschluss nicht mit der Stimmenmehrheit von A und B, sondern nur einstimmig gefasst werden (§ 2038 Abs. 1 S. 1).

Mangels ordnungsgemäßer Verwaltungsmaßnahme können A und B den C auch nicht gemäß § 2038 Abs. 1 S. 2 Hs. 1 auf Zustimmung verklagen. Sie haben nur die Möglichkeit, die Miterbengemeinschaft zu beenden, indem sie die Auseinandersetzung verlangen (§ 2042 Abs. 1).

II. **Rechtslage bezüglich der von C geplanten Renovierung des Mietshauses**   365

Die Renovierung des Mietshauses dient der Erhaltung und Verbesserung der Nutzungsmöglichkeit des Nachlassgegenstands und zählt daher zur ordnungsgemäßen

---

539 BGHZ 6, 76, 83; Brox/Walker Rn. 494; Palandt/Weidlich § 2038 Rn. 11.

Verwaltung. Dafür genügt nach § 2038 Abs. 2 i.V.m. § 745 Stimmenmehrheit, die sich nach der Größe der Anteile (Erbteile) berechnet, § 745 Abs. 1 S. 2.

C, der diese Verwaltungsmaßnahme plant, hat jedoch nur einen Erbteil von 1/4 und damit nicht die erforderliche Stimmenmehrheit. Nach **§ 2038 Abs. 1 S. 2 Hs. 1** sind aber die **Miterben bei ordnungsgemäßen Verwaltungsmaßnahmen zur Mitwirkung verpflichtet**. Diese Mitwirkungspflicht gilt sowohl für die Willensbildung als auch für die Ausführung der beschlossenen Maßnahmen.

C könnte daher gegen A und B auf Zustimmung zur geplanten Renovierung des Hauses klagen. Mit Rechtskraft eines obsiegenden Urteils gilt die Zustimmung als erteilt, § 894 ZPO.

366 III. **Rechtslage bezüglich der von C veranlassten und bezahlten Dachreparatur**

Die Dachreparatur könnte eine **notwendige Erhaltungsmaßnahme** darstellen, die jeder Miterbe ohne Mitwirkung der anderen treffen kann, § 2038 Abs. 1 S. 2 Hs. 2.

Eine notwendige Erhaltungsmaßnahme liegt vor, wenn im Falle der Untätigkeit der Untergang oder zumindest eine wesentliche Verschlechterung des Nachlassgegenstandes droht, die aufzuwendenden Kosten in einem angemessenen Verhältnis zum Erhaltungsinteresse stehen und zudem die Maßnahme so dringlich ist, dass eine vorherige Zustimmung der Miterben nicht eingeholt werden kann.

Die Dachreparatur war erforderlich, um weitere Beschädigungen des Mietshauses zu verhindern. Die dafür erforderlichen Kosten i.H.v. 800 € sind zur Erhaltung eines Mietshauses aus Sicht eines wirtschaftlich vernünftig denkenden Miterben angemessen, und eine vorherige Absprache mit A und B war wegen ihrer urlaubsbedingten Unerreichbarkeit nicht möglich.

Infolgedessen ist die Dachreparatur eine notwendige Erhaltungsmaßnahme, sodass C gemäß § 2038 Abs. 1 S. 2 Hs. 2 befugt war, allein zu handeln.

Für den **Aufwendungsersatz** gilt über **§ 2038 Abs. 2** die Vorschrift des **§ 748**. Danach kann C Ersatz seiner Aufwendungen abzüglich des von ihm zu tragenden Anteils fordern. Die von den einzelnen Miterben zu tragenden Beträge richten sich nach dem Verhältnis ihrer Erbteile. Somit bekommt C von A 400 € und von B 200 €.

Auch wenn der Miterbe sein Notverwaltungsrecht überschreitet, können Ansprüche wegen üblicher Verwendung gemäß §§ 683, 684 bestehen.[540]

---

[540] BGH NJW 1987, 3001; zu den Aufwendungs- und Schadensersatzansprüchen bei der Notgeschäftsführung der Miterben Wernecke AcP 193, 240 ff.

II. Die Berechtigung, Rechtsgeschäfte mit Dritten zu tätigen – das Außenverhältnis

Im Außenverhältnis ist zwischen Verpflichtungs- (1.) und Verfügungsgeschäften (2.) zu unterscheiden. Ferner sind die Vorschriften der §§ 2039 (3.) u. 2041 (4.) zu beachten.

1. Verpflichtungsgeschäfte

Für Verpflichtungsgeschäfte ist die Vertretung der Erbengemeinschaft nicht besonders geregelt. Nach allgemeinen Regeln könnten die Miterben die Erbengemeinschaft daher nur gemeinschaftlich vertreten. Im Interesse einer verkehrsnotwendigen Handlungsfähigkeit der Erbengemeinschaft wenden Rspr. und h.M. die Regelung des § 2038 auch auf die Vertretung im Hinblick auf Verpflichtungsgeschäfte an. Die Vertretung im Außenverhältnis bei Abschluss eines Verpflichtungsgeschäfts entspricht daher der Geschäftsführungsbefugnis im Innenverhältnis.[541]

367

Daraus ergibt sich:

- Gesamtvertretung ist notwendig bei Verpflichtungsgeschäften, die über den Rahmen ordnungsmäßiger Verwaltung hinausgehen, § 2038 Abs. 1 S. 1.

- Bei Verpflichtungsgeschäften, die zur ordnungsmäßigen Verwaltung gehören, können die Miterben, welche die Anteilsmehrheit haben, die übrigen Miterben vertreten, § 2038 Abs. 2 S. 1 i.V.m. § 745. Der interne Mehrheitsbeschluss entfaltet also zugleich Wirkung im Außenverhältnis gegenüber Dritten.[542]

- Bei einer notwendigen Erhaltungsmaßnahme besteht Alleinvertretungsmacht eines jeden Miterben, § 2038 Abs. 1 S. 2 Hs. 2.

Beispiel: Bei der notwendigen Dachreparatur im obigen Fall hätte C den Werkvertrag mit dem Dachdecker daher auch im Namen der Erbengemeinschaft schließen und damit sämtliche Miterben verpflichten können.

2. Verfügungsgeschäfte

Nach **§ 2040** müssen Verfügungen **von allen Miterben gemeinschaftlich** getroffen werden. Unter Verfügung i.S.v. § 2040 versteht man – wie im gesamten Privatrecht – jede Übertragung, Änderung oder Aufhebung eines Rechts.

368

Fraglich ist, ob die Verfügung auch dann noch gemäß § 2040 von allen gemeinschaftlich beschlossen werden muss, wenn das Verfügungsgeschäft zugleich eine Verwaltungsmaßnahme ist, die nach § 2038 von der Mehrheit (ordnungsmäßige Verwaltung) oder sogar von einem Miterben allein (notwendige Erhaltungsmaßnahme) durchgeführt werden kann. Die Meinungen zum Verhältnis des § 2040 zu § 2038 sind geteilt:

369

- Nach einer Ansicht ist dann, wenn die Mehrheit der Miterben oder ein einzelner Miterbe gemäß § 2038 Verwaltungsmaßnahmen treffen kann, auch die entsprechende

370

---

541 BGH NJW 1971, 1265 m.w.N.; Brox/Walker Rn. 504 f.

542 So die h.M., vgl. Brox/Walker Rn. 505; MünchKomm/Gergen § 2038 Rn. 51; BGHZ 56, 47, 49 ff.; a.A. Jülicher AcP 175, 143, 147 ff..

Verfügungsbefugnis zur Durchführung dieser Maßnahme gegeben.[543] Nach dieser Ansicht wird also § 2040 durch die Regelung des § 2038 eingeschränkt. Zur Begründung wird darauf verwiesen, dass anderenfalls nur das – sehr schwerfällige – Verfahren über § 2038 Abs. 1 S. 2 Hs. 1 als Handlungsmöglichkeit verbleibe und dadurch das schutzwürdige Interesse des einzelnen Miterben an der Erhaltung des Nachlasses gefährdet sei. Zudem mache es auch keinen Sinn, Verpflichtungsgeschäfte, die von der Mehrheit abgeschlossen werden, hinzunehmen, Verfügungsgeschäfte aber nicht.

371 ■ Die h.Lit.[544] geht im Interesse der Rechtssicherheit davon aus, dass § 2040 Abs. 1 grundsätzlich als Spezialnorm dem § 2038 vorgeht. D.h.,

- eine Verfügung, die zur *ordnungsgemäßen Verwaltung* gehört, kann nur durch alle Miterben gemeinschaftlich erfolgen (§ 2040). Der eindeutige Gesetzeswortlaut des § 2040 lasse keinen Spielraum, die Mehrheitsbefugnis des § 2038 für Maßnahmen ordnungsgemäßer Verwaltung auf die Verfügungsebene auszudehnen.[545] Ist die Verfügung zur ordnungsgemäßen Verwaltung erforderlich, so ist jedoch gemäß § 2038 Abs. 1 S. 2 Hs. 1 jeder Miterbe zur Mitwirkung verpflichtet. Kommt er seiner Mitwirkungspflicht nicht nach, so können die übrigen Miterben ihn auf Zustimmung verklagen und nach rechtskräftiger Verurteilung die Verfügung vornehmen.

- bei *notwendigen Erhaltungsmaßnahmen* (§ 2038 Abs. 1 S. 2 Hs. 2) gibt es jedoch ein Notverfügungsrecht des einzelnen Miterben, insbesondere um einen drohenden Schaden abwenden zu können (z.B. Veräußerung einer Sache, die zu verderben droht).[546] Zudem könnte das Notverwaltungsrecht ohne eine Verfügungsberechtigung des einzelnen Miterben kaum sinnvoll ausgeübt werden.[547]

372 ■ Diese Einschätzung der h.Lit. entsprach lange Zeit auch der Rspr. des BGH.[548] Mittlerweile hat sich der BGH jedoch zumindest für den Fall der Kündigung eines Mietverhältnisses über einen Nachlassgegenstand der Gegenauffassung angeschlossen und ist davon ausgegangen, dass diese Verfügung über den Nachlassgegenstand von der Mehrheit der Miterben vorgenommen werden könne, wenn es sich im Einzelfall um eine ordnungsgemäße Verwaltungsmaßnahme handele.[549] Zur Begründung hat der BGH angeführt, dass es den Miterben möglich sein müsse, die obligatorischen Rechtspositionen, die sie durch Verpflichtungsgeschäfte im Rahmen ordnungsgemäßer Verwaltung mit Mehrheitsbeschluss begründet haben, auch wieder durch Mehrheitsbeschluss aufzuheben.

---

543 Ebenroth Rn. 765; Frank/Helms § 19 Rn. 19; Harder/Kroppenberg Rn. 603; Jauernig/Stürner § 2038 Rn. 1; Kipp/Coing § 114 IV 2 c; Leipold Rn. 736; Palandt/Weidlich § 2038 Rn. 5; Soergel/Wolf § 2040 Rn. 1 f.

544 Brox/Walker Rn. 507; Erman/Bayer § 2040 Rn. 3; MünchKomm/Gergen § 2038 Rn. 53; a.A. Lipp Rn. 549.

545 Olzen Rn. 986.

546 Brox/Walker Rn. 507; Lange/Kuchinke § 43 III 6 c; Erman/Bayer § 2040 Rn. 6; MünchKomm/Gergen § 2038 Rn. 62.

547 Michalski Rn. 857.

548 BGH FamRZ 1965, 267, 269; BGH NJW 2006, 439, 440.

549 BGH RÜ 2010, 89 ff.; bestätigt von OLG Frankfurt/M. ZEV 2012, 258 ff.; BGH NJW 2013, 166 ff.; BGH FamRZ 2015, 497 ff.

Es bleibt abzuwarten, ob der BGH in Zukunft generell bei einer Verfügung, die gleichzeitig eine ordnungsgemäße Verwaltungsmaßnahme darstellt, von einem Vorrang des § 2038 gegenüber § 2040 ausgeht.

3. Die Geltendmachung von Ansprüchen, die zum Nachlass gehören, § 2039

Das Prinzip der Gesamthand fordert an sich, dass solche der Gesamthand zustehenden Ansprüche von allen Miterben gemeinschaftlich geltend gemacht werden.

373

§ 2039 durchbricht jedoch diesen Grundsatz und gibt jedem der Miterben ein eigenes Recht, solche Ansprüche allein geltend zu machen, wobei er allerdings nicht Leistung an sich, sondern nur Leistung an alle Miterben verlangen kann.[550] § 2039 ist insoweit auch eine Sonderregelung zu § 2038 Abs. 1 (Geltendmachung von Nachlassansprüchen ist gleichzeitig auch eine Verwaltungshandlung hinsichtlich des Nachlasses), sodass die Befugnis zur Geltendmachung des Anspruchs nicht von der Erforderlichkeit abhängig ist. § 2039 deckt allerdings nicht die Ausübung von Gestaltungsrechten, auch wenn sie – wie z.B. Rücktritt, Anfechtung – Voraussetzung für den Anspruch sind.[551]

Im Prozess klagt der Miterbe im eigenen Namen (als Partei) ein fremdes (der Gesamthand zustehendes) Recht ein. Es handelt sich um einen Fall der **gesetzlichen Prozessstandschaft**.[552]

4. Die sogenannte dingliche Surrogation gemäß § 2041

Damit der Nachlass den Miterben auch wertmäßig erhalten bleibt, ist in § 2041 die sogenannte dingliche Surrogation angeordnet.

374

Das bedeutet, dass alles in den Nachlass gelangt,

- was aufgrund eines zum Nachlass gehörenden Rechts (Rechtssurrogation) oder

- was als Ersatz für die Zerstörung, Beschädigung oder Entziehung eines Nachlassgegenstands (Ersatzsurrogation) oder

- was durch Rechtsgeschäft, das sich auf den Nachlass bezieht (Beziehungssurrogation) erworben worden ist.

Welche **Voraussetzungen** ein solches **Rechtsgeschäft, das sich auf den Nachlass bezieht (§ 2041 S. 1 Fall 3),** im Einzelnen erfüllen muss, ist **streitig**.

375

- **Nach einer Ansicht**[553] bezieht sich ein Geschäft nur dann auf den Nachlass, wenn

376

  - objektiv ein innerer Zusammenhang zwischen dem Erwerb und dem Nachlass gegeben ist **und**

  - der handelnde Miterbe den Willen hat, für den Nachlass zu erwerben.

---

550 Marquardt/Klinkert JuS 2012, 989 zur Anspruchsverfolgung einer Erbengemeinschaft.

551 OLG Düsseldorf NJW 1954, 1041; BGH ZEV 2005, 63; Lange/Kuchinke § 43 III 4 b.

552 RGZ 149, 193; BGH, ZEV 2006, 356; OLG Frankfurt NJW 2012, 2595.

553 OLG Hamm OLGZ 1975, 164, 166; Lange/Kuchinke § 41 IV.

Allein die objektive Beziehung – z.B. Erwerb aus Mitteln der Erbschaft – könne nicht ausreichen, wie der Gegensatz des Wortlauts von § 2019 („Mitteln der Erbschaft") und § 2041 („Beziehung auf den Nachlass") ergebe.

377 ■ **Nach anderer Auffassung**[554] bezieht sich ein Geschäft auf den Nachlass,

- wenn es mit **Mitteln des Nachlasses** erfüllt worden ist, ohne Rücksicht auf den Willen des Handelnden – dann bezieht sich das Geschäft objektiv auf den Nachlass –, **oder**

- bei Erwerb mit nachlassfremden Mitteln, wenn andere objektive Umstände eine eindeutige Beziehung zum Nachlass herstellen, z.B. Anschaffung von Zubehörstücken für Nachlassgegenstände, **oder**

- für den Fall, dass sich die Beziehung zum Nachlass nicht aus den objektiven Umständen ergibt, wenn das Geschäft nach dem **Willen** des handelnden Miterben für den Nachlass getätigt werden sollte – dann bezieht sich das Geschäft subjektiv auf den Nachlass.

Diese sehr weite Auslegung wird damit begründet, dass der Schutzzweck des § 2041 auf eine möglichst weitgehende wertmäßige Erhaltung des Nachlasses gerichtet sei.

378 ■ Nach **heute h.M.**[555] bezieht sich ein Geschäft auf den Nachlass,

- wenn es (objektiv) mit **Mitteln des Nachlasses** erfüllt worden ist, ohne Rücksicht auf den Willen des Handelnden, **oder**

- bei Erwerb mit Fremdmitteln, wenn das Geschäft nach dem **subjektiven Willen** des handelnden Miterben für den Nachlass getätigt werden sollte **und** außerdem **objektiv** ein **innerer Zusammenhang zwischen Nachlass und Erwerb** besteht.

Der subjektive Wille, für den Nachlass zu erwerben, reicht nach h.M. allein nicht aus, um eine Nachlasszugehörigkeit zu begründen, da § 2041 nur den Schutzzweck verfolge, den Nachlass zu sichern, und nicht darauf ausgerichtet sei, den Nachlass zu vermehren.[556]

D. Die Auseinandersetzung der Erbengemeinschaft

379 Die Miterbengemeinschaft ist keine Dauergemeinschaft, sondern von Beginn an auf Liquidation angelegt. Es handelt sich somit um eine geborene Liquidationsgemeinschaft. Die Auseinandersetzung kann auf unterschiedliche Art erfolgen:

---

554 Brox/Walker Rn. 608; Kipp/Coing § 114 III 2 b; Schlüter/Röthel § 32 Rn. 62.

555 Erman/Bayer § 2041 Rn. 4 b; Hk-BGB/Hoeren § 2041 Rn. 5; Jauernig/Stürner § 2041 Rn. 2; Palandt/Weidlich § 2041 Rn. 2; RGRK/Kregel § 2041 Rn. 2, 3; Staudinger/Löhnig § 2041 Rn. 7, 8.

556 Vgl. BeckOK BGB/Lohmann § 2041 Rn. 3.

I. Die vertragliche Auseinandersetzung

Falls alle Miterben einverstanden sind, können sie die Auseinandersetzung unabhängig von den gesetzlichen Regeln und den Anordnungen des Erblassers durch einen Auseinandersetzungsvertrag regeln.[557]

380

Gemäß § 2046 sollen die Miterben vor der Auseinandersetzung die Nachlassverbindlichkeiten tilgen. Unterlassen sie dieses, so haftet jeder Miterbe für die Nachlassverbindlichkeiten grundsätzlich als Gesamtschuldner.[558]

■ Die Miterben schließen also einen **schuldrechtlichen Vertrag,** in dem sie sich verpflichten, einzelne Gegenstände auf einen oder mehrere Miterben zu übertragen, und der einzelne Miterbe oder die Miterben sich verpflichten, ein bestimmtes Entgelt zu zahlen.

Ist der vereinbarte Preis geringer als der Wert des Erbanteils, so erfolgt eine Anrechnung auf den Erbanteil. Ist der Wert des Gegenstands höher als der Erbanteil, so muss der Erbe den Differenzbetrag in den Nachlass zahlen.

■ In Erfüllung dieses Verpflichtungsvertrags werden dann dem oder den Miterben die einzelnen Gegenstände von der Miterbengemeinschaft übertragen (sogenannte **Nachlassteilung**).

■ Die beweglichen Sachen werden gemäß § 929, Grundstücke gemäß §§ 873, 925 von der Miterbengemeinschaft an den Miterben übereignet.

■ Forderungen werden gemäß § 398 an den Miterben abgetreten.

II. Die Teilungsanordnung gemäß § 2048

Der Erblasser kann im Testament anordnen, dass einzelne Vermögensgegenstände auf einen bestimmten Erben zu übertragen sind und damit verhindern, dass es zu einer „Versilberung" = Zerschlagung des Nachlasses kommt. Bei einer Teilungsanordnung gemäß § 2048 steht dem bedachten Miterben ein **schuldrechtlicher Anspruch** gegen die Miterbengemeinschaft in ihrer gesamthänderischen Bindung auf Übereignung des zugewiesenen Gegenstands unter Anrechnung auf den Miterbenanteil zu.

381

> **Fall 25: Die Teilungsanordnung**
>
> E hat in seinem Testament bestimmt, dass seine Kinder A, B, C Erben zu gleichen Teilen sein sollen, und zwar soll A das Einfamilienhaus, B das Waldgrundstück und C das übrige Vermögen erhalten. Wie ist die Rechtslage, wenn das Einfamilienhaus nebst Inventar einen Wert von 900.000 € hat, das Waldgrundstück einen Verkehrswert von 600.000 € besitzt und der Wert des übrigen Vermögens 300.000 € beträgt?

I. Mit dem Tode des E sind A, B und C Miterben; das Vermögen gehört ihnen als Gesamthandsgemeinschaft.

382

---

557 Staudinger/Löhnig § 2042 Rn. 6.
558 Soergel/Wolf § 2046 Rn. 2.

II. Bei der Auseinandersetzung, die jeder Miterbe gemäß § 2042 jederzeit verlangen kann, können die Miterben im Einvernehmen die einzelnen Vermögensgegenstände unter sich aufteilen, auch wenn der Erblasser eine Teilungsanordnung getroffen hat. Kommt es zu keiner einverständlichen Regelung, so muss die Verteilung entsprechend der Teilungsanordnung vorgenommen werden. Danach gilt:

- A kann die Übereignung des Einfamilienhauses gemäß §§ 925, 873 durch Auflassung und Eintragung ins Grundbuch und die Übereignung des Inventars gemäß § 929 verlangen.

- B kann die Übereignung des Waldgrundstücks gemäß §§ 925, 873 und

- C kann die Übertragung der übrigen Vermögensgegenstände verlangen.

Im Falle der Teilungsanordnung muss also für den Rechtserwerb an den einzelnen Gegenständen das dazu erforderliche Verfügungsgeschäft von der Erbengemeinschaft und den anspruchsberechtigten Miterben getätigt werden.

III. Die Übertragung der einzelnen Vermögensgegenstände aufgrund der Teilungsanordnung erfolgt in Anrechnung auf den Miterbenanteil. Da A, B und C zu gleichen Teilen berechtigt sein sollen, beträgt die Erbquote ein Drittel. Es erhält also jeder Miterbe wertmäßig ein Drittel von 1,8 Mio. € = 600.000 €.

- Da dem A mit der Übertragung des Grundstücks 900.000 € zufließen, muss er den Differenzbetrag an die Erbengemeinschaft entrichten, also 300.000 €.

- Diesen Betrag erhält der C.

- Der B erhält das Waldgrundstück im Wert von 600.000 € unter Anrechnung auf seine Erbquote i.H.v. 600.000 €.

Abwandlung:

E hat bestimmt: Ich vermache meinen Kindern mein Vermögen. A soll das Einfamilienhaus, B das Waldgrundstück und C das übrige Vermögen erhalten.

383 I. E hat über sein ganzes Vermögen verfügt und die Kinder zu Erben eingesetzt. Sie sollen mit seinem Tod das Vermögen als Ganzes erhalten.

A, B und C bilden also bezüglich des Vermögens des E eine Miterbengemeinschaft. Jeder ist am Ganzen beteiligt, beschränkt durch die Mitberechtigung des anderen. Sie sind nicht mit dem Tod Eigentümer der zugewiesenen Gegenstände geworden.

II. Mit der – konkludenten – Erbeinsetzung hat der Erblasser eine Teilungsanordnung getroffen. Jeder Erbe (Miterbe) soll berechtigt sein, die Übertragung des ihm zugewiesenen Gegenstands zu verlangen. Ihm soll ein schuldrechtlicher Anspruch auf Übereignung zustehen.

Da der E wollte, dass jeder nicht mehr und nicht weniger als den zugeteilten Gegenstand erhalten soll, hat er mit der Teilungsanordnung konkludent die Erbquote bestimmt, und zwar ergibt sich diese Erbquote aus dem Wertverhältnis der zugewiesenen Gegenstände zueinander. Danach beträgt die Erbquote des A 1/2, des B 1/3 und des C schließlich 1/6.

III. Die Erbauseinandersetzung kraft Gesetzes gemäß §§ 2042 ff.

Wenn die Miterben keine Einigung über die Erbauseinandersetzung erzielen und auch keine Teilungsanordnung i.S.d. § 2048 vorliegt, so kann jeder Miterbe von den anderen die Auseinandersetzung nach den gesetzlichen Regeln, §§ 2042 Abs. 2, 752, 753, verlangen, d.h.   **384**

- teilbare Gegenstände sind auf die einzelnen Erben zu verteilen, § 752;

- unteilbare Gegenstände sind nach den Regeln des Pfandverkaufs zu veräußern und Grundstücke sind im Wege der Versteigerung zu verwerten, § 753.

Da die einzelnen Nachlassgegenstände regelmäßig nicht teilbar sind, wird der Nachlass, sofern sich die Miterben nicht über die Verteilung einigen, versteigert und der Versteigerungserlös unter den Erben entsprechend der Erbquote verteilt – „Versilberung" des Nachlasses.

Beispiel: Versteigern wider Willen

E hat seine drei Kinder A, B und C zu gleichen Teilen als Erben eingesetzt. Im Zeitpunkt des Todes gehörten – außer der persönlichen Habe des E – zum Nachlass noch: ein Haus nebst Einrichtung, eine Briefmarkensammlung, zwei wertvolle Gemälde und ein gepflegter alter Mercedes, Baujahr 1968. A, B und C können sich nicht darüber einigen, wer zu welchem Preis welchen Gegenstand erhält. Wie ist die Rechtslage?

I. A, B und C bilden als Miterben eine **Gesamthandsgemeinschaft**.
II. Da die Auseinandersetzung nicht ausgeschlossen bzw. beschränkt ist (§§ 2043–2045), kann **jeder Miterbe jederzeit** die Auseinandersetzung verlangen und die Auflösung der gesamthänderischen Bindung bewirken.
III. Da sich die Erben über die Verteilung nicht einigen können und der Erblasser keine Teilungsanordnungen verfügt hat, müssen die unteilbaren Einzelgegenstände versteigert werden.
IV. Die Verteilung des Versteigerungserlöses erfolgt entsprechend der Erbquote. Da A, B und C zu gleichen Teilen eingesetzt sind, erhält jeder ein Drittel des Versteigerungserlöses.

Es kann kein Erbe gegen den Willen eines Miterben die Übertragung eines bestimmten Gegenstands aus dem Nachlass verlangen. Wenn also kein Einverständnis aller Miterben vorliegt, kommt es zur „Versilberung" der unteilbaren Nachlassgegenstände.

Da die Verwertung eine Verfügung über die Nachlassgegenstände darstellt, muss jeder Miterbe mit dieser Verfügung einverstanden sein (§ 2040). Weigert sich ein Miterbe, dieser Verfügung zuzustimmen, so muss er auf Zustimmung zum Teilungsplan, der entsprechend den gesetzlichen Vorschriften errichtet worden ist, verklagt werden, oder der einzelne Miterbe kann beim Nachlassgericht das Vermittlungsverfahren hinsichtlich der Auseinandersetzung des Nachlasses nach §§ 363 ff. FamFG beantragen.   **385**

IV. Ausschluss der Auseinandersetzung

386   Der Erblasser kann gemäß **§ 2044 durch letztwillige Verfügung** die **Auseinandersetzung** in Ansehung des Nachlasses oder einzelner Nachlassgegenstände **ausschließen** oder von der Einhaltung einer Kündigungsfrist abhängig machen.

Ferner ist gemäß **§§ 2043 und 2045** in den dort genannten Fällen ein Aufschub der Auseinandersetzung geboten.[559]

V. Einsetzung eines Testamentsvollstreckers

387   Der Erblasser kann zur Durchführung der Auseinandersetzung einen Testamentsvollstrecker gemäß § 2197 einsetzen. Auch dieser muss gemäß § 2204 Abs. 1 einen den gesetzlichen Bestimmungen entsprechenden Teilungsplan aufstellen. Er soll zwar gemäß § 2204 Abs. 2 die Miterben vor der Auseinandersetzung hören, doch kann er auch bei Widerspruch eines Miterben diese Auseinandersetzung entsprechend dem Teilungsplan durchführen. Daher hat die Einsetzung des Testamentsvollstreckers gerade bei der Auseinandersetzung der Miterben eine besondere Bedeutung.

E. Ausgleichungspflichten unter Abkömmlingen

I. Ausgleichung von Zuwendungen

388   Gemäß § 2050 besteht für Abkömmlinge des Erblassers, die als gesetzliche Erben berufen sind, die Pflicht, bestimmte Zuwendungen, die sie zu Lebzeiten aus dem Vermögen des Erblassers erhalten haben, auszugleichen.

Diese Regelung beruht auf dem Gedanken, dass es dem mutmaßlichen Willen des Erblassers entspricht, dass seine Abkömmlinge, die als gesetzliche Erben berufen sind, gleichermaßen an seinem Vermögen teilhaben.[560] Deshalb gilt die Norm auch nur bei gesetzlicher Erbfolge oder bei gewillkürter, wenn sie die gesetzliche lediglich bestätigt.

Ausgleichungspflichtig sind gemäß § 2050:[561]

- ■ Ausstattungen (vgl. Legaldefinition in § 1624 Abs. 1),

- ■ Zuschüsse, die als Einkünfte verwendet werden sollen, soweit sie das den Vermögensverhältnissen des Erblassers entsprechende Maß übersteigen,

- ■ ebenso Aufwendungen für die Vorbildung zu einem Beruf, wenn sie das den Vermögensverhältnissen des Erblassers entsprechende Maß übersteigen,

- ■ sowie andere Zuwendungen, wenn der Erblasser bei der Zuwendung die Ausgleichung angeordnet hat.[562]

---

559   Einzelheiten hierzu bei Lange/Kuchinke § 44 II 2, 3.
560   Leipold Rn. 750.
561   Vgl. Schindler ZEV 2006, 389.
562   Vgl. dazu BGH JuS 2010, 646.

Die Ausgleichung erfolgt nur unter den ausgleichungspflichtigen miterbenden Abkömmlingen des Erblassers. Gemäß § 2055 sind sämtliche Zuwendungen dem Nachlass hinzuzurechnen, und von dem hiernach errechneten Nachlass werden die einzelnen Erbteile der Miterben berechnet. Von dem so ermittelten Erbteil wird jedem Miterben der Wert der von ihm auszugleichenden Zuwendung abgerechnet.

Beispiel: Erblasser E wird kraft gesetzlicher Erbfolge von seiner Ehefrau F zu 1/2 (§ 1931 Abs. 1 S. 1: 1/4 plus §§ 1931 Abs. 3, 1371 Abs. 1: 1/4) sowie von seinen Kindern S und T zu je 1/4 (§ 1924) beerbt. Der Nachlass beträgt 150.000 €. T hat eine Aussteuer i.H.v. 10.000 € erhalten und dem S hat er für die Einrichtung einer Arztpraxis 15.000 € gegeben.

Zunächst muss der Anteil der F abgezogen werden, da die Ausgleichung nur zwischen den Abkömmlingen erfolgt. F erhält die Hälfte des Nachlasswerts, also 75.000 €. Jetzt muss gemäß § 2055 Abs. 1 S. 2 der Wert sämtlicher ausgleichungspflichtiger Zuwendungen dem Nachlassrest hinzugerechnet werden: 75.000 € + 10.000 € + 15.000 € = 100.000 €. Davon entfallen auf S und T jeweils die Hälfte, also 50.000 €. Von diesen Erbteilen sind gemäß § 2055 Abs. 1 S. 1 die ausgleichungspflichtigen Zuwendungen abzuziehen: S erhält demnach 50.000 € – 15.000 € = 35.000 € und die T bekommt 50.000 € – 10.000 € = 40.000 €.

II. Ausgleich von Leistungen[563]

- Gemäß § 2057 a Abs. 1 S. 1 kann ein Abkömmling, der durch Mitarbeit im Haushalt, **389** Beruf oder Geschäft des Erblassers in besonderem Maße zur Erhaltung oder Vermehrung des Erblasservermögens beigetragen hat, ohne dafür ein Entgelt zu erhalten, bei der Auseinandersetzung einen billigen Ausgleich in Geld verlangen. Rechnerisch wird der Ausgleichungsbetrag, der sich mit Rücksicht auf die Dauer und den Umfang der Leistungen und auf den Wert des Nachlasses nach der Billigkeit bemisst, vom gesamten Nachlass abgezogen und dem Erbteil des Berechtigten hinzugerechnet, § 2057 a Abs. 4.

- Ferner erhält ein Abkömmling, der den Erblasser während längerer Zeit gepflegt hat, **390** ebenfalls einen derartigen Ausgleichsanspruch, vgl. § 2057 a Abs. 1 S. 2.

---

563 Vgl. dazu Kollmeyer NJW 2017, 1849 ff.

Erbengemeinschaft

Verfügung über die Nachlassbeteiligung

- Der Miterbe kann über seinen **Erbanteil** = die Beteiligung am Gesamtnachlass entsprechend der Erbquote gemäß § 2033 frei verfügen.

  - Den Miterben steht gemäß § 2034 ein **Vorkaufsrecht** zu.

  - Der Erwerber tritt an die Stelle des veräußernden Miterben.

- Im Einverständnis aller Miterben kann über den **einzelnen** – ganzen – Nachlassgegenstand verfügt werden.

- Unzulässig ist die Verfügung über den **Anteil** am einzelnen Nachlassgegenstand.

Verwaltungsbefugnis im Innenverhältnis, § 2038

- Maßnahmen der **ordnungsmäßigen** Verwaltung trifft die Mehrheit.

- Maßnahmen der **außerordentlichen** Verwaltung müssen einstimmig beschlossen werden.

- **Notwendige** Erhaltungsmaßnahmen kann jeder Miterbe allein treffen.

Verwaltungsbefugnis im Außenverhältnis – Verfügung –, § 2040

- **Verpflichtungsgeschäfte** kann der Miterbe oder können die Miterben als Vertreter abschließen, die zur Vornahme der Verwaltungsmaßnahme berechtigt sind.

- Ob der zur Durchführung der **Verwaltungsmaßnahme** Vertretungsbefugte auch das erforderliche Verfügungsgeschäft vornehmen darf, ist umstritten.

Anspruchsberechtigter, § 2039

- Jeder Miterbe ist berechtigt, Ansprüche, die zum Nachlass gehören, allein geltend zu machen. Er muss allerdings Leistung an alle Miterben verlangen – Fall der **gesetzlichen Prozessstandschaft**.

- Ist zur Entstehung des Anspruchs die Geltendmachung eines Gestaltungsrechts erforderlich, so muss das Gestaltungsrecht von allen Miterben ausgeübt werden.

Dingliche Surrogation, § 2041

- An allem, was aufgrund eines zum Nachlass gehörenden Rechts, als Ersatz für einen Nachlassgegenstand oder durch Rechtsgeschäft, das sich auf den Nachlass bezog, erworben worden ist.

- Wann sich ein Rechtsgeschäft auf den Nachlass bezieht, ist umstritten, h.M.: wenn

  - es mit **Mitteln** des Nachlasses erfüllt worden ist – objektiv –, oder

  - der Handelnde es **willentlich** für den Nachlass getätigt hat – subjektiv.

Auseinandersetzung, §§ 2042 ff.

- Die Parteien können vereinbaren, wie die Nachlassgegenstände zu verteilen sind.

- Jeder Erbe kann verlangen, dass der ihm durch **Teilungsanordnung** zugewiesene Gegenstand übertragen wird.

- Im Übrigen muss die Auseinandersetzung, soweit sie nicht ausgeschlossen ist, entsprechend den **gesetzlichen Regeln** erfolgen. Teilbare Gegenstände sind zu teilen, unteilbare Gegenstände sind zu versteigern.

3. Abschnitt: Rechtsstellung des Vor- und Nacherben

Vor- und Nacherben sind zeitlich nacheinander Rechtsnachfolger des Erblassers. Durch **391** die Anordnung einer Vor- und Nacherbschaft bewirkt der Erblasser zum einen, dass der Nachlass zunächst dem Vorerben, z.B. seinem Ehegatten, zugewendet wird und dieser aus dem Nachlass die Nutzungen ziehen kann; zum anderen stellt er sicher, dass der Nachlass in seinem Bestand möglichst ungeschmälert mit einem bestimmten Ereignis seinem weiteren Erben, dem Nacherben, zufällt.[564] Damit dem Willen des Erblassers entsprechend der Nachlass noch zum Nacherben gelangt, sind die Rechte und Pflichten beider Erben gesetzlich geregelt (§§ 2100 ff.).

- Der Vorerbe hat ein Interesse daran, den Nachlass für sich zu verwenden. Er will berechtigt sein, über das zum Nachlass gehörende Vermögen frei zu verfügen.

- Der Nacherbe hat ein Interesse daran, dass er das gesamte vom Erblasser hinterlassene Vermögen erhält und dass der Vorerbe nicht zur Verfügung über das Vermögen berechtigt ist.

A. Rechtsstellung des Vorerben

Der Vorerbe ist vom Zeitpunkt des **Erbfalls** = dem Eintritt des Todes des Erblassers bis **392** zum Eintritt des Nacherbfalls **Herr des Nachlasses**. Doch bestehen Schutzvorschriften zugunsten des Nacherben.

I. Beschränkungen des Vorerben

Der Vorerbe kann über die Nachlassgegenstände **grundsätzlich frei verfügen**, § 2112. **393**

Der (nicht befreite) Vorerbe soll das Vermögen aber möglichst in seiner Gesamtheit für den Nacherben erhalten und nur berechtigt sein, die Nutzungen aus dem Vermögen zu ziehen.[565] Daher schränken die §§ 2113–2115 die Verfügungsmöglichkeiten des Vorerben zum Schutz des Nacherben ein:

- Gemäß **§ 2113 Abs. 1** sind **Verfügungen** über ein zur Erbschaft gehörendes **Grund-** **394** **stück** oder **Recht an einem Grundstück** im Fall des Eintritts des Nacherbfalls insoweit unwirksam, als sie das Recht des Nacherben vereiteln oder beeinträchtigen würden.

  Das Recht des Nacherben wird beeinträchtigt, wenn seine Rechtsstellung rechtlich durch die Verfügung verschlechtert würde. Da es nach dem Gesetz nur auf eine **rechtliche und nicht auf eine wirtschaftliche Betrachtung** ankommt, liegt eine Beeinträchtigung des Nacherben auch dann vor, wenn ein entsprechendes Entgelt für die Verfügung in den Nachlass fällt.[566]

  Beachte: *Diese Geschäfte sind bei ihrer Vornahme durch den Vorerben **wirksam**. Erst mit **dem Eintritt des Nacherbfalls** tritt **absolute Unwirksamkeit** ein.[567] Gutgläubige Dritte werden über § 2113 Abs. 3 geschützt. Der Nacherbe kann einen gutgläubigen Erwerb durch Eintragung eines Nacherbenvermerks im Grundbuch verhindern, § 51 GBO.*

---

564 Schlüter/Röthel § 34 Rn. 1; Klinger/Roth NJW-Spezial 2009, 135.

565 Olzen Rn. 321, 327.

566 Brox/Walker Rn. 362; Harder/Kroppenberg Rn. 436.

567 Lange/Kuchinke § 28 IV 4.

395 ■ Gemäß **§ 2113 Abs. 2** werden **unentgeltliche Verfügungen** mit Eintritt des Nacherbfalls unwirksam. Eine Verfügung ist unentgeltlich i.S.d. § 2113 Abs. 2, wenn der Vorerbe – objektiv betrachtet – ohne gleichwertige Gegenleistung ein Opfer aus der Erbmasse bringt und – subjektiv betrachtet – weiß, dass für dieses Opfer der Erbmasse keine gleichwertige Gegenleistung zufließt oder er die Unzulänglichkeit der Gegenleistung zumindest hätte erkennen müssen.[568] Bei § 2113 Abs. 2 ist also im Gegensatz zu § 2113 Abs. 1 eine ==wirtschaftliche Betrachtungsweise== maßgeblich.

Beachte: *Auch bei § 2113 Abs. 2 ist die Verfügung des Vorerben zunächst wirksam und wird erst mit Eintritt der Nacherbfolge von da an unwirksam.[569]*

Die Vorschrift des § 2113 bezieht sich nur auf Verfügungen im Rechtssinne, sodass ihr Verpflichtungsgeschäfte nicht unterfallen.[570] Vom Gesetzgeber wurden nur die mit Verfügungen verbundenen unmittelbaren Rechtsbeeinträchtigungen als so schwerwiegend eingestuft, dass es einer gesetzlichen Anordnung der Unwirksamkeit bedurfte. Dem sind schuldrechtliche Verpflichtungsgeschäfte nicht vergleichbar. Auch durch einen langfristigen Leihvertrag über Räume, den der Vorerbe abgeschlossen hat, wird dem Nachlass für den Nacherben weder das Grundstück noch sonstiges Vermögen entzogen. Denn bis zum Eintritt des Nacherbfalls unterbleibt lediglich die Fruchtziehung durch den Vorerben, die aber ohnehin allein diesem zusteht. Der Nacherbe wird durch einen vom Vorerben abgeschlossenen Leihvertrag auch nicht schuldrechtlich verpflichtet, weil er nicht der Rechtsnachfolger des Vorerben ist. Ein Vertragsübergang findet nur bei zur Erbschaft gehörenden Miet- oder Pachtverträgen über Grundstücke und eingetragene Schiffe aufgrund der besonderen gesetzlichen Anordnung in §§ 2135, 1056, 566 statt, nicht aber bei der Leihe. Daher kann der Nacherbe mit Eintritt des Nacherbfalls vom Entleiher die Herausgabe aus § 985 verlangen. Allein der Vorerbe – oder seine Erben – haften gegebenenfalls wegen Nichterfüllung der Überlassungsverpflichtung gegenüber dem Entleiher.[571]

Fall 26: Verschenkter Porsche

Erblasser E hat in einem wirksam errichteten eigenhändigen Testament seine Frau F zur Vorerbin und seinen Sohn S als Nacherben eingesetzt. Nach dem Tod des E schenkt F ihrem neuen Lebensgefährten L einen Porsche, der zum Nachlass des E gehört. S verlangt von L nach dem Tod der F Herausgabe des Porsche. L beruft sich darauf, dass er von der Nacherbenstellung des S nichts gewusst habe.

Steht S gegen L ein Anspruch auf Herausgabe des Porsche zu?

---

396 I. S könnte gegen L bezüglich des Porsche ein Herausgabeanspruch gemäß **§ 985** zustehen.

Dazu muss **S Eigentümer** des Porsche sein. S könnte das Eigentum an dem Fahrzeug **gemäß §§ 2139, 1922** als Nacherbe des E mit dem Tod der F erworben haben.

Gemäß § 2139 fällt die Erbschaft dem Nacherben mit Eintritt des Nacherbfalls an. Demnach hat S das Eigentum an dem Porsche mit dem Tod der F erlangt, wenn er zum Nacherben des E berufen ist, die Nacherbschaft mit dem Tod der F eingetreten ist und der Porsche zu diesem Zeitpunkt noch zum Nachlass des E gehört hat.

---

568 BGH NJW 1991, 842; OLG Braunschweig FamRZ 1995, 443.

569 Palandt/Weidlich § 2113 Rn. 12.

570 BGHZ 52, 269; BeckOK BGB/Litzenburger § 2113 Rn. 10, 15; MünchKomm/Grunsky § 2113 Rn. 8, 24.

571 BGH NJW 2016, 2654, 2655.

1. E hat seinen Sohn S durch seine wirksame testamentarische Verfügung gemäß §§ 1937, 2100 zum **Nacherben** eingesetzt.

2. Mangels testamentarischer Anordnungen des E, wann der **Nacherbfall** eintreten soll, tritt dieser gemäß **§ 2106 Abs. 1** mit dem Tode der Vorerbin F ein.

3. Der Porsche muss **zum Zeitpunkt des Todes der F noch zum Nachlass des E gehört** haben.

    a) E war zum Zeitpunkt seines Todes Eigentümer des Wagens, sodass dieser **ursprünglich zum Nachlass des E** gehört hat.

    b) F könnte das Eigentum an dem Pkw **gemäß § 929 S. 1 auf L übertragen** haben.

    F und L haben sich wirksam über den Eigentumsübergang geeinigt. F hat den Wagen dem L übergeben und sie war als Vorerbin des E verfügungsbefugte Eigentümerin und daher zur Eigentumsübertragung berechtigt. Infolgedessen hat L gemäß § 929 S. 1 das Eigentum an dem Fahrzeug erlangt.

    c) Die Verfügung der F zugunsten des L könnte jedoch **gemäß § 2113 Abs. 2 mit ihrem Tod unwirksam geworden** sein.

       aa) Die Verfügung der F an L erfolgte unentgeltlich, und eine Pflicht- oder Anstandsschenkung i.S.v. § 2113 Abs. 2 S. 2 liegt nicht vor. Folglich ist die Übereignung gemäß § 2113 Abs. 2 S. 1 an sich mit dem Eintritt der Nacherbfolge – also dem Tod der F – unwirksam geworden.

       bb) L hat von der Nacherbenstellung des S jedoch bei der Übereignung nichts gewusst, sodass er das Eigentum **gemäß § 2113 Abs. 3 i.V.m. § 932 gutgläubig erworben** hat und die Verfügung zu seinen Gunsten nicht mit dem Tod der F unwirksam geworden ist.

    Demnach ist L auch nach dem Tod der F Eigentümer des Porsche, sodass der Wagen bei Eintritt des Nacherbfalls nicht mehr zum Nachlass des E gehört hat.

S hat somit das Eigentum an dem Porsche nicht als Nacherbe des E gemäß § 2139, 1922 erworben, sodass ein Anspruch des S gegen L auf Herausgabe des Wagens aus § 985 mangels Eigentümerstellung des S ausscheidet.

II. S könnte jedoch gegen L ein Herausgabeanspruch aus **§ 816 Abs. 1 S. 2** zustehen.   397

   1. **Voraussetzung** für einen solchen Anspruch ist, dass eine **unentgeltliche Verfügung vorliegt, die dem Berechtigten gegenüber wirksam** ist.

   Die Verfügung der F an L ist gegenüber dem S gemäß § 2113 Abs. 3 i.V.m. § 932 wirksam und die Verfügung erfolgte unentgeltlich.

   2. Als **Rechtsfolge** muss L den rechtlichen Vorteil, den er aufgrund der Verfügung erlangt hat, Eigentum und Besitz an dem Porsche, herausgeben.

Demnach ist L gemäß § 816 Abs. 1 S. 2 zur Herausgabe des Wagens an S verpflichtet.

---

398   Der Vorerbe kann uneingeschränkt **Verpflichtungsverträge** abschließen. Eine Haftung des Nachlasses und damit des Nacherben wird jedoch nur dann begründet, wenn der Vorerbe im Rahmen der ordnungsmäßigen Verwaltung gehandelt hat.[572]

II. Ordnungsgemäße Verwaltung durch Vorerben

399   Der Vorerbe muss den Nachlass bis zum Eintritt des Nacherbfalls ordnungsmäßig verwalten und sodann an den Nacherben herausgeben (vgl. § 2130). Die Haftung des Vorerben für Schäden aus einer nicht ordnungsgemäßen Verwaltung ist jedoch auf die Haftung für eigenübliche Sorgfalt beschränkt, vgl. § 2131.

Zu den **Verwaltungsaufgaben** zählen insbesondere:

- Erhaltungsmaßnahmen – Instandhaltung der Sache, Fütterung, Unterbringung der Tiere usw.

- Sicherungsmaßnahmen gemäß §§ 2116 ff.

  Er muss Wertpapiere hinterlegen, §§ 2116, 2117. Auf Verlangen des Nacherben muss er gemäß § 2121 ein Verzeichnis über die Erbschaftsgegenstände anlegen, und gemäß § 2122 kann der Vorerbe den Zustand der Erbschaft im Zeitpunkt des Erbfalls durch Sachverständige feststellen lassen.

  Wird durch das Verhalten des Vorerben oder durch seine ungünstige Vermögenslage die Besorgnis einer erheblichen Verletzung der Rechte des Nacherben begründet, so kann der Nacherbe Sicherheitsleistung verlangen, § 2128.

- Erfüllungspflichten

  Der Vorerbe muss die Nachlassverbindlichkeiten und die Verpflichtungsverträge, die er mit Wirkung für und gegen den Nachlass getätigt hat, erfüllen.

Die Rechtsstellung des Vorerben ähnelt letztlich, obwohl er bis zum Nacherbfall Eigentümer der Nachlassgegenstände und Inhaber der zum Nachlass gehörenden Rechte ist, eher der eines Nießbrauchers.[573]

B. Rechtsstellung des Nacherben

400   Bis zum Eintritt des Nacherbfalls kann der Nacherbe Maßnahmen ergreifen, die eine ordnungsmäßige Verwaltung des Nachlasses sichern, und er muss den Verfügungen zustimmen, die im Rahmen der ordnungsmäßigen Bewirtschaftung des Nachlasses geboten sind (§ 2120).

Bereits mit dem **Erbfall** erwirbt der Nacherbe ein **Anwartschaftsrecht**. Dieses Recht, das an der Erbschaft als Ganzem – nicht an einzelnen Gegenständen – besteht, kann dem Nacherben nicht mehr entzogen werden und ist seinem Umfang nach durch Beschränkungen des Vorerben oder durch Befugnisse des Nacherben gegenüber dem Vorerben gesichert. Das Anwartschaftsrecht ist ein veräußerliches und – bei Tod des Nacherben vor Eintritt des Nacherbfalls – im Zweifel auch vererbliches Recht (vgl. § 2108 Abs. 2 S. 1).[574]

---

572   Vgl. OLG Oldenburg NJW 1994, 2772.

573   Schlüter/Röthel § 34 Rn.1.

574   Keim NJW-Spezial 2009, 399.

Nach Eintritt des Nacherbfalls kann der Nacherbe vom Vorerben Herausgabe des Nachlasses gemäß § 2130 Abs. 1 verlangen.

Der Erblasser kann den Zeitpunkt oder das Ereignis, mit dem Nacherbfolge eintreten soll, bestimmen. Fehlt eine solche Bestimmung, tritt gemäß § 2106 Abs. 1 der Nacherbfall mit dem Tod des Vorerben ein.

Beachte: Aus § 2106 Abs. 1 lässt sich entnehmen, dass der Erblasser den Zeitpunkt oder das Ereignis, mit dem die Nacherbfolge eintreten soll, grundsätzlich frei bestimmen kann. Allerdings schränkt § 2109 Abs. 1 S. 1 den Erblasser insoweit ein, als die Nacherbschaft grundsätzlich nur für den Zeitraum von 30 Jahren angeordnet werden kann (Ausnahme: § 2109 Abs. 1 S. 2). Wegen § 2065 darf der Erblasser die Bestimmung des Zeitpunkts oder des Ereignisses, mit dem die Nacherbfolge eintreten soll, nicht einem Dritten überlassen.

Gemäß § 2139 fällt die Erbschaft mit dem Eintritt der Nacherbfolge dem Nacherben zu. Dieser erbt unmittelbar vom Erblasser.[575]

Der Nacherbe kann vom Vorerben Schadensersatz verlangen, wenn dieser schuldhaft Pflichten der ordnungsmäßigen Verwaltung verletzt hat, vgl. §§ 2131 ff.; auch können Ansprüche wegen übermäßiger Fruchtziehung, § 2133, und wegen eigennütziger Verwendung, § 2134, gegeben sein.

C. Die befreite Vorerbschaft

Der Erblasser kann in der Verfügung von Todes wegen anordnen, dass der Vorerbe von **401** den in § 2136 genannten gesetzlichen Beschränkungen befreit ist. Die Befreiung kann ausdrücklich oder stillschweigend erfolgen. Ein Wille zur Befreiung ist anzunehmen, wenn der Erblasser den Nacherben auf dasjenige eingesetzt hat, was von der Erbschaft bei dem Eintritt der Nacherbfolge übrig sein wird (§ 2137).

Der Erblasser kann den Vorerben nicht von allen Beschränkungen befreien.

- Er kann den Vorerben nicht zu unentgeltlichen Verfügungen ermächtigen (§ 2113 Abs. 2).
- Er kann nicht bestimmen, dass uneingeschränkt in den Nachlass vollstreckt werden darf (§ 2115).
- Er kann den Vorerben nicht von der Verpflichtung zur Mitteilung eines Nachlassverzeichnisses (§ 2121) entbinden.
- Der Vorerbe muss die Feststellung des Zustands der Nachlassgegenstände gestatten (§ 2122).
- Der Erblasser ist nicht befugt, die Surrogation gemäß § 2111 auszuschließen.

4. Abschnitt: Die Testamentsvollstreckung

Der Erblasser kann durch Verfügung von Todes wegen anordnen, dass jemand (= Testa- **402** mentsvollstrecker) seine letztwilligen Verfügungen ausführen soll. Damit erreicht der Erblasser, dass seine letztwilligen Anordnungen durch eine Person seines Vertrauens durchgeführt werden.

Die Anordnung der Testamentsvollstreckung ist insbesondere sinnvoll, wenn der Erblasser Uneinigkeit zwischen den Miterben befürchtet oder die Erben zur Nachlassverwaltung (noch) zu unerfahren sind.

---

575 Palandt/Weidlich § 2139 Rn. 1.

Hat der Erblasser wirksam die Testamentsvollstreckung angeordnet, so beginnt das Amt des Testamentsvollstreckers mit der Annahme durch Erklärung gegenüber dem **Nachlassgericht**, § 2202.

Zum Testamentsvollstrecker kann grundsätzlich jede Person ernannt werden; unfähig für das Amt sind Geschäftsunfähige, Minderjährige und der zur Besorgung seiner eigenen Vermögensangelegenheiten selbst Betreute, vgl. § 2201.

Der Testamentsvollstrecker ist nach h.M. Träger eines privaten Amtes und nicht Vertreter des oder der Erben.[576]

A. Die Aufgaben des Testamentsvollstreckers (Überblick)

403 ■ Der Testamentsvollstrecker ist berechtigt, die zum Nachlass gehörenden Sachen in **Besitz** zu nehmen, § 2205. Er hat dem Erben unverzüglich nach der Annahme ein **Verzeichnis** der seiner Verwaltung unterliegenden Nachlassgegenstände und der bekannten Nachlassverbindlichkeiten mitzuteilen, § 2215.

■ Der Testamentsvollstrecker hat gemäß § 2216 den Nachlass ordnungsgemäß zu **verwalten**. Zu den Verwaltungsaufgaben gehören insbesondere die Erfüllung der **Nachlassverbindlichkeiten** und die **entgeltliche** (vgl. § 2205 S. 3) **Verfügung** über Nachlassgegenstände. Mit Zustimmung des Erben darf der Testamentsvollstrecker auch unentgeltliche Verfügungen über Nachlassgegenstände vornehmen (teleologische Reduktion des § 2205 S. 3).[577]

> ■ Der Erbe ist während der Testamentsvollstreckung nicht zur Verfügung über den Nachlass berechtigt, § 2211. Er darf im Hinblick auf den Nachlass Verbindlichkeiten begründen; jedoch kann aus solchen Verpflichtungsgeschäften nicht der Testamentsvollstrecker in Anspruch genommen werden, weil der Erbe ansonsten durch solche Geschäfte die Macht des Testamentsvollstreckers beeinträchtigen könnte.[578]
>
> ■ Schwierigkeiten bezüglich der Verwaltung des Nachlasses durch den Testamentsvollstrecker ergeben sich dann, wenn zum Nachlass ein **Handelsgeschäft** gehört oder der Erblasser **Gesellschafter** einer OHG bzw. KG war. Nach h.A. kann der Testamentsvollstrecker nicht für den Erben die Aufgaben eines Gesellschafters wahrnehmen, weil er nicht persönlich haftet, sondern nur mit dem Nachlass.[579] Als Lösungsmöglichkeiten bieten sich an:
>
> – Der Testamentsvollstrecker wird als **Treuhänder** tätig und führt das Geschäft im eigenen Namen **(Treuhandlösung)**.
>
> – Oder er wird von den Erben bevollmächtigt, das Handelsgeschäft in deren Namen fortzuführen **(Vollmachtlösung)**.
>
> – Möglich ist auf Grundlage des **Umwandlungsrechts** auch, dass das Handelsgeschäft in eine GmbH umgewandelt wird, an welcher dann die Testamentsvollstreckung möglich ist.[580]

■ Bei **schuldhafter Pflichtverletzung** muss der Testamentsvollstrecker dem Erben – gegebenenfalls auch einem Vermächtnisnehmer – gemäß **§ 2219** Schadensersatz leisten.[581] Das Verschulden richtet sich nach § 276 Abs. 1. Dabei gilt grundsätzlich ein

---

576 Staudinger/Reimann § 2197 Rn. 14.

577 Frank/Helms § 11 Rn. 8.

578 Brox/Walker Rn. 417.

579 Kipp/Coing § 68 III 3; Schlüter Rn. 837 f., jeweils m.w.N.; kritisch Weidlich NJW 2011, 641.

580 Zu diesen Problemen vgl. Brox/Walker Rn. 403; Leipold Rn. 801 f.

581 OLG Koblenz NJW 2009, 1153; vgl. Reimann ZEV 2006, 186 zur Beweislast im Testamentsvollstreckerhaftpflichtverfahren.

strenger Sorgfaltsmaßstab. Es kann erwartet werden, dass der Testamentsvollstrecker notfalls sachkundigen Rat einholt.

B. Die Beendigung des Amts des Testamentsvollstreckers

Das **Amt des Testamentsvollstreckers** endet:[582]   **404**

- mit der Erledigung der Aufgaben,

- bei Zeitablauf, §§ 2209, 2210,

  § 2210 S. 1 bestimmt zur Höchstdauer der Testamentsvollstreckung, dass die Anordnung einer Dauervollstreckung unwirksam wird, wenn seit dem Erbfall 30 Jahre verstrichen sind. Gemäß § 2210 S. 2 kann der Erblasser jedoch anordnen, dass die Verwaltung bis zum Tod des Erben oder des Testamentsvollstreckers oder bis zum Eintritt eines anderen Ereignisses fortdauern soll. Durch eine solche Anordnung wird dem Erblasser eine Beibehaltung der Testamentsvollstreckung über die 30-Jahresfrist hinaus ermöglicht.

  Der BGH hat zur Verhinderung einer Verewigung der Testamentsvollstreckung entschieden, dass die Fortdauer der Testamentsvollstreckung über 30 Jahre hinaus gemäß § 2210 einer zeitlichen Begrenzung unterliegt: Sind seit dem Erbfall 30 Jahre verstrichen und soll die Verwaltung des Nachlasses nach dem Willen des Erblassers über 30 Jahre hinaus bis zum Tode des Testamentsvollstreckers fortdauern, so verliert die Dauertestamentsvollstreckung ihre Wirksamkeit mit dem Tode des letzten Testamentsvollstreckers, der innerhalb von 30 Jahren seit dem Erbfall zum Testamentsvollstrecker ernannt wurde.[583]

- wenn der Testamentsvollstrecker stirbt oder ein Fall eintritt, in welchem die Ernennung nach § 2201 unwirksam sein würde (§ 2225),

- bei Kündigung durch den Testamentsvollstrecker (§ 2226),[584]

- bei Entlassung des Testamentsvollstreckers durch das Nachlassgericht (§ 2227).

  Wichtiger Grund für die Entlassung nach § 2227 Abs. 1 ist z.B. die erhebliche Gefährdung der Interessen des Erben oder eigennütziges Verhalten des Testamentsvollstreckers.[585] Auch die langjährige Dauer einer Abwicklungsvollstreckung kann ein Anzeichen dafür sein, dass der Testamentsvollstrecker den Aufgaben nicht gewachsen ist. [586]

5. Abschnitt: Der Erbschein

A. Überblick

Im Rechtsverkehr entsteht häufig für den Erben das Bedürfnis und die Notwendigkeit,   **405**
sein Erbrecht nachzuweisen, z.B. wenn er anstelle des Erblassers im Grundbuch eingetragen werden, wenn er über Nachlassgegenstände verfügen oder wenn er Forderungen des Erblassers geltend machen will, seine Geschäftsgegner aber die Gewissheit haben wollen, es auch wirklich mit dem neuen Rechtsinhaber zu tun zu haben. Diesen

---

582 Vgl. auch MünchKomm/Zimmermann § 2225 Rn. 1; vgl. Reimann NJW 2005, 789 ff.
583 BGH NJW 2008, 1157; vgl. dazu Zimmer NJW 2008, 1125.
584 Vgl. zur Pflicht des Testamentsvollstreckers zur Kündigung seines Amtes Muscheler NJW 2009, 2081.
585 Palandt/Weidlich § 2227 Rn. 3.
586 OLG Köln NJW-RR 2005, 94.

Nachweis kann der Erbe durch den Erbschein führen, das amtliche Zeugnis des Nachlassgerichts über das Erbrecht des Erben (§ 2353).

406 Abgesehen von einigen Sonderregeln – z.B. § 35 Abs. 1 S. 1 GBO – ist der Erbe nicht verpflichtet, sein Erbrecht durch einen Erbschein nachzuweisen, sondern hat auch die Möglichkeit, diesen Nachweis in anderer Form zu erbringen; dabei stellt ein eröffnetes öffentliches Testament i.d.R. einen ausreichenden Nachweis für sein Erbrecht dar.[587]

Fall 27: Nachweis des Erbrechts durch Testament

Erblasserin E, die im August 2013 verstorbene Mutter von S und T, unterhielt bei der B mehrere Konten, darunter auch Sparkonten. Am 22.08.1988 errichtete sie gemeinsam mit ihrem Ehemann, dem Vater V von S und T, ein handschriftliches Testament. Darin heißt es auszugsweise:

„Die endunterzeichneten Ehegatten … setzen sich gegenseitig als Erben ein. … Nach dem Ableben des letzten von uns geht das zu diesem Zeitpunkt vorhandene Vermögen auf unsere beiden aus unserer ehelichen Verbindung geborenen Kinder … über. Sollte bis zu diesem Zeitpunkt eines unserer Kinder durch Tod schon aus der Erbfolge ausgeschieden sein, werden diese Rechte an die Kinder unserer Kinder weitergegeben. Unsere Enkelkinder bzw. deren Kinder sind gemäß der gesetzlichen Erbfolge unsere Erben.

Fordert beim Tode des Erstverstorbenen eines unserer Kinder sein Pflichtteil, soll es auch beim Tode des Letztverstorbenen nur den Pflichtteil erhalten. …"

Das Testament wurde nach dem Tod des V am 20.11.2001 eröffnet und der B vorgelegt. Nach dem Tod der E wurde es von dem zuständigen Amtsgericht am 26.09.2013 erneut eröffnet. Im Oktober 2013 forderte T die B unter Vorlage einer beglaubigten Abschrift des Testaments und des Eröffnungsprotokolls zur Freigabe der von ihrer Mutter bei der B unterhaltenen Konten auf. Dabei handelte sie auch im Namen und mit Vollmacht des S. Mit Schreiben vom 29.10.2013 lehnte B dies mit der Begründung ab, dass in dem Testament nicht ein Erbe, sondern ein Vermächtnisnehmer genannt sei und sie deshalb die Vorlage eines Erbscheins verlangen müsse. Auf ein erneutes Schreiben der T antwortete B, sie werde das handschriftliche Testament anerkennen, wenn das Gericht bestätige, dass in dem Testament zwei Erben genannt seien.

Daraufhin erwirkten S und T bei dem zuständigen Amtsgericht die Erteilung eines gemeinschaftlichen Erbscheins, wonach sie zu je ½-Anteil Erben der E sind. Dafür verauslagten sie Gerichtskosten i.H.v. 1.770 €. Außer den bei der B geführten Konten gehörte zum Nachlass nur noch ein Guthaben bei einer anderen Bank, die jedoch die Vorlage eines Erbscheins nicht verlangte. B gab die Konten zugunsten von S und T nach Vorlage des Erbscheins frei.

S und T halten B für verpflichtet, die Gerichtskosten für den Erbschein zu erstatten und begehren daher von ihr Zahlung i.H.v. 1.770 €. B hält demgegenüber ihr Vorgehen für berechtigt, um sich zuverlässig gegen die Gefahr einer doppelten Inanspruchnahme zu schützen. Bei einem handschriftlichen Testament bestehe die Mög-

---

587 BGH NJW 2005, 2779; Anm. Starke NJW 2005, 3184 ff.; Schröder/Meyer NJW 2006, 3252.

lichkeit der Fälschung. Zudem sei für sie nicht erkennbar gewesen, ob eines der Kinder nach dem Tod des Vaters den Pflichtteil gefordert habe.

Steht S und T gegen die B ein Anspruch auf Zahlung von 1.770 € zu? (nach BGH RÜ 2016, 494 ff.)

S und T könnte gegen die B ein Anspruch auf Zahlung i.H.v. 1.770 € aus **§ 280 Abs. 1** zustehen.

I. Dazu müssen die **Voraussetzungen** des § 280 Abs. 1 vorliegen.

1. E hat zu Lebzeiten mit der B mehrere Kontoverträge geschlossen. Mit deren Tod sind ihre Erben – ihre Kinder S und T – gemäß §§ 1922, 2032 in diese Verträge eingetreten, sodass ein **wirksames Schuldverhältnis** zwischen S und T einerseits sowie B andererseits gegeben ist.

2. B muss ihre **Pflichten** in Bezug auf dieses Schuldverhältnis **verletzt** haben.

    B könnte ihre vertragliche **Leistungstreuepflicht** – also die Pflicht, den Vertragszweck nicht zu beeinträchtigen oder zu gefährden[588] – verletzt haben, indem sie die Freigabe der Konten von der Vorlage eines Erbscheins abhängig gemacht hat.

    Die Kontoverträge zwischen E und B enthielten keine Vereinbarung darüber, in welcher Art und Weise nach dem Tode des Vertragspartners dessen Rechtsnachfolge nachzuweisen ist. Auch einer der gesetzlich gesondert geregelten Fälle, in denen der Erbe die Rechtsnachfolge grundsätzlich durch einen Erbschein nachzuweisen hat, z.B. § 35 Abs. 1 S. 1 GBO, liegt nicht vor.

    Nach Ansicht des BGH ist der Erbe abgesehen von diesen Sonderregelungen nicht verpflichtet, sein Erbrecht durch einen Erbschein nachzuweisen, sondern hat auch die **Möglichkeit, diesen Nachweis in anderer Form zu erbringen. Dazu gehören neben dem öffentlichen Testament auch das eigenhändige Testament oder im Falle gesetzlicher Erbfolge Urkunden, aus denen sich dieses ergibt.**[589]

    Zwar habe eine Bank ein berechtigtes Interesse daran, in den Genuss der Rechtswirkungen der §§ 2366, 2367 zu kommen und so der aus der Risikosphäre des Gläubigers stammenden Gefahr einer doppelten Inanspruchnahme zu entgehen. Daraus folge aber nicht, dass sie einschränkungslos oder auch nur im Regelfall die Vorlegung eines Erbscheins verlangen könne. Denn **bei den Anforderungen an den Nachweis der Rechtsnachfolge müsse auch den berechtigten Interessen des oder der Erben an einer möglichst raschen und kostengünstigen Abwicklung des Nachlasses Rechnung getragen werden.** Diesen sei regelmäßig nicht daran gelegen, in Fällen, in denen das Erbrecht unproblematisch anders als durch Vorlage eines Erbscheins nachgewiesen werden könne, das unnütze Kosten verursachende und zu einer Verzögerung der Nachlassregulierung führende Erbscheinsverfahren anstrengen zu müssen. Daher habe eine Bank kein schutz-

407

---

588 Palandt/Grüneberg § 280 Rn. 25.
589 BGH RÜ 2016, 494, 495.

würdiges Interesse, in klaren Erbfolgefällen allein zur Erlangung des Gutglaubensschutzes der §§ 2366, 2367 regelmäßig auf einem Erbschein bestehen zu können.[590]

Bei Nachweis des Erbrechts durch Vorlage eines eigenhändigen Testaments sei eine Bank nur **bei konkreten und begründeten Zweifeln** an der Richtigkeit berechtigt, ergänzende Erklärungen des oder der Erbprätendenten einzuholen oder sich weitere Unterlagen, wie z.B. das Familienstammbuch oder einen Erbschein vorlegen zu lassen.[591]

S und T sind in dem gemeinschaftlichen Testament von ihren Eltern eindeutig als Erben eingesetzt worden. Dies ergibt sich bereits aus der Verwendung des Begriffs „Erbfolge", während der Begriff „Vermächtnis" nicht verwendet wird.

Auch der Einwand der B, es sei für sie nicht erkennbar gewesen, ob eines der Kinder nach dem Tod des Vaters seinen Pflichtteil gefordert hat und daher wegen der Pflichtteilsstrafklausel seine Erbenstellung beim Tod der Mutter verloren hat, steht einer Verletzung der Leistungstreuepflicht nicht entgegen.

Zum einen ist davon auszugehen, dass der jeweils andere Erbe, der von dem Pflichtteilsbegehren des Geschwisterteils bei Tod der Mutter profitiert hätte, sich auf die Klausel berufen und diesen Umstand gewiss vorgetragen hätte. Zum anderen hätte die Bank eventuell die Freigabe der Konten von ergänzenden Erklärungen der Geschwister zur Nichtgeltendmachung des Pflichtteils durch einen von ihnen abhängig machen können, sie war jedoch aufgrund dieses lediglich abstrakten Zweifels nicht berechtigt, zum Nachweis des Erbrechts die Vorlage eines Erbscheins oder einer gerichtlichen Bestätigung der Erbenstellung zu verlangen.[592]

Somit ergeben sich keine begründeten Zweifel an der testamentarischen Erbenstellung von S und T aufgrund des privatschriftlichen Testaments, das der B vorgelegt wurde. Daher durfte B die Freigabe der Konten nicht von der Vorlage eines Erbscheins oder einer gerichtlichen Bestätigung der Erbenstellung abhängig machen, sodass sie durch dieses unberechtigte Verlangen gegen ihre Leistungstreuepflicht verstoßen hat.

3. Das **Verschulden** der B wird gemäß § 280 Abs. 1 S. 2 vermutet und sie hat zu ihrer Exkulpation nichts vorgetragen. Ein etwaiger Rechtsirrtum der B wäre auch nicht unverschuldet, da der B bekannt sein musste, dass nach der Rspr. des BGH Erben ihr Erbrecht nicht nur durch einen Erbschein, sondern auch auf andere Weise nachweisen können.[593]

II. Als **Rechtsfolge** muss B den Erben S und T den Schaden ersetzen, der ihnen aus der Pflichtverletzung entstanden ist. Infolgedessen muss B die Gerichtskosten i.H.v. 1.770 € ersetzen.

---

590 BGH RÜ 2016, 494, 495.
591 BGH RÜ 2016, 494, 496.
592 BGH RÜ 2016, 494, 496.
593 BGH RÜ 2016, 494, 496.

■ **Inhalt** des Erbscheins: Es werden das Erbrecht bzw. die Größe des Erbteils des Erben (§ 2353), eine etwa angeordnete Vor- und Nacherbschaft (§ 352 b Abs. 1 FamFG) oder Testamentsvollstreckung (§ 352 b Abs. 2 FamFG) angegeben, nicht aber eine Beschwerung oder Belastung des Erben mit Vermächtnissen, Auflagen oder Pflichtteilsansprüchen.   **408**

■ **Arten** des Erbscheins: Gesetzlich vorgesehen sind der **Alleinerbschein** über das Erbrecht des Alleinerben, § 2353 Fall 1, der **Teilerbschein** über das Erbrecht eines von mehreren Miterben, § 2353 Fall 2, der **gemeinschaftliche Erbschein** über die einzelnen Erbteile aller Miterben, § 352 a FamFG, und der **gegenständlich beschränkte Erbschein** gemäß § 352 c FamFG.   **409**

> Von der Rspr. sind darüber hinaus noch entwickelt worden: der **Gruppenerbschein** (mehrere Teilerbscheine sind in einer Urkunde zusammengefasst), der **gemeinschaftliche Teilerbschein** (entspricht dem Gruppenerbschein mit dem Unterschied, dass er schon auf Antrag eines Miterben erteilt werden kann) und der **Sammelerbschein** (Zusammenfassung mehrerer Erbscheine über mehrere aufeinander folgende Erbfälle).[594]

■ Der **Zweck** des Erbscheins besteht darin, im Interesse des Erben und derjenigen, die mit ihm als Erben zu tun haben, eine vorläufige amtliche Beurkundung des Rechts des Erben nach Inhalt und Umfang zu geben. Im Einzelnen hat der Erbschein eine **Legitimierungsfunktion** (z.B. gegenüber dem Grundbuch, vgl. § 35 GBO), eine **Beweisfunktion** (§ 2365) und eine **Gutglaubensschutzfunktion** (§ 2366).[595]   **410**

■ **Verfahren:** Der Erbschein wird vom Nachlassgericht im Verfahren der freiwilligen Gerichtsbarkeit erteilt (vgl. zum Verfahren i.E. § 2353, §§ 352 ff. FamFG).[596]   **411**

　■ Das Verfahren wird durch den Antrag des Erbscheinsanwärters in Gang gebracht. Antragsberechtigt ist grundsätzlich der Erbe, § 2353, bzw. der Miterbe, § 352 a Abs. 1 S. 2 FamFG. Der Antrag muss inhaltlich bestimmt sein und im Einzelnen Angaben über den Erblasser, die Erbquote, den Berufungsgrund und eventuelle Verfügungsbeschränkungen enthalten, vgl. § 352 FamFG. Im Antrag auf Erbscheinserteilung liegt zugleich die konkludente Annahme der Erbschaft gemäß § 1943.

　■ Das Nachlassgericht hat von Amts wegen zu ermitteln, wer Erbe ist (§ 26 FamFG), und darf den Erbschein nur erteilen, wenn es das Erbrecht des Antragstellers für festgestellt erachtet (§ 352 e Abs. 1 FamFG).

■ Stellt sich heraus, dass der erteilte **Erbschein unrichtig** ist, so bestehen zwei Möglichkeiten, dem Inhaber den Erbschein zu entziehen:[597]   **412**

　■ Das Nachlassgericht hat den Erbschein von Amts wegen einzuziehen (§ 2361 S. 1). Dabei muss die Unrichtigkeit nicht positiv feststehen, sondern es genügt, dass die Überzeugung des Gerichts durch abgeschlossene, nicht nur vorläufige Ermittlungen so stark erschüttert ist, dass, wenn jetzt über einen Erbscheinsantrag zu entscheiden wäre, der Erbschein nicht mehr erteilt werden dürfte.[598]

---

594 Vgl. i.E. Brox/Walker Rn. 614, 615.
595 Muscheler Jura 2009, 329, 331.
596 Muscheler Jura 2009, 567 ff.; Zimmermann JuS 2009, 817 ff. sowie Kroiß JA 2009, 882 ff.
597 Dillberger/Fest JuS 2009, 1099 ff.
598 BGHZ 40, 54, 56/57; BayObLG FamRZ 1997, 1370.

■ Der wirkliche Erbe kann vom Besitzer eines unrichtigen Erbscheins im Wege eines ordentlichen Zivilprozesses die **Herausgabe** an das Nachlassgericht verlangen (§ 2362); im Streitfalle setzt sich somit der wirkliche Erbe gegen den bloßen Erbscheinserben durch.

B. Bedeutung im Rechtsverkehr, §§ 2365–2367

Die besondere Bedeutung des Erbscheins im Rechtsverkehr ergibt sich aus den §§ 2365, 2366, 2367:[599]

I. Der öffentliche Glaube des Erbscheins

413 Nach § 2365 wird vermutet, dass demjenigen, der im Erbschein als Erbe bezeichnet ist, auch das in dem Erbschein angegebene Erbrecht zusteht **(positive Vermutung)** und dass er auch nicht durch andere Anordnungen als die im Erbschein angegebenen beschränkt ist **(negative Vermutung)**.

414 Soweit diese Vermutung des § 2365 reicht, hat nach § 2366 und § 2367 der Erbschein öffentlichen Glauben, d.h., solange der Erbschein in Kraft ist, wird **unabhängig** davon, ob er **vorgelegt** wird, **erwähnt** wird oder dem **Dritten bekannt** ist, von seiner Richtigkeit ausgegangen, und zwar

■ nach § 2366 zugunsten eines gutgläubigen Dritten, der vom „Erbscheinserben" durch Rechtsgeschäft einen Erbschaftsgegenstand, ein Recht an einem solchen Gegenstand oder die Befreiung von einem zur Erbschaft gehörenden Recht erwirbt;

■ nach § 2367 zugunsten eines gutgläubigen Dritten, der an den „Erbscheinserben" aufgrund eines zur Erbschaft gehörenden Rechts eine Leistung bewirkt oder mit diesem in Ansehung eines zur Erbschaft gehörenden Rechts ein Rechtsgeschäft vornimmt, das eine Verfügung enthält, die nicht bereits unter § 2366 fällt.

In beiden Fällen **schadet** dem Dritten **nur** die **positive Kenntnis** von der Unrichtigkeit des Erbscheins oder das positive Wissen, dass das Nachlassgericht die Rückgabe des Erbscheins wegen Unrichtigkeit verlangt hat.

415 Beim Vorhandensein **mehrerer widersprechender Erbscheine** entfällt nach h.M. für jeden Erbschein, soweit der Widerspruch besteht, die Vermutung für seine Richtigkeit – die widersprechenden Vermutungen heben sich auf – und damit die Wirkung des öffentlichen Glaubens.[600] Zur Begründung wird angeführt, dass die Rechtssicherheit in diesem Fall ausnahmsweise dem Verkehrsschutz vorgehen muss.[601]

Nach a.A.[602] ist aus Gründen des Verkehrsschutzes derjenige zu schützen, der als Erster, gestützt auf die §§ 2365 ff., von einem der Erbscheinsinhaber erwirbt. Dem kann man entgegenhalten, dass dieser Lösungsansatz zu zufälligen Ergebnissen führt und zudem Beweisschwierigkeiten mit sich bringt.[603]

---

599 Muscheler Jura 2009, 731 ff.; Lieder Jura 2010, 801 ff.; Schlinker/Zickgraf JuS 2013, 876.

600 BGHZ 33, 314; 58, 105, 108; Erman/Simon § 2366 Rn. 5; Brox/Walker Rn. 617; Palandt/Weidlich § 2366 Rn. 3; RGRK/Kregel § 2365 Rn. 2; § 2366 Rn. 9.

601 Hk-BGB/Hoeren § 2365 Rn. 8.

602 Lange/Kuchinke § 39 II 5 c Fn. 96; Lindacher DNotZ 1970, 93 ff.

603 Hk-BGB/Hoeren § 2365 Rn. 8.

II. Konsequenz des öffentlichen Glaubens des Erbscheins

Die Konsequenz des öffentlichen Glaubens des Erbscheins ist, dass der gutgläubige Dritte bei den unter § 2366 und § 2367 fallenden Rechtsgeschäften, die er mit einem fälschlich als Erben Ausgewiesenen vornimmt, so behandelt wird, als hätte er das Rechtsgeschäft mit dem wirklichen Erben vorgenommen. Es sind diejenigen Regeln anzuwenden, die bei Handeln des wirklichen Erben gelten würden. **416**

Beachte: Der öffentliche Glaube des Erbscheins ersetzt nur das fehlende Erbrecht oder die betreffenden Beschränkungen, nicht aber die fehlende Eigentümerstellung des Erblassers an dem betreffenden Nachlassgegenstand, die gemäß §§ 932 ff., 892 f. zu beurteilen ist. Es kann also durchaus sein, dass in einer Klausur der gute Glaube zweimal und mit verschiedenen Bezugspunkten geprüft werden muss.[604]

Beispiele:

1. Gruppe: Erwerb beweglicher Sachen
417

Im Nachlass des E befindet sich ein Buch, das dem Erblasser E gehörte. Der wahre Erbe ist A. Vermeintlicher Erbe, der den Nachlass in Besitz genommen hat und dem auch ein Erbschein als Alleinerbe erteilt wurde, ist S. Dieser veräußert das Buch an D.

D erwirbt Eigentum nach § 2366 i.V.m. § 929. Dass das Buch wegen des fiktiven Erbenbesitzes (§ 857) dem wahren Erben A abhanden gekommen ist, spielt keine Rolle, denn nach § 2366 ist es so anzusehen, als wäre S der wahre Erbe.

Bei Veräußerung beweglicher Sachen wird durch § 2366 der gute Glaube gegenüber §§ 932 ff. erheblich erweitert, da er nur durch positive Kenntnis von der Unrichtigkeit des Erbscheins oder von der Anordnung der Einziehung ausgeschlossen wird.[605]

1. Abwandlung: Das Buch gehörte nicht dem Erblasser E, sondern dieser hatte es sich von X geliehen.

Der gutgläubige D erwirbt nach § 2366 i.V.m. §§ 929, 932 das Eigentum. Der **§ 2366 überwindet** hier **nur die fehlende Erbenstellung**; das fehlende Eigentum wird zusätzlich nach § 932 überwunden (Hinsichtlich des fehlenden Eigentums würde dem D bereits grobe Fahrlässigkeit schaden!).

2. Abwandlung: E hatte das Buch dem X gestohlen.

D kann das Eigentum an dem Buch nicht erwerben; § 2366 nützt nichts, denn auch der wahre Erbe A würde als Nichtberechtigter verfügen, und der gute Glaube an sein Eigentum würde nichts nützen, weil dem Eigentümer X das Buch abhanden gekommen war, § 935.

2. Gruppe: Grundstückserwerb
418

Erblasser E war Eigentümer eines Grundstücks und auch im Grundbuch eingetragen. A ist wahrer Erbe, S ist Scheinerbe, dem ein Erbschein als Alleinerbe erteilt ist. S wird auch im Grundbuch als Eigentümer eingetragen. Nunmehr veräußert er das Grundstück an den gutgläubigen D.

Nach h.M. geht die Grundbucheintragung als der speziellere Anknüpfungspunkt eines Gutglaubenserwerbs vor.[606] D erwirbt über §§ 873, 925, 892. Der öffentliche Glaube des Erbscheins, § 2366, spielt keine Rolle.

1. Abwandlung: S veräußert – ohne selbst voreingetragen zu sein – das Grundstück an D.

Die Voreintragung des Erben ist nach § 40 GBO nicht notwendig. § 2366 bewirkt, dass es für den Rechtserwerb zugunsten des gutgläubigen D so anzusehen ist, als würde er vom wahren Erben erwerben. D erwirbt also über § 2366 i.V.m. §§ 873, 925.

---

604 Olzen Rn. 935.
605 Palandt/Weidlich § 2366 Rn. 6.
606 Vgl. Palandt/Weidlich § 2366 Rn. 5; Erman/Simon § 2366 Rn. 8.

2. Abwandlung: Das Grundstück gehörte in Wahrheit dem X. Erblasser E war nur Bucheigentümer. S veräußert ohne Voreintragung an den gutgläubigen D.

D erwirbt über §§ 2366, 873, 925, 892.

3. Abwandlung: Gegen die Eintragung des E hatte X einen Widerspruch eintragen lassen. S veräußert ohne Voreintragung an den gutgläubigen D.

Kein Eigentumserwerb des D: § 2366, der D ja nur so stellt, als würde er von dem wahren Erben A erwerben, hilft nicht; denn auch der wahre Erbe würde als Nichtberechtigter verfügen, und wegen des im Grundbuch eingetragenen Widerspruchs könnte auch von A über § 892 nicht gutgläubig erworben werden.[607]

419 **3. Gruppe: Forderungserwerb**

1. Zum Nachlass gehört eine Kaufpreisforderung gegen K. Der Scheinerbe S, zu dessen Gunsten ein Erbschein ausgestellt ist, tritt diese Forderung an den gutgläubigen D ab.

Obgleich nach allgemeinen Regeln ein Forderungserwerb durch Zession eines Nichtberechtigten nicht möglich ist, ist dies über § 2366 möglich. Denn danach wird die Rechtsfolge zugunsten des D so beurteilt, als hätte der wahre Erbe zediert.

Abwandlung: Die Kaufpreisforderung bestand in Wahrheit nicht.

§ 2366 nützt dem gutgläubigen D nichts, denn eine nicht bestehende Forderung hätte er auch nicht vom wahren Erben erwerben können.

2. Scheinerbe S, zu dessen Gunsten ein Erbschein ausgestellt ist, veräußert für 2.000 € ein zum Nachlass gehörendes Klavier an X. Die Kaufpreisforderung gegen X tritt er an den gutgläubigen D ab.

Da nach § 2019 Abs. 1 die Kaufpreisforderung gegen X in den Nachlass gefallen war, also dem wahren Erben zustand, erwirbt sie nunmehr der D über § 2366 i.V.m. § 398.

420 **4. Gruppe: Leistung auf eine Nachlassforderung**

1. D, der dem Erblasser die Rückzahlung eines Darlehens schuldet, zahlt an den Scheinerben S, dem ein Erbschein erteilt war.

Nach § 2367 wird es so angesehen, als hätte D an den wahren Erben gezahlt. Er wird also frei. Der Scheinerbe haftet nach § 816 Abs. 2.[608]

2. Der Scheinerbe S hat ein zum Nachlass gehörendes Klavier an D verkauft. D hat an S gezahlt.

§ 2367 spielt hier keine Rolle. Die befreiende Wirkung für D tritt – unabhängig davon, ob S einen Erbschein hat – nach § 2019 Abs. 2 i.V.m. § 407 ein.

421 **5. Gruppe: § 2367 Hs. 2, sonstiges, eine Verfügung enthaltendes Rechtsgeschäft**

D hat noch vom Erblasser ein Grundstück gemietet. Er kündigt durch Erklärung gegenüber dem Scheinerben S, dem ein Erbschein erteilt worden ist, den Mietvertrag. Der wahre Erbe A will diese Kündigung nicht anerkennen und verlangt weiter Miete.

Das zwischen dem Erblasser E und dem D begründete Mietverhältnis wurde nach dem Tode des E zwischen dem wahren Erben A, der in die Rechtsstellung des Erblassers eingerückt war, und D fortgesetzt. Die Wirksamkeit der Kündigung, die gegenüber S, der nicht Vertragspartner war, ausgesprochen wurde, kann sich – sonstige Wirksamkeitsvoraussetzungen unterstellt – aus § 2367 ergeben. Hier liegt ein Rechtsgeschäft vor – Aufhebung des Mietvertrags durch Kündigung –, das nicht bereits unter § 2366 fällt und eine Verfügung enthält. § 2367 verlangt zwar seinem Wortlaut nach, dass das Rechtsgeschäft „zwischen" dem Scheinerben und dem gutgläubigen Dritten vorgenommen wird. Nach h.M.[609] fallen jedoch auch einseitige Verfügungen (wie Kündigungen, Aufrechnungen, Anfechtungserklärungen) darunter. Es ist daher über § 2367 so anzusehen, als wäre die Kündigung dem wahren Erben A gegenüber erklärt. Sie ist also wirksam.

---

607 Medicus/Petsersen BR Rn. 568.
608 BeckOK BGB/Seidl § 2367 Rn. 1.
609 Hk-BGB/Hoeren § 2367 Rn. 3; Jauernig/Stürner § 2367 Rn. 1; Palandt/Weidlich § 2367 Rn. 1.

Fall 28: Guter Glaube innerhalb einer Erbengemeinschaft

Erblasser E gewährte seinem Sohn S am 02.03.2016 ein Darlehen über 60.000 €. Am 28.03.2017 verstarb der E, der von seiner Tochter K, seiner Ehefrau F und seinem Sohn S beerbt wurde.

Am 05.05.2017 erteilte das Nachlassgericht einen Erbschein, der als Erben des Erblassers E die K sowie S auswies. Mit Schreiben vom 05.07.2017 kündigte die K das Darlehen gegenüber S.

Die K nimmt S auf anteilige Rückzahlung des Darlehen in Höhe von 20.000 € in Anspruch. Zu Recht? (frei nach BGH, Urt. v. 08.04.2015 – IV ZR 161/14)

K könnte gegen S ein Anspruch auf Zahlung i.H.v. 20.000 € **aus § 488 Abs. 1 S. 2** zustehen.

I. Dazu muss zwischen K und S ein **wirksamer Darlehensvertrag** vorliegen.

Der Erblasser E und sein Sohn S – haben 2016 einen wirksamen Darlehensvertrag über 20.000 € abgeschlossen. Folglich hat K als (Mit-)Erbin des Erblassers E die Position der Darlehensgeberin gemäß § 1922 erworben, sodass zwischen K und S ein wirksamer Darlehensvertrag vorliegt.

II. Das Darlehen wurde S auch zur Verfügung gestellt.

III. Ferner müsste der Darlehensrückzahlungsanspruch **fällig** sein.

Gemäß § 488 Abs. 3 S. 1 und S. 2 kann der Darlehensvertrag bei Darlehen, die auf unbestimmte Zeit gewährt werden, von Darlehensgeber oder -nehmer durch eine ordentliche Kündigung mit einer Frist von drei Monaten beendet und damit die Fälligkeit des Rückzahlungsanspruchs begründet werden.

Die K hat das Darlehen am 05.07.2017 gegenüber S gekündigt. Sie war jedoch zu diesem Zeitpunkt nicht die alleinige Darlehensgeberin, sondern mit dem Tod des E im Jahre 2017 haben die Miterben K, F und S gemäß § 1922 Abs. 1 gesamthänderisch die Rechtsstellung des Darlehensgebers übernommen.

Daher ist **fraglich, ob K berechtigt war, die Kündigung der Darlehensverträge ohne Mitwirkung der anderen Miterben zu erklären.**   422

1. **Gemäß § 2040** können die Miterben über einen Nachlassgegenstand nur gemeinschaftlich verfügen. Danach könnte **eine gemeinschaftliche Kündigungserklärung aller Miterben** erforderlich sein.

Durch die Kündigung eines Darlehensvertrages wird ein bestehendes Recht inhaltlich verändert, sodass eine Verfügung i.S.v. § 2040 gegeben ist.[610] Folglich muss die Kündigung der Darlehensverträge grundsätzlich von allen Miterben gemeinschaftlich erklärt werden.

a) Einer der Miterben – S – ist jedoch der Darlehensnehmer, sodass die Kündigung des Darlehensvertrages ihm gegenüber zu erklären war. **Bei Verfügun-**

---

610 MünchKomm/Gergen § 2040 Rn. 4, 9.

gen, die von der Erbengemeinschaft gegenüber einem Miterben vorzunehmen sind, hat dieser die Stellung eines außenstehenden Dritten.[611] Daher kam es auf eine Mitwirkung des S bei der Kündigung des Darlehens nicht an.

b) Somit müssen lediglich die übrigen Erben des E die Kündigung des Darlehensvertrags gemeinschaftlich erklärt haben.

Die Erbengemeinschaft bestand außer dem S aus K und der F. Gekündigt hat das Darlehen nur die K, sodass die Mitwirkung der dritten Miterbin fehlte.

Demnach ist die Kündigung des Darlehensvertrags mangels Mitwirkung der F nicht von den Miterben gemeinschaftlich erklärt worden.

c) Selbst wenn man mit der neueren Rspr. bei der Ausübung eines Gestaltungsrechts im Rahmen eines bestehenden Vertragsverhältnisses eine Mehrheitsentscheidung der Erbengemeinschaft bei Vorliegen eines Verfügungsgeschäfts gemäß § 2040 zulässt, sofern es sich um eine Maßnahme ordnungsgemäßer Verwaltung handelt, verhilft dass der Kündigung nicht zur Wirksamkeit, weil die Erbanteile von K und F gleich groß sind und daher auch eine Mehrheitsentscheidung fehlt.

Demzufolge ist keine wirksame Kündigung des Darlehensvertrags gegeben.

2. Die von K erklärte Kündigung könnte jedoch **gemäß §§ 2367 Alt. 2, 2366** aufgrund des Erbscheins vom 05.05.2017, der lediglich K und S als Erben des E ausweist, **als wirksam gelten**.

Die §§ 2366, 2367 setzen jedoch wie die übrigen Vorschriften über den gutgläubigen Erwerb auch – ein **Rechtsgeschäft in der Form eines Verkehrsgeschäfts** voraus. Veräußerer und Erwerber dürfen daher weder rechtlich noch wirtschaftlich auch nur teilweise identisch sein. Für die Anwendung der Gutglaubensvorschriften innerhalb einer Gesamthandsgemeinschaft ist folglich kein Raum, da lediglich der rechtsgeschäftliche Erwerb durch einen Dritten geschützt werden soll. Entsprechendes muss im Rahmen von § 2367 Alt. 2 für die dort genannten Rechtsgeschäfte gelten.[612]

Mangels Vorliegens eines Verkehrsgeschäfts sind die erbrechtlichen Gutglaubensvorschriften nicht einschlägig und die von K erklärte Kündigung gilt daher nicht gemäß §§ 2367 Alt. 2, 2366 als wirksam.

Infolgedessen ist der Darlehensvertrag nicht wirksam gekündigt worden, sodass der Darlehensrückzahlungsanspruch nicht fällig ist.

K steht somit gegen S kein Anspruch auf Zahlung i.H.v. 20.000 € aus § 488 Abs. 1 S. 2 zu.

---

611 MünchKomm/Gergen § 2040 Rn. 20.
612 BGH, Urt. v. 08.04.2015 – IV ZR 161/14, Rn. 12, 13.

6. Teil: Die Verteilung des Nachlasses – die Nachlassverbindlichkeiten

Das vom Erben mit Eintritt des Todes erworbene Vermögen darf dieser im Regelfall **423** nicht als Ganzes behalten. Er muss gemäß § 1967 die Nachlassverbindlichkeiten tilgen.[613] Das danach verbleibende Vermögen gebührt dem Einzelerben; die Miterben müssen das verbleibende Vermögen unter sich entsprechend der Erbquote aufteilen.

1. Abschnitt: Erblasser-, Erbfall-, Erbschaftsverwaltungs- und Nachlasserbenschulden

A. Die Erblasserschulden

Die **Erblasserschulden**, d.h. die vom Erblasser herrührenden Schulden, sind Nachlass- **424** verbindlichkeiten (§ 1967 Abs. 2), soweit sie vererblich sind.

Nicht vererblich sind z.B. die Dienstleistungspflicht, vgl. § 613, oder die Unterhaltspflicht, vgl. § 1615 Abs. 1 und § 1360 a Abs. 3 (Ausnahme: Geschiedenenunterhalt, vgl. § 1586 b[614]).

Erblasserschulden sind:

- Alle Schulden, die schon vor dem Erbfall in der Person des Erblassers voll entstanden waren, die also schon beim Erbfall nach Grund und Höhe bestanden haben.

- Darüber hinaus aber auch solche Verbindlichkeiten, deren wesentliche Entstehungsgrundlage schon vor dem Erbfall gegeben war, auch wenn die Verpflichtung erst nach dem Tode des Erblassers durch Hinzukommen weiterer Umstände entstanden ist (z.B. bedingte oder befristete Verbindlichkeiten mit Eintritt der Bedingung oder Befristung erst nach dem Tod des Erblassers).[615]

Eine Verbindlichkeit rührt daher auch dann vom Erblasser her, wenn der Erblasser eine unerlaubte Handlung begangen hat, der Schaden aber erst nach seinem Tode eingetreten ist, da der Erblasser auch dann die wesentliche Entstehungsgrundlage der Verbindlichkeit selbst gesetzt hat.[616]

Beispiel: Tod eines schlechten Mechanikers

E hat für G einen Wagen fehlerhaft repariert. Nach dem Tode des E verunglückt G mit dem Wagen. Er verlangt Schadensersatz vom Erben.

G kann von dem Erben nach §§ 634 Nr. 4, 280 Abs. 1, Abs. 3 i.V.m. § 281 Abs. 1 S. 1 und aus § 823 Abs. 1 wegen verschuldeter Körperverletzung Schadensersatz verlangen, weil Erblasser E für den nach dessen Tod eingetretenen Schaden verantwortlich ist. E hat zurechenbar den Grund für die Entstehung des Schadens gesetzt, sodass es sich um eine Erblasserschuld handelt.

---

613 Schreiber Jura 2010, 117 ff.

614 Vgl. Dressler NJW 2003, 2430 zur Reichweite der Erbenhaftung für den Geschiedenenunterhalt nach § 1586 b.

615 RGRK/Johannsen § 1967 Rn. 5; Schlüter/Röthel § 31 Rn. 14; vgl. auch noch 7. Teil 2. Rn. 491 ff.

616 Schlüter/Röthel § 31 Rn. 14.; RGRK/Johannsen a.a.O.

B. Die Erbfallschulden

425   Die sogenannten **Erbfallschulden**, d.h. die Verbindlichkeiten, die mit dem Erbfall entstehen, gehören zu den Nachlassverbindlichkeiten (§ 1967 Abs. 2). Dazu gehören:

- die Beerdigungskosten, § 1968,

- die Erbschaftsteuer,

- den Zugewinnausgleich,[617]

- den Voraus des Ehegatten oder des gleichgeschlechtlichen Lebenspartners, § 1932, § 10 Abs. 1 S. 3–5 LPartG und den sogenannten Dreißigsten gemäß § 1969,

- Pflichtteilsansprüche, Vermächtnisse und Auflagen.

C. Die Erbschaftsverwaltungsschulden

426   Bei den **Erbschaftsverwaltungsschulden** handelt es sich um reine Verwaltungskosten – z.B. Kosten der Testamentseröffnung, der Inventarerrichtung – und um Verpflichtungen, die zulasten des Erben entstanden sind, weil ein Dritter den Nachlass verwaltet hat – z.B. die Verpflichtungen aus der Geschäftsführung eines Verwalters i.w.S. – Nachlasspfleger, -verwalter, -insolvenzverwalter, Testamentsvollstrecker.

D. Die Nachlasserbenschulden/Nachlasseigenschulden

427   Bei diesen Schulden handelt es sich um Verbindlichkeiten, die vom Erben als **Eigenverbindlichkeit** im Hinblick auf den Nachlass begründet worden sind. Die Verbindlichkeiten treffen das Eigenvermögen des Erben und zugleich auch den Nachlass.

I. Die vom Erben begründeten Nachlassverwaltungskosten

428   Eine **Nachlassverbindlichkeit** entsteht immer dann, wenn der Erbe im Rahmen der Nachlassverwaltung eine Verbindlichkeit eingeht, die vom Standpunkt eines sorgfältigen Verwalters der ordnungsmäßigen Verwaltung des Nachlasses dient, ohne dass es darauf ankommt, ob die Verbindlichkeit ausdrücklich für den Nachlass übernommen wurde oder die Beziehung zum Nachlass dem Geschäftsgegner auch nur erkennbar war. Es entscheidet allein der objektive Gesichtspunkt der ordnungsmäßigen Verwaltung.[618]

Wenn der Erbe dieses Rechtsgeschäft mit dem Dritten getätigt hat, ohne die Haftung mit dem eigenen Vermögen auszuschließen, so haftet der Erbe auch mit seinem Privatvermögen ohne die Möglichkeit, die Haftung auf den Nachlass zu beschränken.

Ein Ausschluss der Eigenhaftung liegt z.B. vor, wenn der Erbe bei Vertragsschluss erklärt, er handele „nur mit Wirkung für den Nachlass" und der Vertragspartner sich gleichwohl auf den Vertragsschluss einlässt.[619]

---

617   Schlüter/Röthel § 31 Rn. 16 m.w.N.

618   BGHZ 32, 60; 38, 193; Kipp/Coing § 93 II 3; Palandt/Weidlich § 1967 Rn. 9.

619   RGZ 146, 343, 346; Schlüter/Röthel § 31 Rn. 21.

II. Die Ersatzansprüche des Dritten gegen den Erben wegen Verletzung einer Nachlassverbindlichkeit

Zu den Nachlasserbenschulden zählen auch Verbindlichkeiten, die durch eine Verletzung von Nachlassverbindlichkeiten durch den Erben entstanden sind.   **429**

Beispiel: Kuhhandel

E hatte eine Kuh verkauft. Nach dem Erbfall übergibt der Erbe S die Kuh, die an Lungenseuche erkrankt ist, dem Käufer K, dessen gesamter Viehbestand vernichtet wird.

Für S entsteht sowohl eine Nachlassverbindlichkeit, weil der Kaufvertrag und damit die wesentliche Haftungsgrundlage von E herrührt, als auch eine Eigenschuld, weil S seinerseits durch sein eigenes Verhalten, da er die Lungenseuche hätte erkennen können, den Kaufvertrag schuldhaft verletzt hat.[620]

III. Der Eintritt in eine pflichtbelastete Rechtslage

Eine Nachlassverbindlichkeit entsteht auch, wenn der Erbe in eine pflichtbelastete Rechtslage des Erblassers eintritt und daraus ein Schaden entsteht. Soweit der Erbe durch eigenes, verantwortliches Handeln den Tatbestand vollendet oder erneut verwirklicht, ist eine eigene Verbindlichkeit des Erben begründet.   **430**

Eine „Nachlasserbenschuld" kann in diesen Fällen also nur dann bestehen, wenn das Rechtsverhältnis, aus dem die Verpflichtung entspringt, tatsächlich sowohl den Rechtskreis des Erblassers als auch bereits den des Erben berührt, also gewissermaßen „zwischen zwei Rechtsleben" schwebt.[621] Wird nur der Rechtskreis eines der Beteiligten berührt, so entsteht nur eine Verbindlichkeit entweder des Erben selbst oder des Nachlasses.

Beispiel: Der verstörte Hund

Der E besitzt einen Hund. Einige Tage nach dem Tode des E beißt der verstörte Hund den Postboten P, als dieser gerade Beileidsbriefe bringt. P verlangt 1.000 € Schadensersatz. Wie haftet der Alleinerbe S?

I. Hat S noch nicht den Nachlass und damit den Hund tatsächlich übernommen, so haftet er nicht persönlich aus § 833 S. 1, denn er war dann in diesem Zeitpunkt noch nicht selbst Tierhalter, da dafür eine Nutzung des Tieres im eigenen Interesse erforderlich ist. Der Besitz allein – erst recht der bloße Erbenbesitz (§ 857) – begründet noch nicht die Tierhaltereigenschaft.[622]
S haftet aber gemäß § 833 S. 1 i.V.m. § 1967, da der Anspruch des P bereits durch das Halten des Hundes durch E in seiner Entstehungsgrundlage begründet wurde, also von E „herrührt". Dabei handelt es sich um eine reine Nachlassschuld, für die S seine Haftung auf den Nachlass beschränken kann. S ist also lediglich als Erbe in die pflichtbelastete Rechtslage des Erblassers eingetreten.[623]
II. Hat S dagegen den Nachlass und damit auch den Hund als neuer Rechtsträger übernommen, so haftet er persönlich aus § 833 S. 1, weil er dann selbst Tierhalter geworden ist.
III. Der Unterschied ist für S deshalb bedeutsam, weil er im ersten Fall, in dem er für eine reine Nachlassschuld haftet, seine Haftung auf den Nachlass beschränken kann, was im Falle der persönlichen Haftung nicht möglich ist (dazu ausführlich im 4. Abschnitt).

2. Abschnitt: Die Erfüllung der Vermächtnisse und Auflagen

Nach Eintritt des Todes des Erblassers müssen vom **Beschwerten** die Vermächtnisse und Auflagen erfüllt werden.   **431**

---

620 Kipp/Coing § 93 Fn. 15; Schlüter Rn. 1065; Staudinger/Dutta § 1967 Rn. 5, 53.
621 Staudinger/Dutta § 1967 Rn. 5, 21.
622 Erman/Wilhelmi § 833 Rn. 7 f.
623 Staudinger/Dutta § 1967 Rn. 23.

Bei Vermächtnissen ist der Vermächtnisnehmer **Anspruchsberechtigter**.[624] Vermächtnisnehmer kann jede rechtsfähige Person sein. Allerdings kann der Erblasser auch eine noch nicht gezeugte Person zum Vermächtnisnehmer bestimmen, vgl. § 2178.[625] Der Erblasser kann auch mehrere Personen bedenken oder anordnen, dass ein Dritter zu bestimmen hat, wer von mehreren Personen das Vermächtnis erhalten soll, § 2151 Abs. 1.

Beachte: *Die Regelung des § 2151 Abs. 1 spielt in der Praxis vor allem beim sogenannten Unternehmertestament eine Rolle, vgl. Rn. 118.*

Bei der Auflage fehlt zwar ein Anspruchsberechtigter, doch kann der **Vollziehungsberechtigte** (§ 2194) die Erfüllung der Auflage erzwingen, ohne allerdings verpflichtet zu sein, den Beschwerten zur Vollziehung zu veranlassen.

A. Die Erfüllung der Vermächtnisse

432 ■ Dem Vermächtnisnehmer steht ein **schuldrechtlicher Anspruch** gegen den Beschwerten zu. Dieser Anspruch unterliegt den allgemeinen Regeln des Schuldrechts, soweit nicht die besonderen Vorschriften der §§ 2147 ff. eingreifen.[626]

Das Vermächtnis kann bereits vor dem Erbfall erfüllt werden. Hat der Vermächtnisnehmer vor dem Erbfall einen dem Vermächtnis entsprechenden Geldbetrag erhalten, ist der Beschwerte gleichwohl zur Erfüllung des Vermächtnisses verpflichtet, es sei denn, er weist nach, dass die Zahlung unmissverständlich zur Erfüllung des Vermächtnisses geleistet wurde.[627]

433 ■ **Beschwert** mit einem Vermächtnis ist derjenige, der zur Erfüllung der Verbindlichkeit aus dem Vermächtnis verpflichtet ist. Dies ist gemäß § 2147 im Regelfall der Erbe. Mehrere Erben sind im Innenverhältnis entsprechend ihrer Erbteile beschwert, § 2148. Gegenüber dem Vermächtnisnehmer haften mehrere beschwerte Erben als Gesamtschuldner, sodass der Vermächtnisnehmer von jedem Miterben Leistung in voller Höhe verlangen kann.

434 ■ **Gegenstand des Vermächtnisses** kann jeder Vermögensvorteil sein. Je nach Art des zugewandten Leistungsgegenstands unterscheidet man verschiedene Sonderformen des Vermächtnisses:

■ Bei einem **Stückvermächtnis** wird ein bestimmter zum Nachlass gehörender Gegenstand vermacht. Gehört der vermachte Gegenstand zur Zeit des Erbfalls nicht zum Nachlass – z.B. weil ein Dritter die Sache zerstört hat – so ist das Vermächtnis in der Regel unwirksam, § 2169 Abs. 1. Wenn dem Erblasser ein Ersatzanspruch – z.B. gegen den Zerstörer der vermachten Sache – zusteht, so gilt im Zweifel dieser Anspruch als vermacht, § 2169 Abs. 3.[628]

---

624 Vgl. Muscheler NJW 2012, 1399 zum gemeinschaftlichen Vermächtnis.
625 Frank/Helms § 10 Rn. 10.
626 Vgl. Otte ZGS 2004, 450 ff. zur Verjährung der Ansprüche aus Vermächtnissen.
627 OLG Hamm MDR 1995, 1236.
628 Leipold Rn. 770.

- Bei einem **Verschaffungsvermächtnis** wird ein bestimmter Gegenstand auch für den Fall vermacht, dass er nicht zum Nachlass gehört, sodass der Beschwerte verpflichtet ist, dem Bedachten diesen Gegenstand zu verschaffen (§§ 2169, 2170). Der Beschwerte ist bei Unvermögen der Beschaffung zum Wertersatz verpflichtet (§ 2170 Abs. 2).

  Ob der Erblasser ein Stück- oder Verschaffungsvermächtnis gewollt hat, ist durch Auslegung des Erblasserwillens zum Zeitpunkt der Testamentserrichtung zu ermitteln. Gehört der Gegenstand zum Vermögen des Erblassers, so spricht das für ein Stückvermächtnis. Wusste der Erblasser, dass der Gegenstand nicht zum Vermögen gehört, so spricht das für ein Verschaffungsvermächtnis.[629]

- Bei einem **Gattungsvermächtnis** ist der vermachte Gegenstand nur der Gattung nach bestimmt. Ob Sachen der fraglichen Art zum Nachlass gehören, ist gleichgültig, es sei denn, dass das Vermächtnis auf eine im Nachlass vorhandene Gattungssache beschränkt ist. Die Besonderheit zur normalen Gattungsschuld besteht darin, dass entgegen § 243 Abs. 1 – mittlerer Art und Güte – eine den Verhältnissen des Bedachten entsprechende Sache zu leisten ist, § 2155 Abs. 1.

- Bei einem **Wahlvermächtnis** hat der Erblasser angeordnet, dass der Bedachte von mehreren Gegenständen nur den einen oder anderen erhalten soll, § 2154.

- Bei einem **Zweckvermächtnis** hat der Erblasser nur den zu erreichenden Zweck bestimmt und den Inhalt der Leistung nach billigem Ermessen dem Beschwerten oder einem Dritten überlassen, § 2156.

Fall 29: Die Chinavase

Der E hat seinen Sohn S zum Alleinerben eingesetzt. E hat im Testament weiterhin angeordnet, dass eine konkret bestimmte, wertvolle Chinavase mit dem Tode seinem Freund F, der ein leidenschaftlicher Sammler antiker Vasen ist, zugehen soll. Nach dem Tode des E verlangt F die Vase von S heraus.

Wie ist die Rechtslage, wenn E zu Lebzeiten die Vase an K veräußert hat?

I. F könnte gegen S ein **Anspruch auf Herausgabe der Vase aus § 2174** zustehen.

Gemäß § 2174 wird durch ein Vermächtnis ein Recht des Bedachten begründet, von dem Beschwerten die Leistung des vermachten Gegenstands zu fordern. Daher steht F gegen S, der als Erbe des E gemäß § 2147 der Beschwerte ist, ein Herausgabeanspruch bezüglich der Vase zu, wenn E zugunsten des F ein **wirksames Vermächtnis** hinsichtlich der Chinavase angeordnet hat.

1. E hat in seinem Testament verfügt, dass S ihn beerben und F nach seinem Tod die Vase erhalten soll. Daher hat er F einen Vermögensvorteil zugewendet, ohne ihn als Erben einzusetzen, und somit ein **Vermächtnis i.S.v. § 1939** zugunsten des F angeordnet.

---

[629] RGRK/Johannsen § 2169 Rn. 9.

2. Der vermachte Gegenstand gehörte jedoch im Zeitpunkt des Todes nicht mehr dem Erblasser – war also nicht mehr im Nachlass vorhanden. Infolgedessen könnte das Vermächtnis **unwirksam** und der Anspruch des F nicht entstanden sein.

Ob der Beschwerte das Vermächtnis auch dann erfüllen muss, wenn sich der vermachte Gegenstand nicht mehr im Nachlass befindet, bestimmt sich nach der **Art des Vermächtnisses**.

F wurde ein bestimmter Gegenstand – die Chinavase – vermacht, die sich bei Anordnung des Vermächtnisses im Eigentum des Erblassers befand. Es gibt auch keinerlei Anhaltspunkte dafür, dass Erblasser E wollte, dass der Erbe die Vase auch für den Fall, dass sie sich beim Erbfall nicht mehr im Nachlass befinden sollte, zwecks Aushändigung wieder beschaffen sollte. Folglich handelt es sich nicht um ein Verschaffungsvermächtnis, sondern um ein **Stückvermächtnis**.

Da sich der Gegenstand im Zeitpunkt des Erbfalls nicht mehr im Nachlass befand, liegt beim Beschwerten ein Fall des ursprünglichen Unvermögens vor, sodass das Vermächtnis **nach § 2169 Abs. 1 unwirksam** ist und F daher gegen S kein Anspruch auf Herausgabe der Vase aus § 2174 zusteht.

435   II. F könnte gegen S ein **Anspruch auf Herausgabe des Veräußerungserlöses analog § 2169 Abs. 3** zustehen.

Nach § 2169 Abs. 3 gilt bei Untergang oder Entziehung des vermachten Gegenstands im Zweifel ein dem Erblasser deswegen zustehender Wertersatzanspruch als vermacht. **Fraglich ist, ob § 2169 Abs. 3 auf die Veräußerung des Gegenstands durch den Erblasser analog angewendet werden kann.**

Dagegen spricht zum einen, dass es sich bei § 2169 Abs. 3 um eine eng auszulegende Ausnahmevorschrift handelt.[630] Zum anderen würde die analoge Anwendung des § 2169 Abs. 3 dem Grundsatz zuwiderlaufen, dass der Erblasser bis zu seinem Tode völlig frei über sein Vermögen verfügen kann und wegen der Veräußerung keinen Ersatzansprüchen ausgesetzt ist.[631] Daher kann § 2169 Abs. 3 auf die Veräußerung des Gegenstands durch den Erblasser nicht analog angewendet werden, sodass daraus kein Anspruch des F gegen S auf Herausgabe des Veräußerungserlöses abgeleitet werden kann.

436   III. F könnte gegen S ein **Anspruch auf Herausgabe des Veräußerungserlöses aus § 2174** zustehen.

Dazu muss E zugunsten des F ein **wirksames Vermächtnis** hinsichtlich des Veräußerungserlöses angeordnet haben. E hat in seinem Testament ein Vermächtnis zugunsten des F bezüglich der Chinavase verfügt (s.o.). Möglicherweise lässt sich das Testament wegen der Veräußerung der Vase durch den E dahingehend **ergänzend auslegen**, dass der Veräußerungserlös für die Vase als vermacht anzusehen ist.

---

630   BGHZ 22, 357; 31, 13.
631   Palandt/Weidlich § 2169 Rn. 8.

Dagegen spricht jedoch, dass der Zweck des Vermächtnisses nach dem Willen des Erblassers E zum Zeitpunkt der Testamentserrichtung nicht war, dem Freund F den abstrakten – in der Vase verkörperten – Wert zukommen zu lassen, sondern dem leidenschaftlichen Sammler F die Vase selbst zu verschaffen. Folglich kann das Testament nicht ergänzend dahingehend ausgelegt werden, dass anstelle der Vase nunmehr der Veräußerungserlös vermacht wird.

F steht somit auch gemäß § 2174 kein Anspruch gegen S auf Herausgabe des Veräußerungserlöses zu.

> **Abwandlung:**
>
> Die Vase ist zu Lebzeiten des E zerstört worden.

Im Falle der Zerstörung der Vase nach der Vermächtnisanordnung, aber vor dem Erbfall, **437** liegt für den Beschwerten ein Fall **ursprünglicher objektiver Unmöglichkeit** vor. Für diesen Fall tritt die Unwirksamkeit des Vermächtnisses nach § 2171 ein.

Falls wegen der Zerstörung der Vase dem Erblasser ein Ersatzanspruch zustand, gilt dieser im Zweifel nach § 2169 Abs. 3 als vermacht.[632]

B. Die Durchführung der Auflage

Die Auflage ist eine Verfügung von Todes wegen, durch die einem Erben oder einem **438** Vermächtnisnehmer die Verpflichtung zu einer Leistung auferlegt wird, ohne dass ein anderer ein Recht auf die Leistung erhält, vgl. § 1940. Die weiteren Regelungen hinsichtlich der Auflage finden sich in den §§ 2192 ff.

■ Inhalt der Auflage kann jedes Tun oder Unterlassen sein. Es muss sich dabei nicht um eine vermögenswerte Leistung handeln und es muss auch keinen Begünstigten geben (z.B. Auflage bezüglich der Grabpflege oder der Pflege des Haustieres des Erblassers).

■ Wenn durch die Auflage jemand begünstigt wird, so hat der **Begünstigte** zwar **keinen Anspruch auf die Leistung** – darin liegt der Unterschied zum Vermächtnis –, der **Beschwerte** ist jedoch **rechtlich verpflichtet, die Auflage zu erfüllen**.

Vollziehungsberechtigt sind nach dem Wortlaut des § 2194 S. 1 der Erbe (falls ein Vermächtnisnehmer beschwert ist), jeder Miterbe sowie derjenige, dem der Wegfall des Beschwerten unmittelbar zustatten käme (z.B. nicht berufene gesetzliche Erben, der Ersatzerbe, der Nacherbe). Liegt die Vollziehung der Auflage im öffentlichen Interesse, kann gemäß § 2194 S. 2 auch die zuständige Behörde die Vollziehung verlangen. Über den Wortlaut des § 2194 hinaus ist auch der Testamentsvollstrecker Vollziehungsberechtigter.[633]

---

632 RGRK/Johannsen § 2171 Rn. 5; MünchKomm/Schlichting § 2169 Rn. 12 ff.
633 Michalski Rn. 804.

Beispiel: Ausstellungs-Auflage

Der Sammler E hat in seinem Testament u.a. bestimmt, dass die Bildersammlung zweimal im Jahr für je einen Monat an interessierte Museen unentgeltlich überlassen werden soll. Als nach dem Tode des E der Museumsdirektor der Stadt X vom Erben die Überlassung der Sammlung verlangt, weigert sich dieser. Rechtslage?

I. Da nach dem Inhalt des Testaments keine bestimmte rechtsfähige Person Anspruchsberechtigter sein soll, liegt kein Vermächtnis vor.

II. E hat den Erben mit einer hinreichend bestimmten Auflage beschwert.

Da der Erbe sich weigerte, die Vollziehung der Auflage vorzunehmen und die Überlassung der Sammlung an ein Museum im öffentlichen Interesse liegt, kann die zuständige Behörde gemäß § 2194 die Vollziehung verlangen (zuständige Behörde i.S.v. § 2194 ergibt sich aus Landesrecht[634]).

3. Abschnitt: Die Erfüllung der Pflichtteilsansprüche, §§ 2303 ff.[635]

439 Das Pflichtteilsrecht schränkt die Testierfreiheit des Erblassers ein.[636] Nach der Rspr. des BVerfG gehört neben der Testierfreiheit jedoch auch das Prinzip des Verwandtenerbrechts zum grundlegenden Gehalt der Erbrechtsgarantie. Daher verstößt allein die Existenz von Pflichtteilsberechtigten bzw. -ansprüchen nicht gegen Art. 14 Abs. 1 S. 2 GG.[637] Als verfassungsrechtlich problematisch wird jedoch erachtet, dass ein vollständiger Entzug des Pflichtteilsrechts nach geltendem Recht nur unter den engen Voraussetzungen der §§ 2333 ff. möglich ist.[638] Das BVerfG hat jedoch klargestellt, dass die Normen über das Pflichtteilsrecht der Kinder des Erblassers (§ 2303 Abs. 1) verfassungskonform sind, und es hat darüber hinaus entschieden, dass die Pflichtteilsentziehungsgründe des § 2333 Nr. 1 und Nr. 2 mit dem Grundgesetz vereinbar sind.[639]

440 Im Pflichtteilsrecht ergeben sich im Wesentlichen folgende Fragen:

■ Wer ist pflichtteilsberechtigt? (A.)

■ Wie wird die Höhe des Pflichtteilsanspruchs berechnet? (B.)

■ Welche Ansprüche stehen dem Pflichtteilsberechtigten, der beschränkt bedacht worden ist, zu? (C.)

■ Welchen Einfluss haben Schenkungen des Erblassers (Pflichtteilsergänzungsanspruch, D.)?

■ Welche Besonderheiten gelten bei Zugewinngemeinschaft? (E.)

■ Können Gläubiger auf den Anspruch durch Pfändung zugreifen? (F.)

---

634 Hk-BGB/Hoeren § 2194 Rn. 8.
635 Vgl. zum Pflichtteilsanspruch Schreiber Jura 2008, 749.
636 Vgl. Fischl/Klinger NJW-Spezial 2007, 253 f. sowie ZEV 2007, VI zur geplanten Reform des Pflichtteilsrechts.
637 Vgl. zuletzt BVerfG NJW 2001, 141.
638 BVerfG a.a.O. sowie Leisner NJW 2001, 125.
639 BVerfG NJW 2005, 1561; Anm. Kleensang ZEV 2005, 277.

A. Die Pflichtteilsberechtigung

Pflichtteilsberechtigt sind nur folgende nahe Angehörige des Erblassers: **441**

- **Abkömmlinge (§ 2303 Abs. 1)**

- **Ehegatten (§ 2303 Abs. 2)** oder **gleichgeschlechtliche Lebenspartner (§ 10 Abs. 6 LPartG)**

- **Eltern (§ 2303 Abs. 2)**

Diesen Personen steht ein Pflichtteilsanspruch grundsätzlich nur dann zu, wenn sie infolge einer **Verfügung** von Todes wegen von der Erbfolge **ausgeschlossen** sind.

Pflichtteilsberechtigt kann nur die Person sein, die – die vorhandene Verfügung von Todes wegen hinweggedacht – zur gesetzlichen Erbfolge berufen wäre und zu dem in § 2303 und § 10 Abs. 6 LPartG genannten Personenkreis zählt. Nach § 2309 werden entferntere Abkömmlinge und die Eltern des Erblassers verdrängt, wenn ein näherer Abkömmling, der sie bei gesetzlicher Erbfolge ausschließen würde, selbst den Pflichtteil verlangen kann oder das ihm Zugewandte annimmt. Dadurch soll eine Vervielfältigung der Pflichtteilslast verhindert werden.[640]

Pflichtteilsberechtigt ist daher derjenige,   **442**

- der (ausdrücklich oder stillschweigend) enterbt wurde (§ 1938);

- der lediglich als Ersatzerbe vorgesehen wurde;

- dem lediglich der Pflichtteil zugewandt wurde (vgl. § 2304: Auslegungsregel!).

Dagegen ist **nicht pflichtteilsberechtigt**,   **443**

- wer die Erbschaft ausgeschlagen hat (§ 1953; **wichtige Ausnahmen** in § 1371 Abs. 3 u. § 2306 Abs. 1; auch beim Zusatzpflichtteil i.S.d. § 2305 schadet die Ausschlagung nicht[641]);

- wer erb- oder pflichtteilsunwürdig ist (§§ 2344, 2345 Abs. 2);

- wer wirksam auf die Erbenstellung bzw. Pflichtteilsberechtigung verzichtet hat, § 2346;

- wem der Erblasser den Pflichtteil gemäß 2333 ff. wirksam entzogen hat.[642]

B. Berechnung des Pflichtteilsanspruchs

Die Höhe des Pflichtteilsanspruchs in Form eines Geldanspruchs ergibt sich aus der   **444** Pflichtteilsquote und dem Nachlasswert.

- **Pflichtteilsquote** ist die Hälfte des gesetzlichen Erbteils (§ 2303 Abs. 1 S. 2), wobei § 2310 bestimmt, wer von den gesetzlichen Erben mit zu berücksichtigen ist.

- **Nachlasswert** ist der Verkehrswert des Nachlasses im Zeitpunkt des Erbfalls (§ 2311).

---

640 Vgl. BGH NJW 2012, 3097 = JuS 2013, 75: § 2309 findet im Wege einer teleologischen Reduktion keine Anwendung auf den Pflichtteilsanspruch des entfernteren Abkömmlings, wenn der Erblasser einen näheren Abkömmling, der auf sein Erb- und Pflichtteilsrecht verzichtet hat, testamentarisch zum Alleinerben bestimmt hat und beide Abkömmlinge demselben, allein bedachten Stamm gesetzlicher Erben angehören.
641 Vgl. dazu BGH NJW 1973, 995, 996.
642 Vgl. zu den neuen Pflichtteilsentziehungsgründen Hauck NJW 2010, 903 ff.

I. Die Pflichtteilsquote = Bruchteil

445 Sind **mehrere gesetzliche Erben** vorhanden, die durch Verfügung von Todes wegen von der Erbfolge ausgeschlossen sind, so werden die in § 2310 S. 1 genannten Personen bei der Bruchteilsbestimmung auch dann berücksichtigt, wenn sie nicht pflichtteilsberechtigt sind.

■ Danach werden auch diejenigen gesetzlichen Erben mitgezählt, die gleichfalls enterbt sind, die für erbunwürdig erklärt worden sind oder die ausgeschlagen haben. Ziel dieser Anordnung ist es, den zugrunde zu legenden Erbteil nicht deshalb zu vergrößern, weil bei Miterben persönliche Ausschließungsgründe vorliegen.[643]

■ Da mit einem Erbverzicht in der Regel die Zahlung einer den Nachlass schmälernden Abfindung verbunden ist, wird der Verzichtende gemäß § 2310 S. 2 nicht mitgezählt, sodass sich die Pflichtteile der übrigen Berechtigten dadurch erhöhen.

Beispiel: Bruchteilsbestimmung

E hinterlässt Frau F und die Kinder A, B, C. Er hat in einem Testament seine Frau F und den A zu Erben zu je 1/2 eingesetzt; C hat wirksam auf seinen Erb- und Pflichtteil verzichtet. Die Frau F schlägt die Erbschaft aus. B macht Pflichtteilsansprüche geltend.

I. B ist gemäß § 2303 Abs. 1 S. 1 als Abkömmling, der durch Testament von der gesetzlichen Erbfolge ausgeschlossen ist, pflichtteilsberechtigt.
II. Er erhält gemäß § 2303 Abs. 1 S. 2 die Hälfte des gesetzlichen Erbanteils.
Bei der Bruchteilsbestimmung ist gemäß § 2310 S. 1 zu berücksichtigen, dass F, die ausgeschlagen hat, mitzuzählen ist. Hingegen darf C gemäß § 2310 S. 2 wegen seines Erbverzichts nicht berücksichtigt werden. Danach ergibt sich, die gesetzliche Erbfolge unterstellt:
Die Frau F erhält als gesetzliche Erbin 1/2 – erhöhter gesetzlicher Erbteil (§ 1931 Abs. 1, 3 i.V.m. § 1371 Abs. 1) –, den beiden Kindern A und B steht die andere Hälfte zu, also je 1/4.
Da der gesetzliche Erbanteil des B 1/4 beträgt, bekommt er als Pflichtteil die Hälfte, also 1/8.

II. Die Berechnung des Nachlasswertes/Anrechnung/Ausgleichung

1. Nachlasswert i.S.d. § 2311

446 Maßgebend für die Bestimmung der Höhe des Pflichtteilsanspruchs ist der **Nachlasswert i.S.d. § 2311** = Verkehrswert im Zeitpunkt des Todes. Dieser errechnet sich aus dem **Aktivvermögen** abzüglich der **Nachlassschulden**.

■ Zum **Aktivvermögen** gehören: der Wert der Nachlasssachen;[644] die Surrogate; dauernde Nutzungsrechte, die zu kapitalisieren sind; Forderungen des Erblassers gegen Dritte.

■ Zu den **Nachlassschulden** – nicht identisch mit dem Begriff der Nachlassverbindlichkeiten gemäß § 1967 – gehören die zu Lebzeiten des Erblassers begründeten Verbindlichkeiten sowie alle Verbindlichkeiten, deren Grund bereits beim Erbfall bestand.[645]

---

643 Lange/Kuchinke § 37 VII 2. a).
644 BGH, Beschl. v. 25.11.2010 – IV ZR 124/09: Die Bewertung von Nachlassgegenständen, die nach dem Erbfall veräußert werden, orientiert sich grundsätzlich am tatsächlich erzielten Verkaufspreis.
645 Palandt/Weidlich § 2311 Rn. 3, 4.

Zu diesen Verbindlichkeiten zählen die Beerdigungs-, Nachlasssicherungs- und Nachlassverwaltungskosten; ferner die Zugewinnausgleichsforderung in den Fällen des § 1371 Abs. 2, 3.

Da der Pflichtteil in der Hälfte des Wertes des gesetzlichen Erbteils (§ 2303 Abs. 1 S. 2) besteht, gehören zu den Passiva lediglich diejenigen Nachlassverbindlichkeiten und Lasten, die vorliegen würden, legte man allein die gesetzliche Erbfolge zugrunde (**Erbersatzfunktion des Pflichtteilsrechts**). Damit bleiben Verbindlichkeiten unberücksichtigt, die auf einer Verfügung des Erblassers von Todes wegen beruhen (etwa Vermächtnis, Auflage, Kosten der Testamentsvollstreckung).[646] Ferner sind solche Verbindlichkeiten nicht abzugsfähig, die im Falle eines Nachlassinsolvenzverfahrens erst nach dem Pflichtteilsanspruch zu befriedigen wären, §§ 1992, 1991 Abs. 4, § 327 InsO), z.B. wegen seines Vermächtnischarakters der Anspruch auf den Dreißigsten, § 327 Abs. 1 Nr. 2 InsO.[647]

Der Pflichtteilsberechtigte hat **gemäß § 2314** gegen den Erben einen **Auskunfts- und Wertermittlungsanspruch**, um den für die Berechnung des Pflichtteilsanspruchs relevanten Nachlass ermitteln zu können.[648]   **447**

2. Anrechnung gemäß § 2315

Gemäß § 2315 erfolgt eine Anrechnung von lebzeitigen Zuwendungen, wenn der Erblasser eine entsprechende Anrechnungsbestimmung getroffen hat.   **448**

Durch die Regelung des § 2315 soll – ebenso wie durch die Ausgleichspflicht nach § 2316 – eine doppelte Beteiligung des Pflichtteilsberechtigten am Vermögen des Erblassers und eine damit verbundene Verkleinerung der übrigen Pflichtteilsansprüche verhindert werden.[649]

Fall 30: Anrechnung

Witwer E, der zwei Söhne hat, setzte seinen Freund F zum Alleinerben ein. Seinem Sohn A hat E zu Lebzeiten ein Grundstück im Werte von damals 40.000 € als Geschenk übereignet, für seinen Sohn B hat er Schulden i.H.v. 20.000 € beglichen. In beiden Fällen hatte der Erblasser seinerzeit bestimmt, dass die Söhne sich diese Zuwendungen auf ihren Pflichtteil anrechnen lassen müssen. Der Wert des Nachlasses beträgt 280.000 €.

Welche Ansprüche haben A und B gegen F?

Als enterbte Abkömmlinge des Erblassers können A und B nach § 2303 Abs. 1 S. 1 vom Erben F den Pflichtteil verlangen. Sie haben daher gegen F einen Anspruch in Geld, der die Hälfte des Wertes des gesetzlichen Erbteils beträgt, **§ 2303 Abs. 1 S. 2**.   **449**

I. Bei gesetzlicher Erbfolge wären A und B gemäß § 1924 Abs. 1, 4 Erben zu je 1/2 geworden, sodass ihre Pflichtteilsquote je 1/4 beträgt.

II. Die Höhe ihres Pflichtteilsanspruchs beläuft sich daher an sich bei einem Nachlasswert von 280.000 € auf jeweils 70.000 €.

Zu berücksichtigen ist jedoch, dass A und B zu Lebzeiten des Erblassers bereits Zuwendungen erhalten haben, bei denen der Erblasser schon bei der Zuwendung be-

---

646 MünchKomm/Lange § 2311 Rn. 13.
647 BeckOK BGB/G. Müller § 2311 Rn. 14; MünchKomm/Lange § 2311 Rn. 20.
648 Vgl. Horn NJW 2016, 2150 ff.; vgl. Lindenau/Arweiler NJW 2017, 3553 ff. allgemein zu Auskunftspflichten im Erbrecht
649 Olzen Rn. 1042.

stimmt hatte, dass diese auf den Pflichtteil anzurechnen seien. Es besteht daher eine Anrechnungspflicht gemäß § 2315.

Der **Berechnungsvorgang** ergibt sich aus **§ 2315 Abs. 2**:

- Bei einer Anrechnung ist der Pflichtteil **für jeden Pflichtteilsberechtigten gesondert** zu berechnen. Es ist jeweils dem Nachlasswert der Betrag hinzuzurechnen, **den der Betreffende als anrechenbare Zuwendung zu Lebzeiten des Erblassers erhalten hat**, und zwar zu dem damaligen Wert, § 2315 Abs. 2 S. 2.

- Es ist dann zu errechnen, wie hoch der Pflichtteil von dieser Summe wäre. Von dem so gewonnenen Ergebnis ist die anrechenbare Zuwendung abzuziehen. Soweit ein Rest verbleibt, ist das der Pflichtteilsanspruch.

Das bedeutet:

1. für A:

	280.000 €	Nachlasswert
+	40.000 €	anrechenbare Zuwendung
	320.000 €	

davon rechnerischer
Pflichtteil 1/4 =

	80.000 €	
–	40.000 €	anrechenbare Zuwendung
=	40.000 €	Pflichtteilsanspruch gegen F

2. für B:

	280.000 €	Nachlasswert
+	20.000 €	anrechenbare Zuwendung
	300.000 €	

davon rechnerischer
Pflichtteil 1/4 =

	75.000 €	
–	20.000 €	anrechenbare Zuwendung
=	55.000 €	Pflichtteilsanspruch gegen F

3. Ausgleichungspflicht gemäß § 2316

Fall 31: Ausgleichung

Der verwitwete Erblasser E hat seinen Freund F zum Alleinerben eingesetzt. E hat noch einen Sohn A, eine Tochter B und eine Tochter C. Seinem Sohn A, der Jura studiert hat, hatte er zur Einrichtung einer Anwaltskanzlei 20.000 € zugewandt. Seiner Tochter B, die gleich nach ihrem Musikstudium geheiratet hat, hatte er ein Wohnzimmer im Werte von 10.000 € gekauft. Der Tochter C hatte er lediglich das Philologiestudium finanziert. Der Nachlasswert beträgt 300.000 €.

Welche Ansprüche haben A, B und C gegen den F?

I. Als enterbte Erben der 1. Ordnung (§ 1924) haben A, B und C gegen F einen Pflicht-   **450**
teilsanspruch nach § 2303.

Bei der Berechnung dieses Pflichtteils sind nach § 2316 die Ausgleichungspflichten
zu berücksichtigen, die unter Abkömmlingen bei gesetzlicher Erbfolge bestehen
würden (§§ 2050 ff.). Es muss daher zunächst einmal der gesetzliche Erbteil unter Berücksichtigung der Ausgleichungspflicht festgestellt werden (§ 2055). Die Hälfte davon ist dann der Pflichtteil.

II. Der gesetzliche Erbteil der Abkömmlinge errechnet sich im Falle der Ausgleichungspflicht (§ 2050) nach § 2055. Das gilt für alle Abkömmlinge, und zwar auch dann,
wenn sie keine Ausstattung erhalten haben, also auch für die C.

1. Ausgangspunkt der Berechnung ist gemäß § 2311 der Nachlasswert, der 300.000 €
beträgt.

2. Zu diesem Betrag sind – anders als bei der Anrechnung nach § 2315 – **alle** ausgleichspflichtigen Beträge hinzuzurechnen, § 2055 Abs. 1 S. 2. Ausgleichungspflichtig nach § 2050 sind zu Lebzeiten des Erblassers gewährte Ausstattungen
i.S.v. § 1624. Hierzu zählen sowohl die 20.000 €, die A erhalten hat, um seine Kanzlei einzurichten, als auch die 10.000 €, die B anlässlich ihrer Heirat für die Woh-
nungseinrichtung bekam. Keine ausgleichspflichtigen Zuwendungen sind die Be-
rufsausbildungskosten für A, B und C, weil diese die Vermögensverhältnisse des
Erblassers nicht überstiegen (§ 2050 Abs. 2).

Somit ergibt sich folgender Nachlasswert: 300.000 € plus 20.000 € plus 10.000 €
= 330.000 €.

3. Der so errechnete Betrag ist auf die Abkömmlinge zu verteilen; danach entfällt
also auf jeden 1/3 = 110.000 €. Von diesem für jeden Abkömmling errechneten
Betrag haben sich dann die Ausgleichungspflichtigen jeweils ihren eigenen Vor-
empfang abziehen zu lassen, vgl. § 2055 Abs. 1 S. 1. Falls ein Restbetrag verbleibt,
ist dies ihr gesetzlicher Erbteil. Die Hälfte davon ist der Pflichtteil. Es ergibt sich somit folgende Berechnung:

für A		für B		für C	
110.000 €		110.000 €		110.000 €	
– 20.000 €		– 10.000 €		– 0 €	
90.000 €	ges. Erbteil	100.000 €	ges. Erbteil	110.000 €	ges. Erbteil
45.000 €	Pflichtteil	50.000 €	Pflichtteil	55.000 €	Pflichtteil

Abwandlung:

E ist nicht verwitwet, sondern er hinterlässt neben den Kindern seine Ehefrau Z (gesetzlicher Güterstand). Diese hat er zur Alleinerbin eingesetzt. Was ändert sich nun an
der Berechnung der Pflichtteile von A, B und C?

Es verändert sich die Ausgangssumme, die im Grundfall noch mit dem Wert des vollen   **451**
Nachlasses identisch war (300.000 €):

■ Damit man die Nachlasssumme erhält, die für die Ausgleichung maßgebend ist, die also vom Gesamtnachlass bei gesetzlicher Erbfolge auf die Abkömmlinge entfallen würde, ist vom tatsächlichen Nachlasswert zunächst der Betrag abzusetzen, der bei gesetzlicher Erbfolge auf den nicht an der Ausgleichung beteiligten Ehegatten entfallen würde: Der gesetzliche Erbteil des Ehegatten berechnet sich nach den allgemeinen Vorschriften, hier nach §§ 1931, 1371 Abs. 1. Danach würde der gesetzliche Erbteil der Ehefrau 1/2 von 300.000 € = 150.000 € betragen.

■ Für die Berechnung der Pflichtteile der Kinder ergibt sich dann:

Nachlasswert	300.000 €
abzgl. Betrag, der auf Z entfällt	– 150.000 €
zzgl. Summe aller Zuwendungen	+ 30.000 €
	180.000 € : 3 = 60.000 €

für A		für B		für C	
60.000 €		60.000 €		60.000 €	
– 20.000 €		– 10.000 €		– 0 €	
40.000 €	ges. Erbteil	50.000 €	ges. Erbteil	60.000 €	ges. Erbteil
20.000 €	Pflichtteil	25.000 €	Pflichtteil	30.000 €	Pflichtteil

Beachte: *Ausgleichungspflichtig und ausgleichungsberechtigt sind immer nur die Abkömmlinge untereinander. Der Ehegatte des Erblassers nimmt am Ausgleich nicht teil. Die Ausgleichungspflicht muss – anders als die Anrechnungspflicht – vom Erblasser nicht besonders angeordnet werden. Andererseits kann der Erblasser die Ausgleichungspflicht einer Zuwendung auch nicht ausschließen (§ 2316 Abs. 3).*

III. Die Pflichtteilslast, §§ 2318–2324

452 Die Berechnung des Pflichtteils hat nicht nur Bedeutung für die Geltendmachung eines Anspruchs gegen den Erben, sondern auch für die sogenannte **Pflichtteilslast**, §§ 2318–2324. Diese Vorschriften regeln, wer im Innenverhältnis (zwischen Miterben, Erben und Vermächtnisnehmer) die Last eines auszuzahlenden Pflichtteils zu tragen hat. Dabei gilt der Grundgedanke, dass einem selbst Pflichtteilsberechtigten immer so viel verbleiben muss, wie rechnerisch sein eigener Pflichtteil beträgt.

C. Der Pflichtteilsanspruch, wenn der Pflichtteilsberechtigte bedacht worden ist, §§ 2305, 2306, 2307

453 Da das Pflichtteilsrecht voraussetzt, dass der betreffende Angehörige durch Verfügung von Todes wegen ausgeschlossen wurde, könnte der Erblasser die vom Pflichtteilsrecht gewollte wertmäßige Mindestbeteiligung des Angehörigen am Nachlass dadurch umgehen, dass er ihn als Erben einsetzt, den Erbteil aber so gering hält oder so stark belastet oder einschränkt, dass im Ergebnis der Angehörige wertmäßig weniger erhalten würde, als der Pflichtteil ausmachte.

Gegen derartige Maßnahmen des Erblassers schützen den Berechtigten

- der **Pflichtteilsrestanspruch**, § 2305

- der **Wegfall von Beschränkungen und Beschwerungen**, § 2306

- das **Wahlrecht bei Zuwendung eines Vermächtnisses**, § 2307

I. Der Pflichtteilsrestanspruch gemäß § 2305

Fall 32: Zurücksetzung von Pflichtteilsberechtigten

Der Witwer E hat seine drei Kinder A, B und C zu Erben berufen, und zwar A zu 3/4 und B und C zu je 1/8. B und C sind über diese Zurücksetzung empört. Rechtslage?

I. Der gesetzliche Erbteil von B und C beträgt je 1/3, sodass ihnen ein Pflichtteilsanspruch i.H.v. je 1/6 zusteht. Sie sind durch die testamentarische Erbeinsetzung des E nur zu je 1/8 zu Erben berufen, haben also **durch die Anordnung des Erblassers weniger erhalten als sie mindestens durch ihren Pflichtteil erhalten sollten**. **454**

Folglich gewährt ihnen **§ 2305** – da sie insoweit von der gesetzlichen Erbfolge ausgeschlossen sind – einen Pflichtteilsrestanspruch gegen den begünstigten Miterben A in Höhe der Differenz zwischen Pflichtteilsanspruch und zugewendetem Erbteil.

B und C haben daher einen Anspruch auf Zahlung des Wertes von je 1/24 der Erbschaft, sodass sie dann insgesamt je 1/8 plus 1/24 = 1/6 erhalten.

II. Der Anspruch richtet sich gegen den Miterben A. **455**

Ein Miterbe, der selbst pflichtteilsberechtigt ist, kann die Befriedigung eines anderen soweit verweigern, dass ihm sein eigener Pflichtteil verbleibt (§ 2319). Daher kann B nicht gegen C den Pflichtteilsrestanspruch geltend machen.

Wenn B und C gegen A vorgehen, wird dessen eigener Pflichtteil nicht beeinträchtigt, weil dem A noch 3/4 abzüglich 1/12, also 2/3 verbleiben.

Schlagen B und C aus, werden sie nicht Erben. Ihnen steht jedoch insoweit, als sie von E als Erben berufen waren, kein Pflichtteilsanspruch zu, da sie diesbezüglich nicht durch Verfügung von Todes wegen enterbt worden sind, sondern durch ihre eigene Ausschlagung. Sie behalten aber ihren Pflichtteilsrestanspruch gegen A von 1/24, da sie insoweit durch Verfügung von Todes wegen ausgeschlossen sind; der Pflichtteilsrestanspruch wird also durch die Ausschlagung nicht berührt.[650]

---

650 RGZ 93, 3, 9; BGH NJW 1973, 995; Palandt/Weidlich § 2305 Rn. 5; RGRK/Johannsen § 2305 Rn. 5.

II. Wegfall von Beschränkungen und Beschwerungen gemäß § 2306

Fall 33: Beschränkungen und Beschwerungen von Pflichtteilsberechtigten

Der verwitwete Erblasser E hat in einem formwirksamen Testament seine Tochter T zu 1/4 und seinen Sohn S zu 3/4 zu seinen Erben berufen. Da er befürchtet, T werde nach seinem Tod ihr Erbe verschwenden, hat er für ihren Erbteil Testamentsvollstreckung durch seinen Freund F angeordnet. Nach dem Tod des E möchte T ihren Erbteil ausschlagen und den Pflichtteil verlangen. Ist eine solche Vorgehensweise möglich?

456   I.   Grundsätzlich steht einem Abkömmling gemäß § 2303 Abs. 1 nur dann ein Pflichtteilsanspruch zu, wenn er durch Verfügung von Todes wegen von der Erbfolge ausgeschlossen ist.

T ist vom Erblasser testamentarisch zur Erbin zu 1/4 eingesetzt worden und daher nicht durch Verfügung von Todes wegen enterbt worden, sodass ihr nach dem Tod des E zunächst kein Pflichtteilsanspruch zustand.

II.   T könnte die Erbschaft gemäß §§ 1944, 1945 ausschlagen und dadurch ihre Erbenstellung beseitigen, vgl. § 1953.

1.   Durch die Ausschlagung enterbt T sich zwar selbst, sie ist aber immer noch nicht durch Verfügung von Todes wegen enterbt, sodass ihr an sich kein Pflichtteilsanspruch gemäß § 2303 Abs. 1 zusteht.

2.   Gemäß § 2306 Abs. 1 hat jedoch der durch Beschränkungen oder Beschwerungen belastete pflichtteilsberechtigte Erbe – unabhängig von der Größe des ihm hinterlassenen Erbteils – ein generelles Wahlrecht: er kann entweder den Erbteil mit allen Beschränkungen oder Beschwerungen annehmen oder den Erbteil ausschlagen und den Pflichtteil verlangen.

Infolgedessen kann T, die wegen der angeordneten Testamentsvollstreckung i.S.v. § 2306 Abs. 1 beschwert ist, ihren Erbteil ausschlagen und dennoch gemäß § 2303 Abs. 1 den Pflichtteil i.H.v. 1/4 verlangen.

III. Pflichtteil bei Zuwendung eines Vermächtnisses, § 2307

457   Ist einem Pflichtteilsberechtigten ein Vermächtnis zugewendet worden, so muss er sich nicht damit begnügen, sondern er hat gemäß **§ 2307** ein **Wahlrecht**:

■   Er kann das Vermächtnis ausschlagen und den vollen Pflichtteilsanspruch verlangen, § 2307 Abs. 1 S. 1,

■   oder das Vermächtnis annehmen und sich auf den Pflichtteil anrechnen lassen, § 2307 Abs. 1 S. 2.

D. Der Pflichtteilsergänzungsanspruch, §§ 2325 ff.

Mindert der Erblasser zu seinen Lebzeiten sein Vermögen durch **Schenkungen**, so vermindert sich der Nachlasswert und damit auch die Höhe des Pflichtteilsanspruchs. Die §§ 2325 ff. schützen in solchen Fällen den Pflichtteilsberechtigten, indem sie ihm den sogenannten Pflichtteilsergänzungsanspruch geben.

458

I. Voraussetzungen des Pflichtteilsergänzungsanspruchs

Der Erblasser muss innerhalb von 10 Jahren vor dem Erbfall einem Dritten eine Schenkung gemacht haben, bei der es sich nicht um eine Pflicht- oder Anstandsschenkung gehandelt hat (§§ 2325, 2330). Bei Hinzurechnung des verschenkten Gegenstands zum Nachlasswert muss sich rechnerisch ein Pflichtteilsanspruch ergeben, der höher ist als der vom Nachlasswert berechnete Pflichtteilsanspruch oder als das tatsächlich Zugewandte, da auch einem gewillkürten Erben der Pflichtteilsergänzungsanspruch zustehen kann, vgl. § 2326.

459

1. Schenkung i.S.v. § 2325

■ Der Begriff der Schenkung entspricht dem der §§ 516 ff.: Der Empfänger der Leistung muss demnach etwas unentgeltlich erlangt haben, und es ist eine Einigung über die Unentgeltlichkeit zwischen den Beteiligten erforderlich.[651] Bei gemischten Schenkungen ist der unentgeltliche Teil zur Pflichtteilsergänzung heranzuziehen.[652]

460

Sogenannte **unbenannte** (ehebedingte oder ehebezogene) **Zuwendungen** unter Ehegatten werden im Erbrecht bereits bei objektiver Unentgeltlichkeit wie eine Schenkung behandelt, um die Umgehung erbrechtlicher Schutzvorschriften zu verhindern, auch wenn die Ehegatten subjektiv nicht von einer Schenkung ausgegangen sind.[653] Dasselbe gilt im Grundsatz für unbenannte Zuwendungen im Rahmen einer nichtehelichen Lebensgemeinschaft.[654]

■ In Rspr. und Lit. war lange umstritten, ob die Ergänzung seines Pflichtteils nur derjenige verlangen kann, der bereits im Zeitpunkt der Schenkung pflichtteilsberechtigt war.

461

 ■ Nach **h.Lit.** ist jeder, der beim Tod des Erblassers pflichtteilsberechtigt ist, anspruchsberechtigt i.S.v. § 2325 – unabhängig davon, ob er diese Rechtsposition bereits zum Zeitpunkt der Schenkung innehatte oder nicht. Zur Begründung wird zum einen der Wortlaut des § 2325 angeführt, der nicht verlange, dass der Betroffene bereits zum Zeitpunkt der Schenkung pflichtteilsberechtigt ist, zum anderen wird darauf verwiesen, dass die Pflichtteilsergänzungsregeln nicht ein missbilligtes Erblasserverhalten korrigieren sollen.[655]

 ■ Der **BGH**[656] ist **ursprünglich** von der sogenannten **Theorie der Doppelberechtigung** ausgegangen, nach der nur derjenige Ergänzung des Pflichtteils verlangen kann, der bereits zur Zeit der Schenkung pflichtteilsberechtigt war. Er begründete dieses Ergebnis mit der Schutzrichtung des § 2325, der auf „Bestandsschutz" ziele. Wer erst nach einer Schenkung pflichtteilsberechtigt werde, kenne nur den dann erreichten Vermögensstand und sei nur diesbezüglich schutzbedürftig. Bestandsschutz habe also lediglich derjenige, der im Zeitpunkt der Vornahme der Schenkung be-

---

651 RGZ 128, 187, 188; BGH LM Nr. 1 zu § 2325.
652 BGH NJW 1981, 2458.
653 BGHZ 116, 167, 170; Palandt/Weidlich § 2325 Rn. 10.
654 OLG Düsseldorf NJW-RR 1997, 1497; OLG Köln FamRZ 1997, 1113.
655 Vgl. z.B. MünchKomm/Lange § 2325 Rn. 7; Brox/Walker Rn. 562; Schlüter/Röthel § 38 Rn. 69.
656 FamRZ 1973, 87; 1997, 1072 = JuS 1998, 179 mit Anm. Hohloch.

reits Pflichtteilsberechtigter sei. Mittlerweile hat sich der BGH unter Aufgabe seiner früheren Ansicht der Auffassung der h.Lit. angeschlossen,[657] sodass nunmehr jeder, der beim Tod des Erblasser pflichtteilsberechtigt ist, Ergänzung des Pflichtteils gemäß § 2325 verlangen kann.

2. Zehnjahresfrist gemäß § 2325 Abs. 3[658]

a) Fristbeginn

462 ■ Die **Zehnjahresfrist** beginnt nach heute h.M. zum Schutz des Pflichtteilsberechtigten erst mit dem endgültigen Eintritt des Leistungserfolgs. Erforderlich ist eine auf Rechtsübertragung gerichtete Vollziehungshandlung, durch die das Geschenk auch wirtschaftlich aus dem Vermögen des Erblassers ausgegliedert wird.[659] Bei einer Grundstücksschenkung ist dafür die Eintragung im Grundbuch erforderlich.[660]

Problematisch ist die Situation, wenn der Erblasser das verschenkte Grundstück aufgrund dinglichen Rechts oder schuldrechtlicher Vereinbarung weiterhin genutzt hat. In diesem Fall genügt die Umschreibung im Grundbuch noch nicht, damit die Frist zu laufen beginnt, weil das Grundstück noch nicht aus seinem Vermögen ausgegliedert wurde. Die Frist beginnt in diesem Fall erst, wenn der Nießbrauch wegfällt.[661]

■ Gemäß § 2325 Abs. 3 S. 3 unterliegen **Schenkungen unter Ehegatten** einer wesentlich strengeren Haftung.[662] Die Zehnjahresfrist beginnt in diesen Fällen erst mit der Auflösung der Ehe (Tod, Scheidung, Aufhebung), weil bis dahin das Geschenk wirtschaftlich noch im Vermögen des Schenkers verblieben ist und der Erblasser die Folgen seiner Schenkung nicht wirklich gespürt hat.[663]

Ob die Vorschrift auf voreheliche Schenkungen an den späteren Ehegatten analog anzuwenden ist, ist umstritten. Die überwiegende Ansicht lehnt eine Analogie ab, da es sich um eine Ausnahmeregelung handele, die erheblichen Einfluss auf die Gestaltung der ehelichen Beziehung habe.[664]

b) Auswirkungen der Zehnjahresfrist

463 ■ Schenkungen, deren Leistung mehr als zehn Jahre vor dem Erbfall zurückliegt, werden in vollem Umfang nicht mehr berücksichtigt, § 2325 Abs. 3 S. 2.

■ Bei Schenkungen, deren Leistung innerhalb von zehn Jahren vor dem Erbfall erfolgt ist, muss differenziert werden:

■ Bei Erbfällen vor dem 01.01.2010 werden Schenkungen innerhalb des Zehnjahreszeitraums stets in voller Höhe berücksichtigt, § 2325 Abs. 3 a.F.; dies gilt selbst dann, wenn der Erblasser auch nur einen Tag vor Ablauf der Frist verstirbt.

■ Bei Erbfällen **seit dem 01.01.2010** gilt nach § 2325 Abs. 3 S. 1 eine **gleitende Ausschlussfrist**: Die Schenkung wird nur noch innerhalb des ersten Jahres vor dem

---

657   BGH NJW 2012, 2730 = RÜ 2012, 557; vgl. dazu auch Keim NJW 2016, 1617 ff.

658   Vgl. dazu Zeranski NJW 2017, 1345 ff.

659   BGHZ 98, 226.

660   BGHZ 102, 289; MünchKomm/Lange § 2325 Rn. 36; Palandt/Weidlich § 2325 Rn. 25.

661   Vgl. BGH JZ 1994, 1120 mit Anm. von Leipold; Reiff NJW 1995, 1136; vgl. auch MünchKomm/Lange § 2325 Rn. 38.

662   Kein Verstoß gegen Art. 3 u. 6 GG, vgl. BVerfG NJW 1991, 217.

663   Palandt/Weidlich § 2325 Rn. 29.

664   Lange/Kuchinke § 37 X 4. b) m.w.N.; a.A. OLG Celle, OLG Report 1998, 361.

Erbfall vollständig, im zweiten Jahr vor dem Erbfall nur noch zu 9/10, im dritten Jahr zu 8/10 usw. berücksichtigt.

Dadurch hat der Gesetzgeber die frühere „Alles-oder-Nichts"-Lösung durch eine „Pro-Rata"-Lösung ersetzt. Diese Lösung sei zwar komplizierter, aber immer noch praktikabel und diene den berechtigten Interessen aller Beteiligten.[665]

Beispiel: Der verwitwete E, der am 03.01.2018 verstorben ist und gemäß seinem Testament von seinem Neffen N beerbt wird, hat seinem Freund F am 06.01.2008 einen Oldtimer im Wert von 70.000 € geschenkt. Der einzige Abkömmling des E, sein Sohn S, fragt, in welcher Höhe er von N wegen der Schenkung an F Pflichtteilsergänzung verlangen kann.

I. Nach alter Rechtslage hätte S, dessen Pflichtteilsquote als einziger Sohn des verwitweten Erblassers gemäß § 2303 Abs. 1 S. 2 1/2 beträgt, einen Pflichtteilsergänzungsanspruch i.H.v. 35.000 € zugestanden.

II. Nach neuer Rechtslage wird die Schenkung des E an F, die innerhalb des zehnten Jahres vor dem Erbfall getätigt wurde, nur noch mit 1/10 – also mit einem Wert von 7.000 € – berücksichtigt. Somit kann S als Pflichtteilsergänzung gemäß § 2325 Abs. 1 nur 3.500 € vom Erben N verlangen.

II. Schuldner des Pflichtteilsergänzungsanspruchs

Schuldner des Pflichtteilsergänzungsanspruchs ist in erster Linie der Erbe und – wenn der Pflichtteilsergänzungsanspruch Miterben zusteht – der andere Miterbe. Der Erbe, der selbst zu dem pflichtteilsberechtigten Personenkreis gehört, braucht nach § 2328 nur so viel zu zahlen, dass ihm von seinem Erbteil wertmäßig mindestens das verbleibt, was er bei ergänztem Pflichtteil als Pflichtteilsberechtigter hätte. Nur soweit der Erbe die Befriedigung des Pflichtteilsergänzungsanspruchs verweigern kann, haftet **subsidiär der Beschenkte** nach Bereicherungsrecht, § 2329.   **464**

E. Berechnung des Pflichtteils bei Zugewinngemeinschaft

Nach § 2303 Abs. 2 S. 2 bleiben die Vorschriften über die erbrechtliche oder güterrechtliche Regelung für den Zugewinnausgleich (§ 1371) unberührt. Überlebt ein Ehegatte, der mit dem Erblasser in Zugewinngemeinschaft gelebt hat, so wirkt sich § 1371 sowohl auf den Pflichtteil dieses Ehegatten als auch auf die Pflichtteile von Abkömmlingen und Eltern des Erblassers aus.[666]   **465**

I. Der große Pflichtteil, § 1371 Abs. 1 i.V.m. § 1931

Nach § 1371 Abs. 1 erfolgt der Ausgleich des Zugewinns dadurch, dass sich der gesetzliche Erbteil des überlebenden Ehegatten um ein Viertel erhöht (sogenannte erbrechtliche Regelung). Der gesetzliche Erbteil des überlebenden Ehegatten beträgt also neben Abkömmlingen des Erblassers 1/4 (§ 1931 Abs. 1) plus 1/4 (§ 1371 Abs. 1) = 1/2; neben Eltern des Erblassers 1/2 (§ 1931 Abs. 1) plus 1/4 (§ 1371 Abs. 1) = 3/4. Es beträgt somit die Pflichtteilsquote des überlebenden Ehegatten neben Abkömmlingen 1/4 und neben Eltern des Erblassers 3/8.   **466**

Die Berechnung nach dem sogenannten **großen Pflichtteil** ist **maßgebend**, wenn der überlebende Ehegatte selbst (gewillkürter oder gesetzlicher) **Erbe oder Vermächtnis-**

---

665 BT-Drs. 16/8954 S. 21; vgl. Trappe ZEV 2010, 388 ff. zu der Pro-rata-Regelung bei der Pflichtteilsergänzung.
666 Vgl. dazu Herrler JA 2008, 450; Jülicher/Klinger NJW-Spezial 2008, 647.

nehmer wird und die Erbschaft bzw. das Vermächtnis **nicht ausschlägt** (Umkehrschluss aus § 1371 Abs. 2, 3). Sie wirkt sich aus:

■ für den überlebenden Ehegatten, z.B. für einen Pflichtteilsrestanspruch gemäß § 2305,

■ für die Pflichtteile anderer Pflichtteilsberechtigter (Abkömmlinge, Eltern), die entsprechend weniger erhalten.

Beispiel: Rechnende Witwe (1)

Der E, der mit seiner Frau F im Güterstand der Zugewinngemeinschaft lebte, hat die F zu 1/8 und seinen Sohn A zu 7/8 als Erben eingesetzt, während er seinen zweiten Sohn B nicht bedacht hat. Der Nachlass hat einen Wert von 50.000 €.

Da das der F als Erbin Zugewandte (1/8 von 50.000 € = 6.250 €) hinter ihrem großen Pflichtteil (1/4 von 50.000 € = 12.500 €) zurückbleibt, hat sie nach § 2305 einen Pflichtteilsrestanspruch von 6.250 € gegen A. Insgesamt erhält sie also einen Wert von 12.500 €.
Auch der Pflichtteil des B ist unter Berücksichtigung des erhöhten gesetzlichen Erbteils der F zu berechnen. Als gesetzlicher Erbe hätte B neben der F und seinem Bruder A einen Erbteil von 1/4 gehabt. Sein Pflichtteil beträgt somit 1/8, hier also 6.250 €.[667]

II. Der kleine Pflichtteil, § 1371 Abs. 2 i.V.m. § 1931

467 Wird der überlebende Ehegatte **weder Erbe noch Vermächtnisnehmer**, so gibt ihm § 1371 Abs. 2 den güterrechtlichen Anspruch auf Zugewinnausgleich (nach §§ 1373 bis 1383, 1390) und daneben den nach dem nicht erhöhten gesetzlichen Ehegattenerbteil (§ 1931) berechneten sogenannten **kleinen Pflichtteil**.

Nach **heute herrschender Einheitstheorie** hat der Ehegatte in diesem Fall **kein Wahlrecht** zwischen großem Pflichtteil einerseits und güterrechtlichem Zugewinnausgleich plus kleinem Pflichtteil andererseits. Zwar kann man den Wortlaut des § 1371 Abs. 2 durchaus im Sinne eines Wahlrechts verstehen: Bezieht man die Formulierung „in diesem Falle" in § 1371 Abs. 2 a.E. auch auf den Satzteil „kann Ausgleich des Zugewinns verlangen", so erhält der Ehegatte den kleinen Pflichtteil nur dann, wenn er den konkreten Zugewinnausgleich verlangt; begehrt er diesen nicht, erhält er den großen Pflichtteil (so die sogenannte **Wahltheorie**).[668] Gegen eine solche Auslegung spricht jedoch, dass im Gesetz keinerlei Regelungen über die Ausübung eines solchen „Wahlrechts" enthalten sind. Wäre der Gesetzgeber von einem Wahlrecht ausgegangen, so hätte er zum Schutz der Rechtssicherheit dem Ehegatten zumindest eine Frist für die Ausübung des Wahlrechts gesetzt.[669]

468 Die Regelung des § 1371 Abs. 2 ist auch dann anzuwenden, wenn der überlebende Ehegatte als eingesetzter Erbe ausschlägt, § 1371 Abs. 3, oder als Vermächtnisnehmer das Vermächtnis ausschlägt.

Beispiel: Rechnende Witwe (2)

In dem oben gebildeten Beispiel – Frau F zu 1/8 und Sohn A zu 7/8 als Erben eingesetzt, Sohn B enterbt – besteht der Nachlass von 50.000 € aus Zugewinn. F, die keinen Zugewinn erzielt hat, schlägt die Erbschaft aus.

---

667 Heute ganz h.M., vgl. BGHZ 37, 58; 42, 182; Brox/Walker Rn. 551; Kipp/Coing § 9 II 1 d; Palandt/Weidlich § 2303 Rn. 16.
668 Vgl. Lange NJW 1957, 1383; 1958, 288; 1965, 369.
669 BGHZ 42, 182, 185; Darstellung des Meinungsstreits bei Lange/Kuchinke § 37 VI 1 b m.w.N.

Die F kann einmal als güterrechtlichen Ausgleich des Zugewinns den Betrag von 25.000 € verlangen (§§ 1371 Abs. 2, 1378). Diese Forderung richtet sich als Nachlassverbindlichkeit gegen den Erben A, sie mindert den Nachlasswert von 50.000 € auf 25.000 €.[670] Neben dieser Ausgleichsforderung hat die F noch – entgegen dem sonst geltenden Grundsatz, dass bei einer Ausschlagung der Pflichtteilsanspruch entfällt – den kleinen Pflichtteil. Da ihr nicht erhöhter Erbteil neben den beiden Söhnen 1/4 betragen hätte (§ 1931 Abs. 1), ist der kleine Pflichtteil 1/8 vom Nachlasswert, hier also von 25.000 €. Die F hat somit einen weiteren Anspruch von 3.125 €. Insgesamt erhält sie also 28.125 €.

Auch bei Berechnung des Pflichtteils des B muss nun vom nicht erhöhten gesetzlichen Erbteil der F – Ehegatte 1/4, Abkömmlinge zusammen 3/4, § 1931 – ausgegangen werden. Der Pflichtteil des B, dessen gesetzlicher Erbteil 3/8 betrüge, beträgt also 3/16 des Nachlasswertes von 25.000 € = 4.687,50 €.

Anmerkung: Der Vergleich der Beispiele zum großen und kleinen Pflichtteil zeigt, dass der überlebende Ehegatte unter Umständen bei einer Ausschlagung besser steht. Der überlebende Ehegatte muss sich daher, wenn er nur zu einem verhältnismäßig geringen Anteil im Testament eingesetzt ist, überlegen, ob er bei der erbrechtlichen Lösung (großer Pflichtteil) verbleiben oder durch Ausschlagung die güterrechtliche Lösung (kleiner Pflichtteil und Zugewinnausgleich) herbeiführen will. Die güterrechtliche Lösung ist immer dann für ihn günstiger, wenn der Nachlass des Verstorbenen zu einem hohen Anteil aus Zugewinn besteht.

Beispiel: Rechnende Witwe (3)

Von dem Nachlass i.H.v. 50.000 € im obigen Beispiel sind nur 10.000 € auszugleichender Zugewinn.

Dann beträgt der große Pflichtteil 12.500 € (= 1/4 von 50.000 €), der güterrechtliche Zugewinnausgleich plus kleiner Pflichtteil aber nur 5.000 € plus 5.625 (= 1/8 von 45.000 €), insgesamt also 10.625 €. Die F wird dann also zweckmäßigerweise die Zuwendung annehmen und den Pflichtteilsrestanspruch geltend machen, nicht aber ausschlagen.

Beachte: Die Problematik des großen und kleinen Pflichtteils stellt sich auch bei gleichgeschlechtlichen Lebenspartnern, die im Güterstand der Zugewinngemeinschaft gelebt haben. Die Lösung des Problems erfolgt genauso wie bei den Ehegatten, vgl. die Verweise in § 10 Abs. 6 S. 2 LPartG und in § 6 S. 2 LPartG.

F. Pfändbarkeit des Pflichtteilsanspruchs

Der Pflichtteilsanspruch **entsteht** mit dem **Erbfall, § 2317 Abs. 1**. Er ist **vererblich** und **übertragbar, § 2317 Abs. 2**.   **469**

Seine **Pfändbarkeit** unterliegt jedoch einer Einschränkung. Gemäß **§ 852 ZPO** ist der Pflichtteilsanspruch der Pfändung nur unterworfen, wenn er

- entweder durch Vertrag **anerkannt** wurde

- oder **rechtshängig** geworden ist.

Die Vorschrift des § 852 ZPO steht einer rangwahrenden Pfändung nach Anspruchsentstehung nicht entgegen.[671] Jedoch ist eine Verwertung erst nach dem Eintritt der obigen Voraussetzungen (Anerkenntnis oder Rechtshängigkeit) möglich. Die Regelung des § 852 ZPO soll wegen der familienrechtlichen Grundlage des Pflichtteilsanspruchs sicherstellen, dass dieser Anspruch nicht gegen den Willen des Berechtigten geltend gemacht wird.[672]

Faktisch bedeutet dies, dass der Pflichtteilsberechtigte seinen Gläubigern den Anspruch durch Nichtgeltendmachung entziehen kann. Der mangelnde Wille zur Realisierung des Vermögenswerts kann auch nicht durch Anfechtung nach dem Anfechtungsgesetz überwunden werden.[673]

---

670   Erman/Budzikiewicz § 1371 Rn. 22.
671   BGH NJW 1993, 2876; OLG Düsseldorf OLG Report 1999, 341.
672   Frank/Helms § 20 Rn. 14; PG/Ahrens § 852 ZPO Rn. 1.
673   BGH NJW 1997, 2384; zusammenfassend zum Problemkreis auch Kuchinke NJW 1994, 1769.

Übersicht über das Pflichtteilsrecht

Anspruchsberechtigte

- Abkömmlinge, Ehegatte, gleichgeschlechtliche Lebenspartner und Eltern,
- wenn sie durch Verfügung von Todes wegen von der Erbfolge ausgeschlossen sind
  - Ausnahmen: §§ 1371 Abs. 3, 2306 Abs. 1, 2307 Abs. 1

Inhalt des Anspruchs

gemäß § 2303 Abs. 1 S. 2 Geldanspruch auf die **Hälfte des gesetzlichen Erbanteils**

- Erbquote ist unter Berücksichtigung des § 2310 zu bestimmen.
- Für Ehegatten in **Zugewinngemeinschaft** gilt:
  - Wenn dem Ehegatten etwas zugewandt worden ist, erhält er den **großen Pflichtteil**, § 1931 i.V.m. § 1371 Abs. 1.
  - Wenn dem Ehegatten nichts zugewandt worden ist – nicht Erbe, nicht Vermächtnisnehmer – oder er schlägt das ihm Zugewandte aus, erhält er nur den **kleinen Pflichtteil**, § 1931 i.V.m. § 1371 Abs. 2, 3.
- Die Höhe bestimmt sich nach dem Wert des Nachlasses zur Zeit des Erbfalls, § 2311.
  - Anzurechnen ist gemäß § 2315, was der Erblasser mit der Bestimmung der **Anrechnung** zugewendet hat.
  - Unter Abkömmlingen muss gemäß §§ 2316, 2050 ff. ein **Ausgleich** erfolgen.

Zwar Zuwendung, aber zu wenig und/oder beschwert, §§ 2305 –2307

- Zu wenig: Pflichtteilsrestanspruch gemäß § 2305
- Zwar Zuwendung, aber **beschwert:**
  - Pflichtteilsberechtigter Erbe hat gemäß § 2306 generell – also unabhängig von der Größe des ihm zugewendeten Erbteils – ein Wahlrecht: Er kann entweder den Erbteil mit allen Beschränkungen oder Beschwerungen annehmen oder den Erbteil ausschlagen und den Pflichtteil verlangen.

Pflichtteilsergänzungsanspruch, § 2325

- Der Erblasser hat zu Lebzeiten innerhalb der letzten zehn Jahre vor dem Erbfall Vermögensgegenstände **verschenkt**; gilt bei gemischten Schenkungen bezüglich des unentgeltlichen Teils.
- Der Wert des geschenkten Gegenstandes im Zeitpunkt der Schenkung wird bei einem Erbfall bis zum 01.01.2010 dem Nachlass vollumfänglich hinzugerechnet und dann der Pflichtteil entsprechend „aufgestockt".

  Bei Erbfällen seit dem 01.01.2010 wird die Schenkung nur noch pro-rata berücksichtigt, d.h. bei einer Schenkung innerhalb des ersten Jahres vor dem Erbfall vollständig, im zweiten Jahr vor dem Erbfall nur noch zu 9/10, im dritten Jahr zu 8/10 usw., vgl. § 2325 Abs. 3.
- Grundsätzlich ist der Erbe der Schuldner des Anspruchs; der Beschenkte haftet nur subsidiär, § 2329.

4. Abschnitt: Die Haftung des Erben für die Nachlass-verbindlichkeiten

Der Erbe haftet grundsätzlich mit seinem **ganzen Vermögen** – dem Privatvermögen und dem erworbenen Nachlass – für die Nachlassverbindlichkeiten, § 1967. Er haftet **unbeschränkt**. Doch gelten nachstehende Besonderheiten:

470

- Der Erbe haftet bis zum Ablauf von „Schonfristen" nur beschränkt, d.h. nur mit dem Nachlass (A.).

- Er kann nach Ablauf der „Schonfristen" durch Vereinbarung oder durch Ergreifen der gesetzlichen Maßnahmen seine Haftung auf den Nachlass beschränken (B.).

- Die Möglichkeit, die Haftungsbeschränkung herbeizuführen, kann er durch Fristversäumungen oder Pflichtverletzungen verlieren. Es greift dann der Grundsatz unbeschränkter Erbenhaftung (C.).[674]

A. Die beschränkte Erbenhaftung bis zum Ablauf der „Schonfristen"

I. Haftung vor Annahme der Erbschaft

Vor Annahme der Erbschaft haftet der Erbe den Nachlassgläubigern nur mit dem **Nachlass**. Eine persönliche Haftung des Erben scheidet aus, eine Klage gegen den Erben ist unzulässig, § 1958.

471

Sollen Ansprüche gegen den Nachlass geltend gemacht werden, so muss auf Antrag des Berechtigten ein Nachlasspfleger bestellt werden, §§ 1960, 1961.

Das Gesetz behandelt also vor der Annahme der Erbschaft das **Eigenvermögen** des Erben und den **Nachlass** als **getrennte** Vermögensmassen. Das ist gerechtfertigt, weil im Einzelfall die Person des Erben im Zeitpunkt des Erbfalls noch unbekannt ist und zudem im Falle der Ausschlagung ohnehin eine Trennung der Vermögensmassen erfolgt.

II. Haftung nach Annahme der Erbschaft

Auch **nach Annahme** der Erbschaft wird dem Erben eine gewisse Zeit gelassen, damit er sich Klarheit über den Nachlassbestand und die Nachlassverbindlichkeiten verschaffen kann. Daher sind ihm sogenannte **„Schonfristen"** eingeräumt, während derer er die Befriedigung der Nachlassverbindlichkeiten verweigern kann:

472

- Zum einen steht dem Erben die sogenannte **Dreimonatseinrede** gemäß § 2014 zu.

  Der Erbe muss die Möglichkeit erhalten, sich Klarheit über den Bestand von Aktiva und Passiva zu verschaffen, um eine Entscheidung über die Erforderlichkeit einer Haftungsbeschränkung treffen zu können.

- Zum anderen kann der Erbe die **Aufgebotseinrede** gemäß § 2015 (vgl. dazu unter Rn. 473 ff.) geltend machen.

---

674 Vgl. zur Erbenhaftung Joachim ZEV 2005, 99 ff. sowie Schreiber Jura 2010, 117 ff.

B. Die Haftungsbeschränkung nach Ablauf der „Schonfristen"

I. Die Haftungsbeschränkung einzelnen Gläubigern gegenüber

473 Der Erbe kann die Haftungsbeschränkung gegenüber einzelnen Gläubigern bewirken, indem er:

■ mit dem Gläubiger eine entsprechende **Vereinbarung** trifft oder

■ ein **Aufgebotsverfahren** durchführt, §§ 1970 ff. i.V.m. §§ 433 ff., 454 ff. FamFG.

■ Der Nachlassgläubiger, der fünf Jahre lang **schweigt**, steht dem im Aufgebotsverfahren ausgeschlossenen Gläubiger gleich, § 1974.

1. Aufgebotsverfahren, §§ 1970 ff. i.V.m. §§ 433 ff., 454 ff. FamFG

474 ■ Der Erbe kann ein Aufgebotsverfahren beantragen und die Nachlassgläubiger auffordern, ihre Forderungen anzumelden (§ 1970, §§ 433, 454, 455 FamFG).

■ Das Nachlassgericht erlässt eine öffentliche Aufforderung, dass die Nachlassforderungen innerhalb einer bestimmten Frist (mindestens 6 Wochen ab Veröffentlichung, vgl. § 437 FamFG) beim Gericht angemeldet werden müssen. Dieses Aufgebot wird an der Gerichtstafel sowie im elektronischen Bundesanzeiger bekannt gemacht, § 435 FamFG. In dem Aufgebot werden die Gläubiger darauf hingewiesen, dass sie bei nicht rechtzeitiger Anmeldung ihrer Forderung vom Erben nur insoweit Befriedigung verlangen können, als sich nach Befriedigung der nicht ausgeschlossenen Gläubiger noch ein Überschuss ergibt (§ 458 FamFG). Nach Ablauf der Frist ergeht ein Ausschließungsbeschluss (§ 439 FamFG).

■ Nach Erlass des **Ausschließungsbeschlusses** darf der Erbe davon ausgehen, dass andere als die angemeldeten Forderungen nicht vorhanden sind. Dies gilt natürlich nicht für die vom Aufgebotsverfahren nicht betroffenen Gläubiger: dinglich Berechtigte, § 1971, sowie Pflichtteilsberechtigte, Vermächtnisnehmer und Auflagenbegünstigte, § 1972.

■ Macht der ausgeschlossene Gläubiger seine Forderung gegen den Erben geltend, so steht diesem die **Ausschließungseinrede** gemäß § 1973 Abs. 1 S. 1 zu: D.h., weist der Erbe nach, dass der Nachlass durch Befriedigung der nicht ausgeschlossenen Gläubiger erschöpft wird, so kann er die Befriedigung der Forderung verweigern.

Beachte: Der Erbe kann die Befriedigung ausgeschlossener Gläubiger nicht mit dem Einwand verweigern, die Befriedigung noch ausstehender Verbindlichkeiten aus Pflichtteilsrechten, Vermächtnissen und Auflagen werde den Nachlass erschöpfen, § 1973 Abs. 1 S. 2.

■ Einen etwaigen **Überschuss** hat der Erbe den ausgeschlossenen Gläubigern nach Bereicherungsrecht herauszugeben, § 1973 Abs. 2 S. 1, wobei er die Herausgabe der vorhandenen Gegenstände durch Zahlung ihres Wertes abwenden kann, sogenannte **Ersetzungsbefugnis**, § 1973 Abs. 2 S. 2.

2. Verschweigungseinrede, § 1974

Auch ohne Aufgebotsverfahren können Nachlassgläubiger „ausgeschlossen" werden. **475**
Der Nachlassgläubiger, der seine Forderung später als 5 Jahre nach dem Erbfall dem Erben gegenüber geltend macht, steht den im Aufgebotsverfahren ausgeschlossenen Gläubigern gleich, § 1974. Auch diesen – **schweigenden** – Nachlassgläubigern gegenüber haftet der Erbe also nur mit dem Nachlass.

II. Die Haftungsbeschränkung allen Gläubigern gegenüber

Die Herbeiführung der beschränkten Erbenhaftung allen Gläubigern gegenüber hat im- **476**
mer nur dann praktische Bedeutung, wenn die eine oder die andere Vermögensmasse nicht zur Befriedigung der einzelnen Gläubiger ausreicht.

Wenn das Vermögen des Erblassers – der Nachlass – ausreichend ist, um dessen Schulden zu tilgen, und auch der Erbe über ein hinreichendes Vermögen zur Befriedigung seiner Gläubiger verfügt, so treten keine haftungsrechtlichen Probleme auf. Der Erbe kann nach seinem Belieben die Nachlassverbindlichkeiten aus seinem Privatvermögen, die Privatgläubiger aus dem Nachlass befriedigen und umgekehrt.

- Wenn der **Erbe** im Zeitpunkt des Todes **überschuldet**, der **Nachlass** aber **ausreichend** ist, um die Nachlassgläubiger zu befriedigen, dann haben die Nachlassgläubiger ein berechtigtes Interesse daran, dass sie aus dem Nachlass befriedigt werden und die Privatgläubiger des Erben den Nachlass nicht für sich in Anspruch nehmen dürfen.

- Ist hingegen der Erbe **vermögend** und kann seine Verbindlichkeiten tilgen, der **Nachlass** aber **überschuldet**, so hat der Erbe ein berechtigtes Interesse daran, dass er den Nachlassgläubigern nicht mit seinem Privatvermögen haftet.

Damit den berechtigten Interessen der Nachlassgläubiger bzw. des Erben Rechnung getragen werden kann, muss eine Trennung des Vermögens mit der Maßgabe erfolgen, dass grundsätzlich die Nachlassgläubiger nur den Nachlass in Anspruch nehmen dürfen und Privatgläubiger auf das Privatvermögen des Erben verwiesen sind.

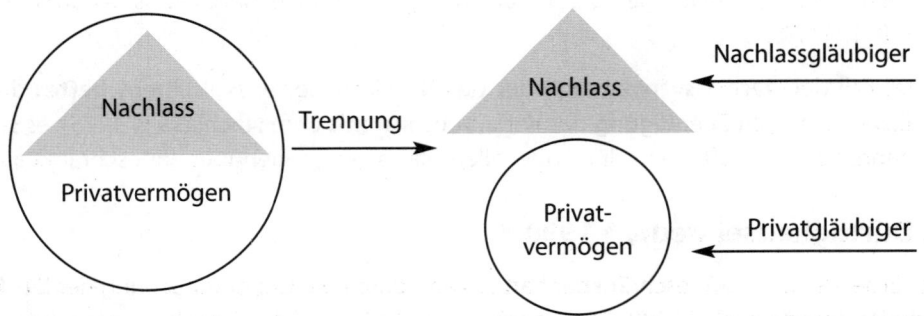

1. Nachlassverwaltung, Nachlassinsolvenzverfahren

Die Trennung der Vermögensmassen kann durch Eröffnung der Nachlassverwaltung **477**
oder des Nachlassinsolvenzverfahrens herbeigeführt werden.

- Der **Erbe und die Nachlassgläubiger** können die Nachlassverwaltung bzw. in bestimmten Fällen die Eröffnung des Nachlassinsolvenzverfahrens **beantragen**.

- Nach § 1981 Abs. 1 kann der Erbe die **Nachlassverwaltung** beantragen, ohne dass besondere Voraussetzungen zu erfüllen sind, während die Gläubiger gemäß § 1981 Abs. 2 S. 1 den Antrag nur stellen dürfen, wenn ihre Befriedigung aus dem Nachlass gefährdet wird. Der Antrag muss innerhalb von zwei Jahren seit der Annahme gestellt werden (§ 1981 Abs. 2 S. 2).

- **Eröffnungsgründe** für das **Nachlassinsolvenzverfahren** sind Zahlungsunfähigkeit, Überschuldung und drohende Zahlungsunfähigkeit (§ 320 InsO; § 1980). In § 1980 ist bestimmt, dass der Erbe im Fall der Zahlungsunfähigkeit oder der Überschuldung verpflichtet ist, den Antrag auf Eröffnung des Insolvenzverfahrens zu stellen. Diese Antragspflicht besteht beim Eröffnungsgrund der drohenden Zahlungsunfähigkeit nicht.[675] Gemäß § 317 InsO ist jeder Erbe, der Nachlassverwalter, der Testamentsvollstrecker sowie jeder Nachlassgläubiger berechtigt, den Antrag auf Eröffnung des Insolvenzverfahrens zu stellen. Beim Eröffnungsgrund der drohenden Zahlungsunfähigkeit entfällt jedoch die Antragsberechtigung der Nachlassgläubiger (§ 320 S. 2 InsO).

478 ■ Mit der Eröffnung der Nachlassverwaltung bzw. des Nachlassinsolvenzverfahrens tritt eine **Trennung der Vermögensmassen** ein. Im Wesentlichen gilt:

- Der Insolvenz- bzw. Nachlassverwalter nimmt den Nachlass in Besitz (§ 1985 Abs.1; § 148 InsO).

- Nach §§ 1976, 1977 gelten die infolge des Erbfalls durch Vereinigung von Recht und Verbindlichkeit erloschenen Forderungen als nicht erloschen. Eine erklärte Aufrechnung ist hinfällig.

- Die Vorrechte der Aussonderungsberechtigten (§§ 47 f. InsO) und Absonderungsberechtigten (§§ 49 ff. InsO) sind bei der Befriedigung der Nachlassgläubiger zu beachten. Die Masseverbindlichkeiten sind vorrangig zu erfüllen (§§ 54, 55, 324 InsO). An letzter Stelle stehen die Ansprüche aus Pflichtteilsrechten oder aus Vermächtnissen (vgl. § 327 InsO).

- Der Erbe ist nicht berechtigt, den Nachlass zu verwalten oder über ihn zu verfügen. Rechtshandlungen des Erben nach Anordnung der Nachlassverwaltung sind den Nachlassgläubigern gegenüber unwirksam, § 1984 Abs. 1 S. 2 i.V.m. §§ 81, 82 InsO, und die Privatgläubiger des Erben dürfen nicht in den Nachlass vollstrecken (§ 1984 Abs. 2).

479 ■ Im Fall der Nachlassverwaltung oder des Nachlassinsolvenzverfahrens **haftet** der **Erbe** auch nach Beendigung des Verfahrens **nur mit** dem **Nachlass** (§ 1975), es sei denn, der Erbe haftet einzelnen oder allen Gläubigern gegenüber unbeschränkbar.

2. Dürftigkeitseinrede, § 1990

480 Der Erbe, der nicht unbeschränkbar haftet, kann durch die Geltendmachung der **Dürftigkeitseinrede** nach § 1990 die Haftung in zwei Fällen auf den Nachlass beschränken, nämlich:

- wenn mangels einer die Kosten deckenden Masse die Nachlassverwaltung oder das Nachlassinsolvenzverfahren nicht tunlich ist oder

- wenn die Nachlassverwaltung oder das Nachlassinsolvenzverfahren mangels Kostendeckung aufgehoben oder eingestellt wurde (§ 1988 Abs. 2, § 207 InsO).

---

675 MünchKomm/Leipold Einl. § 1922 Rn. 67.

Bei der Dürftigkeitseinrede tritt zwar keine Trennung von Eigenvermögen und Nachlass in dem Sinne ein, dass der Nachlass als Sondervermögen der Verfügung des Erben entzogen und unter Fremdverwaltung gestellt wird. Jedoch werden im Verhältnis zwischen dem Erben und den ihn in Anspruch nehmenden Nachlassgläubigern der Nachlassbestand und das Eigenvermögen auseinandergehalten (§ 1991).

Aus diesem rechnerischen Auseinanderhalten folgt ebenfalls das Wiederaufleben von Verbindlichkeiten und Rechten, die durch Konfusion oder Konsolidation erloschen waren (§ 1991 Abs. 2), sowie die Berücksichtigung von Ansprüchen, die sich aus der Verwaltung des Nachlasses durch den Erben für das Sondervermögen einerseits und das Eigenvermögen andererseits ergeben können (über § 1991 Abs. 1 finden §§ 1978, 1979 entsprechende Anwendung).

C. Die unbeschränkte Erbenhaftung

481 Der Erbe haftet einzelnen oder allen Nachlassgläubigern gegenüber auch mit seinem Privatvermögen, wenn ein vereinbarter oder gesetzlicher Grund vorliegt.

I. Unbeschränkte Haftung gegenüber einzelnen Nachlassgläubigern

482 Der Erbe haftet einzelnen Nachlassgläubigern mit seinem Privatvermögen, d.h. unbeschränkt, wenn

■ er dieses mit dem Nachlassgläubiger vereinbart hat;

■ er es versäumt hat, sich im Urteil die beschränkte Erbenhaftung vorzubehalten, §§ 780 ff. ZPO;

■ er sich einem Nachlassgläubiger gegenüber weigert, eine eidesstattliche Versicherung zum Nachlass abzugeben, § 2006 Abs. 3.

■ Wird ein zum Nachlass gehörendes Handelsgeschäft vom Erben fortgeführt, so tritt für die Geschäftsverbindlichkeiten **neben** die erbrechtliche Haftung eine unbeschränkte handelsrechtliche Haftung, § 27 HGB.[676]

II. Unbeschränkte Haftung gegenüber allen Nachlassgläubigern

483 Der Erbe haftet allen Nachlassgläubigern gegenüber unbeschränkt,

■ wenn er eine Inventaruntreue begangen hat, § 2005, oder

■ bei Versäumung der Inventarfrist gemäß § 1994 Abs. 1 S. 2.

Beachte: Die unbeschränkte Haftung des Erben, d.h. die Pflicht des Erben, die Nachlassgläubiger auch aus seinem Privatvermögen zu befriedigen, ist unabhängig davon, ob das Nachlassinsolvenzverfahren oder die Nachlassverwaltung durchgeführt worden ist. Die gesetzliche Regelung des § 1975 ist ungenau. Die Nachlassgläubiger können die Nachlassverwaltung auch dann noch beantragen, wenn der Erbe seinen Gläubigern unbeschränkt haftet, falls sie verhindern wollen, dass die Privatgläubiger Zugriff auf den Nachlass nehmen.

---

676 Vgl. AS-Skript Handelsrecht (2017), Rn. 80 ff. zu Einzelheiten der handelsrechtlichen Haftung gemäß § 27 HGB.

Der gesetzlichen Regelung kann entnommen werden:

- Die Nachlassgläubiger können in jedem Fall verhindern, dass Privatgläubiger aus dem Nachlass Befriedigung finden.

- Hingegen können die Privatgläubiger nicht verhindern, dass die Nachlassgläubiger das Privatvermögen des Erben in Anspruch nehmen, nämlich dann nicht, wenn der Erbe ihnen gegenüber unbeschränkt haftet.

  Diese gesetzliche Regelung ist nicht sachgerecht, denn allein der Umstand, dass der Erbe die Inventarfrist versäumt oder eine Inventaruntreue begeht, rechtfertigt es nicht, die privaten Gläubiger des Erben im Verhältnis zu den Nachlassgläubigern zu benachteiligen.

D. Die Besonderheiten bei der Haftung von Miterben

484 Die Bestimmungen der §§ 1967–2017, welche die Haftung des Alleinerben regeln, gelten grundsätzlich auch für den Miterben; die Haftung des Miterben wird jedoch durch die Sondervorschriften der §§ 2058–2063 modifiziert.

I. Vor Teilung des Nachlasses

485 Vor der Teilung des Nachlasses gilt:

- Nach **§ 2059 Abs. 2** kann der Nachlassgläubiger die Miterbengemeinschaft, also die Miterben in ihrer gesamthänderischen Bindung, verklagen, sogenannte **Gesamthandklage**.

  Aus dem Urteil kann der Nachlassgläubiger jedoch nur in den ungeteilten Nachlass vollstrecken.

- Der Nachlassgläubiger kann den einzelnen Miterben als Gesamtschuldner verklagen, **§ 2058**, sogenannte **Gesamtschuldklage**. Will der Miterbe nicht mit seinem Privatvermögen haften, muss er sich im Urteil die beschränkte Erbenhaftung vorbehalten und die beschränkte Erbenhaftung herbeiführen. Gemäß § 2059 Abs. 1 S. 1 steht jedoch jedem Miterben die **Einrede des ungeteilten Nachlasses** zu. Macht er sie geltend, so haftet er nicht mit seinem Privatvermögen.

II. Nach Teilung des Nachlasses

486 Nach der Teilung des Nachlasses kann der Nachlassgläubiger nur die Gesamtschuldklage erheben, weil die Gesamthandsgemeinschaft aufgelöst ist. Der einzelne Miterbe haftet als Gesamtschuldner grundsätzlich in voller Höhe mit seinem gesamten Vermögen.

Damit soll in erster Linie sanktioniert werden, dass die Erben ihre Pflichten verletzt haben, da sie den Nachlass aufgeteilt haben, ohne vorher alle Nachlassverbindlichkeiten zu begleichen.[677]

Ausnahmsweise wird nach §§ 2060 und 2061 aber nur in Höhe eines der Erbteilsquote entsprechenden Teils der Nachlassverbindlichkeiten gehaftet. In dieser Höhe haftet der Miterbe auch mit dem Eigenvermögen; jedoch kann nach den allgemeinen Grundsätzen Haftungsbeschränkung herbeigeführt werden, wobei allerdings Nachlassverwaltung nicht mehr beantragt werden kann (§ 2062).

---

677 Olzen Rn. 1018.

Haftung des Erben für Nachlassverbindlichkeiten

Grundsatz: unbeschränkte Haftung für Nachlassverbindlichkeiten

- Nachlassverbindlichkeiten sind:
  - Erblasserschulden
  - Erbfallschulden
  - Erbschaftsverwaltungsschulden
  - Nachlasserbenschulden (auch Nachlasseigenschulden genannt)
- Der Erbe **haftet** mit seinem ganzen Vermögen – Privatvermögen und Nachlass – also **unbeschränkt**, aber
  - **beschränkbar:** den Nachlassgläubigern nur mit dem Nachlass
  - **unbeschränkbar**, wenn ein vereinbarter oder gesetzlicher Grund vorliegt

Haftung beschränkt auf den Nachlass

- Einzelnen Gläubigern gegenüber:
  - vor der Annahme, § 1958
  - bei Bestehen einer „Schonfrist", §§ 2014, 2015
  - nach Aufgebotsverfahren, § 1973, und Verschweigung, § 1974
  - Vereinbarung
- Allen Gläubigern gegenüber:
  - Nachlassverwaltung
  - Nachlassinsolvenzverfahren
  - Einrede der Dürftigkeit

Haftung unbeschränkbar, also auch mit dem Privatvermögen

- Einzelnen Gläubigern gegenüber:
  - Vereinbarung
  - Verurteilung ohne Vorbehalt, §§ 780 ff. ZPO
  - Verweigerung eidesstattlicher Versicherung, § 2006 Abs. 3
  - Firmenfortführung, § 27 HGB
- Allen Gläubigern gegenüber:
  - Inventaruntreue, § 2005
  - Versäumung der Inventarfrist, § 1994 Abs. 1 S. 2

Haftung der Miterben

- Vor der Teilung:
  - **Gesamthandsklage** – Vollstreckung nur in den ungeteilten Nachlass
  - **Gesamtschuldklage** – Haftung als Gesamtschuldner in voller Höhe, aber Haftungsbeschränkung durch Vorbehalt im Urteil und Herbeiführung der Haftungsbeschränkung
- Nach der Teilung nur **Gesamtschuldklage**
  - Haftung in voller Höhe als Gesamtschuldner, doch unter den Voraussetzungen der §§ 2060 und 2061 Teilhaftung entsprechend der Erbteilsquote
  - In dieser Höhe auch Haftung mit dem Eigenvermögen, es sei denn, es wird die Haftungsbeschränkung herbeigeführt.

7. Teil: Die Rechtsgeschäfte unter Lebenden auf den Todesfall

487 Das Erbrecht regelt die Erbfolge, also den mit dem Tode des Erblassers eintretenden Vermögensübergang auf den Erben.

Der Erblasser kann aber seine Rechtsverhältnisse für den Fall seines Todes auch noch zu seinen Lebzeiten durch Rechtsgeschäfte unter Lebenden selbst regeln.

Beispiel: Rechtsgeschäfte unter Lebenden

E überträgt vor seinem Tode dem einen Kind das Handelsgeschäft, dem anderen ein Hausgrundstück, da diese Personen diese Vermögensgegenstände nach dem Willen des Erblassers nach seinem Tode ohnehin erhalten sollten und er die Durchführung seiner Nachfolge vollständig selbst regeln will.

Wenn jemand zu seinen Lebzeiten Rechtsgeschäfte vornimmt, die eine Vermögensregelung für den Fall seines Todes bezwecken und gewissermaßen „erbrechtliche Folgen" zu Lebzeiten vorwegnehmen, stellt sich die Frage, ob für solche Geschäfte allein die allgemeinen Vorschriften über Rechtsgeschäfte unter Lebenden anzuwenden sind oder ob wegen einer „vorweggenommenen erbrechtlichen Regelung" die typisierten und abschließenden Gestaltungsmöglichkeiten des Erbrechts gewählt werden müssen.[678]

A. Zu Lebzeiten abgeschlossene und abgewickelte Geschäfte

488 Die Rechtsgeschäfte, die der Erblasser zu seinen Lebzeiten abgeschlossen und voll abgewickelt hat, sind **ausschließlich nach den Regeln über Rechtsgeschäfte unter Lebenden** zu beurteilen und werden von den erbrechtlichen Regeln selbst dann nicht beeinflusst, wenn sie mit Rücksicht auf den zu erwartenden Tod durchgeführt wurden.

Es bestehen jedoch folgende Besonderheiten:

I. Schenkungen

489 Schenkungen, die zu Lebzeiten vollzogen worden sind, erlangen erbrechtlich unter bestimmten Voraussetzungen eine Bedeutung:

- Bei Schenkungen in Benachteiligungsabsicht greift die Vorschrift des § 2287 ein, wenn der Erblasser durch Abschluss eines **Erbvertrags** oder eines **gemeinschaftlichen Testaments** gebunden ist.

- Bei Schenkungen an spätere Erben hat u.U. eine **Ausgleichung** oder **Anrechnung** zu erfolgen (§§ 2050 ff.).

- Schenkungen des Erblassers sind im Rahmen des **Pflichtteilsergänzungsanspruchs** gemäß §§ 2325 ff. zu berücksichtigen.

- Im **Erbschaftsteuerrecht** werden Schenkungen besonders behandelt (§ 1 Abs. 1 Nr. 2 Erbschaftsteuergesetz).

Durch diese Sonderregelungen soll verhindert werden, dass der Erblasser durch Freigebigkeit zu Lebzeiten die Rechte der späteren Erben oder den Erbschaftsteueranspruch des Staates vereitelt oder beeinträchtigt.

---

678 Zu dem Gesamtkomplex vgl. Schreiber Jura 1995, 159.

II. Übertragung des gesamten Vermögens oder besonderer wesentlicher Teile

Wird durch Rechtsgeschäft unter Lebenden praktisch das gesamte Vermögen oder werden besonders wesentliche Teile (z.B. Betrieb, Hof) übertragen, so kann:

490

- es sich um eine **vorweggenommene Erbfolge** handeln, mit der Wirkung, dass ein gutgläubiger Erwerb an Sachen, die dem Veräußerer nicht gehören, ausscheidet.[679]

- Übergabeverträge können eine Ausgleichung, eine Anrechnung oder einen Pflichtteilsergänzungsanspruch nach sich ziehen.

- Speziell geregelt nach der **Höfeordnung** ist der Hofübergabevertrag, der eine unmittelbare erbrechtliche Bedeutung hat, da er zugleich die bindende Bestimmung des Hoferben enthält.[680]

B. Die Verpflichtungsgeschäfte, die zu Lebzeiten abgeschlossen sind, aber erst nach dem Tode erfüllt werden sollen

I. Entgeltliche schuldrechtliche Verträge

Die entgeltlichen schuldrechtlichen Verträge, die der Erblasser zu Lebzeiten abgeschlossen hat, die aber erst nach seinem Tode erfüllt werden sollen, müssen vom Erben erfüllt werden.

491

Ob ein Rechtsgeschäft unter Lebenden oder eine Verfügung von Todes wegen vorliegt, hängt davon ab, ob die Beteiligten schon zu Lebzeiten Rechte und Pflichten begründen wollten, auch wenn sie erst beim Tode des einen von ihnen – des Erblassers – voll wirksam werden sollten, oder ob eine Bindung des Erblassers zu seinen Lebzeiten nicht gewollt war.[681] Diese Frage ist durch **Auslegung** (unter analoger Anwendung des § 2084) zu ermitteln.

Die Parteien können das Wirksamwerden ihrer Verträge von Bedingungen und Befristungen abhängig machen. Es ist rechtlich zulässig, die Verträge so abzuschließen, dass die geschuldeten Leistungen erst beim Tode einer der Vertragsparteien zu erbringen sind.[682]

II. Unentgeltliche Zuwendungen auf den Todesfall

Der Erblasser, der einem anderen **unentgeltliche Zuwendungen** „auf den Todesfall" zusagt, kann damit dreierlei gewollt haben:

492

- Der Bedachte soll den zugesagten Gegenstand mit dem Tode von dem Erben aus dem Nachlass erhalten. Bis zu seinem Tode will der Erblasser nicht gebunden sein und über den Gegenstand frei verfügen können (1.).

- Der Bedachte soll den zugesagten Gegenstand zwar erst mit dem Tode des Erblassers erhalten, doch der Erblasser will schon zu Lebzeiten rechtlich gebunden sein, und zwar dergestalt, dass er nicht mehr über den Gegenstand verfügen will. Der Be-

---

679 Vgl. AS-Skript Sachenrecht 1 (2017), Rn. 185 f.; vgl. Sikora/Soutier JA 2012, 53 zur vorweggenommenen Erbfolge in der Gestaltungspraxis.

680 BGHZ 12, 286, 306; Lange/Kuchinke § 25 XI 2.

681 BGHZ 31, 13, 20; BGH NJW 1984, 46, 47.

682 BGHZ 8, 23, 30; 31, 13, 20.

dachte soll die Zuwendung dabei nur unter der Bedingung erhalten, dass er den Schenker überlebt (2.).

■ Der Bedachte soll den zugesagten Gegenstand zwar erst nach dem Tode des Erblassers vom Erben erhalten, doch der Erblasser will schon zu Lebzeiten rechtlich gebunden sein, und zwar dergestalt, dass der Bedachte oder dessen Erben berechtigt sein sollen, mit dem Tode die Übertragung des Gegenstands ohne Gegenleistung zu verlangen (3.).

1. Der Erblasser will zu Lebzeiten noch keine rechtliche Bindung

493 Wenn der Bedachte nach dem Willen des Erblassers einen bestimmten Gegenstand nach dessen Tod von dem Erben aus dem Nachlass erhalten soll, der Erblasser aber zu Lebzeiten nicht gebunden sein will, liegt **dem Inhalt nach ein Vermächtnis** vor und die Zusage ist nur wirksam, wenn die Form einer Verfügung von Todes wegen eingehalten worden ist. Der Erblasser stellt in diesen Fällen den Gegenstand nur „in Aussicht". Der Bedachte erlangt lediglich eine vage Hoffnung auf den Erwerb des Gegenstands.

Beispiel: Zugesagter Beuys

E sagt seiner Bekannten B, die moderne Kunst schätzt, dass er dafür sorgen werde, dass sie die wertvolle Plastik von Beuys nach seinem Tode erhalten werde. Er wisse sie bei ihr in guten Händen. Nach dem Tode des E verlangt B von den Erben die Plastik heraus.

I. Ein Anspruch gegen die Erben aus Vermächtnis gemäß § 2174 kommt nicht in Betracht, weil E seinen Willen nicht in einer wirksamen Verfügung von Todes wegen bekundet hat.
II. Ein Anspruch aus § 516 scheidet aus, weil E sich der Bekannten gegenüber nicht verpflichtet hat, die Plastik unentgeltlich zu übereignen. E wollte zu Lebzeiten noch nicht gebunden sein, sondern stellte den Erwerb lediglich in Aussicht. Erst nach dem Tode des E sollten die Erben die Plastik der B zukommen lassen, und zwar nur dann, falls die B den E überlebe. Zudem fehlt es an der nach § 518 Abs. 1 erforderlichen notariellen Beurkundung des Schenkungsversprechens.

2. Schenkung auf den Todesfall i.S.v. § 2301

494 Der Erblasser will zu Lebzeiten nicht anderweitig über den zugesagten Gegenstand verfügen, und der Bedachte soll diesen Gegenstand erhalten, falls dieser ihn überlebt.

Der Erblasser verpflichtet sich ohne Gegenleistung, über den zugesagten Gegenstand nicht zu verfügen, und der Beschenkte soll mit dem Tode den Gegenstand verlangen können, falls er den Erblasser überlebt. Es liegt in diesen Fällen eine sogenannte **Schenkung auf den Todesfall** vor, für die § 2301 gilt.

Nach **§ 2301 Abs. 1** finden die Vorschriften über die Verfügungen von Todes wegen Anwendung, d.h., das Schenkungsversprechen muss in der Form einer Verfügung von Todes wegen abgegeben werden.

Zweck des § 2301 Abs. 1 ist es, Umgehungsgeschäfte unter Lebenden zur Erreichung erbrechtlicher Wirkungen zu verhindern. Wer jemandem etwas für den Fall, dass dieser ihn überlebe, zuwenden will, muss sich der Verfügung von Todes wegen bedienen. [683]

---

683 Leipold Rn. 568.

Die Anwendung des § 2301 Abs. 1 setzt jedoch voraus, dass

- der Erwerb erst mit dem Tode des Versprechenden erfolgen soll (**Befristung** durch den Tod des Schenkers) und

- der Erwerb des Beschenkten davon abhängig sein soll, dass der Beschenkte den Schenker überlebt (**Bedingung** des Überlebens des Beschenkten).

Beachte: Für die Anwendbarkeit des § 2301 ist es gleichgültig, ob das Schenkungsversprechen unter der aufschiebenden Bedingung, dass der Beschenkte den Schenker überlebt, oder unter der auflösenden Bedingung, dass der Beschenkte vor dem Schenker stirbt, erteilt wird.[684] Auch wenn der Erblasser nicht ausdrücklich eine Überlebensbedingung erklärt hat, kann sich aus den Umständen ergeben, dass eine Schenkung von Todes wegen gewollt war. Als Anzeichen dafür ist z.B. zu werten, wenn der Erblasser besondere Gründe für seine Zuwendung gerade an die Person des Versprechensempfängers hatte.[685]

Liegen die Voraussetzungen des § 2301 Abs. 1 vor, so finden auf das Schenkungsversprechen die Vorschriften über Verfügungen von Todes wegen Anwendung. Allerdings wird die **Bedeutung dieses Verweises unterschiedlich beurteilt:**   **495**

- Die **h.M.** versteht § 2301 Abs. 1 als **Verweis nur auf die Vorschriften des Erbvertrags**, sodass das Schenkungsversprechen der **Form des § 2276** genügen muss. Dies folge aus der systematischen Stellung des § 2301 im Abschnitt über den Erbvertrag sowie aus dem Umstand, dass auch die in § 2301 Abs. 1 genannte Schenkung ein Vertrag sei.[686]

Beachte: Bei formnichtigem Erbvertrag kommt eine Umdeutung gemäß § 140 in ein Testament in Betracht.

- Nach der **Gegenauffassung** ist § 2301 Abs. 1 als Verweis auf sämtliche Verfügungen von Todes wegen zu verstehen – also sowohl auf den Erbvertrag als auch auf das Testament –, sodass das Schenkungsversprechen zumindest der Form des § 2247 (eigenhändig geschrieben und unterschrieben) genügen muss. Dafür spreche der Wortlaut des § 2301, der nicht nur auf die Vorschriften des Erbvertrags, sondern insgesamt auf die Vorschriften über die Verfügungen von Todes wegen verweise. Zudem spreche der Wortlaut des § 2301 Abs. 1 nicht von einem Schenkungsvertrag, sondern von einem Schenkungsversprechen – der einseitigen Erklärung des Schenkenden. Daher müsse als Parallele im Erbrecht auch die einseitige Verfügung von Todes wegen – also das Testament – genügen.[687]

Beachte: Da die h.M. eine Umdeutung des formnichtigen Erbvertrags in ein Testament zulässt, wirkt sich der Meinungsstreit praktisch nur geringfügig aus, sodass es regelmäßig keiner Entscheidung bedarf.[688]

---

684 Schlüter/Röthel § 25 Rn. 6.

685 BGH JZ 1987, 361, 362.

686 OLG München FamRZ 2011, 1757; Erman/Kappler § 2301 Rn. 6; Jauernig/Stürner § 2301 Rn. 9; Michalski Rn. 1111; Palandt/Weidlich § 2301 Rn. 6; Rüthers/Hessler JuS 1984, 953, 955; Schlüter/Röthel § 25 Rn. 8; Staudinger/Kanzleiter § 2301 Rn. 3.

687 RGZ 83, 223, 227; OLG Celle MDR 2004, 337; BeckOK BGB/Litzenburger § 2301 Rn. 7; Brox/Walker Rn. 726; Harder/Kroppenberg Rn. 514; Hk-BGB/Hoeren § 2301 Rn. 22; Lange/Kuchinke § 33 II 1a; Leipold Rn. 570; Lipp Rn. 186; MünchKomm/Musielak Rn. 13.

688 Olzen Rn. 1208.

> **Fall 34: Kunst für Lebensgefährtin**
>
> Der verwitwete E hat seiner langjährigen Lebensgefährtin erklärt: „Ich schenke Dir die Kopie von Renoir. Nimm das Bild nach meinem Tode an Dich. Bis dahin möchte ich das Bild in der Wohnung behalten." Als der E gestorben ist, nimmt die L das Bild an sich. Der Erbe S verlangt das Bild von der L heraus.

A. S könnte gegen L ein Anspruch auf Herausgabe des Bildes aus **§ 2018** zustehen.

Dazu muss **L Erbschaftsbesitzerin** sein, d.h. sie muss aufgrund eines ihr in Wirklichkeit nicht zustehenden Erbrechts etwas aus der Erbschaft erlangt haben.

L hat das Bild jedoch nicht in Besitz genommen, weil sie sich irrtümlich für die Erbin des E gehalten hat, sondern sie glaubte, aufgrund des lebzeitigen Versprechens des E dazu berechtigt zu sein. Folglich ist L keine Erbschaftsbesitzerin, sodass kein Herausgabeanspruch des S gegen L aus § 2018 besteht.

496   B. S könnte gegen L ein Anspruch auf Herausgabe des Bildes aus **§ 985** zustehen.

Dazu muss **S Eigentümer** des Bildes sein.

I. S könnte das Eigentum als Erbe des E **gemäß § 1922** mit dessen Tod im Wege der Universalsukzession erworben haben. Dies setzt voraus, dass E im Zeitpunkt seines Todes noch Eigentümer des Bildes war.

Ursprünglich war E Eigentümer des Bildes, er könnte das Eigentum jedoch zu Lebzeiten gemäß § 929 S. 1 auf L übertragen haben.

Dazu müssen sich E und L zu dessen Lebzeiten wirksam über den Eigentumsübergang geeinigt haben.

E hat der L gegenüber zum Ausdruck gebracht, dass er das Eigentum auf sie übertragen will. L sollte berechtigt sein, nach dem Tode des E das Bild an sich zu nehmen, also hatte E den Eigentumsübertragungswillen. L hat dieses Einigungsangebot jedoch erst nach dem Tode des E mit der Ansichnahme des Bildes konkludent angenommen. Zu Lebzeiten des E ist also weder eine Einigung über den Eigentumsübergang noch eine Übergabe erfolgt.

Infolgedessen hat E das Eigentum an dem Bild nicht zu Lebzeiten gemäß § 929 S. 1 auf L übertragen und war daher zum Zeitpunkt seines Todes noch Eigentümer des Bildes, sodass S das Eigentum mit dem Tode des E als dessen Erbe gemäß § 1922 erworben hat.

II. **L** könnte jedoch das Eigentum **gemäß § 929 S. 1 von S erworben** haben.

   1. E hat zu Lebzeiten ein Einigungsangebot abgegeben. Dieses Einigungsangebot ist mit dem Tode nicht erloschen, § 130 Abs. 2, sondern bestand nach dem Tode fort und wirkte gemäß § 1922 für und gegen den Erben S. Mit der Ansichnahme des Bildes hat die L dieses Einigungsangebot angenommen, sodass eine **Einigung** zwischen S und L erfolgt ist.

2. Ferner muss eine **Übergabe** des Bildes vorliegen. Dies setzt voraus, dass der Erwerber den Besitz auf Veranlassung des Veräußerers zum Zwecke des Eigentumserwerbs erlangt und der Veräußerer jegliche Besitzposition verloren hat.

L hat das Bild an sich genommen und damit den Besitz erlangt. Erblasser E war mit der Besitzergreifung einverstanden und diese Einverständniserklärung wirkt gemäß § 1922 gegen den Erben, solange sie nicht widerrufen worden ist, sodass der Erbe S willentlich den Besitz zum Zwecke der Eigentumsübertragung verloren hat. Somit liegt eine Übergabe vor.

3. Im Zeitpunkt der Besitzergreifung wirkte die vom Erblasser vorweg erklärte Einigung fort, denn der Erbe hat die Einigungserklärung nicht widerrufen. Es lag somit ein **Einigsein** vor.

4. Ferner war der Erbe S als verfügungsbefugter Eigentümer auch zur Eigentumsübertragung **berechtigt**.

Infolgedessen hat L gemäß § 929 S. 1 das Eigentum an dem Bild von S erworben.

Demnach scheidet ein Anspruch des S gegen L aus § 985 mangels Eigentümerstellung des S aus.

C. S könnte gegen L ein Herausgabeanspruch aus **§ 812 Abs. 1 S. 1 Fall 1** zustehen.   **497**

I. Die L hat Eigentum und Besitz an dem Bild, also einen Vermögensvorteil und somit **etwas** i.S.v. § 812 Abs. 1 S. 1, **erlangt**.

II. Ferner muss L den Vermögensvorteil **durch Leistung des S** erlangt haben.

Leistung i.S.v. § 812 Abs. 1 S. 1 Fall 1 ist jede bewusste und zweckgerichtete Mehrung fremden Vermögens zur Erfüllung einer – wenn auch nur vermeintlichen – Verbindlichkeit.[689]

Erblasser E wollte der L das Bild schenken und hat die dazu erforderlichen Erklärungen zu Lebzeiten abgegeben. Diese Erklärungen des E muss S gemäß § 1922 gegen sich gelten lassen, sodass es rechtlich so anzusehen ist, als habe S zum Zwecke der Erfüllung des Schenkungsvertrags die Übereignung vorgenommen.

Somit liegt eine zweckgerichtete Zuwendung seitens des S an L vor und sie hat den Vermögensvorteil daher durch Leistung des S erlangt.

III. Schließlich muss L die Leistung **ohne rechtlichen Grund** erlangt haben.

Bezweckt die Leistung die Erfüllung einer bestimmten Verbindlichkeit, so erfolgt die Leistung ohne rechtlichen Grund, wenn der Zweck, die Verbindlichkeit zu erfüllen, nicht erreicht wird.[690]

Die Übereignung erfolgte zur Erfüllung des von E abgegebenen Schenkungsversprechens. Daher ist die Leistung ohne Rechtsgrund erfolgt, wenn zwischen den Parteien überhaupt kein Schenkungsvertrag geschlossen worden ist.

---

689 BGHZ 40, 277.
690 MünchKomm/Lieb § 812 Rn. 170.

Fraglich ist somit, ob zwischen E und L ein **wirksamer Schenkungsvertrag i.S.v. § 516** zustande gekommen ist.

1. Eine **Einigung** zwischen E und L i.S.v. § 516 ist zu Lebzeiten des E erfolgt: E hat L gegenüber erklärt, dass er ihr das Bild schenken wolle und das Eigentum an dem Bild erst nach dem Tode übergehen solle. Aus diesen Erklärungen ist zu entnehmen, dass E schon zu Lebzeiten eine rechtliche Bindung wollte. Er wollte, dass das Bild unentgeltlich auf L übertragen wird, und er wollte anderweitig nicht mehr über das Bild verfügen. Zwar hat L das Schenkungsangebot nicht ausdrücklich abgenommen, jedoch reicht es bei lediglich vorteilhaften Geschäften für die Annahme in der Regel aus, dass das Angebot nicht durch eine nach außen erkennbare Willensäußerung abgelehnt wird.[691]

2. Die Einigung muss jedoch auch **wirksam** erfolgt sein.

   Das Schenkungsversprechen des E, das formfrei erteilt worden ist und das erst nach dem Tode erfüllt werden sollte, könnte **formunwirksam** sein.

   498   a) Wenn es sich um ein **Schenkungsversprechen unter Lebenden** handelt, so ist dieses zwar gemäß § 518 Abs. 1 mit einem Formfehler behaftet, doch dieser Formfehler ist gemäß § 518 Abs. 2 geheilt, weil die Schenkung vollzogen worden ist: L hat in Vollziehung des Schenkungsvertrags das Eigentum an dem Bild erlangt.

   Beachte: *Nach § 518 Abs. 2 kommt es nicht darauf an, zu welchem Zeitpunkt die Leistungen bewirkt werden, also die Schenkung vollzogen wird, sodass nach dieser Vorschrift die Heilungswirkung auch dann eintritt, wenn die vom Erblasser versprochene Leistung nach dem Tode des Erblassers erbracht wird.*

   b) Wenn es sich um ein **Schenkungsversprechen auf den Todesfall** handelt, könnte die Schenkung wegen Nichteinhaltung erbrechtlicher Formvorschriften nichtig sein.

   499   aa) Nach **§ 2301 Abs. 1** finden auf ein Schenkungsversprechen, welches unter der Bedingung erteilt wird, dass der Beschenkte den Schenker überlebt, die Vorschriften über die Verfügungen von Todes wegen Anwendung, d.h., das Schenkungsversprechen muss in der Form einer Verfügung von Todes wegen abgegeben werden.

   Das Bild ist der L von E erst für den Fall seines Todes und nur für den Fall ihres Überlebens – nämlich gerade ihr persönlich als Erinnerungsstück – geschenkt worden, sodass eine Schenkung auf den Todesfall vorliegt und somit § 2301 Abs. 1 eingreift.

   500   bb) **Die Bedeutung des Verweises in § 2301 Abs. 1 ist umstritten:**

   (1) **Nach h.M.** verweist § 2301 Abs. 1 wegen seiner systematischen Stellung im Abschnitt über den Erbvertrag auch nur auf die **Vorschriften**

---

691   BGH NJW 2000, 276.

des Erbvertrags, sodass das Schenkungsversprechen der Form des § 2276 genügen müsse.[692]

Das Schenkungsversprechen des E erfolgte lediglich mündlich, sodass weder die Form des § 2276 gewahrt ist noch eine Umdeutung in ein wirksames Testament in Betracht kommt. Nach h.A. ist das Schenkungsversprechen also formnichtig gemäß § 125 S. 1.

(2) **Nach a.A.** verweist § 2301 Abs. 1 nach seinem Wortlaut auf sämtliche Verfügungen von Todes wegen – also **sowohl auf den Erbvertrag als auch auf das Testament** –, sodass das Schenkungsversprechen zumindest der Form des § 2247 genügen muss.[693]

Die mündliche Erklärung des E genügt jedoch nicht der Form des § 2247, sodass auch nach dieser Ansicht ein formnichtiges Schenkungsversprechen vorliegt.

(3) Beide Auffassungen gelangen zu demselben Ergebnis, sodass eine Entscheidung des Meinungsstreits entbehrlich und der Schenkungsvertrag grundsätzlich formnichtig ist.

cc) Das Schenkungsversprechen unterliegt jedoch **gemäß § 2301 Abs. 2** ausschließlich **den Vorschriften der Schenkung unter Lebenden** und ist dann gemäß § 518 Abs. 2 wirksam (s.o.), wenn der Schenker die **Schenkung** bereits **zu seinen Lebzeiten** durch Leistung des zugewandten Gegenstands **vollzogen** hat.   **501**

Die Feststellung, wann eine Schenkung von Todes wegen i.S.d. § 2301 Abs. 2 vollzogen ist, bereitet nicht unerhebliche Schwierigkeiten.

Lediglich den Vollzug vorbereitende Maßnahmen reichen dafür unstreitig nicht aus. Doch ist andererseits auch keine vollständig vollendete Übertragung zu Lebzeiten des Erblassers zu fordern, denn die Vorschrift des § 2301 Abs. 2 stellt eine Ausnahme zu § 2301 Abs. 1 dar; bei vollständiger Übertragung zu Lebzeiten läge ein Rechtsgeschäft unter Lebenden vor und § 2301 Abs. 1 käme ohnehin nicht zur Anwendung.

Es besteht daher Einigkeit darüber, dass ein gewisser dinglicher Vollzug gegeben sein muss. Wann ein solcher dinglicher Vollzug anzunehmen ist, ist jedoch streitig.

(1) Nach einem **Teil der Lit.**[694] ist eine Schenkung vollzogen, wenn der Schenker sein **Vermögen „sofort und unmittelbar" mindert**, wenn er also selbst ein gegenwärtiges Opfer erbringt. Zur Begründung wird darauf verwiesen, dass eine Verfügung von Todes wegen durch das Fehlen eines lebzeitigen Vermögensopfers gekennzeichnet sei. Daher sei   **502**

---

692 Schlüter/Röthel § 25 Rn. 8 m.w.N.
693 Brox/Walker Rn. 758; MünchKomm/Musielak § 2301 Rn. 13.
694 Kipp/Coing § 81 III 1 c; Brox/Walker Rn. 744; Leipold Rn. 571.

die Anwendung dieser Vorschriften nicht gerechtfertigt, wenn der Erblasser sein Vermögen bereits zu Lebzeiten gemindert habe.[695]

503

(2) **Andere** stellen darauf ab, ob für den Bedachten bereits ein <mark>dingliches Erwerbs- und Anwartschaftsrecht</mark> begründet ist, das gegen tatsächliche und rechtliche Beeinträchtigungen durch den Schenker selbst oder dessen Gläubiger geschützt ist.[696] Der Gesichtspunkt des Anwartschaftsrechts zugunsten des Bedachten ermögliche eine klare und sachgerechte Differenzierung, da sich der lebzeitig Beschenkte durch dieses Anwartschaftsrecht vom Erben unterscheide, der selbst als Vertragserbe keine gesicherte Rechtsposition vor dem Erbfall erhalte.

504

(3) Die **wohl h.A.** fragt danach, ob der Schenker zu Lebzeiten <mark>alles für den Rechtsübergang Erforderliche getan</mark> hat, ob er also alles unternommen hat, was er zum Rechtsübergang des Schenkungsgegenstands auf den Beschenkten tun konnte.[697] Das Erfordernis der Vollziehung sei nicht von der Empfängerseite her zu bestimmen, sondern vom Standort des Zuwendenden.

(4) Es liegt nach allen Ansichten **kein Vollzug der Schenkung zu Lebzeiten des E** vor: E hatte weder selbst ein gegenwärtiges Vermögensopfer erbracht und sein Vermögen vermindert, weil er das Bild unverändert in Besitz und Eigentum behielt, noch hat er L eine auch gegen tatsächliche Beeinträchtigungen durch ihn selbst geschützte Anwartschaft eingeräumt. Ferner konnte sich der Rechtserwerb der L nicht von selbst vollenden, da L das Bild erst noch an sich nehmen musste, um die Übergabe zu vollziehen. Für den Vollzug muss verlangt werden, dass die Übergabe bereits – wenn auch nur durch Übergabesurrogat – erfolgt ist,[698] da erst dann der Schenkende ein eigenes Vermögensopfer erbracht und der Erwerbende eine sichere Rechtsposition erlangt hat.

Folglich finden auf das Schenkungsversprechen des E mangels Vollzugs zu Lebzeiten i.S.v. § 2301 Abs. 2 nicht die Vorschriften der Schenkung unter Lebenden Anwendung, sondern es kommen gemäß § 2301 Abs. 1 die Vorschriften über Verfügungen von Todes wegen zum Zuge. Unabhängig davon, wie man diesen Verweis versteht, ist danach das Schenkungsversprechen formnichtig (s.o.).

Daher liegt kein wirksamer Schenkungsvertrag vor, sodass L das Eigentum an dem Bild ohne rechtlichen Grund erworben hat.

Somit sind die Voraussetzungen des § 812 Abs. 1 S. 1 Fall 1 gegeben.

IV. Als **Rechtsfolge** muss L das Erlangte – also Eigentum und Besitz an dem Bild – an S herausgeben. Sie ist daher zur Rückübereignung an S verpflichtet.

---

695 Brox/Walker Rn. 744.

696 So OLG Hamburg NJW 1961, 76; MünchKomm/Musielak § 2301 Rn. 19.

697 BGH NJW 1970, 1638; Erman/Kappler § 2301 Rn. 7; Lange/Kuchinke § 33 IV 2; Staudinger/Kanzleiter § 2301 Rn. 23.

698 Soergel/Wolf § 2301 Rn. 12; Lange/Kuchinke § 33 II 2.

Anmerkung: *Die zum Streit über den Vollzug i.S.v. § 2301 Abs. 2 genannten Auffassungen* **505**
gelangen trotz der unterschiedlichen Abgrenzungsmerkmale nur in sehr seltenen Fällen zu
unterschiedlichen Ergebnissen: Wenn z.B. der Verfügung wegen Verstoßes gegen § 1369 eine
Wirksamkeitsvoraussetzung fehlt, dann entsteht kein Anwartschaftsrecht für den Bedach-
ten, aber der Erblasser hat alles seinerseits Erforderliche für den Rechtserwerb getan.[699]

Abwandlung:

Der E gibt das Bild der L und erklärt dabei: „Hänge es in Dein Zimmer; nach meinem
Tode kannst Du es behalten." Der Erbe S verlangt das Bild von der L heraus.

Das Schenkungsversprechen des E ist hier bereits zu Lebzeiten vollzogen worden **506**
(§ 2301 Abs. 2); die L hat daher mit dem Tode des E und dem damit erfolgten Eintritt der
Befristung für die Übereignung des Bildes das Eigentum an dem Bild mit Rechtsgrund
erlangt (§ 518 Abs. 2!) und braucht es deshalb nicht an S herauszugeben.

Für einen Vollzug zu Lebzeiten i.S.v. § 2301 Abs. 2 reicht es nach BGH[700] nicht aus, dass der Erblasser **507**
dem Beschenkten eine unwiderrufliche Vollmacht erteilt, über den Schenkungsgegenstand (Bankgut-
haben) zu verfügen: „Die bloße Vollmacht, die der Schenker dem zu Beschenkenden erteilt, bewirkte,
auch wenn sie unwiderruflich war, keinerlei Änderung in der rechtlichen Zuordnung der beiden Bank-
guthaben; sie standen nach wie vor dem Erblasser zu und gingen mit dem Erbfall auf dessen Erben über
(§ 1922 Abs. 1). Die Vollmacht des Erblassers mag zwar als unwiderruflich über den Tod hinaus bestehen
geblieben sein. Indessen konnte der Beklagte kraft der Vollmacht danach nicht mehr den Erblasser, sondern nur noch die Erben vertreten ... Gelangte er aufgrund der Vollmacht in den Genuss der Guthaben,
dann konnte es sich insoweit daher rechtlich nicht mehr um eine ‚Leistung des Schenkers', d.h. des Erblassers, sondern allenfalls um eine solche der Erben (...) handeln."[701]

Zu der Frage, ob die Schenkung noch zu Lebzeiten vollzogen ist, äußert sich auch der **508**
berühmte **„Bonifatius-Fall"**.[702] Danach liegt auch dann noch kein Vollzug zu Lebzeiten
vor, wenn der Schenker die Sache einem Boten übergeben hat, der sie erst nach seinem
Tode dem Beschenkten aushändigt. Die Entscheidung ist sehr umstritten, da der Schenker zu seinen Lebzeiten immerhin alles von ihm zu Veranlassende bereits getan hat.[703]

Hingegen ist die Schenkung noch zu Lebzeiten z.B. dann vollzogen, wenn der spätere
Erblasser seinem Schuldner eine Darlehensschuld für den Fall erlässt, dass das Darlehen
im Zeitpunkt seines Todes noch nicht zurückgezahlt ist. In diesem Fall ist der Erlass bereits mit Abschluss des Erlassvertrags i.S.v. § 2301 Abs. 2 vollzogen. Der Erlass ist lediglich durch den Eintritt des Todes bedingt und befristet.[704] Ein Schenkungsvollzug ist
auch dann gegeben, wenn der Erblasser zu Lebzeiten ein Oder-Konto eingerichtet hat
und damit sicherstellen wollte, dass im Todesfall der Überlebende problemlos das gesamte Sparguthaben erhält. Mit dem Tod ist in diesem Fall die Schenkung vollzogen.[705]

---

699 Imgrund/Reese Jura 2006, 566, 569; Olzen Jura 1987, 116, 118.

700 BGHZ 87, 19 ff.; BGH JZ 1988, 1079, 1080 mit Anm. Bork JZ 1988, 1059.

701 BGHZ 87, 19, 25, 26; kritisch dazu Kuchinke FamRZ 1984, 109 ff.

702 RGZ 83, 223.

703 Zu dem Problemkreis Martinek/Röhrborn JuS 1994, 473.

704 OLG Stuttgart NJW 1987, 782, 783.

705 BGH NJW-RR 1986, 1133, 1134.

3. Der Erblasser will den zugesagten Gegenstand unentgeltlich auf den Bedachten oder dessen Erben übertragen

509 Der Erblasser verpflichtet sich schon zu Lebzeiten, dass der zugesagte Gegenstand ohne Gegenleistung auf den Bedachten **oder** dessen Erben übertragen werden soll. Es handelt sich um eine unbedingte Schenkung mit der Besonderheit, dass die Erfüllung dieser Schenkung auf den Todesfall hinausgeschoben werden soll. Für diese Schenkung gelten die Regeln der Rechtsgeschäfte unter Lebenden.

Beispiel: Familienanschluss

Der verwitwete E verbringt mit seiner Lebensgefährtin L und deren Tochter T die meiste Zeit zusammen in deren Einfamilienhaus, hat aber noch seine eigene Wohnung behalten, zu der L einen Schlüssel besitzt. Anlässlich seines 75. Geburtstags erklärt E der L und der T, dass er der L die Bilder und den Teppich schenke. Doch möchte er, dass diese Gegenstände bis zu seinem Tode in seiner Wohnung bleiben. L solle sie nach dem Tode abholen. Da die Erben sich ohnehin nicht um ihn kümmerten, sollte auf jeden Fall verhindert werden, dass sie diese Gegenstände erhalten. Nach dem Tode des E holt L die Bilder und den Teppich ab. Die Erben halten die Schenkung wegen § 2301 für unwirksam. Mit Recht?

Unwirksamkeit wegen Nichteinhaltung erbrechtlicher Formvorschriften gemäß § 2301 Abs. 1 liegt vor, wenn eine Schenkung auf den Todesfall gegeben ist, d.h., wenn das Schenkungsversprechen des E nur für den Fall Gültigkeit haben sollte, dass L den E überlebt. E wollte jedoch auf keinen Fall, dass seine Erben die zugewandten Sachen erhalten. Dies ist seinen Erklärungen eindeutig zu entnehmen. Die Auslegung des Erblasserwillens ergibt, dass, falls L vorverstirbt, Tochter T die Gegenstände erhalten sollte. Das Schenkungsversprechen sollte also nicht vom Überleben der L abhängig sein. Es liegt daher ein unbedingtes Schenkungsversprechen vor, das von L angenommen worden ist. Nur sollte dieses Schenkungsversprechen erst nach dem Tode erfüllt werden. Dafür gilt nicht die in § 2301 getroffene Regelung, sondern es gelten die Regeln einer Schenkung unter Lebenden, §§ 516 ff. Da die Schenkung – wenn auch erst nach dem Tode – vollzogen worden ist, liegt ein wirksamer Schenkungsvertrag vor (§ 518 Abs. 2). Die Schenkung ist mit Rechtsgrund erfolgt. Ein Anspruch aus § 812 besteht nicht.

III. Vertrag zugunsten Dritter auf den Todesfall, §§ 328, 331

510 Wenn jemand durch Rechtsgeschäft unter Lebenden mit seinem Vertragspartner vereinbart, dass mit seinem Tode die aus dem Rechtsgeschäft resultierende Forderung einem Dritten zustehen soll, so greifen die §§ 328, 331 – **echter Vertrag zugunsten Dritter** – ein.

Fall 35: Sparbuch

E zahlt bei der Sparkasse S 10.000 € ein. Er lässt das Sparbuch auf den Namen der H ausstellen und vereinbart mit der S, dass das Geld nach seinem Tode der H ausgezahlt werden solle. E erklärt der H später: „Wenn ich sterbe, kannst Du das Geld abheben. Das Buch behalte ich aber erst noch in Verwahrung." Nach dem Tode des E verlangen sowohl H als auch die Erben des E von der Sparkasse die Auszahlung des Geldes. Wie ist die Rechtslage?

---

511 I. H könnte gegen S ein Anspruch auf Zahlung i.H.v. 10.000 € aus **§§ 488 Abs. 1 S. 2, 328, 331** zustehen.

Dazu muss H aus einem zu ihren Gunsten geschlossenen Darlehensvertrag forderungsberechtigt sein.

1. **Bei Anlegung des Sparbuchs** hat E mit S einen Sparvertrag geschlossen, dessen

Rechtsnatur sich nach § 700 (unregelmäßige Verwahrung) bestimmt, sodass die Vorschriften der §§ 488 ff. über das Darlehen Anwendung finden.[706]

Gläubiger der Spareinlage wird gemäß § 488 Abs. 1 S. 2 grundsätzlich der Darlehensgeber, also derjenige, der den Vertrag schließt und die Einzahlung bewirkt. Nach dem Willen des Einzahlenden kann aber auch ein Dritter forderungsberechtigt sein.[707]

Die Anlegung eines Sparbuchs auf den Namen eines Dritten reicht allein nicht aus, um bereits einen echten Vertrag zugunsten des Dritten anzunehmen. Der im Sparbuch angegebene Name ist aber ein Beweisanzeichen für einen echten Vertrag zugunsten Dritter.[708] Darüber hinaus sind alle Umstände zu berücksichtigen, die für oder gegen den Willen des Einzahlenden sprechen, dass er die Forderung dem namentlich Benannten verschaffen wollte.

Aus der Abrede mit der Sparkasse ergibt sich, dass E zu Lebzeiten noch Inhaber der Forderung sein wollte und H erst mit dem Tode des E berechtigt sein sollte, die Forderung geltend zu machen. Bei Anlegung des Sparbuchs ist somit der E und nicht die H Inhaber der Sparforderung geworden.

2. Die H ist jedoch **mit dem Tode des E** Inhaberin der Sparforderung geworden, falls sich aus dem Sparvertrag ergibt, dass sie mit dem Tode des E forderungsberechtigt sein sollte. Ein Vertrag zugunsten Dritter auf den Todesfall, bei dem das Recht des Dritten erst mit dem Tode des Vertragsschließenden entsteht, ist möglich, vgl. § 328 Abs. 2 und § 331 Abs. 1.[709]

   a) Ob E und S einen Vertrag zugunsten Dritter auf den Todesfall abgeschlossen haben, muss durch Auslegung ermittelt werden. Dabei kommt es maßgeblich auf den Willen desjenigen an, der das Sparbuch anlegt. Es muss sich aus dem Vertrag des Sparers mit der Sparkasse ergeben, dass der Sparer dem Dritten das Guthaben auf den Todesfall zuwenden will.

   Aus der Abrede des E mit der Sparkasse ist deutlich geworden, dass H beim Tode des E forderungsberechtigt sein sollte. Somit hat E im Verhältnis zur Sparkasse einen Vertrag zugunsten der H auf den Todesfall gewollt.

   b) Die **Wirksamkeit** des Vertrags zugunsten Dritter richtet sich allein nach dem zwischen Versprechensempfänger und Versprechendem geschlossenen Vertrag, dem **Deckungsverhältnis**, also nach dem Sparvertrag zwischen E und der Sparkasse. Da dieser Sparvertrag ein verzinsliches Darlehen – und kein Schenkungsvertrag – ist, greift die Formvorschrift des § 518 nicht ein.

   c) Aus demselben Grunde kann auch § 2301 nicht eingreifen, da diese Vorschrift ebenfalls eine Schenkung voraussetzt.

   d) Nach § 331 entsteht der Anspruch des Dritten mit dem Tode des Verspre-

---

706 Palandt/Weidenkaff Einf. vor § 488 Rn. 23; a.A.: Sparvertrag ein Darlehensvertrag, vgl. Palandt/Sprau § 808 Rn. 6 m.w.N.
707 BGHZ 28, 368, 369 f.; 46, 198, 202; Canaris NJW 1973, 825 ff. m.w.N.
708 MünchKomm/Musielak § 2301 Rn. 40; Palandt/Grüneberg § 328 Rn. 9 a; RGZ 73, 220; BGHZ 21, 148; BGH NJW 1970, 1181.
709 BGHZ 46, 198, 201 f.; 66, 8, 12 ff. m.w.N.; Muscheler WM 1994, 921.

chensempfängers. Also ist H mit dem Tode des E Inhaberin der Sparforderung geworden.

Infolgedessen steht H gegen S ein Anspruch auf Zahlung i.H.v. 10.000 € aus §§ 488 Abs. 1 S. 2, 328, 331 zu.

512 II. Möglicherweise können die Erben die Forderung von H gemäß **§ 812 Abs. 1 S. 1 Fall 1** kondizieren.

H hat die Forderung gegen S durch Leistung des E erlangt. Wenn diese Leistung ohne Rechtsgrund erfolgt ist, steht den Erben des E ein Bereicherungsanspruch aus § 812 Abs. 1 S. 1 Fall 1 gegen H zu. Maßgeblich ist daher, ob für die Leistung ein Rechtsgrund besteht.

Für den Forderungserwerb kann ein **wirksamer Schenkungsvertrag im Valutaverhältnis** E – H Rechtsgrund sein.

1. E hat H versprochen, dass sie die Forderung mit dem Tode erlangen werde. Dieser Forderungserwerb sollte sich vollziehen, ohne dass H zu einer Gegenleistung verpflichtet sein sollte. Also ist eine Einigung i.S.v. § 516 gegeben.

2. Der Schenkungsvertrag muss jedoch auch **wirksam** sein.

513 a) Da nach dem Inhalt der Erklärung des E der Forderungserwerb erst mit dem Tode unentgeltlich eintreten sollte, könnte die Wirksamkeit der Schenkung über § 2301 nach erbrechtlichen Vorschriften zu beurteilen sein. Ob jedoch in den Fällen, in denen sich der Rechtserwerb nach §§ 331, 328 vollzieht, das Valutaverhältnis überhaupt nach § 2301 zu beurteilen ist, ist **umstritten**.

514 aa) Nach **h.M.** greift in den Fällen, in denen sich der Rechtserwerb gemäß §§ 328, 331 vollzogen hat, die Vorschrift des § 2301 überhaupt nicht ein; das den Vorschriften der §§ 328, 331 zugrunde liegende Rechtsgeschäft sei ein Rechtsgeschäft unter Lebenden und nicht, wie es § 2301 voraussetze, ein Rechtsgeschäft auf den Todesfall.[710] Der Unterschied der §§ 328, 331 zur Schenkung auf den Todesfall liege darin, dass der Bedachte bei §§ 328, 331 ein eigenes Recht nicht gegen den Erben, sondern unmittelbar gegen den Versprechenden erwerbe.

Die h.M. geht also davon aus, dass sich der Rechtserwerb gemäß §§ 328, 331 mit dem Tode vollzieht und daher der Erwerber nichts aus dem Nachlass erlangt, sodass der Versprechensempfänger nicht über den Nachlass verfügt. Der Erblasser habe bereits zu Lebzeiten Leistungen aus seinem Vermögen erbracht, damit dadurch die Forderung, die mit dem Tode auf den Dritten übergeht, entstehe.

515 bb) Ein **Teil des Schrifttums** wendet demgegenüber § 2301 im Rahmen der §§ 328, 331 dann an, wenn im Verhältnis Versprechensempfänger (= Erblasser) zum Dritten (= Begünstigter) eine Schenkung vorliegt, da ansonsten zwingende erbrechtliche Bestimmungen umgangen würden.[711]

---

710 RGZ 106, 1; 128, 187; BGHZ 66, 8, 12; BGH RÜ 2004, 119 ff.; BGH RÜ 2008, 477; Palandt/Weidlich § 2301 Rn. 17; Staudinger/Kanzleiter § 2301 Rn. 42; RGRK/Kregel § 2301 Rn. 17; Soergel/Wolf § 2301 Rn. 23; Schlüter/Röthel § 25 Rn. 20 ff.
711 Medicus/Petsersen BR Rn. 394–397; die Anwendbarkeit des § 2301 befürwortend auch Brox/Walker Rn. 768.

cc) **Stellungnahme**: Wie sich aus §§ 328, 331 ergibt, will der Gesetzgeber diesen Rechtserwerb auch im Valutaverhältnis als Rechtsgeschäft unter Lebenden behandelt wissen, denn anderenfalls wäre nicht zu erklären, dass die Forderung bzw. das Recht nicht in den Nachlass fällt. Der Erbe wird durch die Nichtanwendung des § 2301 auch nicht benachteiligt, da er durch die Regelungen über Pflichtteilsergänzung, Gläubigeranfechtung, Widerruf der Schenkung wegen groben Undanks usw. hinreichend geschützt ist.

b) Folglich handelt es sich um eine Schenkung unter Lebenden, sodass § 518 gilt. Danach muss ein Schenkungsversprechen notariell beurkundet sein. Nach § 518 Abs. 2 wird der Formmangel durch Bewirken der Leistung geheilt. H ist mit dem Tod des E Inhaberin der Sparforderung geworden (s.o.). Somit ist das zunächst unwirksame Schenkungsversprechen des E gegenüber der H mit dem Tode des E gemäß § 518 Abs. 2 geheilt worden.

Der Schenkungsvertrag zwischen E (bzw. seinen Erben als Rechtsnachfolgern des E) und der H ist somit wirksam, sodass für die der H geleistete Sparforderung ein Rechtsgrund besteht.

Die Voraussetzungen des § 812 Abs. 1 S. 1 Fall 1 liegen demnach nicht vor, sodass den Erben kein Bereicherungsanspruch gegen H zusteht.

Nach Auffassung des BGH unterliegen die Rechtsbeziehungen, die durch Verträge zugunsten Dritter auf den Todesfall begründet werden, in jeder Hinsicht den allgemeinen Regeln für Rechtsgeschäfte unter Lebenden und nicht dem Erbrecht. Dies gelte sowohl für die rechtliche Einordnung der im Valutaverhältnis begründeten Rechtsbeziehung als auch für deren Anfechtung.[712]

Der im Schrifttum vertretenen Ansicht,[713] die erbrechtlichen Anfechtungsregeln gemäß §§ 2078 ff. seien entsprechend auf Verträge zugunsten Dritter auf den Todesfall anzuwenden, steht nach Ansicht des BGH der Schutz des Vertragspartners der Rechtsgeschäfte unter Lebenden entgegen. Zudem wäre es auch nicht gerechtfertigt, dem Vertragspartner den von § 2078 Abs. 3 ausgeschlossenen Schadensersatzanspruch aus § 122 zu nehmen.[714] Das Anfechtungsrecht bestimmt sich daher nach den §§ 119 ff.

C. Die Vollmacht über den Tod hinaus

Der Erblasser kann auch dadurch auf die Gestaltung der Rechtsverhältnisse nach seinem Tode Einfluss nehmen, dass er einem Dritten eine Vollmacht zur Vornahme von Rechtsgeschäften erteilt, die noch nach seinem Tode fortwirkt. **516**

I. Kein Erlöschen der Vollmacht beim Tod des Vollmachtgebers

Der Tod des Vollmachtgebers führt im Zweifel nicht zum Erlöschen der Vollmacht (§§ 168, 672, 675); eine **Vollmacht gilt daher im Zweifel auch nach dem Tode des Vollmachtgebers weiter**. **517**

---

712 BGH NJW 2004, 767 ff. = RÜ 2004, 119 ff. = ZEV 2004, 118 ff. mit Anm. Leipold.

713 MünchKomm/Leipold § 2078 Rn. 16; Palandt/Weidlich § 2078 Rn. 12.

714 BGH NJW 2004, 767, 769.

Der Erblasser kann eine Vollmacht zudem auch

- als „Vollmacht über den Tod hinaus" erteilen, d.h. sogleich – ausdrücklich oder schlüssig – mit der Maßgabe, dass sie nach seinem Tode weitergelten soll,

- als „Vollmacht auf den Todesfall" erteilen, d.h. mit der Maßgabe, dass die Vollmacht gerade erst mit seinem Tode wirksam werden soll.[715]

Diese Vollmachten unterliegen nicht den Formvorschriften der Verfügung von Todes wegen.

II. Rechtslage nach dem Tod des Vollmachtgebers

518   Nach dem Tode des Vollmachtgebers besteht folgende Rechtslage:

- Geschäftsherr des Bevollmächtigten ist nunmehr der Erbe, der in die Position des Erblassers eingetreten ist (§ 1922); der Bevollmächtigte hat Vertretungsmacht für und gegen den Erben als dem nunmehrigen Geschäftsherrn.[716]

- Der Bevollmächtigte kann nach h.A. innerhalb seiner Vertretungsmacht handeln, ohne dass er sich darum zu kümmern oder nachzuprüfen braucht, ob auch der Erbe mit dem Rechtsgeschäft einverstanden ist, weil die Bevollmächtigung durch den Erblasser fortwirkt.[717]

  Nur dann gilt etwas anderes, wenn ausnahmsweise das Handeln des Bevollmächtigten als unzulässige Rechtsausübung (Verstoß gegen § 242) oder als ein Handeln gegen die guten Sitten (§ 138) zu werten ist[718] oder wenn der Bevollmächtigte in ersichtlich verdächtiger Weise von der Vollmacht Gebrauch macht.[719]

  Umstritten ist, ob bei einer Kontovollmacht über den Tod hinaus der Bevollmächtigte nach dem Todesfall zur Umschreibung des Kontos zu seinen Gunsten berechtigt ist. Dies wird zum Teil bejaht, da bei einer transmortalen Vollmacht der Wille der Beteiligten dahin gehe, den Überlebenden mithilfe der Vollmacht finanziell abzusichern.[720] Diese Auffassung hat der BGH mittlerweile abgelehnt, da mit dem Todesfall der Erbe in die Rechtsstellung des Erblassers eintrete und der Bevollmächtigte nunmehr Vertrauensperson des Erben sei.[721]

- Die Vollmacht besteht für den Bevollmächtigten so lange fort, bis sie vom Erben widerrufen wird.

  Bei einer Miterbengemeinschaft ist jeder Miterbe zum Widerruf berechtigt. Durch den Widerruf eines Miterben wird aber das Vertretungsrecht des Bevollmächtigten hinsichtlich der übrigen Miterben nicht berührt.[722]

---

715   RGZ 114, 351, 354; Trapp ZEV 1995, 314.

716   Vgl. BGHZ 87, 19, 25.

717   Palandt/Weidlich vor § 2197 Rn. 10; Trapp ZEV 1995, 314; BGHZ 87, 19, 25; 127, 239.

718   BGH NJW 1969, 1245, 1246.

719   BGHZ 127, 239.

720   OLG Hamm WM 1995, 152.

721   BGH RÜ 2009, 459; vgl. dazu Petersen Jura 2010, 757 ff.

722   Palandt/Weidlich vor § 2197 Rn. 13; a.A. Madaus ZEV 2004, 448 ff.

Rechtsgeschäfte unter Lebenden auf den Todesfall

§§ 433, 488 usw.

Verträge, die zur **entgeltlichen** Übertragung eines Vermögensgegenstands verpflichten, sind auch dann verbindlich, wenn

- die Wirksamkeit vom Todeseintritt abhängig ist – Bedingung, Befristung – oder
- die Erfüllung nach dem Tode erfolgen soll.

§§ 516, 518

Schenkungsverträge, die zur unentgeltlichen Übertragung eines Vermögenswertes verpflichten, sind auch dann verbindlich, wenn

- die Erfüllung erst nach dem Tode erfolgen soll. Ein Formmangel wird gemäß § 518 Abs. 2 auch dann mit der Erfüllung nach dem Tode geheilt,
- der Beschenkte den Schenker nicht überlebt. Dann wird der Erbe des Beschenkten Anspruchsberechtigter.

§§ 516, 2301

Schenkungsverträge unterfallen der Regelung des **§ 2301 Abs. 1** – und damit den erbrechtlichen Regeln, wenn sie nur wirksam sein sollen, falls

- der Beschenkte den Schenker überlebt. Diese Bedingung braucht nicht ausdrücklich erklärt zu werden, sie kann sich aus den Umständen ergeben.
- Eine **Heilung** der Schenkung auf den Todesfall tritt **gemäß § 2301 Abs. 2** ein, wenn sie bereits zu Lebzeiten vollzogen war. Vollzug liegt nach h.A. vor, wenn der Schenker zu Lebzeiten alles getan hat, damit bei Eintritt des Todes der Rechtsübergang eintreten kann.

§ 331– nicht § 2301

Verträge, die zur Übertragung eines Vermögenswertes an einen Dritten verpflichten, sind Rechtsgeschäfte unter Lebenden, wenn

- der Dritte den Anspruch erst mit Eintritt des Todes des Versprechensempfängers erwerben soll, und zwar auch dann, wenn im Verhältnis Versprechensempfänger – Dritter eine unentgeltliche Zuwendung vorliegt.
- Der Anspruch entsteht mit dem Tode des Versprechensempfängers in der Person des Dritten, sodass der Anspruch nicht in den Nachlass gelangt.

Vollmacht

- Die vom Erblasser erteilte Vollmacht wirkt im Zweifel auch nach dem Tode fort (§§ 168, 672, 675), nämlich bis zum Widerruf durch den Erben.
- Es ist zulässig, dass der Erblasser eine Vollmacht über den Tod hinaus erteilt.

Stichwortverzeichnis

Die Zahlen verweisen auf die Randnummern.